高等学校新文科经管类课程思政系列教材

公司资本经营

原理与案例

韦德洪　杨海燕　编著

中国财经出版传媒集团
中国财政经济出版社
北京

图书在版编目（CIP）数据

公司资本经营原理与案例 / 韦德洪，杨海燕编著
. --北京 ：中国财政经济出版社，2024. 2
高等学校新文科经管类课程思政系列教材
ISBN 978 - 7 - 5223 - 2683 - 2

Ⅰ. ①公…　Ⅱ. ①韦…　②杨　Ⅲ. ①公司 - 资本经营 - 高等学校 - 教材　Ⅳ. ①F276. 6

中国国家版本馆 CIP 数据核字（2024）第 033634 号

责任编辑：温彦君　　　　责任校对：张　凡
封面设计：智点创意　　　　责任印制：史大鹏

公司资本经营原理与案例
GONGSI ZIBEN JINGYING YUANLI YU ANLI

中国财政经济出版社 出版
URL：http：//www. cfeph. cn
E - mail：cfeph@ cfeph. cn

社址：北京市海淀区阜成路甲 28 号　邮政编码：100142
营销中心电话：010 - 88191522
天猫网店：中国财政经济出版社旗舰店
网址：https：//zgczjjcbs. tmall. com
北京鑫海金澳胶印有限公司印刷　各地新华书店经销
成品尺寸：185mm × 260mm　16 开　17. 5 印张　425 000 字
2024 年 2 月第 1 版　2024 年 2 月北京第 1 次印刷
定价：69. 00 元
ISBN 978 - 7 - 5223 - 2683 - 2
（图书出现印装问题，本社负责调换，电话：010 - 88190548）
本社质量投诉电话：010 - 88190744
打击盗版举报热线：010 - 88191661　QQ：2242791300

前言
Foreword

我从2004年开始给工商管理硕士（MBA）讲授公司资本经营课程，随后又给会计专业硕士（MPAcc）讲授这门课程，期间还给许多公司的管理人员作过“公司资本经营”专题讲座。但令我愧疚的是，20年来我一直无法向学生推荐一本合适的《公司资本经营》教材，为此还时常感到些许遗憾！为了不让自己的教职生涯留下这个遗憾，不知从哪一年开始（反正已经是很多年前的事了），我就立下誓言，一定要按照自己的思路来编写一本能够给学生推荐的《公司资本经营》教材。经过多年理论知识、实际案例、法律法规、个人思考的积累和大半年潜心“敲键盘”，我的这个誓言很快就要实现了。在这里，我首先要感谢我的合作者杨海燕副教授、博士后，其次要感谢中国财政经济出版社的樊清玉老师，是她们的通力合作和鼎力相助，才让我多年前的这个誓言即将得以实现。

一、本书的特色

本书的特色可以概括为四个词，即全面、权威、写实、思政。

（一）全面

所谓全面，是指本书所阐述的公司资本经营形式具有高度的全面性。除了对托管等极少数的公司资本经营形式没有作专门阐述之外，本书全面阐述了公司合并、公司收购、公司制改革、股份制改革、公司上市、公司退市、公司重新上市、公司资产剥离、公司分立、公司分拆、公司混合所有制改革、公司员工持股计划、公司股份回购、公司大股东减持、公司债转股、上市公司转为非上市公司以及公司管理层收购等众多公司资本经营形式的基本原理，几乎囊括了20年来、特别是近10年来中国资本市场上出现的公司资本经营的所有形式，堪称集中国公司资本经营之大全。

（二）权威

所谓权威，是指本书所阐述的公司资本经营原理具有高度的权威性。本书在编写过程中，参考和引用了《中华人民共和国公司法》《中华人民共和国证券法》，国务院《关于国有企业发展混合所有制经济的意见》，中共中央、国务院《关于深化国有企业改革的指导意见》，国务院《关于市场化银行债权转股权的指导意见》，国务院办公厅《关于推动中央企业结构调整与重组的指导意见》，国务院国资委《关于国有控股混合所有制企业开展员工持股试点的意见》，证监会《关于上市公司实施员工持股计划试点的指导意见》，国务院办公厅《中央企业公司制改制工作实施方案》，证监会《上市公司股东、董监高减持股份的若干规定》《上市公司国有股权监督管理办法》，证监会、财政部、国资委《关于支持上市公司回购股份的意见》，国务院国资委《中央企业混合所有制改革操作指引》，证监会《上市公司收购管理办法》《上市公司董事、监事和高级管理人员所持本公司股份及其变动管理规则》《上市公司股份回购规则》《上市公司分拆规则（试行）》《首次公开发行股票注册管理办法》《上市公司重大资产重组管理办法》，上海证券交易所《上海证券交易所股票上市规则》，深圳证券交易所《深圳证券交易所股票上市规则》，北京证券交易所《北京证券交易所全面注册制规则制度汇编》等大量的法律法规、部门规章、规范性文件和交易规则，其高度的权威性毋庸置疑。

（三）写实

所谓写实，是指本书所引用的公司资本经营案例具有高度的真实性和现实性。本书的编写立足于中国的资本市场、立足于中国的制度背景、立足于中国的公司，所阐述的是中国资本市场出现的资本经营形式，所参考和引用的是中国的法律法规、部门规章、规范性文件和交易规则等。特别值得说明的是，本书所选用的案例多达 70 多个，其中，重点分析的案例 34 个、思政讨论的案例 9 个、举例说明的案例 30 个。这些案例除了 1 个是外国公司发生的案例之外（但应对的是中国的公司），其余都是中国公司发生的案例。而且这些案例除了 1 个是作者自编的之外，其余都是下载自人民网、新华网、中国经济网、证券日报网、新浪网、凤凰网等官方或知名网站。可见，本书高度的真实性和现实性也是具有可靠性的。

（四）思政

所谓思政，是指本书贯彻了教育部《高等学校课程思政建设指导纲要》的精神。2020 年 5 月 28 日，教育部印发《高等学校课程思政建设指导纲要》（以下简称《纲要》）指出："课程思政建设内容要紧紧围绕坚定学生理想信念，以爱党、爱国、爱社会主义、爱人民、爱集体为主线，围绕政治认同、家国情怀、文化素养、宪法法治意识、道德修养等重点优化课程思政内容供给，系统进行中国特色社会主义和中国梦教育、社会主义核心价值观教育、法治教育、劳动教育、心理健康教育、中华优秀传统文化教育。""专业教育课程要根据不同学科专业的特色和优势，深入研究不同专业的育人目标，深度挖掘提炼专业知识体系中所蕴含的思想价值和精神内涵，科学合理拓展专业课程的广度、深度和温度，从课程所涉专业、行业、国家、国际、文化、历史等角度，增加课程的知识性、人文性，提升引领性、时代性和开放性。"为了贯彻落实《纲要》的精神，本书除了在行文过程中注重突出正能量的字、词、句之外，还特别在每一章的章末都安排了一个具有课程思政建设内容的案例和若干个需要讨论的问题，供学生在案例讨论课上进行讨论，在讨论中享受思政的熏陶。

二、本书的编写分工

本书由韦德洪（广西大学）策划并设计各章节的内容，韦德洪、杨海燕（广西大学）共同编著。具体撰写分工为：韦德洪撰写第一章"公司资本经营概述"，第二章"公司合并”，第三章“公司收购”，第四章“公司制改革与股份制改革”，第五章“公司上市、退市与重新上市”，第六章“公司资产剥离、公司分立与公司分拆”；杨海燕撰写第七章“公司混合所有制改革与员工持股计划”，第八章“公司股份回购与大股东减持”，第九章“公司债转股、转为非上市与管理层收购”。最后由韦德洪对全书进行总纂、审核和定稿。

三、对使用本书作为教材者的建议

如果有普通高等院校选择本书作为教材，则作者有如下几点建议供参考。

（一）适用的学历

本书主要适合硕士（尤其是专业硕士）学历、本科学历层次的学生作为教材使用，其他学历层次的学生可用作参考资料。

（二）适用的专业

本书适合普通高等院校经管类所有专业使用。随着中国资本市场改革开放的不断深入，公司资本经营将会越来越活跃，普通高等院校经管类的各个专业可能都有开设与公司资本经营相关的课程的必要。届时，本书就是经管类每一个开设有相关课程的专业的备选教材。

（三）适用的课程

本书适用于普通高等院校经管类各个专业开设的与公司资本经营相关的课程，如公司资本经营、公司资本运营、公司并购、公司资产重组等。

（四）学时的安排

以公司资本经营课程为例，如果是硕士学历层次的学生使用，建议安排32学时（2学分）；如果是本科学历层次的学生使用，建议安排40学时（2.5学分）。在这样的学时安排下，各章教学内容的详略程度和思政案例的讨论方式由任课教师（或教师团队）来把握。

四、致谢与祈正

本书参考了部分纸质和电子文献，引用了大量网络报道文章，在此，特向文献和文章的作者致以衷心的感谢！同时，本书的出版得到了中国财政经济出版社的大力支持，在此一并致以真诚的谢意！由于作者理论水平有限、实践经验不足，本书的质量可能达不到使用者的期待，敬请使用者批评指正。

韦德洪
2023年11月

目录
Contents

第一章

公司资本经营概述

内容简介

本章主要介绍资本、公司资本和公司资本经营的定义，介绍公司投出资本的类型、监管资本运用的途径和调整存量资本的动因，从经营主体、经营客体、经营阶段和经营收益四个方面介绍公司资本经营的特征，从资本扩张、资本收缩和所有权结构变更三个方面介绍公司资本经营的形式。

学习目标

学习本章，要求理解资本、公司资本和公司资本经营的定义，了解公司投出资本的类型、监管资本运用的途径和调整存量资本的动因，了解公司资本经营在经营主体、经营客体、经营阶段和经营收益四个方面的特征，了解公司资本经营在资本扩张、资本收缩和所有权结构变更三个方面的具体形式。

第一节　公司资本与资本经营

一、资本与公司资本

（一）资本

《现代汉语词典》（第 7 版，商务印书馆，2016，下同）认为，“资本”一词有两种含义：一是用来生产或经营以求牟利的生产资料和货币；二是比喻牟取利益的凭借，如政治资本。《现代汉语规范词典》（第 4 版，外语教学与研究出版社、语文出版社，2022，下同）则认为，“资本”一词有三种含义：一是经营工商业、创造剩余价值的生产资料和货币；二是社会主义市场经济条件下用来生产或经营以满足社会需求并取得利润的固定资产和流动资金；三是比喻牟取某种利益或达到某种目的所凭借的条件。从这两部词典对“资本”这个词所给出的解释来看，不管是“生产资料和货币”还是“固定资产和流动资金”，都是站在经营者的立场来定义“资本”的，即：能够被经营者用来牟利、创造剩余价值或者赚取利润的生产资料和货币（或者固定资产和流动资金）都属于资本，不管这些生产资料和货币

（或者固定资产和流动资金）是投资者投入的还是债权人借给的。

（二）公司资本

本书所定义的公司资本，是指投资人（法人或自然人，下同）将生产资料和货币投入公司后所取得的股份份额和股权份额。所谓股份份额，是指取得多少股的股份；所谓股权份额，是指取得多少比例的股权。这些股份份额和股权份额构成了公司的资本，它们是投资人投入的，而不是债权人借给的。投资人投入公司的生产资料有可能是厂房、机器、设备等有形的生产资料，也有可能是土地使用权、专利权、特许经营权等无形的生产资料。投资人投入公司的货币通常是本币，但外商投资人通常是以外币投入。投资人投入公司的生产资料和货币又可以统称为投资人的出资额和出资比例。

《中华人民共和国公司法》（以下简称《公司法》）规定：（有限责任公司）股东可以用货币出资，也可以用实物、知识产权、土地使用权等可以用货币估价并可以依法转让的非货币财产作价出资；但是，法律、行政法规规定不得作为出资的财产除外。对作为出资的非货币财产应当评估作价，核实财产，不得高估或者低估作价。法律、行政法规对评估作价有规定的，从其规定。

《公司法》规定：（有限责任公司）股东应当按期足额缴纳公司章程中规定的各自所认缴的出资额。股东以货币出资的，应当将货币出资足额存入有限责任公司在银行开设的账户；以非货币财产出资的，应当依法办理其财产权的转移手续。股东不按照规定缴纳出资的，除应当向公司足额缴纳外，还应当向已按期足额缴纳出资的股东承担违约责任。

《公司法》规定：股份有限公司的设立，可以采取发起设立或者募集设立的方式。发起设立，是指由发起人认购公司应发行的全部股份而设立公司。募集设立，是指由发起人认购公司应发行股份的一部分，其余股份向社会公开募集或者向特定对象募集而设立公司。

《公司法》规定：股份有限公司采取发起设立方式设立的，注册资本为在公司登记机关登记的全体发起人认购的股本总额。在发起人认购的股份缴足前，不得向他人募集股份。股份有限公司采取募集方式设立的，注册资本为在公司登记机关登记的实收股本总额。法律、行政法规以及国务院相关文件对股份有限公司注册资本实缴、注册资本最低限额另有规定的，从其规定。

《公司法》规定：以发起设立方式设立股份有限公司的，发起人应当书面认足公司章程规定其认购的股份，并按照公司章程规定缴纳出资。以非货币财产出资的，应当依法办理其财产权的转移手续。发起人不依照规定缴纳出资的，应当按照发起人协议承担违约责任。

《公司法》规定：以募集设立方式设立股份有限公司的，发起人认购的股份不得少于公司股份总数的35%；但是，法律、行政法规另有规定的，从其规定。

《公司法》等法律法规的相关规定为公司取得资本和投资人进行资本经营提供了法律保障。

二、公司资本经营

投资人包括法人和自然人。《中华人民共和国民法典》规定，法人是具有民事权利能力和民事行为能力，依法独立享有民事权利和承担民事义务的组织。法人分为营利法人、非营利法人和特别法人。营利法人是指以取得利润并分配给股东等出资人为目的成立的法人，包括有限责任公司、股份有限公司和其他企业法人等。非营利法人是指为公益目的或者其他非营利目的成立，不向出资人、设立人或者会员分配所取得利润的法人，包括事业单位、社会团体、基金会、社会服务机构等。特别法人主要是指机关法人、农村集体经济组织法人、城镇农村的合作经济组织法人、基层群众性自治组织法人。自然人是指具有民事权利能力、依法享有民事权利、承担民事义务的个人。因此，不仅法人可以从事资本经营，自然人也可以从事资本经营。本书仅论述公司的资本经营。

公司资本经营，是指公司以投资人的身份以其合法拥有的资产（资金，下同）作为资本，通过投出资本、监管资本的运用和调整存量资本，以谋取投资利润和资本利得的过程。这个定义反映出公司资本经营的主体是拥有投资人身份的公司，而不是拥有受资人身份的公司；公司资本的来源是合法拥有的资产；公司资本经营的阶段包括投出资本、监管资本的运用和调整存量资本；公司资本经营的最终目的是谋取投资利润和资本利得。

（一）投出资本

公司投出资本是指公司将其合法拥有的资产（有形资产或无形资产）投入到某一个接受投资的公司（以下简称“被投资公司”），以取得该被投资公司一定数量的股份份额和一定比例的股权份额的过程。公司投出资本的类型主要有控制性投资、共同控制性投资和施加重大影响投资等。

1. 控制性投资。控制性投资是指投资公司取得被投资公司足够多的股权份额，能够对被投资公司的经营决策、财务决策等重大决策实施控制的权益性投资。通常是指对那些直接或通过子公司间接持股 50% 以上的全资或控股子公司的投资。控制性投资的重要特征是：直接或间接持股 50% 以上，对被投资公司的经营、财务等方面的重大事项拥有决策权。

2. 共同控制性投资。共同控制性投资是指投资公司按照合同约定与其他方一起对被投资公司的经营决策、财务决策等重大决策实施共同控制的权益性投资。投资公司与其他方对被投资公司实施共同控制的，被投资公司为其合营公司。因此，共同控制性投资通常是指对那些持股比例大于 20% 但小于 50% 的合营公司的投资。共同控制性投资具有以下三个重要特征：（1）双方或多方共同决定被投资公司的财务和经营政策，合营中的任何一方都不能单方面作出决定；（2）共同控制的基本方式是合营各方所持表决权资本的比例相同，并按合同约定共同控制，或者合营各方虽然所持表决权资本的比例不同，但按合同约定共同控制；（3）共同控制是以合营合同来约束的。

3. 施加重大影响投资。施加重大影响投资是指投资公司能够对被投资公司施加重大影响的权益性投资。重大影响是指投资公司对被投资公司的财务和生产经营决策有参与决策的权力，但并不能控制或与其他方一起共同控制这些政策的制定。投资公司不能与其他方对被投资公司实施共同控制的，被投资公司为其联营公司。因此，施加重大影响投资通常是指对那些持股比例大于 20% 但小于 50% 的联营公司的投资。判断投资公司是否能够对被投资公司施加重大影响，一般可以根据以下一种或几种情形：（1）投资公司在被投资公司的董事会或类似权力机构中是否有代表，若有，并享有实质性的参与决策权，则可以认为投资公司能够对被投资公司施加重大影响；（2）投资公司是否参与被投资公司财务和经营政策制定过程，若参加，则在政策制定过程中可以为其自身利益提出建议和意见，从而可以认为投资公司能够对被投资公司施加重大影响；（3）是否与被投资公司发生重要交易，若发生，则有关的交易因对被投资公司的日常经营具有重要性，一定程度上可以影响被投资公司的生产经营决策；（4）是否向被投资公司派出管理人员，若派出，则管理人员有权力并负责被投资公司的财务和经营活动，从而能够对被投资公司施加重大影响；（5）是否向被投资公司提供关键技术资料，若提供，则因被投资公司的生产经营需要依赖投资公司的技术或技术资料，表明投资公司对被投资公司具有重大影响。总之，重大影响的判断关键是分析投资公司是否对被投资公司的财务和经营政策具有实质性的“参与决策的权力”而非“决策的权力”。

上述关于公司投出资本类型的划分只是就一般性的投出资本而言。当公司向股权分散的公司投出资本时，就不能单纯以持股比例是否在50%以上或20%~50%来判断是否具有控制或共同控制的作用。这时，通常是以是否是第一大股东或实际控制人来判断投资公司是否对被投资公司具有控制的作用；如果不是第一大股东或实际控制人，则以是否与其他股东形成一致行动人关系来判断投资公司是否对被投资公司具有共同控制的作用；而判断投资公司是否能够对被投资公司施加重大影响，上述依据仍然适用。

【案例1-1】

格林豪泰收购大娘水饺100%股权

2017-01-18　来源：北京商报　作者：薛晨

（编者注：本书引用时作了删减）

商务部反垄断局官网上新发布的一则公告显示，格林豪泰酒店（中国）有限公司（以下简称“格林豪泰”）拟通过全资子公司收购大娘水饺有限公司（以下简称“大娘水饺”）100%股权。这一消息引起了业内关注。业内人士认为，由于格林豪泰早就对快餐连锁野心勃勃，此番合作必定经过深思熟虑，然而要想从资本层面合作迈向业务深度融合恐需长期磨合。

根据商务部反垄断局网站上公告，格林豪泰拟通过全资子公司收购大娘水饺100%股权。据格林豪泰收购大娘水饺有限公司股权案显示，本次交易前，大娘水饺由大娘水饺控股有限公司100%持有，本次交易后，格林豪泰将100%持有并单独控制大娘水饺。

值得一提的是，此前有消息指出，格林豪泰曾欲拿下麦当劳中国门店特许经营权，无果后退而求其次，改将大娘水饺收入囊中。不过，尽管对快餐连锁野心勃勃，但一直以来，格林豪泰并未过多涉猎餐饮业务。

据格林豪泰官网显示，格林豪泰酒店管理集团旗下拥有格林东方酒店、格林豪泰酒店、青皮树酒店、格林联盟酒店等多个酒店品牌，并拥有2200多家酒店，覆盖国内外400多个城市。北京商报记者留意到，格林豪泰旗下最高端的酒店为格林东方，定价在300—600元，依然属于经济型连锁酒店的序列。而记者从大众点评网了解到，大娘水饺人均消费仅为25—34元，并在全国拥有几百家门店。

一位连锁酒店高管告诉《北京商报》记者，从定位上看，格林豪泰与大娘水饺有一定的匹配度，因为很多经济型酒店并没有餐饮业务，像业内比较知名的连锁酒店锦江之星和如家有餐厅，但并不知名，因此经济型酒店和连锁餐饮合作可能产生一定的化学反应。

大娘水饺是一家在全国拥有400余家门店的连锁餐饮企业，但近几年与资本的合作并不顺畅。去年（2016年）6月，业内便盛传，控股股东欧洲私募股权基金CVC有意甩卖大娘水饺，尽管当时 CVC 方面在接受《北京商报》记者采访时对此消息予以否认，但大娘水饺创始人吴国强曾透露，2015 年底，CVC 方面就在香港约请了一些投资银行，欲寻找接盘者。

这次 CVC 出手大娘水饺，也让人不禁联想到发生于 2016 年初的管理层纷争。彼时，吴国强在他的《致全体大娘人的公开信》中历数公司业绩连年下滑、作为创始人被拒绝参与年会等事件，并将矛头对准了时任 CEO 李传章。

尽管这场管理层之间的矛盾以 CVC 撤换 CEO 告一段落，但大娘水饺的经营难题并未终止。同时必须看到的是，大娘水饺内部的创始人团队、外聘管理团队与投资人管理团队之间在经营理念上的博弈与分歧并未消失。对于控股方 CVC 来说，在经历了俏江南收购案后，面对大娘水饺剪不断理还乱的公司内部争端以及业绩下滑等压力，脱手似乎成为最佳选择。

中国食品产业评论员朱丹蓬认为，受俏江南与大娘水饺经营不佳的影响，不排除 CVC 目前已经失去了对中国餐饮业兴趣的可能性，或者说有可能是 CVC 当前强烈的甩包袱意愿促成了与格林豪泰之间交易的达成。

针对格林豪泰与大娘水饺的合作，虽然从公司定位来看具有一定契合度，但能否顺利进行业务融合还有待观察。按照行业以往情况来看，如果酒店入住率不高或者存在一些内部矛盾，那么融合餐饮就变得难上加难。

此前，格林豪泰因为扩张速度较快，暴露出与加盟商之间的诸多问题。不少加盟商反映与格林豪泰方面委派的店长存在矛盾。格林豪泰除了需要面对与加盟商之间的矛盾，外部还受到如家、铂涛、华住等大型经济型连锁酒店集团的挤压。据了解，目前如家、铂涛、华住等大型经济型连锁酒店集团都在纷纷发力中高端品牌业务，旗下一些原有经济型连锁酒店也在进行升级。业内人士表示，由于整体市场趋向消费升级，太低端的酒店将逐渐淡出市场，而格林豪泰在中高端方面的影响力显然不如如家等酒店集团。

对于大娘水饺而言，吴国强在公开信中指出的业绩下滑、产品用料缩水等问题，让大娘水饺的品牌形象急剧下滑。另有公开资料显示，从 2014 年底开始，大娘水饺接连关闭了多家门店，甚至拖欠安徽一公司千万元借款及餐厅老板拖欠员工几十万元工资。北京商报记者在网上发现，不少自称大娘水饺员工的网友对公司部分高层的行事风格和管理不认可，贴吧及一些美食类 App 中，也有许多消费者反映大娘水饺品质逐渐变差。不过，对于上述指责，大娘水饺并未承认。

对于二者结合后能否收获“幸福”，一位不愿透露姓名的业内人士表示，大娘水饺此前主打华东市场，门店分布相对比较集中，而与前东家 CVC 之间的矛盾也影响到大娘水饺的发展步伐，反观北方市场，东方饺子王、喜家德水饺等同类型连锁品牌却在快速发展，部分品牌也同样吸引到外资投入，具备快速扩张的能力，大娘水饺的竞争力则相对较弱。此外，饺子这一品类经过多年的发展，仍然维持在较低端的市场定位，溢价能力不高，企业难以通过提高客单价的方式增加营收，因此格林豪泰牵手大娘水饺后，二者还需在经营策略方面进行长期磨合。

【案例 1－1】需要关注三个问题：

（1）对格林豪泰旗下的子公司而言，此次投出的资本占大娘水饺股份的 100%，达到了控制大娘水饺的目的，属于控制性投资。

（2）受俏江南与大娘水饺经营不佳的影响，控股股东欧洲私募股权基金 CVC 可能已经失去了对中国餐饮业的兴趣，或者说有可能是CVC当前强烈的甩包袱意愿才促成了与格林豪泰之间交易的达成。而格林豪泰是经济型连锁酒店，大娘水饺是餐饮企业，两者的产业关联度比较高，格林豪泰100%控股大娘水饺，对两者未来的产业融合共生应该是一件利好的事情。

（3）大娘水饺内部的创始人团队、外聘管理团队与投资人管理团队之间在经营理念上的博弈与分歧将对大娘水饺后续的经营产生不利影响，这一点具有普遍的警示作用。如果这一次格林豪泰的收购不能妥善处理这种博弈与分歧，则很难使两者得到融合共生。

【案例1-2】

融创增持金科股份直逼实控人，被追问是否要夺控股权

2017-05-04　来源：上海证券报

通过旗下公司再度举牌金科股份后，融创中国持有金科股份的股份数量已达25%，并极度接近金科股份实控人黄红云及其一致行动人的持股数量。深交所对此高度关注，于3日下发关注函，要求举牌方披露增持股份是否为谋求上市公司控制权以及后续安排。

金科股份2日发布公告，公司接到公司股东天津聚金物业管理有限公司（以下简称“天津聚金”）的通知，天津聚金的一致行动人天津润泽物业管理有限公司（以下简称“天津润泽”）和天津润鼎物业管理有限公司（以下简称“天津润鼎”）从2016年12月9日至2017年4月28日通过二级市场增持公司股票266508225股，占公司总股本的4.99%。

公告显示，天津聚金、天津润鼎和天津润泽为融创中国子公司，三者互为一致行动人。截至2017年4月28日，天津聚金及其一致行动人天津润泽和天津润鼎合计持有公司股票1335841985股，占公司总股本的25.00%。

而据金科股份2016年年报披露，公司实际控制人黄红云夫妇直接及间接持有公司26.24%股份。或许是意识到公司的控制权存在潜在“威胁”，黄红云日前与安尊贸易签署了一致行动协议，后者拟在90天内增持上市公司2亿股（约占公司总股本的3.7433%）股份。此外，安尊贸易法人田民春将把其以个人名义持有的金科股份2877.85万股股权（约占公司总股本的0.5%）转让给安尊贸易。

深交所在关注函中要求天津聚金等三家公司说明本次增持股份是否为了谋取上市公司控制权，后续是否存在继续增持股份进而谋取金科股份控制权的计划；使用客观、确定的表述明确未来是否存在对上市公司现任董事会或高级管理人员的调整计划；补充披露自有资金、股东借款及其他合法筹集的资金各自金额与占比，以及“其他合法筹集的资金”涉及的资金来源方名称、金额、资金成本、期限、担保和其他重要条款与后续还款计划等。

【案例1-2】需要关注三个问题：

（1）融创中国持有金科股份的股权比例虽然已达25%，但还没有超过金科股份实控人黄红云及其一致行动人的持股数量，因此融创中国并没有形成对金科股份的控制或共同控制。但作为第二大股东，融创中国应该可以对金科股份产生重大影响，所以，融创中国投出的资本属于施加重大影响投资。

（2）意识到公司的控制权存在潜在“威胁”后，黄红云即与安尊贸易签署了一致行动协议，后者拟在90天内增持上市公司2亿股（约占公司总股本的3.7433%）股份。此外，安尊贸易法人田民春将把其以个人名义持有的金科股份2877.85万股股权（约占公司总股本的0.5%）转让给安尊贸易。这样，加上此前持有的26.24%股份后，金科股份实际控制人黄红云夫妇直接及间接持有公司的股份比例将达到30.4833%，进一步巩固了其实际控制人的地位。

（3）采用非协议转让的方式持有上市公司的股份比例达到一定程度后会受到证券交易所的关注。如融创中国旗下的天津聚金等三家公司就收到深交所的关注函，要求三家公司说明本次增持股份是否为了谋取上市公司控制权，后续是否存在继续增持股份进而谋取金科股份控制权的计划；使用客观、确定的表述明确未来是否存在对上市公司现任董事会或高级管理人员的调整计划；补充披露自有资金、股东借款及其他合法筹集的资金各自金额与占比，以及“其他合法筹集的资金”涉及的资金来源方名称、金额、资金成本、期限、担保和其他重要条款与后续还款计划等。

【案例1-3】

控股股东拟转让5.34亿股
浙江国资委将成康恩贝新实控人

2020-05-30　来源：证券时报　记者：陈静

5月29日晚，康恩贝（600572）发布公告称，公司控股股东康恩贝集团公司拟向浙江省中医药健康产业集团转让其所持有的5.34亿股股份，占公司总股本的20%。交易实施完成后，康恩贝控股股东将由康恩贝集团公司变更为浙江省中医药健康产业集团，公司实际控制人将由胡季强变更为浙江省国资委。

拟转让公司20%股份

康恩贝集团公司为康恩贝控股股东。截至目前，康恩贝集团公司持有公司股份7.07亿股，占公司总股本的26.52%，均为无限售条件流通股；累计质押公司股份1.83亿股，占持有股份数的25.85%，占公司总股本的6.85%。康恩贝第二大股东为胡季强，持有公司股份1.76亿股，占公司总股本的6.6%。

本次交易完成后，康恩贝集团公司将持有公司股份1.74亿股，占公司总股本的6.52%，康恩贝集团公司及其一致行动人胡季强、浙江博康医药投资有限公司将合计持有公司13.33%的股份。

此次双方以协议转让方式进行，经双方协商一致，拟转让20%股份，转让价为33.02亿元，转让价格为每股6.19元。早在4月2日，康恩贝集团公司及胡季强已与浙江省国际贸易集团有限公司（以下简称“浙江省国贸集团”）、浙江省中医药健康产业集团签订了股权转让的意向协议，当时转让价格为6.5元。截至5月29日收盘，康恩贝收盘于5.3元，最新转让价格较二级市场溢价近17%。

浙江国资委成新实控人

天眼查显示，浙江省中医药健康产业集团于2018年11月挂牌成立，注册资本20亿元。

公司是经浙江省人民政府批准，由浙江省国贸集团在整合现有中医药健康产业资源的基础上组建的省级中医药健康产业投资发展平台。股权结构方面，浙江省国资委和浙江省财务开发公司分别持有浙江省国贸集团90%和10%股权；浙江省国贸集团持有浙江省中医药健康产业集团100%股权。

截至目前，浙江省中医药健康产业集团未持有康恩贝股份。本次股份转让实施完成后，浙江省中医药健康产业集团将持有康恩贝20%的股份，成为康恩贝的控股股东，康恩贝将成为浙江省国贸集团实际控制的上市公司。康恩贝实际控制人将由胡季强变更为浙江省国资委。

天眼查显示，截至2020年一季度末，浙江省中医药健康产业集团还持有浙江交科2.51%的股份，为浙江交科第三大股东。

拓展中医药健康产业

康恩贝主要从事药品及大健康产品的研发、制造及批发与经销业务，已经形成以现代中药和植物药为基础，以特色化学药包括原料药和制剂以及功能型健康产品为重要支撑的产品结构。

浙江省中医药健康产业集团业务涵盖中药材种植、中药饮片、中成药、中医药流通、中医诊疗服务等领域。

康恩贝表示，本次股份转让有利于发挥地方国资和民营企业各方的体制机制优势，强强联合，调动整合人才、产业和资本资源，推进双方在医药大健康产业尤其是中医药健康产业领域的战略合作，以上市公司康恩贝为主体合作共建“浙江省中医药健康产业主平台”。

【案例1-3】需要关注三个问题：

（1）康恩贝控股股东康恩贝集团公司拟向浙江省中医药健康产业集团转让其所持有的5.34亿股股份（占公司总股本的20%），这项交易属于协议转让行为。

（2）浙江省中医药健康产业集团持有康恩贝20%的股份就能让浙江省国资委成为康恩贝的实际控制人，说明浙江省中医药健康产业集团的这一项投出资本属于控制性投资，这种情形一般只出现在股权分散的上市公司或非上市的公众公司。

（3）康恩贝表示，本次股份转让有利于发挥地方国资和民营企业各方的体制机制优势，强强联合，调动整合人才、产业和资本资源，推进双方在医药大健康产业尤其是中医药健康产业领域的战略合作。国有资本进入民营公司，或者民营资本进入国有独资或国有控股公司，这是正常的资本流动，是公司资本经营的一种常见现象。

（二）监管资本的运用

公司将资本投放出去后，不能对这些资本放任不管，必须监管它们的运用。公司监管资本运用的方式（或手段、渠道）因持股比例大小的不同而有所不同。本书区分大股东和中小股东来加以论述。

1. 大股东监管资本运用的方式（或手段、渠道）。大股东监管资本的运用主要是通过取得足够多数的董事席位，取得董事长和总经理职位，撤换董事或董事长、总经理，要求被投资公司定期报送财务报告和审计报告以及其他重要的生产经营资料，对被投资公司实行预算控制，将被投资公司的现金实行集中管理，对被投资公司的大宗物资实行集中采购等。

（1）取得足够多数的董事席位和董事长、总经理职位。《公司法》规定：有限责任公司设董事会，其成员为三人至十三人，董事会设董事长一人，可以设副董事长；但股东人数较少或者规模较小的有限责任公司，可以设一名执行董事，不设董事会，执行董事可以兼任公司经理。股份有限公司设董事会，其成员为五人至十九人。董事会设董事长一人，可以设副董事长。董事长和副董事长由董事会以全体董事的过半数选举产生。董事长召集和主持董事会会议，检查董事会决议的实施情况。副董事长协助董事长工作，董事长不能履行职务或者不履行职务的，由副董事长履行职务；副董事长不能履行职务或者不履行职务的，由半数以上董事共同推举一名董事履行职务。若是上市公司，还需要设不少于三人的独立董事。《公司法》的上述规定表明，作为大股东，只有取得足够多数的董事席位和取得董事长、总经理的职位，才能在董事会和经理班子中拥有绝对的话语权，才能更好地监管自己所投资本的运用。

（2）撤换董事或董事长、总经理。大股东派出董事和取得董事长、总经理职位是为了很好地贯彻大股东的投资战略意图，使这一项资本经营能够达到大股东的战略目标。但某个董事或董事长、总经理不会或者不能很好地履职的情况也是客观存在的事实，这时候大股东一般都会示意被投资公司按照法律程序撤换这个不会或者不能很好地履职的董事或董事长、总经理，以确保其派出人员能够很好地贯彻其投资战略意图。

（3）要求被投资公司定期报送财务报告和审计报告以及其他重要的生产经营资料。作为大股东，要求被投资公司定期报送财务报告和审计报告以及其他重要的生产经营资料是一种权利；而作为被投资公司，定期向大股东报送财务报告和审计报告以及其他重要的生产经营资料则是一项义务。大股东通过阅读被投资公司报送的财务报告来了解其财务状况、经营成果、现金流量和股东权益等信息；通过阅读被投资公司报送的审计报告来验证被投资公司财务报告的可靠性；通过阅读被投资公司其他重要的生产经营资料来了解其生产经营情况。大股东所做的这些都是为了更好地监管其所投资本的运用。

（4）对被投资公司实行预算控制。大股东通常是控股股东，能够对被投资公司具有控制作用，因此，大股东不仅把被投资公司纳入合并报表的范围，而且还要把被投资公司纳入预算控制的范围，通过控制被投资公司资产、负债、所有者权益的变动和收入、费用（支出）的发生以及利润的形成和现金的流动，来实现对被投资公司的监管，亦即实现对自己所投资本运用的监管。

（5）将被投资公司的现金实行集中管理。在母子公司或子分公司架构的公司中，现金集中管理（实行收支两条线管理等）的现象已经非常普遍。作为大股东，把被投资公司（达到控制程度的公司）纳入合并报表范围和预算控制的范围之后，通常都会对其现金实行集中管理。大股东通过对被投资公司现金的集中管理来控制其现金的流入和流出，实现对被投资公司财务活动的监控，从而实现对大股东所投资本运用的监管。

（6）对被投资公司的大宗物资实行集中采购。对大宗物资实行集中采购是母子公司或子分公司架构的公司常用的一种采购管理模式。这种采购管理模式一方面可以节约采购成本、降低采购风险、提高采购效率，另一方面也是母公司（总公司）监管子公司（分公司）财务活动的一种常用手段。通过大宗物资的集中采购，大股东可以控制被投资公司的大宗物资采购，从而实现对自己所投资本运用的监管。

2. 中小股东监管资本运用的方式（或手段、渠道）。中小股东监管资本的运用主要是通过参加股东会（或股东大会）、借助监事会和查阅财务报告等财务及经营资料等。

（1）参加股东会（或股东大会）。《公司法》规定：有限责任公司股东会、股份有限公司股东大会由全体股东组成。股东会（股东大会）是公司的权力机构，依照本法行使职权。股东会（股东大会）行使下列职权：决定公司的经营方针和投资计划；选举和更换非由职工代表担任的董事、监事，决定有关董事、监事的报酬事项；审议批准董事会的报告；审议批准监事会或者监事的报告；审议批准公司的年度财务预算方案、决算方案；审议批准公司的利润分配方案和弥补亏损方案；对公司增加或者减少注册资本作出决议；对发行公司债券作出决议；对公司合并、分立、解散、清算或者变更公司形式作出决议；修改公司章程；公司章程规定的其他职权。

中小股东通过参加股东会（或股东大会）行使上述职权来监管自己所投资本的运用。

（2）借助监事会。《公司法》规定：有限责任公司设监事会，其成员不得少于三人。股东人数较少或者规模较小的有限责任公司，可以设一至二名监事，不设监事会。股份有限公司设监事会，其成员不得少于三人。监事会应当包括股东代表和适当比例的公司职工代表，其中职工代表的比例不得低于1/3，具体比例由公司章程规定。监事会中的职工代表由公司职工通过职工代表大会、职工大会或者其他形式民主选举产生。监事会设主席一人（其中股份有限公司可以设副主席）。监事会主席、副主席由全体监事过半数选举产生。监事会主席召集和主持监事会会议；监事会主席不能履行职务或者不履行职务的，由半数以上监事共同推举一名监事召集和主持监事会会议。其中，股份有限公司监事会主席不能履行职务或者不履行职务的，由监事会副主席召集和主持监事会会议；监事会副主席不能履行职务或者不履行职务的，由半数以上监事共同推举一名监事召集和主持监事会会议。董事、高级管理人员不得兼任监事。

《公司法》还规定：监事会、不设监事会的公司的监事行使下列职权：检查公司财务；对董事、高级管理人员执行公司职务的行为进行监督，对违反法律、行政法规、公司章程或者股东会（股东大会）决议的董事、高级管理人员提出罢免的建议；当董事、高级管理人员的行为损害公司的利益时，要求董事、高级管理人员予以纠正；提议召开临时股东会（股东大会）会议，在董事会不履行本法规定的召集和主持股东会（股东大会）会议职责时召集和主持股东会（股东大会）会议；向股东会（股东大会）会议提出提案；依照本法第一百五十一条的规定，对董事、高级管理人员提起诉讼；公司章程规定的其他职权。监事可以列席董事会会议，并对董事会决议事项提出质询或者建议。监事会、不设监事会的公司的监事发现公司经营情况异常，可以进行调查；必要时，可以聘请会计师事务所等协助其工作，费用由公司承担。

中小股东可以借助监事会，相信其在行使上述职权的过程中能够做到客观、公正，能够代替或者帮助自己监管所投资本的运用。

（3）查阅财务报告等财务及经营资料等。中小股东可以通过查阅被投资公司的财务报告、审计报告、经营计划、经营方案、预算方案等各种能反映被投资公司财务和经营情况的信息资料来监督被投资公司的财务活动、经营活动，从而达到监管自己所投资本运用的目的。

3. 大股东和中小股东都可以采取的监管资本运用的方式（或手段、渠道）。不管是大股东还是中小股东，都可以采取通过证监会、证券交易所、全国中小企业股权交易系统、财政部等政府有关部门、社会公众、各类媒体等外部监管的方式（或手段、渠道）来监管自己所投资本的运用。

【案例1-4】

警惕分红背后有猫腻，交易所向部分公司发出关注函

2023-04-27 来源：证券日报 记者：冯雨瑶

分红方案与业绩增长是否匹配、是否存在通过高比例分红向主要股东进行利益输送情形、是否利用分红炒作股价……连日来，监管部门向不少上市公司下发关注函，直指分红方案背后的猫腻。

从过往案例看，个别上市公司分红存在变相落入大股东口袋、通过分红引发股价波动等情况。接受《证券日报》记者采访的多位业内人士表示，上市公司分红本身没有问题，但投资者需要警惕上市公司突击分红、“掏空家底式”分红。

多家公司收关注函

4月26日，深交所向蓝晓科技下发关注函，针对公司2022年度利润分配预案，要求其说明转增、分红比例是否与公司业绩增长幅度相匹配。

这并非个例。4月份以来，监管部门紧盯分红猫腻，不少上市公司收到关注函。据记者梳理，除分红与业绩增长是否匹配之外，分红方案是否存在炒作股价情形、是否通过高比例分红向主要股东进行利益输送等，也是监管问询的焦点。

例如，4月21日，某A股上市公司的分红预案合理性遭质疑，盈利1.29亿元却分红超3亿元，被深交所要求说明本次实施高比例现金分红的原因及必要性，是否存在通过高比例现金分红向主要股东进行利益输送的情形，并结合公司股权结构及大股东、中小股东获得的分红金额等，核实说明高比例现金分红是否有利于保护中小投资者利益。

“上市公司经营情况满足分红的法定要求且内部审议通过的，分红本身不存在法律层面的问题。但是，除法律层面外，分红是否具备合理性也是监管部门和投资者关注的重点。”上海明伦律师事务所王智斌律师告诉《证券日报》记者。

他进一步表示，从市场的角度考察，上市公司长期“一毛不拔”，会影响投资者信心，进而也会影响公司估值。但另一方面，上市公司不考虑自身发展需求，过于“勉强”的分红，也同样会招致市场的质疑。

“上市公司在确定分红方案时，需要综合考虑公司所处的成长阶段、行业特点、盈利水平、现金流和未来发展计划。”一位不愿具名的业内人士向记者表示，一家处于高成长期的公司，将收益留存在公司内部用于扩大再投资可能会给股东带来更大的价值。

有上市公司在回复监管关注函时称，公司2022年度利润分配预案与公司经营发展状况相匹配，符合公司所处行业特点、公司发展阶段和研发投入等方面的需求，有利于提高公司的市场形象和竞争力。

投资者应关注投资风险

“如果上市公司经营情况较差却推出‘慷慨’的分红方案，该公司长期是否能稳健经营就存在疑问，投资者应当关注投资风险。”王智斌说。

在发布分红预案的上市公司中，高比例现金分红成多数选择。数据显示，截至目前，在净利润为正的企业中，拟现金分红比例最高的上市公司为丽江股份。据其2022年度权益分配预案显示，公司以总股本54949.07万股为基数，向全体股东每10股派发现金红利人民币

2.50元，合计拟派发现金红利为人民币1.37亿元，占同期归母净利润的比例为3728.25%。

值得关注的是，作为一家旅游上市企业，丽江股份近两年盈利艰难。数据显示，丽江股份2022年实现营业收入约3.17亿元，同比减少11.66%；实现净利润368.46万元，扭亏为盈。此外，公司经营活动产生的现金净流量为1.17亿元。

谈及上市公司的高比例分红，透镜咨询创始人况玉清表示："关键要看上市公司账上是否有足够多的未分配利润，近期是否有重大投资计划，以及分红后是否会对公司正常生产经营造成流动性压力，如果这三方面都没问题的话，多分红也不是什么坏事。"

数据显示，2022年丽江股份的未分配利润为10.57亿元。业绩方面，过去三年受疫情影响，公司营收及净利润均大幅下滑。

除经营吃紧却坚持高分红外，也不乏净利润亏损，但仍坚持高比例分红的上市公司。如某上市公司上年净亏损超17亿元，合计派发现金红利近23亿元，现金分红比例高达30%。

上述业内人士向《证券日报》记者表示："在实践当中，分红对于净资产收益率指标、资产负债率指标都会产生影响，因此，部分公司也会通过调节分红比例来达到优化上述两个指标的目的。此外，如果大股东有资金需求，分红则为大股东提供了一种更为直接且不影响控制权的方式。"

【案例1-4】需要关注三个问题：

（1）交易所向上市公司发出关注函是交易所替全体股东（包括大股东和中小股东）监管他们所投资本的运用的一种常见方式，属于外部监管。

（2）本案例中，交易所监管的事项是上市公司的分红，具体的监管内容是上市公司分红方案与业绩增长是否匹配、是否存在通过高比例分红向主要股东进行利益输送情形、是否利用分红炒作股价等。

（3）实践中，并非亏损的公司就不能分红，也并非分红金额不能超过其当年的净利润。公司分红的权益来源首先是历年积累的未分配利润（可供分配的利润），其次就是公积金，但利用公积金来分红是在非常特殊的情况下不得已而为之的一种行为，正常情况下都是利用未分配利润（可供分配的利润）来分红。

【案例1-5】

财政部对德勤和华融依法作出行政处罚！德勤华永回应！

2023-03-18　来源：市场资讯　新浪财经

财政部对德勤和华融依法作出行政处罚

自2021年起，财政部对中国华融资产管理股份有限公司（以下简称"华融"）会计信息质量及其审计机构德勤华永会计师事务所（以下简称"德勤"）执业质量开展了检查。

财政部成立专项检查组，对华融和德勤分别开展现场检查，问询访谈相关人员，查阅复制相关资料，广泛调查取证，向华融、德勤征求检查意见，对检查发现问题进行了数次集中审理和专家论证。2023年2月24日至3月6日，据当事人申请，财政部依法对德勤组织了听证会，充分听取了陈述和申辩意见，对有关事实进行了辩论和质证，确保事实清楚、证据确凿、定性准确、程序合法。

经查，华融2014年度至2019年度不同程度存在内部控制和风险控制失效、会计信息严重失真等问题。德勤未充分关注华融多项经济业务实质，未穿透审计底层资产真实状况，对重大投资事项忽略审批合规性，对已识别的异常交易未恰当发表审计意见，未能客观评价企业资产状况，未能准确评估预期信用损失模型参数的合理性，在提供审计服务期间，未保持职业怀疑态度，未有效执行必要的审计程序，未获取充分适当的审计证据，存在严重审计缺陷。

根据《中华人民共和国会计法》《中华人民共和国注册会计师法》等法律法规，财政部秉持“过罚相当、公正执法”原则，综合考虑华融、德勤违法行为的性质、程度、持续时间、影响范围等因素，于2023年3月15日依法作出行政处罚决定。

华融方面：

对中国华融资产管理股份有限公司给予10万元罚款的行政处罚；

对华融致远投资管理有限责任公司给予10万元罚款的行政处罚；

对华融天泽投资有限公司给予10万元罚款的行政处罚；

对华融华侨资产管理股份有限公司给予10万元罚款的行政处罚；

对华融国际信托有限责任公司给予10万元罚款的行政处罚；

对华融汇通资产管理有限公司给予10万元罚款的行政处罚；

对华融瑞通股权投资管理有限公司给予10万元罚款的行政处罚；

对华融实业投资管理有限公司给予10万元罚款的行政处罚。

上述处罚为依据《中华人民共和国会计法》第四十三条等实施的顶格处罚。

根据情节轻重，对在华融相关公司年度财务会计报告上签字的李某某等6名责任人，给予5万元罚款的行政处罚，对李某等6名责任人，给予3万元罚款的行政处罚，对陈某等7名责任人，给予1万元罚款的行政处罚。

德勤方面：

给予德勤总所警告；

暂停德勤北京分所经营业务3个月；

没收德勤北京分所违法所得并处罚款总额21190.44万元，德勤总所承担连带责任。

根据情节轻重，对德勤相关审计报告的签字注册会计师景某某等2名责任人，给予吊销注册会计师证书的行政处罚，对马某某等3名责任人给予暂停执行业务1年的行政处罚，对牛某某等3名责任人给予暂停执行业务6个月的行政处罚，对宗某等6名责任人给予警告的行政处罚。

上述处罚决定，当事人有提起行政复议或行政诉讼的权利，但行政复议或行政诉讼期间，处罚决定不停止执行。财政部将加强财会监督、严肃财经纪律，严厉打击会计审计违法违规行为，从严监管，严厉执法，在依法保护企业和中介机构合法权益的同时，加大执法力度，强化对相关责任人的追责问责，为维护社会公平正义、规范市场经济秩序、保障国家经济安全提供有力支撑。

德勤回应

关于财政部对德勤华永有关中国华融审计的行政处罚的事务所声明

2023年3月17日，针对德勤华永会计师事务所（特殊普通合伙）（以下简称“德勤华永”）及其北京分所（以下简称“北京分所”）在一个前任客户——中国华融资产管理股份有限公司（以下简称“中国华融”）及其部分子公司的2015年度至2019年度审计工作的检查，中国财政部（以下简称“财政部”）公布了对德勤华永、北京分所及其有关签字注册会计师给予行政处罚的公告。需要说明的是，财政部的检查工作证明德勤华永、北京分所及其注册会计师在审计过程中均不存在任何不诚信的行为。

我们充分配合了财政部的检查工作。我们尊重和接受财政部的处罚决定。在检查中，财政部认为我们审计工作的某些方面未能充分达到审计准则的要求，我们对此感到遗憾。

我们没有从中国华融收到其准备对相关财务报表进行重述的任何信息。相关审计报告也不需要更正。

德勤华永一直致力于遵循审计准则并坚守最高的审计质量标准。我们始终坚持以审计质量为事务所发展的立身之本，服务客户、资本市场和公众利益。

【案例1－5】需要关注三个问题：

（1）财政部对华融和德勤做出行政处罚是财政部替华融的全体股东（包括大股东和中小股东）监管他们所投资本的运用的一种方式，属于外部监管。

（2）财政部对华融和德勤做出行政处罚的缘由是华融2014年度至2019年度不同程度存在内部控制和风险控制失效、会计信息严重失真等问题；而德勤未充分关注华融多项经济业务实质，未穿透审计底层资产真实状况，对重大投资事项忽略审批合规性，对已识别的异常交易未恰当发表审计意见，未能客观评价企业资产状况，未能准确评估预期信用损失模型参数的合理性，在提供审计服务期间，未保持职业怀疑态度，未有效执行必要的审计程序，未获取充分适当的审计证据，存在严重审计缺陷。

（3）财政部除了对华融和德勤做出行政处罚之外，还处罚了华融和德勤的相关责任人，如：根据情节轻重，对在华融相关公司年度财务会计报告上签字的李某某等6名责任人，给予5万元罚款的行政处罚，对李某等6名责任人，给予3万元罚款的行政处罚，对陈某等7名责任人，给予1万元罚款的行政处罚；根据情节轻重，对德勤相关审计报告的签字注册会计师景某某等2名责任人，给予吊销注册会计师证书的行政处罚，对马某某等3名责任人给予暂停执行业务1年的行政处罚，对牛某某等3名责任人给予暂停执行业务6个月的行政处罚，对宗某等6名责任人给予警告的行政处罚。

【案例1－6】

格力股东大会表决结果互相打架，董明珠罕见发飙

2016－10－31　来源：中国证券报　作者：任明杰

就公司发行股份收购珠海银隆100%股权及募集配套资金97亿元的方案，格力电器10月30日晚间发布股东大会决议公告。决议结果却出现了“互相打架”的乌龙局面。在发行股份购买资产及募集配套资金的总议案被股东大会否决的情况下，发行股份购买资产的子议案却在股东大会上通过。

“在总议案被否决的情况下子议案却获得通过，那子议案到底有没有获得通过？”不少

参加股东大会的基金经理一头雾水。有接近格力电器的人士告诉《中国证券报》记者，目前公司正就上述结果紧急咨询法律人士。

从表决结果看，在本次股东大会的全部议案中，中小股东投反对票的比例均显著高于总体反对票比例。业内人士指出，格力电器在账上有大笔现金的情况下，拟通过发行股份收购资产及发行股份募集配套资金，近230亿元的金额将摊薄25%的股本，由此引起一些中小股东的不满，于是投出反对票。格力电器董事长董明珠更是在大会现场“发飙”，称公司连续多年大比例分红，一些人却“忘恩负义”。

表决结果“互相打架”

根据预案，格力电器拟采用发行股份的方式收购珠海银隆100%的股权，交易对价130亿元。同时，向珠海市国资委、员工持股计划、珠海银隆大股东等8名特定投资者发行股份募集配套资金100亿元，用于珠海银隆募投项目建设。之后，上述募集配套资金总额从100亿元下调为97亿元。

有意思的是，股东大会表决结果显示，公司发行股份购买资产并募集配套资金暨关联交易议案以及募集配套资金的子议案均因为赞成票比例未达到2/3而未获得股东大会通过。但另一个子议案——公司向特定对象发行股份购买资产的议案却获得了股东大会通过。

“在总议案没有获得通过的前提下，发行股份购买资产的子议案却获得了通过。在这种情况下，发行股份购买资产的子议案到底是通过还是没有通过？对这样的结果我们也是一头雾水。”现场参加股东大会的基金经理王亮（化名）告诉《中国证券报》记者。

现场参加投票的机构一头雾水，格力电器面对这样的投票结果同样莫衷一是。据《中国证券报》记者了解，公司正在就上述问题咨询律师。“在这样的局面下，大家都不知道到底是都不做了，还是修改方案，抑或只是进行收购。这种情况对公司股价构成了重大不确定性，公司应该申请股票临时停牌。”王亮表示。

遭中小股东抵制

对于总议案和发行股份募集配套资金子议案没有获得通过，发行股份购买资产的议案却获得通过这“互相打架”的表决结果，有接近格力电器的人士告诉《中国证券报》记者，“除了发行股份购买资产和发行股份募集配套资金两个子议案，其他议案在设计上是一个整体，无法通过拆分的方式分别进行表决。最后出现了总议案未获通过，而子议案却获得通过的尴尬结果。”

“实际上，大家对于收购珠海银隆没有太大争议，但对于收购珠海银隆的方案不认可。在公司账上有大笔现金的情况下，公司却采用发行股份收购资产及发行股份募集配套资金的方式，且接近230亿元的总额将直接摊薄25%的股本，这是很多机构不想看到的。”王亮表示。

对于发行股份收购资产及发行股份募集配套资金在同样摊薄股本的情况下，为什么发行股份收购资产却获得股东大会通过，王亮认为，主要是很多参与投票的中小股东在收购珠海银隆的方式上也存在争议，“一部分中小投资者认为，完全可以通过支付现金的方式进行收购，但另一部分中小投资者则认为，这样的话不利于绑定珠海银隆的原股东，不利于后期整合，特别是在跨界收购的情况下。”

据《中国证券报》记者了解，收购珠海银隆的方案公布之初，这一方案能否获得股东大会通过便引起了市场高度关注。当时就有不少机构投资者明确表示将在股东大会上投反对票，而格力电器也进行了种种努力，试图说服机构投资者在股东大会上投赞成票。

董明珠罕见发飙

值得注意的是，在10月28日的股东大会上，董明珠面对现场参加股东大会的中小股东大分贝“发飙”：“格力没有亏待你们。上市公司有哪几家这样给你们分红？我5年不给你们分红，你们又能把我怎么样？两年给你们分了180亿元，哪家企业给你们这么多？”

事实上，格力电器上市以来对中小股东一直“慷慨有加”。今年4月28日晚间，格力电器发布的2015年利润分配预案显示，拟向全体股东每10股派发现金红利15元（含税），以公司60.2亿总股本计算，格力电器派现分红超过90亿元，分红比例高达71.8%。而2014年格力电器的分红方案则是10转10股派30元，分红总金额超过90亿元。

“业绩稳步增长，加上超高比例的分红，格力电器在过去几年一直是基金经理眼中的超级白马股，地位不亚于贵州茅台。”王亮表示，在格力电器如此慷慨的情况下，董明珠因没有获得掌声而“发飙”也可以理解。

此外，公司未来三年股东回报规划（2016—2018年）的议案获得股东大会通过。按照规划，格力电器未来3年将执行不低于60%的分红比例，但执行有一个前提是“在不发生重大资本开支”的情况下。“此次发行股份募集配套资金97亿元的议案没有获得股东大会通过，未来如果公司要花钱投入珠海银隆项目的话，有可能大幅度降低分红比例。”王亮表示。

【案例1－6】需要关注三个问题：

（1）格力电器这一次股东大会的表决结果显示，公司发行股份购买资产并募集配套资金暨关联交易议案以及募集配套资金的子议案均因为赞成票比例未达到2/3而未获得股东大会通过。但另一个子议案——公司向特定对象发行股份购买资产的议案却获得了股东大会通过。这是中小股东利用股东大会监管自己所投资本运用的一种具体形式，属于股东内部监管。

（2）从案例报道的分析来看，实际上，中小股东对于收购珠海银隆没有太大争议，但对于收购珠海银隆的方案不认可。在公司账上有大笔现金的情况下，公司却采用发行股份收购资产及发行股份募集配套资金的方式，且接近230亿元的总额将直接摊薄25%的股本，这是很多机构不想看到的。对于发行股份收购资产及发行股份募集配套资金在同样摊薄股本的情况下，为什么发行股份收购资产却获得股东大会通过，主要是很多参与投票的中小股东在收购珠海银隆的方式上存在争议，一部分中小投资者认为，完全可以通过支付现金的方式进行收购，但另一部分中小投资者则认为，这样的话不利于绑定珠海银隆的原股东，不利于后期整合，特别是在跨界收购的情况下。

（3）格力电器自董明珠2012年就任董事长以来，对中小股东一直“慷慨有加”。格力电器2013年净利润74.46亿元，现金分红30.08亿元，股利支付率40.4%；2014年净利润142.53亿元，现金分红90.24亿元，股利支付率63.31%；2015年虽然遭遇营收、净利润同比双下滑，但仍保持了90.24亿元的分红金额，股利支付率71.48%；2016年净利润154.21亿元，现金分红108.28亿元，股利支付率70.22%。如此连年高水平的分红，中小股东还不“知趣”，难怪董明珠“发飙”，这说明什么？说明中小股东的自我保护意识非常强，即使连年获得高额分红，也要对自己认为不正确或者不合适的议案投出反对票，这在一定程度上反映出资本市场的成熟度。

（三）调整存量资本

公司资本经营过程中的任何一个时点（如年末、季末、月末或某天）都会有一定规模的、以不同形式存在的存量资本。这些存量资本有的可能会给公司带来很好的收益，有的却让公司分担不少亏损；有的可能符合公司的战略方向，有的却不符合公司的战略方向。调整存量资本就是把那些预期不能给公司带来较好收益或者已经不符合公司战略方向的存量资本全部或部分转让出去，或者增持那些预期能给公司带来较好收益并且符合公司战略方向的新的资本，尽量使公司拥有的存量资本都是能给公司带来较好收益并且符合公司战略方向的资本。比如，假设甲公司拥有三项存量资本，分别为拥有 A 公司 70% 的股权，股份份额为 7 亿股，当前市值 70 亿元；拥有 B 公司 30% 的股权，股份份额为 6 亿股，当前市值 48 亿元；拥有 C 公司 10% 的股权，股份份额为 10 亿股，当前市值 120 亿元。现甲公司认为持有 B 公司的股权已经不符合公司的战略方向，C 公司预期能给公司带来较好收益并且符合公司战略方向，因此决定把所持 B 公司的 6 亿股股份全部出让，出让价为 9 元/股，得到现金 54 亿元全部用于购入 C 公司股份，C 公司股价为 12 元/股，则可购入 C 公司股份 4.5 亿股。此次交易完成后，甲公司共持有 C 公司的股份份额为 14.5 亿股，持股比例增长到 14.5%（假设 C 公司之前未增发新股）。甲公司出让 B 公司股份转而购入 C 公司股份的过程就是调整存量资本的过程。

【案例 1-7】

恒大转让广汇集团全部持股，上海国资 148.5 亿元接盘

2020-11-02 来源：证券时报 记者：刘灿邦

恒大集团再度回收近 150 亿元资金。两年前，恒大集团斥资逾百亿元入股新疆民企广汇集团，合计取得 40.964% 股权，双方拟在能源、汽车、物流、地产等四大领域建立全方位战略合作。彼时来看，通过合作，广汇集团财务压力得以缓解，借助广汇集团的汽车分销渠道优势，恒大集团也在筹划着自己的造车梦。

然而，计划赶不上变化，2020 年 11 月 1 日，恒大集团与申能集团以及广汇集团实际控制人孙广信签署股权转让协议书，恒大集团将其持有的广汇集团 40.964% 股权转让给申能集团，转让总金额为 148.5 亿元，申能集团将取代恒大集团成为广汇集团第二大股东。

2020 年 11 月 1 日，恒大集团发布公告表示，此举有助于公司聚焦核心业务，实现长期稳健发展。分析人士认为，恒大集团此次回笼 148.5 亿元现金，不仅为新能源汽车研发及量产提供强大的资金支持，也有助于降低负债率，加上恒大集团今年有望实现 8000 亿元销售并带来充裕的现金流，将为实现未来三年有息负债平均每年减少 1500 亿元的目标提供更有力保障。

上海国资入股广汇集团

2020 年 11 月 1 日晚间，广汇能源发布公告称，恒大集团与申能集团及广汇集团实际控制人孙广信于当日签署了关于广汇集团之股权转让协议书，据此，恒大集团将其持有的广汇集团 40.964% 股权转让给申能集团，转让总金额为 148.5 亿元。申能集团将受让恒大集团于 2018 年入股广汇集团时的全部对应股权比例，成为广汇集团第二大股东。

回顾恒大集团入股广汇集团的过程，2018 年 9 月，广汇集团、孙广信与恒大集团签署了《战略合作协议》和《投资协议》。由恒大集团以自广汇集团原有股东受让股权并向目标公司增资的方式对广汇集团进行投资，投资总金额为 144.9 亿元。

2018 年 10 月，广汇集团办理完毕上述交易所涉及的工商变更，恒大集团合计持有广汇集团 40.964% 的股权，成为广汇集团第二大股东。

根据彼时协议内容，恒大集团与广汇集团计划在汽车销售、能源、地产、物流等领域开展全面战略合作，充分发挥双方的资源优势进行资源整合，共同推动相关产业的发展。

资料显示，广汇集团现已形成"能源开发、汽车服务、现代物流、置业服务"等产业并进的发展格局，拥有广汇能源、广汇汽车、广汇宝信、广汇物流 4 家上市公司。2018 年年末数据显示，广汇集团总资产 2637.47 亿元，完成营业收入 1889.42 亿元，实现净利润 50.43 亿元。

再看此次交易的受让方，申能集团注册资本 100 亿元，是上海市国资委出资监管的国有独资有限责任公司。截至 2019 年末，申能集团拥有申能股份、上海燃气等 14 家一级控股子公司。同时，作为发起人股东，申能集团及其下属子公司持有中国太保、东方证券、海通证券、上海电气、光大银行等上市公司股权，且为东方证券第一大股东。

恒大集团加快降负债

两年前（2018 年），恒大集团以 144.9 亿元的成本入股广汇集团，两年后（2020 年）退出之时，恒大集团收回的资金为 148.5 亿元，两年间增值了 3.6 亿元，年化收益率仅为 1.3% 左右。

截至 2020 年 9 月 24 日，恒大集团有息负债较 2020 年 3 月末已下降约 534 亿元，融资成本下降 2.24 个百分点，提前归还 9 月 25 日以后到期借款 435 亿元，各项降负债成效积极显著。公司成立 24 年来，共计借款 20523 笔，从未出现利息晚付、本金逾期归还的情况。

2020 年 9 月 29 日，恒大集团再次发布公告称，公司近日与投资恒大地产 1300 亿元的战略投资者进行商谈，已于 2020 年 9 月 29 日与战略投资者签订补充协议。补充协议明确，战略投资者已同意不要求回购股份并继续持有恒大地产权益，且在恒大地产的股权比例保持不变。

从恒大集团当前的资产腾挪来看，其正从多个方面降低负债，并优化资金结构。首先是加快房产销售，截至 2020 年 10 月 8 日，恒大集团年内累计实现销售额 5922.5 亿元，完成全年 6500 亿元销售目标的 91%。按上半年近 90% 回款率计算，恒大集团全年回款将达到 7200 亿元。其次就是清理投资项目，例如，此次撤出对广汇集团的投资。最后，推动旗下板块上市也是恒大集团优化自身资金结构的重要途径，一方面，恒大物业集团已经向港交所提交上市申请；另一方面，恒大汽车已与海通证券签署上市辅导协议，并在深圳证监局备案登记，拟在上交所科创板挂牌上市。

【案例 1－7】需要关注三个问题：

（1）恒大集团 2018 年 9 月以 144.9 亿元的成本入股广汇集团，2020 年 11 月转让所持有的广汇集团的全部股份，收回资金 148.5 亿元，两年间增值了 3.6 亿元，年化收益率大约为 1.24%。恒大集团转让所持广汇集团股份的过程就是典型的调整存量资本的过程，这次调整还略有微利。

(2) 根据公告，恒大集团这次调整存量资本的原因是为了让公司聚焦核心业务，实现长期稳健发展。但分析人士认为，恒大集团此次转让所持广汇集团股份收回大额现金，也有为了偿还债务、降低负债率的可能性。

(3) 一家公司转让所持有的另一家公司的股份，原因除了不符合自身的战略方向、投资回报不达预期之外，可能还有双方合作不愉快、发现了新的更符合自身战略方向或者预期回报更好、被投资公司出于优化股权结构和公司治理的需要等原因。

第二节　公司资本经营的特征

公司资本经营的特征是通过与公司资产经营的比较来显现的。下面将从经营的主体、经营的客体、经营的阶段和经营的收益四个方面来比较公司资本经营和公司资产经营，通过比较来认识公司资本经营的特征。

一、从经营的主体看公司资本经营的特征

从前文公司资本经营的定义可以看出，公司资本经营的主体是投资公司，而公司资产经营的主体则是被投资公司。比如，A 公司将资本投入到 B 公司，B 公司用所筹集到的资本购建固定资产、无形资产、原材料资产等之后生产出商品资产，再将商品资产销售出去取得现金资产或应收账款资产。这种情况下，A 公司是投资公司，从事的是资本经营；B 公司是被投资公司，从事的是资产经营。当然，一家公司既可以从事资本经营，也可以从事资产经营。比如，假设 A 公司同时还进行商品的生产和销售，则 A 公司既从事了资本经营，也从事了资产经营。在现代的大型集团公司中，有一部分集团公司的母公司只从事资本经营，不从事资产经营，这种集团公司被称为“控股型”集团公司，比如中央和地方国资委直属的一级集团公司大多属于这种类型；另一部分集团公司的母公司既从事资本经营，也从事资产经营，这种集团公司被称为“产业型”集团公司，比如一级集团公司下属的二级、三级甚至四级集团公司中有的就属于这种类型。

二、从经营的客体看公司资本经营的特征

公司资本经营的客体是资本关系，而公司资产经营的客体则是公司合法拥有或依法控制的资产。所谓资本关系，是指投资公司从注资取得股权证书开始，到依法派驻董事（若有条件）、依法出席董事会（若可）、依法出席股东大会（股东会），再到依法分享经营利润、依法分担经营风险等一系列过程中所享有的权责利关系。公司资本经营所经营的就是这一系列权责利关系。而公司资产经营所经营的则是资产筹措、资产购建、资产制造、资产销售、资产收回等这些与资产的取得、使用和保全有关的事情。所以说，公司资本经营的客体是资本关系，公司资产经营的客体则是公司合法拥有或依法控制的资产。

三、从经营的阶段看公司资本经营的特征

从经营的阶段来看，公司资本经营主要包括投出资本、监管资本的运用和调整存量资本

三个阶段；公司资产经营也主要包括资产的取得、资产的使用和资产的保全三个阶段。公司在资本经营的三个阶段中所发生的事情已经在本章第一节做了阐述，这里主要阐述公司在资产经营的三个阶段所发生的事情。

公司在资产取得、资产使用和资产保全这三个阶段中发生的事情主要分散在筹资活动、投资活动和经营活动这三项活动之中。

（一）公司在资产取得阶段中发生的事情

1. 在筹资活动中取得资产的事情主要包括：定向募集资本金、发行股票、发行债券、借款等。在这些事情中，投资人如果是以货币性资产出资，公司取得的是货币性资产；如果投资人是以固定资产、无形资产等出资，则公司取得的是固定资产、无形资产等非货币性资产。

2. 在投资活动中取得资产的事情主要包括：建造房屋及建筑物，购买机器设备、土地使用权、原材料、辅助材料、低值易耗品等，购买股票、债券等。建造房屋及建筑物、购买机器设备、购买土地使用权等取得的是有形或无形的长期资产，购买原材料、辅助材料、低值易耗品等取得的是流动资产，购买股票、债券等取得的则是长期股权投资、持有至到期投资、可供出售金融资产、交易性金融资产等长期或短期资产。

3. 在经营活动中取得资产的事情主要包括：采购、生产、销售、研发等。在采购活动中取得的通常是固定资产、原材料、辅助材料、低值易耗品等资产或服务，在生产活动中取得的通常是商品、在产品、半成品等存货资产，在销售活动中取得的通常是现金、银行存款、其他货币资金、应收账款、应收票据等货币性资产。在研发活动中取得的通常是专利权等无形资产。

（二）公司在资产使用阶段中发生的事情

1. 在筹资活动中使用资产的事情主要包括：公司在定向募集资本金、发行股票、发行债券、借款等筹资活动中一般会发生筹资费用，这些费用通常是用货币性资产来支付，这就使用了货币性资产。此外，公司向债权人还本付息、向股东分红通常也会使用货币性资产来支付，也需要使用货币性资产。

2. 在投资活动中使用资产的事情主要包括：公司在建造房屋及建筑物以及购买机器设备、土地使用权、原材料、辅助材料、低值易耗品、股票、债券等活动中通常都需要使用货币性资产、固定资产、工程物资、无形资产、存货等资产中的一种或若干种。

3. 在经营活动中使用资产的事情主要包括：公司在采购活动中通常会使用货币性资产、固定资产等资产，在生产活动中通常会使用货币性资产、固定资产、原材料、辅助材料、低值易耗品等资产，在销售活动中通常会使用货币性资产、商品、半成品、固定资产等资产。在研发活动中通常也会使用货币性资产、商品、半成品、固定资产等资产。

（三）公司在资产保全阶段中发生的事情

1. 在筹资活动中保全资产的事情主要包括：公司在定向募集资本金、发行股票、发行债券、借款等筹资活动中无论是取得还是使用资产，都要采取各种措施来保证资产的安全完整，比如采取签订合同、购买财产保险、授权审批、限制接触等措施。

2. 在投资活动中保全资产的事情主要包括：公司在建造房屋及建筑物以及购买机器设备、土地使用权、原材料、辅助材料、低值易耗品、股票、债券等活动中无论是取得还是使用资产，都要采取各种措施来保证资产的安全完整，比如采取签订合同、购买财产保险、授权审批、限制接触等措施。

3. 在经营活动中保全资产的事情主要包括：公司在采购活动、生产活动、销售活动和研发活动中无论是取得还是使用资产，都要采取各种措施来保证资产的安全完整，比如采取签订合同、购买财产保险、授权审批、限制接触等措施。

以上所列的这些事情，就是公司在资产经营的三个阶段中所发生的主要事情。

四、从经营的收益看公司资本经营的特征

从经营的收益来看，公司资本经营的收益主要包括投资收益和资本利得，而公司资产经营的收益只有经营利润。

公司资本经营的投资收益是指投资公司在被投资公司的利润（或亏损）或者所有者权益增加（或减少）中按照持股比例分享（或分担）的利润（或亏损）额或者所有者权益增加（或减少）额。公司资本经营的资本利得是指转让存量资本时所取得的扣除转让费（或佣金）后的净收入减去投出资本的成本后的余额。【案例 1－7】中，恒大集团 2018 年 9 月以 144.9 亿元的成本入股广汇集团，2020 年 11 月转让所持有的广汇集团的全部股份，收回资金 148.5 亿元，两年间增值了 3.6 亿元，这 3.6 亿元就是恒大集团这次调整存量资本所得到的资本利得。

公司资本经营中长期股权投资的核算方法有成本法和权益法两种。

在成本法下，长期股权投资应当按照初始投资成本计量。追加或收回投资应当调整长期股权投资的成本。被投资公司宣告分派的现金股利或利润，确认为当期投资收益（这是公司资本经营收益的主要形式），不管有关利润分配是属于对取得投资前还是取得投资后被投资公司实现净利润的分配。当投资公司持有的股权份额达到能够对被投资公司实施控制的程度时，长期股权投资采用成本法核算。

在权益法下，长期股权投资以初始投资成本计量后，在持有期间内，根据被投资公司所有者权益的变动，投资公司按应享有（或应分担）被投资公司所有者权益的份额来调整其长期股权投资账面价值，调增部分本质上属于投资收益，调减部分本质上属于投资损失。当投资公司对被投资公司具有共同控制或重大影响时，长期股权投资采用权益法核算。

公司资产经营中的经营利润是指营业总收入减去营业总成本（含营业成本、期间费用、投资收益、公允价值变动损益等）后的余额，它是公司资产经营收益的唯一来源。

【案例 1－8】

分红 325 亿元！贵州茅台 2022 年净利增长近 20%

2023－03－31　来源：澎湃新闻

贵州茅台拟分红 325 亿元，今年目标营收再增长 15%。

2023 年 3 月 30 日晚间，贵州茅台酒股份有限公司（贵州茅台，600519.SH）发布 2022 年年报，去年营业总收入约为 1275.54 亿元，同比（较上年同期）增长 16.53%；净利润 627.16 亿元，同比增长 19.55%；基本每股收益 49.93 元。公司拟每 10 股派发现金红利 259.11 元（含税），合计拟分红 325 亿元，约为去年净利润的 51.8%。

其中，2022 年第四季度，贵州茅台的营业收入达 369.40 亿元，同比增长 17.09%；净利润约为 183.17 亿元，同比增长 20.55%。

过去一年，贵州茅台在千亿体量下实现增长提速，超出了公司此前定下的全年营收增长 15% 目标。

2021 年，贵州茅台刚刚跨过千亿营收门槛，营收同比增长近 12%，净利润同比增长超 12%。今年，贵州茅台再次高调提出全年营收增长 15% 的经营目标，还将投资 71.09 亿元用于基本建设。

大力发展直销渠道与系列酒依然是贵州茅台业绩增长的动力。

2022 年，贵州茅台的毛利率站上 92%，较上年增加 0.38 个百分点。分产品来看，茅台酒（以贵州茅台酒为代表）的营收约为 1078.34 亿元，同比增长 15.37%，毛利率高达 94.19%，同比增加 0.16 个百分点；其他系列酒（以茅台王子酒等为代表）的营收约为 159.39 亿元，同比增加 26.55%，延续了公司 2021 年系列酒营收 26% 的高增速，系列酒的毛利率也增加 3.53% 至 77.22%。

从产销量来看，2022 年，贵州茅台产量约 9.19 万吨，同比增加 8.46%；销量约 6.82 万吨，同比微增 2.62%；库存量约 27.66 万吨，同比增加 6.09%。其中，茅台酒的产量同比微增 0.6% 至 5.68 万吨，销量同比增加 4.52% 至 3.79 万吨；其他系列酒的产量大幅增加 24.17% 至 3.51 万吨，销量则同比微增 0.32% 至 3.03 万吨。

据贵州茅台介绍，公司每年留存一定量的基酒，茅台酒是由不同年份、不同轮次、不同浓度的基酒相互勾兑而成，某一年份的基酒可能在未来数年都会作为产品出现，茅台酒从生产到出厂至少需要 5 年。

贵州茅台在 2022 年也加大了对酱香系列酒的资源投入，由于酱香系列酒广告及市场拓展费增加，去年公司的销售费用大幅增加 20.47% 至 32.98 亿元。

而不断扩大直销渠道占比则是贵州茅台在不提高出厂价的前提下回收渠道利润的重要手段。过去一年，贵州茅台直销渠道的营收约为 493.79 亿元，同比翻番，营收大增 105.49%，占总营收比重提高至 39.8%，毛利率增加 0.08% 至 96.2%。

贵州茅台的直销渠道包括茅台自营店与“i 茅台”数字营销平台。“i 茅台”于 2022 年 3 月 31 日开始试运营，并在同年 5 月 19 日正式上线。年报披露，截至 2022 年年末，“i 茅台”的注册用户超 3000 万，实现销售收入 118.83 亿元，为贵州茅台直销渠道贡献了 24% 的营收。

相比较而言，毛利率达 89.22% 的批发代理渠道，去年营收约为 743.94 亿元，同比下降 9.31%。批发代理渠道的营收虽占总营收的比重仍近六成，但比重已逐年缩减。

值得一提的是，去年茅台集团划转贵州习酒股份有限公司（以下简称“贵州习酒”）的股权后，贵州习酒不再是贵州茅台控股子公司贵州茅台集团财务有限公司（以下简称“茅台财务公司”）的成员单位，从而使得贵州茅台吸收存款减少，加上茅台财务公司存入不可提前支取的同业定期存款增加，导致贵州茅台在 2022 年经营活动产生的现金流量净额同比缩减 42.69% 至 366.99 亿元。

另外，继 2022 年两次大手笔分红后，贵州茅台再次刷新了其单次分红的金额纪录。

据贵州茅台 2023 年 3 月 30 日披露的 2022 年度利润分配方案，公司拟每 10 股派发现金红利 259.11 元（含税）。截至 2022 年 12 月 31 日，贵州茅台的总股本为 125619.78 万股，以此计算合计拟派发现金红利约 325.49 亿元（含税）。公告表示，此次利润分配方案还需要提交公司股东大会审议通过后实施。

年报显示，截至 2022 年年末，2 只“国家队”继续持有贵州茅台，分别是中央汇金资产管理有限责任公司和中国证券金融股份有限公司，两者的持股数量分别为 1039.71 万股和 803.94 万股，持股比例分别约为 0.82% 和 0.64%，与上季度持平。此外，贵州省国有资本运营有限责任公司持有约 5699.68 万股，持股比例约 4.53%；中国贵州茅台酒厂（集团）有限责任公司与贵州茅台酒厂（集团）技术开发有限公司分别持股 53.99% 与 2.21%。

截至 3 月 30 日，贵州茅台收涨 0.56%，报收 1800 元，总市值约 22612 亿元，该股股价今年以来累计涨超 4%。

【案例 1－8】需要关注三个问题：

（1）中国贵州茅台酒厂（集团）有限责任公司持有贵州茅台 53.99% 的股份，是贵州茅台的控股股东，其投资于贵州茅台的长期股权投资应该采用成本法核算，贵州茅台宣告发放 325.49 亿元现金股利，中国贵州茅台酒厂（集团）有限责任公司应该分得的金额为 175.73（325.49×53.99%）亿元，则其确认的投资收益就是 175.73 亿元。

（2）贵州茅台酒厂（集团）技术开发有限公司持有贵州茅台 2.21% 的股份，贵州省国有资本运营有限责任公司持有贵州茅台 4.53% 的股份，它们对贵州茅台应该可以施加重大影响，它们的这项长期股权投资应该采用权益法核算。贵州茅台这次宣告发放的现金股利 325.49 亿元占 2022 年净利润的 51.8%，则表明 2022 年贵州茅台净利润约为 628.36（325.49÷51.8%）亿元，净利润导致所有者权益增加 628.36 元。假设 2022 年贵州茅台的所有者权益不再有其他增加渠道和金额，则贵州茅台酒厂（集团）技术开发有限公司应该确认投资收益 13.89（628.36×2.21%）亿元，贵州省国有资本运营有限责任公司应该确认投资收益 28.46（628.36×4.53%）亿元。

（3）2022 年贵州茅台营业收入目标增长 15%，实际增长 16.53%，实际超过了目标，而 2023 年营业收入增长的目标仍然设定为 15%，说明其经营目标的设定还是比较稳健和理性的。此外，贵州茅台业绩增长的动力依然是大力发展直销渠道与系列酒，这一点也值得关注。

第三节　公司资本经营的形式

按照投出资本或调整存量资本后投资公司在被投资公司中所持有的股份总额或股份比例的变化情况不同，可以将公司资本经营的形式划分为资本扩张的形式、资本收缩的形式和所有权结构变更的形式三大类。

一、资本扩张的形式

在资本扩张的形式下，公司投出资本或调整存量资本后，公司在被投资公司中所持有的股份总额通常都会增加。这一类形式主要包括合并、收购、公司制改革和股份制改革等。

合并是指两家或两家以上的公司通过签订协议，依照有关法律法规的规定，合并成一家公司的行为。合并主要有吸收合并、控股合并和新设合并等形式。

收购是指用现金或有价证券购买另一家公司的部分或全部资产或股权，以获得该公司控制权的行为。收购主要有协议收购、要约收购和间接收购等形式。

公司制改革是指全民所有制企业、集体所有制企业、个体所有制企业等非公司制企业按照《公司法》等法律法规的规定改变企业原有的资本结构、组织形式、经营管理模式或体制等方面内容，使其成为符合《公司法》规定的公司制企业的行为。

股份制改革是指非股份制企业（一般是有限责任公司）按照《公司法》等法律法规的规定优化企业资本结构、组织形式、经营管理模式等方面内容，使其成为符合《公司法》规定的股份有限公司的行为。

二、资本收缩的形式

在资本收缩的形式下，公司调整存量资本后，公司在被投资公司中所持有的股份总额通常都会减少。这一类形式主要包括资产剥离、股权出售（减持）、公司分立、公司分拆、股份回购等。

资产剥离是指公司通过调整存量资本的方式把原先所拥有的某一项或若干项资产的产权全部出售给其他第三方的行为。资产剥离后，公司不再保留对该项或若干项资产的拥有权。

股权出售又称股份减持，是指公司通过调整存量资本的方式把原先所持有的某一家或若干家公司的股权中的一部分出售给其他第三方的行为。股权出售后，公司仍然保留被投资公司的一部分股权。

公司分立是指一个母公司将其在某个子公司中的股份按母公司股东在母公司中的持股比例分配给母公司的现有股东，从而在法律上和组织上将该子公司的经营从母公司的经营中分离出去。

公司分拆是指从原有公司分出一部分或几部分成立一家或几家独立的公司。中国证监会2022 年 1 月 5 日发布的《上市公司分拆规则（试行）》指出，上市公司分拆，是指上市公司将部分业务或资产，以其直接或间接控制的子公司的形式，在境内或境外证券市场首次公开发行股票并上市或者实现重组上市的行为。

股份回购是指公司按一定的程序购回发行或流通在外的本公司股份的行为，是通过大规模买回本公司发行在外的股份来改变资本结构的防御方法，是目标公司或其董事、监事回购目标公司的股份。

三、所有权结构变更的形式

在所有权结构变更的形式下，公司投出资本或调整存量资本后，或者被投资公司实施某一项重大财务政策或经营政策后，公司在被投资公司中所持有的股份比例通常都会增加或者减少，或者说被投资公司的股权结构通常都会发生变化。这一类形式主要包括债转股、混合所有制改革、员工持股计划、转为非上市、管理层收购等。

债转股就是将债权转换成股权。广义的债转股是指所有的债权人都有可能依法将自己的某一项债权转换成负债公司的股权。狭义的债转股仅仅指商业银行将自己的债权转换成负债公司的股权。债转股后，债权人的这项债权消失，变成负债公司一定比例的股权；负债公司的这项债务消失，变成一定金额的股本。

混合所有制改革就是将单一所有制性质的投资主体出资组建的公司改革成多种所有制性质的投资主体共同出资组建的公司。它既包括公有制和私有制联合组成的混合所有制公司，也包括公有制与个人所有制联合组成的混合所有制公司，还包括公有制内部国有公司与集体公司联合组成的混合所有制公司。

员工持股计划是一种新型股权形式。公司内部员工出资认购本公司部分或全部股权，委托员工持股会（或委托第三者）作为社团法人托管运作，集中管理，员工持股管理委员会（或理事会）作为社团法人进入董事会参与表决和分红。包括两种类型：一是公司员工通过购买企业部分股票而拥有企业部分产权，并获得相应的管理权；二是员工购买公司全部股权而拥有公司全部产权，使其职工对本公司具有完全的管理权和表决权。

转为非上市就是上市公司转为非上市公司。上市公司转为非上市公司简称为“退市”。退市包括强制终止上市（简称“强制退市”）和主动终止上市（简称“主动退市”）。强制退市分为交易类强制退市、财务类强制退市、规范类强制退市和重大违法类强制退市四种情形。

管理层收购就是公司的管理层以杠杆融资的方式筹措资金后购买本公司的达到控制程度的股权份额，使公司变为少数人所控股的公司，进而达到控制、重组公司的目的，并获得超常收益的一种收购行为。管理层收购通常属于杠杆收购，其收购的主体是管理层。与一般的公司买卖和资产重组强调收益权即买卖价差和资本运营的增值不同，管理层收购除了强调收益权之外，还强调控制权、共享权和剩余价值索偿权。收购对象既可以是公司整体，也可以是公司下属的子公司、分公司甚至一个部门。

复习思考题

1. 什么是资本和公司资本？
2. 什么是公司资本经营？
3. 公司资本经营中，投出资本的类型主要有哪几种？
4. 在股权分散的公司中，如何判断投资公司是否具有控制、共同控制和施加重大影响的作用？
5. 大股东、中小股东分别可以通过什么途径来监管所投出资本的运用？
6. 公司调整存量资本的动因是什么？
7. 从经营的主体看，公司资本经营有什么特征？
8. 从经营的客体看，公司资本经营有什么特征？
9. 从经营的阶段看，公司资本经营有什么特征？
10. 从经营的收益看，公司资本经营有什么特征？
11. 公司资本经营中，资本扩张的形式主要有哪些？
12. 公司资本经营中，资本收缩的形式主要有哪些？
13. 公司资本经营中，所有权结构变更的形式主要有哪些？

思政案例题

【案例1-9】

钢铁行业央企重组又现大动作
中钢集团整体划入中国宝武

2022-12-22　来源：证券日报　记者：杜雨萌

2022年12月21日，国资委发布消息称，经报国务院批准，中国宝武钢铁集团有限公司（下称“中国宝武”）与中国中钢集团有限公司（下称“中钢集团”）实施重组，中国中钢集团有限公司整体划入中国宝武钢铁集团有限公司，不再作为国资委直接监管企业。

其实，早在2020年10月份，国资委就曾决定，由中国宝武对中钢集团进行托管。

“中钢集团整体划入中国宝武，既是对中国宝武托管中钢集团工作的认可，也是进一步优化二者资源配置、增强业务协同的新部署。”中国企业联合会研究员刘兴国在接受《证券日报》记者采访时表示，在原来的托管状态下，中国宝武给予中钢集团发展支持，帮助其实现了脱困发展。考虑到二者在业务上的协同性，将中钢集团整体划入中国宝武，有利于提升两家企业的整体协同效应。

阳光时代律师事务所高级合伙人、国企混改与员工持股研究中心负责人朱昌明在接受《证券日报》记者采访时表示，本次重组对提升国内钢铁产业链供应链质量具有重要意义。中国宝武是冶金产业链的“链长”企业，致力于打造冶金行业原创技术策源地和世界一流企业。而中钢集团主要从事矿产资源开发、冶金原料与产品贸易、物流、设备制造等，主要为钢铁生产企业提供综合配套、系统集成服务，属于钢铁产业链上的重要企业。中钢集团与中国宝武具有很强的产业互补与协同性，此次重组对于中国宝武打造全产业链竞争优势、维护产业链供应链稳定，提升企业核心竞争力具有重要意义。

近年来，钢铁行业重组整合持续深入推进。比如，此次重组“主角”之一的中国宝武便是由原宝钢集团有限公司和原武汉钢铁（集团）公司联合重组而成。此后，中国宝武更是陆续重组马钢集团、太钢集团以及新钢集团。

今年（2022年）2月份，工业和信息化部等三部门联合发布的《关于促进钢铁工业高质量发展的指导意见》提出，“鼓励行业龙头企业实施兼并重组，打造若干世界一流超大型钢铁企业集团。”“鼓励钢铁企业跨区域、跨所有制兼并重组，改变部分地区钢铁产业‘小散乱’局面，增强企业发展内生动力。”今年以来，钢铁行业重组整合明显提速。

比如，继去年鞍钢集团重组本钢集团，成为国内第二大钢铁集团后，今年（2022年）6月份，凌钢股份发布公告称，鞍钢集团正在筹划与凌钢集团进行重组事项。另外，今年（2022年）10月份，南钢股份发布公告称，上海复星高科技（集团）有限公司及其下属子公司上海复星产业投资有限公司、上海复星工业技术发展有限公司与江苏沙钢集团有限公司共同签署《投资框架协议》，交易各方有意向转让/受让公司控股股东南京南钢钢铁联合有限公司60%的股权。

兰格钢铁研究中心主任王国清在接受《证券日报》记者采访时表示，钢铁行业已经进入高质量发展阶段，未来几年仍将是钢铁行业整合重组的窗口期。从中国宝武整合中钢集团来看，钢铁行业的兼并重组已由产能整合向产业链整合发展。据兰格钢铁研究中心监测数据显示，中钢集团在澳大利亚、南非等地有铁矿石等矿产资源相关投资，可以进一步扩大中国宝武的海外权益规模；同时，中钢集团在工程技术服务及设备制造方面的服务体系也可以提升中国宝武的综合能力，产业链体系相关环节的协同融合有助于提升中国宝武整体竞争优势，助力中国钢铁行业竞争力进一步提升。

需要讨论的问题：

1. 请结合近年来国务院国资委直接监管企业的并购重组形势，讨论分析中国中钢集团有限公司整体划入中国宝武钢铁集团有限公司的重大意义。

2. 中钢集团与中国宝武业务上的协同性表现在哪里？

3. 将中钢集团整体划入中国宝武，能够在哪些方面提升两家企业的整体协同效应？

4. 兰格钢铁研究中心主任王国清在接受《证券日报》记者采访时表示，钢铁行业已经进入高质量发展阶段，未来几年仍将是钢铁行业整合重组的窗口期。请讨论分析中国钢铁行业近年来不断整合重组的利与弊。

第二章

公司合并

内容简介

本章主要介绍公司合并的分类、动机、程序、对价和风险。

学习目标

学习本章，要求了解按照各种维度划分的公司合并的分类，了解公司合并的四个主要动机和其他动机，了解公司合并主要程序的工作内容，掌握公司价值评估方法和换股价格的确定方法，了解公司合并过程和合并结果的主要风险。

第一节　公司合并的分类

一、按照合并的法律形式来划分

按照合并的法律形式来划分，公司合并分为吸收合并和新设合并两种。

（一）吸收合并

吸收合并是指一家公司吸收另外一家或几家公司而续存，吸收方（以下统称为“合并方”）的公司名称不变、法人资格也继续存在；被吸收方（以下统称为“被合并方”）的公司名称及法人资格消失。比如，2022 年 6 月 11 日，中航航空电子系统股份有限公司（简称“中航电子”）发布《合并预案》，拟换股吸收合并中航工业机电系统股份有限公司（简称“中航机电”），换股吸收合并完成后，中航机电将终止上市并注销法人资格，中航电子将承继及承接中航机电的全部资产、负债、业务、人员、合同及其他一切权利与义务。这就是典型的吸收合并，其模式为：A 公司 + B 公司 + …… = 新 A 公司。

（二）新设合并

新设合并是指两家或两家以上的公司合并成为一家新的公司，合并各方原来的公司名称和法人资格全都消失，取而代之的是一家新的公司名称和法人资格。比如，2021 年 5 月 8 日，中国中化集团有限公司与中国化工集团有限公司正式合并成立中国中化控股有限责任公司。合并后，中国中化集团有限公司和中国化工集团有限公司的公司名称和法人资格同时消失，取而代之的是中国中化控股有限责任公司这个名称和法人资格。这就是典型的新设合并，其模式为：A 公司 + B 公司 + …… = C 公司。

二、按照合并前公司的市场关系来划分

按照合并前公司的市场关系来划分，公司合并分为横向合并、纵向合并和混合合并三种。

（一）横向合并

横向合并也称水平合并、同行业合并，是指同行业（即生产同类产品或生产工艺相近）两家或两家以上公司的合并。其优点是可以获取优质资产、扩大市场份额、产生规模效应等；缺点是容易破坏自由竞争，形成高度垄断的局面等。如 2016 年 9 月 21 日宝钢集团与武钢集团合并成立中国宝武钢铁集团有限公司，2017 年 8 月 28 日中国国电集团与神华集团合并成立国家能源投资集团有限公司等，都属于同行业之间的新设合并（横向合并）。

（二）纵向合并

纵向合并又称垂直合并、上下游合并，是指生产经营过程中互为购买者和销售者（即互为上下游关系）的公司之间的合并。其优点是通过市场交易行为的内部化，有助于减少交易风险、节省交易费用等；缺点是由于产业链的延伸，风险区间或风险领域加大，容易造成“火烧连营”式的经营风险等。如 2019 年 1 月 25 日“双汇发展”公告吸收合并母公司“双汇集团”，由于合并之前，双汇集团除了控股双汇发展外，还对外投资参股了 21 家公司，这些公司既有双汇发展的上游公司，又有双汇发展的下游公司，因此，这次合并属于纵向合并。

（三）混合合并

混合合并又称交叉合并、跨行业合并，是指不同产业领域、不同产品市场和不同产业部门之间不存在特别的生产技术联系的公司之间的合并。其优点是有助于降低经营风险、打破进入壁垒、成功进入新领域、实行战略转移、实现技术战略等；缺点是容易导致资源（人力、财力、物力、智力）不足而带来经营风险，产业间关联度低而导致管理成本加大等。现实经济活动中，混合合并的情况非常少见。

三、按照合并支付方式来划分

按照合并支付方式来划分，公司合并分为现金合并和股票合并两种。

（一）现金合并

现金合并是指由合并方向被合并方的股东支付现金，以换取被合并方的所有权，被合并方的股东从此退出公司。这种类型的合并看似收购，但其实质仍是合并，因为不管是吸收合并还是新设合并，当合并方向被合并方的股东支付现金后，被合并方的公司名称和法人资格都不复存在。而收购，当收购方向被收购方的股东支付现金后，被收购方的公司名称和法人资格仍然是存在的。

现金合并方式具体又分为现金购买资产式合并和现金购买股票式合并。前者是合并方用现金购买被合并方的全部资产，被合并方股东拿到现金后自行清偿其原有的全部债务。后者是合并方用现金购买被合并方全体股东所持有的被合并方的全部股票（股权），合并方承继被合并方原有的全部债务。

（二）股票合并

股票合并是指由合并方定向向被合并方全体股东发行本公司的股票以换取被合并方的资产控制权，被合并方原有股东变成合并方的新股东。这种类型的合并看起来也像是收购，但合并方定向向被合并方全体股东发行本公司的股票以换取被合并方的资产控制权之后，被合并方的公司名称和法人资格都不复存在，因此其实质仍然是合并（吸收合并或新设合并）。

股票合并方式具体又分为股票换取资产式合并和股票换取股票式（简称股票互换式）合并。前者是合并方向被合并方全体股东定向发行股份换取被合并方全部资产，被合并方的公司名称和法人资格消失，被合并方的原有股东变成合并方的新股东，合并方承继被合并方原有债务。后者是合并方向被合并方全体股东定向发行股份换取被合并方股东原先持有的被合并方的股份，被合并方的公司名称和法人资格消失，被合并方的原有股东变成合并方的新股东，合并方承继被合并方原有债务。2017 年 9 月 8 日，中国建材与中材股份发布公告称，中材股份将根据中国公司法及其他适用的中国法律被中国建材换股吸收合并，换股比例为每 1 股中材股份可以换取 0. 85 股中国建材股份。这是典型的股票互换式合并。

四、按照合并的意愿来划分

按照合并的意愿来划分，公司合并分为主动合并和被动合并两种。

（一）主动合并

主动合并又称自愿合并，是指合并各方的控股股东（或实际控制人）以及高管核心成员基于自愿原则，通过协商达成合并的意愿之后以协议形式进行的合并。在吸收合并中，主动合并既可以是合并方主动提出、被合并方配合实施，也可以是被合并方主动提出、合并方主导实施。在新设合并中，合并各方都可以主动提出合并的意愿，与各方共同主导实施。

（二）被动合并

被动合并又称非自愿合并，是指合并各方或一方的控股股东（或实际控制人）以及高管核心成员不愿意合并，但迫于某种压力又不得不进行的合并。被动合并中的“不愿意合并者”大多为高管核心成员，有时候也可能是控股股东（或实际控制人）。被动合并由于是非自愿合并，其合并过程的阻力、成本可能比较大，合并后的战略整合、业务整合、财务整合、人员整合、文化整合也可能比较困难。总之，被动合并的成本、风险可能都比较大，因此不提倡进行被动合并。

第二节　公司合并的动机

一、追求公司快速发展，期望实现规模经济

学如逆水行舟，不进则退；商亦如逆水行舟，不进也退。在市场经济浪潮中，公司如果不谋求进一步发展甚至快速发展，就很有可能被市场经济浪潮淹没。在现实经济社会里，很少有公司能够长久停留在一定发展规模上，更多的公司要么规模不断发展壮大，要么规模逐渐衰弱变小。而追求公司发展、实现规模经济是一般投资者的正常投资目标。公司发展壮大

的路径通常有三条：一是靠原始积累，逐渐扩大再生产；二是靠合并；三是靠收购。第一条路径一般很慢，因为绝大多数的公司都不属于暴利的公司，即便某一些公司的某几个年度经营效益较好甚或很好，但市场是有规律的，一家公司想要依靠每年的经营积累实现快速发展壮大是很难的，而通过合并和收购就可以快速实现。因为合并是两家或两家以上的公司合并成一家公司，所以，合并之后它的规模就可以迅速地扩大，就可以更大批量地提供商品或服务，尽快扩大市场占有率，实现规模经济。为了实现这个动机，通常需要进行横向合并（又称水平合并或同行业合并）。

【案例 2－1】

中原银行吸收合并三家银行，资产规模将一举超万亿

2022－03－14　来源：中国证券报

中原银行吸收合并三家银行最新进展来了！

日前，洛阳银行、平顶山银行、焦作中旅银行发布关于吸收合并事项通知债权人的公告称，已召开股东大会审议通过了本次吸收合并的有关事项。本次吸收合并尚需取得相关监管机构的核准。

根据中原银行此前发布的公告，该行已有条件同意以总对价约 284.7 亿元收购售股股东于目标银行持有的所有股份。

前述三家银行公告称，根据河南省委、省政府关于城商行改革重组的重要部署，为了有效防范化解金融风险，深化金融领域改革，做优做强地方金融，着力打造一流城商行，提升金融服务全省经济社会发展能力，中原银行拟以增发内资股股份方式换股吸收合并洛阳银行、平顶山银行、焦作中旅银行。

本次吸收合并完成后，洛阳银行、平顶山银行和焦作中旅银行将注销法人资格，其清产核资后的全部有效财产、债权、债务、业务、网点、员工、合同以及其他各项合法权利与义务等均由中原银行依法承继和承接。

中原银行董事长徐诺金日前表示，此次以吸收合并形式组建新中原银行，有利于防范化解风险隐患，有利于四家银行的长远发展，也是河南金融业实现突破发展的良好契机。

徐诺金称，截至目前，中原银行的吸收合并工作整体进展顺利，各项工作有条不紊、扎实推进。

根据中原银行 2022 年 1 月发布的公告，中原银行、洛阳银行、平顶山银行及焦作中旅银行（后三家统称目标银行）订立了吸收合并协议。根据吸收合并协议，中原银行已有条件同意以总对价约 284.7 亿元收购售股股东于目标银行持有的所有股份。

在公告中，中原银行公布了三家银行的资产评估细节。具体来看，截至 2021 年 9 月 30 日，洛阳银行的总资产评估值约为 2589.42 亿元，总负债评估值约为 2393.63 亿元，净资产评估值约为 195.79 亿元（净资产评估结果包括永续债 20 亿元）；平顶山银行的总资产评估值约为 1146.94 亿元，总负债评估值约为 1072.19 亿元，净资产评估值约为 74.74 亿元（净资产评估结果包括永续债 20 亿元）；焦作中旅银行的总资产评估值约为 927.38 亿元，总负债评估值约为 864.69 亿元，净资产评估值约为 62.70 亿元。

经扣除评估升值产生的递延所得税约8.53亿元及不可归属于普通股股东的永续债40亿元，净资产评估值总额333.23亿元中，目标银行普通股股东应占的净资产总额约为284.7亿元。

在资产规模方面，中原银行2021年半年报显示，截至2021年6月30日，该行总资产为7530.02亿元。据此计算，吸收合并三家银行后，中原银行的总资产规模将超过1.2万亿元。

【案例2-1】需要关注三个问题：

（1）中原银行拟以增发内资股股份方式换股吸收合并洛阳银行、平顶山银行、焦作中旅银行。本次吸收合并完成后，洛阳银行、平顶山银行和焦作中旅银行将注销法人资格，其清产核资后的全部有效财产、债权、债务、业务、网点、员工、合同以及其他各项合法权利与义务等均由中原银行依法承继和承接。这是典型的股票互换式吸收合并。

（2）截至2021年9月30日，洛阳银行的总资产评估值约为2589.42亿元，平顶山银行的总资产评估值约为1146.94亿元，焦作中旅银行的总资产评估值约为927.38亿元；截至2021年6月30日，中原银行总资产为7530.02亿元。据此计算，吸收合并三家银行后，中原银行的总资产规模将超过1.2万亿元，总资产规模的增长将超过60%，实现了公司的快速发展，期待着规模经济的显现。

（3）洛阳银行、平顶山银行、焦作中旅银行发布关于吸收合并事项通知债权人的公告称，已召开股东大会审议通过了本次吸收合并的有关事项，但本次吸收合并尚需取得相关监管机构的核准。这里的“相关监管机构”应该至少包括中国人民银行、证监会、证券交易所、地方政府有关部门等。

二、加强产业上下融合，提高市场驾驭能力

在生产经营活动中，公司与原材料、设备、技术等资源的上游供应商和渠道、物流、平台等资源的下游供应商形成了一个互相依存、密不可分的产业链，但这个产业链有时候会因为相互之间不是真正的“一家人”而“掉链子”。也就是说，公司如果不能控制上游和下游的供应商，就有可能出现上游的原材料、设备、技术等资源的供应“掉链”和下游的渠道、物流、平台等资源的供应也“掉链”，这将会给公司带来极大的风险，助推生产经营成本的上升。因此，公司可以通过实施纵向合并（又称“垂直合并”或“上下游合并”），把外部市场交易变为内部转让交易，这样既可以节省交易成本，又能够降低交易风险，还可以提高公司对市场的驾驭能力，使公司展现出强劲的竞争优势。

【案例2-2】

吸收合并母公司，双汇发展1200亿元市值隐现

2019-01-27 来源：经济观察报（北京）

一旦吸收合并母公司双汇集团成功，河南双汇投资发展股份有限公司（以下简称“双汇发展”）有望成为河南地区市值超越千亿的上市公司。

这家以“双汇”牌火腿肠闻名全中国的肉类加工企业，正在酝酿2019年A股最大的一桩资产重组。

2019年1月25日晚，双汇发展公告披露吸收合并河南省漯河市双汇实业集团有限责任公司（以下简称“双汇集团”）暨关联交易预案。拟通过向控股股东双汇集团的唯一股东罗特克斯有限公司（以下简称“罗特克斯”）发行股份的方式对双汇集团实施吸收合并。公司股票将于2019年1月28日开市起复牌。

交易预案显示，经初步预估，双汇集团的预估值为401.667亿元，按照协商的发行价格20.34元/股测算，双汇发展新发行股份共约19.75亿股支付全部对价，不涉及现金支付。

停牌前，双汇发展的总市值为808亿元，吸收合并之后，双汇发展的市值将有望超过1200亿元。

工商资料显示，双汇集团由设于香港的罗特克斯公司持有100%的股权，罗特克斯直接持有双汇发展13.98%的股权，以及通过双汇集团间接持有双汇发展59.27%的股权。

本次交易完成后，罗特克斯将直接持有双汇发展2436191938股，占双汇发展总股本的73.41%，本次发行将触发要约收购义务。

鉴于罗特克斯在本次发行前在双汇发展中直接和间接拥有的权益已超过双汇发展已发行股份的50%，且本次重组不会影响双汇发展的上市地位，罗特克斯可以免于按照前款规定提交豁免申请，直接向证券交易所和证券登记结算机构申请办理股份转让和过户登记手续。

除了持有双汇发展的股权，双汇集团还对外投资参股了21家公司，包括：食品类企业，如广东双汇食品有限公司、武汉双汇食品有限公司等；物流类，如漯河双汇物流投资有限公司、河南双汇冷易通物流有限公司；牧业类公司；流通类公司；金融类公司；以及其他类包括漯河双汇塑料制品有限责任公司；等等。

对双汇发展而言，吸收合并双汇集团将是一个庞大的资产置入过程，需要对这一系列资产进行评估测算。

另外，有工商信息变更信息显示，漯河双汇物流投资有限公司的股权在2018年12月26日发生了变更，双汇集团对其85%的控股权变更为万通物流国际有限公司。

对于本次交易对主营业务的影响，预案公告显示，本次交易将使上市公司肉类主业更加突出、肉类产业链更加完善，更有助于上市公司“调结构、扩网络、促转型、上规模”发展战略的实施。本次交易不会导致上市公司的主营业务发生重大变化，有利于增强上市公司在中国肉类行业的领军地位，进一步提升未来发展的潜力。

【案例2-2】需要关注三个问题：

（1）这是一个子公司“双汇发展”吸收合并母公司“双汇集团”的案例，合并的方式是通过向控股股东双汇集团的唯一股东罗特克斯有限公司发行股份的方式对双汇集团实施吸收合并。合并后，双汇集团解散，公司名称与法人资格不复存在。

（2）合并之前，双汇集团除了控股双汇发展外，还对外投资参股了21家公司，包括：食品类企业，如广东双汇食品有限公司、武汉双汇食品有限公司等；物流类，如漯河双汇物流投资有限公司、河南双汇冷易通物流有限公司；牧业类公司；流通类公司；金融类公司；以及其他类包括漯河双汇塑料制品有限责任公司；等等。这些公司既有双汇发展的上游公司，又有双汇发展的下游公司，因此，这次合并属于产业链上的合并。

（3）本次交易完成后，罗特克斯将直接持有双汇发展73.41%的股权。鉴于罗特克斯在本次发行前在双汇发展中直接和间接拥有的权益已超过双汇发展已发行股份的50%，且本次重组不会影响双汇发展的上市地位，罗特克斯可以免于提交豁免申请，直接向证券交易所和证券登记结算机构申请办理股份转让和过户登记手续。

三、强强联合优势互补，减少内耗逐鹿国际

在经济全球化的时代，参与国际市场竞争是许多大公司的必然选择。然而，要参与国际市场竞争，公司就必须要有足够的经济实力、技术实力和人才实力等。同时，要让本国的公司参与国际市场竞争，政府也要消除或减少国内的同业竞争，以避免出现国内的几家同行业公司共同去竞争国际市场上的同一单业务的现象。为此，同行业合并（又称横向合并或水平合并）就应运而生。

【案例2－3】

7900亿元全球最大造船集团成立
造船业洗牌加剧倒逼船企整合

2019－11－27　来源：证券日报

记者：矫月　见习记者：郑馨悦

（编者注：本书引用时作了删减）

经党中央、国务院批准，中国船舶工业集团有限公司与中国船舶重工集团有限公司于上月底正式实施联合重组。2019年11月26日上午，重组后的中国船舶集团有限公司在北京召开成立大会并举行揭牌仪式。

此次重组后挂牌成立的中国船舶集团有限公司（以下简称“中国船舶集团”）将成为全球最大的造船集团。

据《证券日报》记者从中国船舶集团旗下上市公司相关人士处获知：“在中国船舶集团成立初期，集团将会先整合总部相关事宜，然后再向下属子公司逐步推进整合，目前，集团下属子公司尚无变化。”

全球最大造船集团揭牌，业内称国际竞争力有望大增。

据报道，中国船舶集团拥有科研院所、企业单位和上市公司共计147家，资产总额为7900亿元，员工31万人。拥有我国最大的造修船基地和最完整的船舶及配套产品研发能力，能够设计建造符合全球船级社规范、满足国际通用技术标准和安全公约要求的船舶海工装备，是全球最大的造船集团。

中国船舶集团方面介绍，中国船舶集团将紧紧围绕建设海洋强国、制造强国、科技强国和建设世界一流军队、培育世界一流企业的战略部署，以服务国家战略、支撑国防建设、引领行业发展为己任，聚焦主业实业，坚持党建引领，突出强军首责，强化创新驱动，坚定不移推动高质量发展，努力建设具有国际竞争力的世界一流船舶集团。

未来，中国船舶集团将成为海军武器装备科研、设计、生产、试验、保障的主体力量，承担以航母、核潜艇为代表的我国海军全部主战装备科研生产任务，为海军转型发展提供有

力支撑。

同时，作为船舶工业发展的国家队，中国船舶集团将在大型邮轮、液化天然气运输船、超大型集装箱船等世界级海洋装备领域不断发展，引领我国由世界第一造船大国走向造船强国，为我国经济社会发展和全球海事业发展作出重要贡献。

一位行业分析师对《证券日报》记者表示："此次两船合并的最大意义在于两船能够进行资源整合，解决同业竞争问题。两家公司有许多业务雷同，每个板块资源、业务都很类似，导致一些子公司都不强，资源无法有效利用。"

上述分析师表示："此次合并，从短期看，受益最大的应该是总装平台类企业，因为资源整合首先要进行专业化分工，且两家合并后在研发、高端船舶制造方面会有较大提高，在国际上竞争力有望大增。"

国际造船业竞争加剧，船企合并大势所趋。

事实上，在造船业低迷时期，船企整合已经成为趋势。

有船舶行业人士向《证券日报》记者表示，自从2008年以来，船舶业一直处于下行区间，国内船厂近年来已经倒闭了很多家，强强联合是趋势也是必然。在行业集中度不断提高的背景下，公司要拼的是资源利用率以及研发能力。

"现在活下来的，以后能够活得更好。"上述行业人士如是说。

据报道，现代重工联合首席执行官贾三铉（Ka Sam – hyun）曾表示，如今全球造船业趋势已经明朗——造船业正在"为了生存而进行整合"。贾三铉表示，中船集团和中船重工的合并将会在研发方面产生显著的协同效应并能降低成本，这家新的中国造船集团将会是一个更具竞争力的对手。他因此强调了韩国造船业整合的必要性，其认为"韩国依然存在着大型、中型、小型造船厂泛滥的情况，这不符合规模经济。"

对此，上述船舶行业人士向《证券日报》记者表示："有人说两船合并为最大造船集团会给竞争方带来一定压力，但目前中、日、韩各国船厂都在整合，这是必然趋势，韩国那边船厂也在抱团整合，所以给予的压力有限。"

【案例2－3】需要关注三个问题：

（1）这是两家同行业公司的新设合并，中国船舶工业集团有限公司（以下简称"中船工业"）与中国船舶重工集团有限公司（以下简称"中船重工"）新设合并为中国船舶集团有限公司（以下简称"中国船舶集团"）。

（2）合并后成立的中国船舶集团拥有科研院所、企业单位和上市公司共计147家，资产总额为7900亿元，员工31万人；拥有我国最大的造修船基地和最完整的船舶及配套产品研发能力，能够设计建造符合全球船级社规范、满足国际通用技术标准和安全公约要求的船舶海工装备，是全球最大的造船集团。这次合并的最大意义在于"两船"（指中船工业和中船重工）能够进行资源整合，解决同业竞争问题。

（3）这次合并不仅解决了同业竞争问题，也使中国造船业在国际上的竞争力有望大增。韩国现代重工联合首席执行官贾三铉（Ka Sam – hyun）表示，中船工业和中船重工的合并将会在研发方面产生显著的协同效应并能降低成本，这家新的中国造船集团将会是一个更具竞争力的对手。可见，这次合并不仅实现了强强联合、优势互补，而且解决了同业竞争问题，提升了中国造船业在国际市场上的竞争力。据《人民日报》2023年6月7日第10版文章《我国首艘国产大型邮轮出坞》报道（本报记者 方敏）：“作为船舶工业最高水平的象征，（2023年）6月6日，我国首艘国产大型邮轮顺利出坞。该大型邮轮先后攻克了多项核心技术，并形成了一系列科技创新成果。当前，我国造船业国际市场份额已连续13年位居全球第一。从仿制引进到自主创新，中国造船业已经在国际赛道中跑出了加速度”。这份报道充分肯定和佐证了我国造船业在国际市场上的竞争力。

四、追求多重协同效应，实现公司战略目标

协同效应是指合并后公司的总体效应大于合并前公司各自经营的效应之和的部分。公司并购追求的协同效应主要包括三个方面：经营协同效应、管理协同效应和财务协同效应。所谓经营协同效应，是指合并给公司的生产经营活动带来的变化及效率的提高所产生的效益。经营协同效应主要体现在规模经济、优势互补、节省交易费用等方面。所谓管理协同效应，是指合并给公司的管理活动带来的变化及效率的提高所产生的效益。管理协同效应主要体现在管理能力的尽情发挥、管理水平的普遍提升和管理效率的明显提高等方面。所谓财务协同效应，是指合并后给公司在财务方面带来的种种效益。这种效益的取得，不是由于生产效率的提高和管理水平的提升而带来的，而是由于税法、会计处理惯例以及证券交易内在规律等作用而产生的一种纯金钱上的效益。这种效益主要体现在整体财务费用降低、整体税负水平降低和股票价格上涨等方面。比如，集团内有的公司常年盈利需要缴纳大量的所得税，而有的公司则常年亏损，亏损额又不能在税前得到弥补，这就增加了公司的税收成本。如果将常年盈利和常年亏损的公司合并，把独立的纳税人变成非独立纳税人，就可以改变这种部分纳税、部分亏损得不到弥补的局面。

【案例2-4】

宝钢股份吸收合并武钢股份
钢铁“巨无霸”开启行业整合大幕

2016-09-23　来源：经济日报　记者：李治国

（编者注：本书引用时作了删减）

国务院国资委2016年9月22日发布消息称，经报国务院批准，宝钢集团有限公司与武汉钢铁（集团）公司实施联合重组，组建“中国宝武钢铁集团有限公司”，共同打造钢铁领域世界级的技术创新、产业投资、资本运营平台。宝钢集团及武钢集团旗下上市公司宝钢股份及武钢股份也将通过宝钢股份换股吸收合并武钢股份的方式实施联合重组。

上市钢企“巨无霸”诞生

2016年9月22日晚间，宝钢股份、武钢股份两家公司同时发布《吸收合并报告书》，宝钢股份向武钢股份全体换股股东发行A股股票，换股吸收合并武钢股份。合并后的上市公司将成为全球钢铁上市公司中粗钢产量排名第三的“巨无霸”，业内人士表示，在本轮供给侧结构性改革去产能、提高行业集中度为目的的新一轮钢铁行业兼并重组浪潮下，同属央企的宝钢股份、武钢股份将起到示范作用，堪称我国钢铁行业发展历史上的里程碑事件。

从集团层面来看，宝钢集团与武钢集团合并组建中国宝武钢铁集团后，将按照高端化、

智能化、绿色化、服务化的发展原则，实施“钢铁主业一业特强、相关产业协同”的业务组合，将在重点产品、技术研发、销售网络、业务布局、采购管理、剪切配送、物流体系等多个领域深度挖掘协同效应，有利于优化资源配置、减少重复投资、降低运营成本，推动企业提质增效。从上市公司层面来看，宝钢股份将换股吸收合并武钢股份，合并后上市公司将实力大增，无论是从营收还是产量，都将成为全国钢铁产业无可争议的“巨无霸”。

整合后产生协同效应

公告显示，宝钢股份和武钢股份合并后会优化两家钢铁上市公司资源配置，推动合并后上市公司提质增效。二者在区位、研发、采购、生产、营销、产品、技术创新、企业文化等方面都将发挥协同效应。

目前，宝钢股份的生产主要集中于上海宝山、南京梅山和湛江东山三大生产基地，武钢股份生产主要集中于武汉青山。

宝钢股份和武钢股份合并后，上市公司将全面统筹四大钢铁生产基地布局，全面整合国内沿海沿江战略区位，多角度、体系化整合钢铁主业区位优势，合理分工布局周边市场，有序对接中国和全球客户，辐射21世纪海上丝绸之路经济区域。二者将通过生产基地的布局优化，在原料、成品运输仓储等方面采用集约化调配，实现降本增效。

在研发方面，宝钢股份、武钢股份均拥有实力雄厚的研发资源，合并后上市公司将整合研发资源，集中优势力量，共享服务平台，提升研发效率。

在采购协同方面，合并后上市公司将受益于原材料及资材备件采购规模的扩大、物流配送及仓储管理优化以及与供应商良好信誉的共享，从而降低企业的综合采购成本。

在生产协同方面，合并后二者可以快速移植和整合各自在汽车板、硅钢、镀锡（铬）板、工程用钢、高等级薄板等领域的成果，迅速提升钢铁制造能力，强化二者核心及重要战略产品的优势地位，担负起高端产品的研发重任，打造产能结构优化的全品种钢材制造巨头。

在营销协同方面，合并的上市主体将整合二者的营销服务体系，打造行业领先的超前服务优势。在渠道整合方面，二者将通过第三方服务平台欧冶云商，实施“一体两翼”战略，建成最具竞争力的钢铁服务共享生态圈。

【案例2-4】需要关注三个问题：

（1）宝钢集团有限公司与武汉钢铁（集团）公司合并组建“中国宝武钢铁集团有限公司”，属于新设合并；宝钢集团旗下的上市公司“宝钢股份”通过换股的方式合并武钢集团旗下的上市公司“武钢股份”，属于吸收合并。这是同时采取两种不同合并方式的典型案例，即集团公司层面采取新设合并的方式，上市公司层面采取吸收合并的方式。

（2）新设立的中国宝武钢铁集团将按照高端化、智能化、绿色化、服务化的发展原则，实施“钢铁主业一业特强、相关产业协同”的业务组合，将在重点产品、技术研发、销售网络、业务布局、采购管理、剪切配送、物流体系等多个领域深度挖掘协同效应。其中“主业一业特强、相关产业协同”彰显了“追求多重协同效应”的合并动机。

（3）宝钢与武钢的合并，不仅在集团层面追求多重协同效应，而且在上市公司层面也追求多重协同效应。宝钢股份和武钢股份合并后，二者在区位、研发、采购、生产、营销、产品、技术创新、企业文化等方面都将发挥协同效应。

五、其他动机

公司合并除了上述主要的动机以外，可能还有其他一些动机。

比如，股东（或出资人）为了打造一家或者多家具有一定规模的公司（如资产规模达到1000亿元、营业收入也达到1000亿元等），以实现其社会地位、经济地位甚至政治地位得到提升的目标，通常会把他所控股的两家或两家以上的公司进行合并。

再如，一个股东（或出资人）同时拥有两家或两家以上的同行业（或相近行业）公司，但分处在不同的地区，而且品牌和效益相差很大。好的品牌，效益很好；差的品牌，濒临倒闭。这时，这个股东（或出资人）为了挽救濒临倒闭的公司，就有可能让效益很好的公司合并濒临倒闭的公司，合并后统一使用好的品牌，从而使原先濒临倒闭的公司得以重生。

又如，一个股东（或出资人）同时拥有两家或两家以上的同行业（或相近行业）公司，但分处在不同的地区，每一家公司都有一个经营管理团队，都独立开展供产销和投融资等活动，造成机构重复设置、人员重复配置、经营成本加大、管理效率低下等不良的后果。这时，这个股东（或出资人）为了消除这种不良后果，就有可能把这几家公司合并成一家公司，实行集中采购、分散生产、集中销售、统一管理的经营管理模式。

总之，公司合并的动机是多元的，有时在一个合并事件（案例）中往往并存着几种不同的但又相互协调的动机。

第三节 公司合并的程序

我国《公司法》规定："公司合并，应当由合并各方签订合并协议，并编制资产负债表及财产清单。公司应当自作出合并决议之日起10日内通知债权人，并于30日内在报纸上公告。债权人自接到通知书之日起30日内，未接到通知书的自公告之日起45日内，可以要求公司清偿债务或者提供相应的担保。公司合并时，合并各方的债权、债务，应当由合并后存续的公司或者新设的公司承继。公司合并，登记事项发生变更的，应当依法向公司登记机关办理变更登记；设立新公司的，应当依法办理公司设立登记"。具体来说，公司合并的程序主要包括以下几个环节或步骤。

一、合并各方就合并的意向和有关事项进行协商

有意合并的各方在有了合并的意向之后，要进行一次或多次的协商，互相表达合并意向和合并诉求，同时就合并的相关事项（合并方式、合并时间、合并后公司名称和注册地、合并对价、资产处置、债务清偿、人事安排、业务整合等）进行充分的沟通和表达，并最终达成一致意见。

二、合并各方的董事会作出合并决议

我国《公司法》规定，有限责任公司设董事会，董事会负责制订公司合并、分立、解散或者变更公司形式的方案；董事会应当对所议事项的决定作成会议记录，出席会议的董事

应当在会议记录上签名；董事会决议的表决，实行一人一票。股份有限公司设董事会，董事会负责制订公司合并、分立、解散或者变更公司形式的方案；董事会会议应有过半数的董事出席方可举行；董事会作出决议，必须经全体董事的过半数通过；董事会应当对会议所议事项的决定作成会议记录，出席会议的董事应当在会议记录上签名；董事会决议的表决，实行一人一票。《公司法》的这些规定，合并各方必须严格遵守，对合并事项依法作出决议。

三、合并各方签订合并协议

我国《公司法》规定，公司合并，应当由合并各方签订合并协议，并编制资产负债表及财产清单。因此，合并各方在就合并的相关事项进行充分沟通协商并达成一致意见的基础上，签订合并协议，就合并的相关事项作出明晰的规定。合并协议的主要条款应当包括：

（一）合并各方当事人

合同当事人既包括合同的主体（即订立合并协议、参加公司合并的各方公司），还包括合并后存续的公司或新设的公司。合并协议中要写明这些公司的名称及住所等。

（二）合并的方式

合同中合并的方式，应当是按法律形态进行的具有法律意义的分类形式，即吸收合并或新设合并。

（三）合并的对价

合并对价即合并中存续公司或新设公司为取得被解散公司的财产而支付的对价。合并对价的基本形式有两种，即股票和现金形式。

（四）合并各方的资产、债权债务状况

合并各方的资产、债权债务状况是决定合并价格的基本要素，合并价格的科学确定，对合并能否成功具有重要意义。因此，合同中应对此作出明确的记载。

（五）职工安置办法

由于合并中存续公司的职工利益受到合并影响的程度要小得多，所以职工安置办法条款只适用于因合并而解散的公司。

四、合并各方分别编制各自的资产负债表及财产清单

我国《公司法》规定，公司合并，合并各方应当编制资产负债表及财产清单。因此，在签订了合并协议之后，合并各方就要分别编制各自的资产负债表和财产清单。资产负债表是反映公司资产、负债和股东权益状况的会计报表，合并各方应当真实、全面地编制此表，以反映公司的财产情况，不得隐瞒公司的债权、债务。此外，公司还要编制财产清单，清晰地反映公司的财产状况。财产清单应当翔实、准确。

五、合并各方分别召开各自的股东会议，通过合并决议

我国《公司法》规定，有限责任公司和股份有限公司的股东会（股东大会）对公司合并、分立、解散、清算或者变更公司形式作出决议；有限责任公司股东会会议作出修改公司章程、增加或者减少注册资本的决议，以及公司合并、分立、解散或者变更公司形式的决议，必须经代表2/3以上表决权的股东通过；股份有限公司股东大会作出决议，必须经出席会议的股东所持表决权过半数通过，但是，股东大会作出修改公司章程、增加或者减少注册

资本的决议，以及公司合并、分立、解散或者变更公司形式的决议，必须经出席会议的股东所持表决权的2/3以上通过。《公司法》的这些规定是合并各方分别召开各自的股东会（股东大会），通过合并决议的法律约束，合并各方都必须严格遵守。

六、合并各方联合发出合并通告

我国《公司法》规定，公司应当自作出合并决议之日起10日内通知债权人，并于30日内在报纸上公告。债权人自接到通知书之日起30日内，未接到通知书的自公告之日起45日内，可以要求公司清偿债务或者提供相应的担保。合并各方必须严格按照这条法律规定通知债权人并在报纸上公告。一般来说，对所有的已知债权人应当采用通知的方式告知，只有对那些未知的或者不能通过普通的通知方式告知的债权人才可以采取公告的方式。通知和公告的目的主要是告知公司债权人，以便让他们作出决定，对公司的合并，是否提出异议。此外，公告也可以起到通知未参加股东会（股东大会）的股东的作用。

七、报经政府有关部门审批

公司合并，如果合并一方或各方为国有独资公司或国有控股公司的，必须报经政府有关部门审批。我国《公司法》规定，国有独资公司不设股东会，由国有资产监督管理机构行使股东会职权。国有资产监督管理机构可以授权公司董事会行使股东会的部分职权，决定公司的重大事项，但公司的合并、分立、解散、增加或者减少注册资本和发行公司债券，必须由国有资产监督管理机构决定；其中，重要的国有独资公司合并、分立、解散、申请破产的，应当由国有资产监督管理机构审核后，报本级人民政府批准。

八、办理合并后的工商登记

合并登记依照不同的合并方式可分三种情况办理工商登记：

（一）设立登记

设立登记适用于新设合并。公司设立登记是公司从事经营活动的前提，非经设立登记并领取营业执照，不得从事商业活动。因此，新设合并后必须向工商行政管理机关办理设立登记才能从事商业活动。

（二）变更登记

变更登记适用于吸收合并。吸收合并后，存续公司的股东、注册资本、公司章程、股权结构等都发生了重大变化，需向工商行政管理机关办理变更登记。

（三）注销登记

注销登记适用于新设合并和吸收合并。新设合并中，合并后合并各方的公司名称和法人资格均已消失，均需要办理注销登记。吸收合并中，被合并方的公司名称和法人资格都消失了，需要向工商行政管理机关办理注销登记。

第四节　公司合并的对价

公司合并的对价是指合并方为了取得被合并方的资产或股东权益而支付的价格。在现金购买资产式合并中，合并的对价一般是以被合并方的整体估值结果为基础，综合考虑其他因素后确定。在股票换取资产式合并中，合并的对价一般是以被合并方的整体估值结果和合并方的股票价格为基础，综合考虑其他因素后确定。在现金购买股票式合并中，合并的对价一般是以被合并方的股票价格为基础，综合考虑其他因素后确定。在股票换取股票式合并中，合并的对价一般是以合并各方的股票价格为基础，综合考虑其他因素后确定。这就涉及两个问题：一个是公司价值评估的问题，另一个是换股价格确定的问题。

一、公司价值的评估方法

公司价值是通过公司在市场中保持较强的竞争力，实现持续发展来实现的。公司价值体现在公司未来的经济收益能力。公司价值评估就是通过科学的评估方法，对公司的公平市场价值进行分析和衡量。与公司价值理论体系相比，实践中价值评估的方法多种多样，利用不同的评估程序及评估方法对同一公司进行评估，往往会得出不同的结果。目前，在公司价值评估实务中，主要有三种评估方法：收益法、市场法、成本法。

（一）收益法

收益法又称未来现金流量折现法，是把公司未来各年的现金流量的现值总和当作公司价值的评估方法。分段折现现金流量模型是最具理论意义的公司估值模型，也是在实务中应用较广的评估模型。其评估思路是：将公司的未来现金流量分为两段，从现在至未来若干年（3 年或 5 年）为前段，若干年后至无穷远为后段。前段和后段的划分是以现金流量由增长期转入稳定期为界。在前段，公司的现金流量呈逐年增长的趋势，需对其进行逐年折现计算。在后段，公司现金流量已经进入了稳定的发展态势，需要根据具体情况假定其按某一规律变化，并根据现金流量变化规律对公司持续经营期的现金流量进行折现。然后将前后两段公司现金流量折现值加总即可得到公司的评估价值。应用该方法的主要步骤是：

1. 预测公司未来各年的自由现金流量。自由现金流量是指公司当前可以自由支配的现金数量，可以表示为：

自由现金流量 = 营业收入 − 付现营业成本 − 所得税 − 资本性支出 − 营运资本净增加 = 息税前利润 + 折旧 − 所得税 − 资本性支出 − 营运资本净增加

对于公司前段自由现金流量的预测，可以根据上面这个公式逐年、逐项预测。对于公司后段现金流量的预测，一般的方法是：在前段自由现金流量测算的基础上，从中找出公司自由现金流量变化的趋势，并采用假设的方式预测公司未来的自由现金流量的变化趋势。比较常用的假设是假设每年保持固定不变的自由现金流量和假设每年的自由现金流量以一个固定的增长率逐年增长。但不论采用何种假设，都必须建立在符合公司客观实际的基础上，以保证公司未来自由现金流量预测的相对合理和准确。

2. 确定公司折现率和资本化率。上一步骤确定的自由现金流量只是一个预测值，实际发生的数值与预测值会有差距，这种未来自由现金流量的不确定性就是现金流量所对应的风险。因而，折现率的确定问题可以转化为对风险进行定价的问题。有以下两种常用的模型：

（1）资本资产定价模型（CAPM）。在资本资产定价模型中，资本报酬率（即折现率）等于无风险报酬率加上公司的风险程度（β 系数）与市场平均风险报酬率的乘积。其计算公式为：

$$r = R_f + (R_m - R_f) \times \beta$$

或：资本报酬率 = 无风险报酬率 +（市场平均风险报酬率 - 无风险报酬率）× 公司风险系数

在确定了 R_f 和 R_m 后，β 值的确定就是关键的因素。β 值的确定首先要知道公司所在行业的 β 值，然后根据本公司与行业平均水平之间的差距进行相应调整。

（2）加权平均资本成本模型（WACC）。加权平均资本成本是公司不同筹资方式下资本成本的加权平均值，由于公司的资金来源比较复杂，往往需要通过多种方式筹集所需资金。例如，同时采取股权式融资和债权式融资。因此需要对各种各样的长期成本（股票、债券）等进行加权估算。可以用加权平均资本成本模型来计算折算率。其公式为：

$$r = \sum_{i=1}^{n} (R_i \times W_i)$$

式中：r 为加权平均资本成本，R_i 为第 i 种个别资本成本，W_i 为第 i 种个别资本占全部资本的比重。

3. 利用所确定的折现率对公司未来各年的自由现金流量进行折现，得到一个现值总和，这个现值总和就是公司的价值。

（二）市场法

市场法又称相对估价法，是将目标公司与可比公司对比，根据不同的公司特点，确定某项财务指标为主要变量，用可比公司价值来衡量公司价值。即：公司价值 = 可比公司基本财务比率 × 目标公司相关指标。在实际应用中经常采用的基本财务比率有市盈率、市净率、市销率等。

市盈率是指每股市价与每股盈余（即每股净利润）的比率；市净率是指每股市价与每股净资产的比率；市销率是指每股市价与每股销售额的比率。根据可比公司的市盈率、市净率和市销率来评估目标公司的价值，其步骤如下：

第一，根据可比公司的市盈率、市净率或市销率来计算目标公司的每股市价。

目标公司的每股市价 = 可比公司的市盈率 × 目标公司的每股盈余

或者：目标公司的每股市价 = 可比公司的市净率 × 目标公司的每股净资产

或者：目标公司的每股市价 = 可比公司的市销率 × 目标公司的每股销售额

第二，根据目标公司的每股市价和股数来计算目标公司的价值。

目标公司的价值 = 目标公司的每股市价 × 目标公司的股数

由以上计算步骤和计算公式可以看出：

1. 用市场法评估公司价值时，最关键的问题之一是选择可比公司。对可比公司的选择，首先要选择同行业的公司，同时还要求是生产同一产品的市场地位类似的公司；其次要考虑公司的资产结构和财务指标。对可比指标的选择，应选择与公司价值直接相关并且可观测的指标，比如上述步骤中的可比公司的市盈率、市净率、市销率以及目标公司的每股盈余、每股净资产、每股销售额、股数等都是可以观测到的变量。

2. 用市场法评估公司价值时，最关键的问题之二是选择可比公司的基本财务比率。可比公司基本财务比率的选择不同，所计算出来的目标公司的价值也不一样。比如，根据以下三组公式计算出来的公司价值就会不一样。

（1）目标公司的每股市价 = 可比公司的市盈率 × 目标公司的每股盈余

目标公司的价值 = 目标公司的每股市价 × 目标公司的股数

（2）目标公司的每股市价 = 可比公司的市净率 × 目标公司的每股净资产

目标公司的价值 = 目标公司的每股市价 × 目标公司的股数

（3）目标公司的每股市价 = 可比公司的市销率 × 目标公司的每股销售额

目标公司的价值 = 目标公司的每股市价 × 目标公司的股数

可见，实际应用中，可比公司基本财务比率的选择至关重要。

（三）成本法

成本法又称成本加和法。采用这种方法，是将目标公司视为一个生产要素的组合体，在对其各项资产清查核实的基础上，逐一对各项可确指资产进行评估，并确认公司是否存在商誉或经济性损耗，将各单项可确认资产的评估值加总后再加上公司的商誉或减去经济性损耗，就得到公司价值的评估值。其计算公式为：

公司整体资产价值 = ∑单项可确指资产评估值 + 商誉（或 - 经济性损耗）

从上述评估公式来看，采用成本法评估公司价值一般需要经过以下几个步骤：

1. 确定纳入公司价值评估范围的资产，逐项评估各单项资产并加总评估值。从产权的角度看，公司价值评估的范围应该是全部资产。从有效资产的角度看，在对公司整体评估时，需将公司资产范围内的有效资产与对整体获利能力无贡献的无效资产进行准确的界定与区分。对公司持续经营有贡献的资产应以继续使用为假设前提，评估其有用价值。

2. 确定公司的商誉或经济性损耗。由于公司单项资产评估后加总的价值无法反映各单项资产间的有机组合所产生的整合效应，无法反映未在会计账目上表现的无形资产，也无法反映公司经济性损耗。因此，还需要用适当的方法分析确定公司的商誉或经济性损耗。

3. 公司的负债审核。用成本法评估公司价值，而评估目标又是确定公司净资产价值时，就需要对公司负债进行审核。对于公司负债的审核包括两个方面内容：一是对负债的确认，二是对负债的计量。从总体上讲，对公司负债的审核，基本上要以审计准则为依据并采用适当的方法进行，以正确揭示公司的负债情况。

4. 确定公司整体资产评估价值，验证评估结果。将公司各单项资产评估值加总，再加上公司的商誉或减去经济性损耗，就得到公司整体资产评估价值。对用成本法评估公司价值的结果，还应运用公司价值评估的其他方法（通常是收益法）进行验证。以验证成本法评估结果的科学性、合理性。

在公司价值评估中，由于历史原因，成本法成为我国公司价值评估实践中的首选方法和主要方法被广泛使用。但成本法在公司价值评估中也存在着各种利弊。有利之处主要是将公司的各项资产逐一进行评估然后加和得出公司价值，简便易行。不利之处主要在于：一是模糊了单项资产与整体资产的区别。凡是整体性资产都具有综合获利能力，整体资产是由单项资产构成的，但却不是单项资产的简单加总。公司中的各类单项资产，需要投入大量的人力资产以及规范的组织结构来进行正常的生产经营，成本法显然无法反映组织这些单项资产的人力资产及公司组织结构的价值。因此，采用成本法确定公司评估值，仅仅包含了有形资产和可确指无形资产的价值，无法体现作为不可确指的无形资产——商誉。二是不能充分体现公司价值评估的评价功能。公司价值本来可以通过对公司未来的经营情况、收益能力的预测来进行评价。而成本法只是从资产购建的角度来评估公司的价值，没有考虑公司的运行效率和经营业绩，在这种情况下，假如同一时期的同一类公司的原始投资额相同，则无论其效益好坏，评估值都将趋向一致。这个结果是与市场经济的客观规律相违背的。

收益法、市场法、成本法是国际公认的三大价值评估方法，也是我国价值评估理论和实践中普遍认可、采用的评估方法。就方法本身而言，并无哪种方法有绝对的优势，就具体的评估项目而言，由于评估目的、评估对象、资料收集情况等相关条件不同，要恰当地选择一种或多种评估方法。因为公司价值评估的目的是给市场交易或管理决策提供标准或参考。评估价值的公允性、客观性是非常重要的。

二、换股价格的确定方法

在股票换取资产式合并中，除了需要评估被合并方的整体价值之外，还需要确定合并方股票的换股价格。在现金购买股票式合并中，需要确定被合并方股票的换股价格。在股票换取股票式合并中，则需要同时确定合并方和被合并方股票的换股价格。实践中，无论是合并方还是被合并方股票的换股价格，都是在合并基准日或公告日的前20个交易日的股票交易均价的基础上，综合考虑其他因素后确定。

比如，2014年7月25日，申银万国以换股方式吸收合并宏源证券，宏源证券换股价格为9.96元/股，申银万国换股价格为4.86元/股，换股比例为（9.96÷4.86=2.049）:1，即每1股宏源证券股票换取2.049股申银万国股票。宏源证券的换股价格9.96元/股是在定价基准日前20个交易日宏源证券的A股股票交易均价8.30元/股基础上，给予20%的换股溢价计算而得到的。申银万国换股价格4.86元/股是根据2013年12月31日申银万国每股净资产4.96元，扣除2013年度利润分配方案每股派发现金红利0.1元之后计算而得到的。在这个例子中，为什么给予宏源证券的A股股票溢价20%？原因可能是：第一，市场低估了宏源证券股票的真实价值，在定价基准日前20个交易日的股票交易均价不能真实反映宏源证券股票的内在价值，故给予其溢价，以还原其股票的真实价值；第二，在合并中申银万国是牵头方或优势方，宏源证券是配合方或劣势方，为了照顾宏源证券股东的情绪或心理，故给予其股票溢价。

再如，2014年12月30日中国南车换股合并中国北车时，中国南车A股的市场参考价（即合并基准日的前20个交易日的股票交易均价）为5.63元/股，中国北车A股的市场参考价（即合并基准日的前20个交易日的股票交易均价）为5.92元/股。以此等市场参考价为基准，确定中国南车A股股票的换股价格为5.63元/股。综合考虑之后，决定给予中国北车A股股票溢价4.56%，据此确定中国北车A股股票的换股价格为6.19元/股。由此计算出中国南车A股与中国北车A股的换股比例为（6.19÷5.63=1.10）:1，即每1股中国北车A股股票换取1.1股中国南车A股股票。在这个例子中，为什么给予中国北车A股股票溢价4.56%？原因可能是：第一，市场低估了中国北车A股股票的真实价值，在定价基准日前20个交易日的股票交易均价不能真实反映中国北车A股股票的内在价值，故给予其溢价，以还原其股票的真实价值；第二，在合并中中国南车是牵头方或优势方，中国北车是配合方或劣势方，为了照顾中国北车股东的情绪或心理，故给予其股票溢价。

又如，2016 年 9 月 21 日，宝钢股份和武钢股份的换股价格是以上市公司审议本次换股吸收合并事项的董事会决议公告日前 20 个交易日的股票交易均价为市场参考价，并以不低于市场参考价的 90% 作为定价原则最终确定的。换股价格为：宝钢股份 4.60 元/股，武钢股份 2.58 元/股。由上述换股价格确定宝钢股份与武钢股份的换股比例为 0.56:1，即每 1 股武钢股份的股票换取 0.56 股宝钢股份的股票。在这个例子中，为什么以不低于市场参考价的 90% 作为定价原则而不是其他比例？这是市场规则使然，就像以公告日前 20 个（而不是 19 个或 21 个）交易日的股票交易均价作为市场参考价一样。

【案例 2-5】

美的集团换股吸收合并小天鹅

2018-10-29 来源：中国经济网

（编者注：本书引用时作了删减）

中国经济网北京（2018 年）10 月 29 日讯：因美的集团筹划发行 A 股股份换股吸收合并无锡小天鹅股份有限公司（以下简称“小天鹅”），美的集团与小天鹅 A 于 9 月 10 日开市时起停牌。合并方美的集团独立财务顾问为中信证券股份有限公司，被合并方小天鹅独立财务顾问为申万宏源证券承销保荐有限责任公司。

美的集团拟以发行 A 股方式换股吸收合并小天鹅，即美的集团向小天鹅除美的集团及 TITONI 外的所有换股股东发行股票，交换该等股东所持有的小天鹅 A 股股票及小天鹅 B 股股票。

美的集团的换股价格为定价基准日前 20 个交易日的交易均价，即 42.04 元/股。小天鹅 A 股的换股价格以定价基准日前 20 个交易日交易均价为基础，并在此基础上给予 10% 的溢价率确定，即 50.91 元/股。

小天鹅 B 股的换股价格以定价基准日前 20 个交易日交易均价为基础，并在此基础上给予 30% 的溢价率确定，即 48.41 港元/股，折合人民币 42.07 元/股。参照本次换股比例计算，美的集团为本次换股吸收合并发行的股份数量合计为 3.42 亿股。

另据公告，美的集团异议股东收购请求权价格为定价基准日前一个交易日的收盘价 40.30 元/股的 90%，即 36.27 元/股；小天鹅 A 股异议股东现金选择权价格为 41.85 元/股；小天鹅 B 股异议股东现金选择权价格为 32.55 港元/股。

异议股东现金选择权价格打九折，价格调整只能下调不能上涨？10 月 25 日晚间，深交所下发重组问询函，要求说明换股价格溢价合理性、合并的必要性、异议股东现金选择权定价的合理性，且重组方案是否有利于充分保护中小股东的合法权益等。

美的集团半年报显示，截至上半年末，高瓴资本管理有限公司—HCM 中国基金、小米科技有限责任公司均出现在美的集团的前十大流通股东中。

其中，高瓴资本管理有限公司—HCM 中国基金持股数量为 1.08 亿股，占流通股比例为 1.661%。

小米科技有限责任公司持股数量为 8250.00 万股，占流通股比例为 1.273%。

此外，中国证券金融股份有限公司持股数量为2.71亿股，占流通股比例为4.189%；中央汇金资产管理有限责任公司持股数量为7847.49万股，占流通股比例为1.211%。

【案例2-5】需要关注三个问题：

（1）美的集团向小天鹅除美的集团及TITONI外的所有换股股东发行股票，交换该等股东所持有的小天鹅A股股票及小天鹅B股股票。这句话说明：美的集团原本就是小天鹅的股东，这次换股吸收合并小天鹅，既交换小天鹅的A股股票，也交换小天鹅的B股股票。B股的正式名称是人民币特种股票，是在中国境内（上海、深圳）证券交易所上市交易的外资股。它以人民币标明面值，以外币认购和买卖。B股公司的注册地和上市地都在境内。

（2）美的集团的换股价格为定价基准日前20个交易日的交易均价，即42.04元/股。小天鹅A股的换股价格以定价基准日前20个交易日交易均价为基础，并在此基础上给予10%的溢价率确定，即50.91元/股。小天鹅B股的换股价格以定价基准日前20个交易日交易均价为基础，并在此基础上给予30%的溢价率确定，即48.41港元/股，折合人民币42.07元/股。

（3）美的集团异议股东收购请求权价格为定价基准日前一个交易日的收盘价40.30元/股的90%，即36.27元/股；小天鹅A股异议股东现金选择权价格为41.85元/股；小天鹅B股异议股东现金选择权价格为32.55港元/股。这说明，无论是美的集团，还是小天鹅A股和小天鹅B股，都有部分股东对这次合并持有异议。按照我国《公司法》的规定，当“股东因对股东大会作出的公司合并、分立决议持异议，要求公司收购其股份”时，公司应当收购这些股东的股份，并在收购后六个月内转让或者注销。

第五节 公司合并的风险

公司合并无论是对合并方还是对被合并方来说都是一项重大事项，都具有较大甚至很大的风险。本书站在合并方的角度来讨论公司合并的风险，并将公司合并的风险划分为合并过程的风险和合并结果的风险。

一、合并过程的风险

合并过程的风险是指从合并意向的表达到合并事项的谈判、合并协议的签订再到合并对价的支付和相关资产、资料、人员、业务等交接的过程中存在的不确定性。主要包括：

（一）出资方式风险

以现金出资时，现金是否充足及时；以股票出资时，股票是否能够顺利及时地发行等。

（二）抵制风险

目标公司及其员工对合并行为不欢迎、不合作而采取反制手段，致使合并成本加大甚至失败等。

（三）信息不对称风险

目标公司的高管人员为了自身或公司员工的利益，故意隐瞒真实信息；或者与合并方的经办人员、中介机构相互勾结，制造虚假信息，使合并方的决策人员作出错误的决策，从而造成合并成本增加甚至合并失败等。

（四）委托代理风险

在两权分离的情况下，合并方的经营者可能会凭借自身的信息优势，为了追求自身利益的最大化而不顾股东的利益，诱导股东同意进行非理性的合并，或者答应目标公司的不合理要求，从而造成合并达不到预期效应或成本增加等。

（五）法律风险

合并过程中的一些法律规定也会导致合并成本增加或合并失败。如反垄断的法律规定、公告的规定、停止交易的规定、辅导期限的规定等。

二、合并结果的风险

合并结果的风险是指完成合并交接之后公司经营出现的不确定性。主要包括：

（一）整合风险

合并后合并方通常都要对被合并方的经营模式、生产方式、技术条件、人力资源、规章制度、公司文化、公共关系等进行整合，这些整合无法达到预想效果所呈现的风险，统称为整合风险。

（二）政策风险

合并后由于中央或地方政府的某些政策调整会对公司的经营活动造成不利影响从而带来风险。比如，被合并方在被合并前可以享受到政府的某项税收优惠政策，但被合并后，政府取消了该项税收优惠政策。

（三）产业风险

合并后，产业发展进入调整期或衰退期会带来一定的风险。比如，被合并方所在的产业原先是处在正常发展的时期，但被合并后，政府从总览经济社会发展全局的角度出发，开始对被合并方所处的产业进行调整，限制其资源的供应和资金的融通等，使该产业的发展在调整期内受到一定程度的不利影响。

（四）市场风险

这里说的市场，包括资本市场和商品市场。公众公司（特别是上市公司）的合并，资本市场是有反应的。当资本市场不看好某一合并事项时，合并方的股票价格通常就会下跌。此外，随着商品市场上供求关系的变化，原材料、机器设备等的价格开始上涨，而自身商品的价格不仅不同步上涨，反而还下降，这就会使合并方在合并后的协同效应（特别是经营协同效应）无法达到预期。

（五）经营风险

合并后，不仅公司规模显著扩大了，而且公司业态也有可能呈现出多元的格局，这就给公司的经营管理增加了不小的难度。如果经营管理团队的能力不足、经验不足，就很容易造成公司因为经营管理不善而出现业绩下滑的现象，从而给公司带来经营风险。

（六）财务风险

合并过程中，当合并方以现金出资时，如果这些现金是通过大量举债得来的，就有可能给合并后的公司造成较大的偿债压力，使合并后的公司存在较大的财务风险。即使合并方以股票出资（发行股票换取资产或股票互换），发行新股票也存在发行风险。

【案例 2－6】

两大巨头想联姻挑战中国中车，结果被“棒打鸳鸯”

2019－02－10　来源：每经网（上海）

近日，欧盟委员会否决了德国西门子公司和法国阿尔斯通公司合并铁路业务的计划，理由是这一合并会构成垄断，不利于市场竞争。应对中国中车的强势崛起正是两家巨头联姻的重要原因。如今计划落空，西门子周三表示了失望，法、德两国政府也表示反对欧盟委员会的决定。

据新华社报道，欧盟委员会6日否决了德国西门子公司和法国阿尔斯通公司合并铁路业务的计划，理由是这一合并会构成垄断，不利于市场竞争。

欧盟委员会发布禁止合并声明后，西门子与阿尔斯通表示，合并将不会继续推进。

西门子与阿尔斯通，这对曾经的竞争对手于2017年9月26日正式对外宣布，将携手打造交通领域的“欧洲冠军企业”，背后的重要原因是“一家来自亚洲的企业强势改变了市场格局”。而这家改变市场格局的亚洲企业就是中国中车。

150亿欧元的合并被“踩刹车”

根据2017年两家公司的联合声明，双方已签署谅解备忘录，以排他性的方式对等合并交通业务，即将西门子包含轨道牵引驱动业务在内的交通业务与阿尔斯通进行合并。合并后的新公司名称为西门子阿尔斯通，营收将达到153亿欧元。阿尔斯通将进行股票增发，西门子将获得其股权稀释后50%的股份。

合并后新公司总部位于法国巴黎，新公司将在法国上市，而交通解决方案业务部门总部设在德国柏林，合并后的新公司在60多个国家拥有62300名员工。

去年6月，欧盟竞争委员会就发起了对两家铁路集团合并案的深度调查。时隔8个月后，这场合并案在欧盟竞争专员维斯塔格（Margre the Vestager）的宣判声中暂时落下帷幕。

据第一财经报道，欧盟委员会主要对合并提出了两点担忧：信号系统技术以及高速列车的供应。

一方面，信号系统对于防止列车相撞、保障乘客安全具有不可替代的作用，在铁路干线和地铁运营上都是关键一环。另一方面，时速300公里左右的高速列车，也是一种环境和气候友好型、有利于可持续发展的交通工具。

而在欧盟委员会视为最重要的这两个领域中，西门子交通部门和阿尔斯通集团都是佼佼者。这意味着一旦合并成功，新集团将毫无争议地成为欧洲本地高铁市场上的垄断力量。这会使在信号系统及高铁供应市场中的其他公司遭遇瓦解和打击，损害竞争与创新。同时，这也会使铁路运营商、铁路基础设施采购经理以及欧洲乘客减少选择，失去通过供需关系影响价格的控制权。

“如果没有足够的补救措施，这一合并将导致保证乘客安全以及用于下一代高速列车的信号系统价格上涨。”维斯塔格表示。她补充称：“两家公司不愿意应对我们严重的竞争担忧。”

在深入调查期间，委员会还收到来自市场客户、企业竞争对手、行业协会和工会的若干投诉。

联姻重要原因：应对中国中车竞争

据英国《金融时报》报道，西门子周三表示了失望。“保护本地顾客利益绝不能意味着欧洲无法与中国、美国等领先国家同处一个公平的竞争环境。”该公司首席执行官凯飒（Joe Kaeser）表示。

应对中国中车的强势崛起正是两家巨头联姻的重要原因。

中国南北车合并之后，中国中车成为全球规模最大、品种最全、技术领先的轨道交通装备供应商。

而西门子与阿尔斯通合并后的集团规模将达到全球第二，是排名第一的中国中车的一半，也是届时排名第三的加拿大铁路公司庞巴迪的两倍。两家公司曾表示，这项合并有极大的互补效应，目前阿尔斯通在中东、非洲、印度、中南美洲市场有不错的增长，而西门子则在中国、美国和俄罗斯占有一定市场份额。

不过，2016 年 5 月才揭牌欧洲工作室的中车集团尚未在欧洲广泛开展业务，主要发展地区仍是亚洲与非洲。

欧盟委员会认为，在信号系统市场，中国竞争者还需要很长时间才能成为欧洲基础设施领域可靠的供应商。至于超高速列车领域，在可预见的未来，中国供应商不会对合并各方构成竞争约束。

维斯塔格在新闻发布会上称：“在可预见的范围内，我们并没有看到中国企业在欧洲发展的身影”。

法、德强烈不满

对欧盟委员会的决定，法、德两国政府立刻表示反对。法国总理菲利普说：“这是一个错误决定。这对欧洲工业来说是一个重大挫折。”德国总理默克尔的发言人斯特芬·赛贝特说：“打造一个具有全球竞争力的铁路行业，是德国和欧洲产业政策的重要关注点。”

为实现做大欧洲企业的目标，德国经济和能源部长彼得·阿尔特迈尔表示，德国和法国政府将联合提出提案，要求对欧盟反垄断法做出修改。分析人士指出，修改这一法律的难度极大、前景难料。

阿尔斯通表示，这对于欧洲工业是一个“明显的挫折”。阿尔斯通首席执行官亨利·波帕－拉法基表示：“如果说我有一个遗憾，那就是我用了‘欧洲冠军企业’这个短语。”

不过，法、德之外的多个欧洲国家对于这一否决表示欢迎。

负责监管英国铁路的英国铁路监管办公室（Office of Rail Regulation）表示：“我们从一开始就明确表示，这次（合并）对英国乘客、货运客户和纳税人来说都是一笔糟糕的交易。”

智库布鲁盖尔（Bruegel）的访问研究员马修·海姆（Mathew Heim）说：“支持欧洲冠军企业不是欧洲竞争法律的职能。相反，欧洲需要一项连贯的计划，以培育在全球竞争环境下能够蓬勃发展而无需诉诸保护主义的关键欧洲产业。”

【案例 2－6】需要关注三个问题：

（1）欧盟委员会否决德国西门子公司和法国阿尔斯通公司合并铁路业务计划的理由是：这一合并会构成垄断，不利于市场竞争。这对于德国西门子公司和法国阿尔斯通公司的合并事项来说，属于合并过程中的法律风险。

（2）德国西门子公司和法国阿尔斯通公司计划合并铁路业务的重要原因是应对中国中车的强势崛起。中国南北车合并之后，中国中车成为全球规模最大、品种最全、技术领先的轨道交通装备供应商。而西门子与阿尔斯通合并后的集团规模将达到全球第二，但也只是排名第一的中国中车的一半。这充分说明了当年中国南车与中国北车合并组建中国中车这一决策的正确性。

（3）对欧盟委员会否决德国西门子公司和法国阿尔斯通公司合并铁路业务的计划，法、德两国政府表示强烈不满。为什么？用时任法国总理菲利普的话说："这是一个错误决定。这对欧洲工业来说是一个重大挫折。"时任德国总理默克尔的发言人斯特芬·赛贝特说："打造一个具有全球竞争力的铁路行业，是德国和欧洲产业政策的重要关注点。"而这个重要关注点却被欧盟委员会忽略了，法、德两国政府能不反对吗？

复习思考题

1. 什么是吸收合并和新设合并？

2. 什么是横向合并、纵向合并和混合合并？

3. 什么是现金合并和股票合并？

4. 什么是主动合并和被动合并？

5. 公司合并动机除了"追求公司快速发展，期望实现规模经济；加强产业上下融合，提高市场驾驭能力；强强联合优势互补，减少内耗逐鹿国际；追求多重协同效应，实现公司战略目标"这四个主要动机之外，还有哪些动机？

6. 关于合并的程序，我国《公司法》有哪些相关的规定？

7. 合并登记依照不同的合并方式分为哪三种情况办理工商登记？

8. 什么是资产评估的收益法、市场法和成本法？

9. 收益法的应用步骤主要有哪几个？

10. 应用市场法时，为什么说可比公司的选择和可比公司基本财务比率的选择是最为关键的两个问题？

11. 采用成本法评估公司价值一般需要经过哪几个步骤？

12. 在股票换取资产式合并、现金购买股票式合并和股票换取股票式合并中，如何确定合并方和被合并方股票的换股价格？

13. 除了本书提到的风险外，合并还有哪些可能的风险？

思政案例题

【案例 2－7】

中国南车、北车合并方案出炉，南车换股吸收北车

2014－12－31　来源：新京报

（编者注：本书引用时作了删减）

2014 年 12 月 30 日，中国南车、中国北车公布合并方案。合并采取南车吸收合并北车

的方式进行。新公司拟取名为“中国中车”。

南车换股吸收北车

2014年10月28日，两家公司同时发布10月27起开始停牌的公告，称“筹划重大事项”。其后，分别于10月31日和11月28日发布继续停牌的公告。在11月28日的公告中，两家公司均表示，自12月1日起继续停牌，预计继续停牌时间不超过一个月。

根据公告，吸收合并的具体方式为：中国南车向中国北车全体A股换股股东发行中国南车A股股票、向中国北车全体H股换股股东发行中国南车H股股票，并且拟发行的A股股票将申请在上交所上市流通，拟发行的H股股票将申请在香港联交所上市流通，中国北车的A股股票和H股股票相应予以注销。

合并后新公司同时承继及承接中国南车与中国北车的全部资产、负债、业务、人员、合同、资质及其他一切权利与义务。合并后新公司中文名称拟定为“中国中车股份有限公司”，简称为“中国中车”，最终名称将以国家工商行政管理总局和香港公司注册处核准登记的信息为准。

本次合并中，中国南车和中国北车的A股和H股拟采用同一换股比例进行换股，以使同一公司的所有A股股东和H股股东获得公平对待，从而同一公司的不同类别股东持有股票的相对比例在合并前后保持不变。

本次合并的具体换股比例为1:1.10，即每1股中国北车A股股票可以换取1.10股中国南车将发行的中国南车A股股票，每1股中国北车H股股票可以换取1.10股中国南车将发行的中国南车H股股票。上述换股比例系由合并双方在以相关股票于首次董事会决议公告日前20个交易日的交易均价作为市场参考价的基础上，综合考虑历史股价、经营业绩、市值规模等因素，经公平协商而定。具体而言，中国南车A股和H股的市场参考价分别为5.63元/股和7.32港元/股；中国北车A股和H股的市场参考价分别为5.92元/股和7.21港元/股；根据该等参考价并结合前述换股比例，中国南车的A股股票换股价格和H股股票换股价格分别确定为5.63元/股和7.32港元/股，中国北车的A股股票换股价格和H股股票换股价格分别确定为6.19元/股和8.05港元/股。

合并后总资产或超3000亿元

根据公告，本次合并不会导致合并后新公司实际控制人发生变化。本次合并实施完毕后，合并后新公司的实际控制人仍为国务院国资委。

中国北车、中国南车于2000年由中国铁路机车车辆工业总公司一分为二，从此成竞争对手。两家公司主业都是轨道交通装备制造业，由国资委管理，起初业务按南北地域划分，但目前地域界限已然不在。两家公司的发展始终势均力敌，无论国内市场还是国外市场，两家公司的竞争愈发激烈。不少业内人士认为，南北车的彼此竞争，一定程度上削弱了中国轨道交通设备制造的国际竞争力，是促成合并的重要原因之一。

财报显示，2014年前三季度，两家公司净利润表现也是不相上下。中国北车三季报显示，前三季度实现营业收入641.66亿元，同比增长9.84%，归属上市公司股东的净利润为39.58亿元，同比大幅增长65.1%。中国南车三季报显示，前三季度实现营业收入848.9亿元，同比增长50.19%，归属上市公司股东的净利润为39.74亿元，同比大幅增长58.29%。

中国北车、中国南车2014年三季报显示，截至2014年第三季度，中国南车总资产为1509.1亿元，中国北车总资产为1529.3亿元。两车合二为一之后，新的“中国中车”总资产将超过3000亿元。

高铁国际竞争需要“一个声音”

为什么合并北车、南车？所有观点都一致指向国际竞争。

北车、南车在国际项目竞争中，互相压价的故事在业内传播广泛。

中国工程院院士王梦恕告诉《新京报》记者，2011年土耳其机车项目招标，南车报价200多万美元，北车报价120万美元，后来南车又继续把价格压到更低的位置，而订单最后却被一家韩国公司得到。

王梦恕表示，原来两家互相压价，影响收入和利润，导致研究条件不足，很多研究人员都已经不愿意继续从事科研工作了。他说，两家旗下的工厂可能会进行调整，用以研发不同种类的高铁，常温下的高铁中国已经做得很好，但是高原、严寒等条件下的高铁，都需要继续研究。没有研究和改进，会影响中国高铁的技术进步。

“如果两家继续把精力放在拿项目上，不利于技术进步，价格过低，也容易滋生腐败问题。”对此，王梦恕表示，包括日本高铁在内，国外很多国家的高端装备制造都是以一家公司为主进行国际竞争。

据《新京报》记者了解，很多国家的装备企业主要由一家企业出面竞争，比如德国的西门子、加拿大的庞巴迪、法国的阿尔斯通等。

根据德国轨道交通权威机构出版的《世界铁路技术装备市场》统计，目前全球轨道交通装备市场中，中国北车和中国南车分居前两位。其后分别为加拿大庞巴迪、德国西门子、法国阿尔斯通、美国GE和日本川崎。中国两家合计销售收入几乎相当于这5家企业的总和。如果南车、北车合并，在减少因压价而缩减的营收的同时，更可以加强技术研发，提高国际地位。

因此，在确认合并的消息传出后，有海外媒体报道称，来自中国的竞争加剧之际，德国西门子和法国阿尔斯通等企业正面临本土市场紧控公共开支的问题，西门子今年试图将其处境不佳的铁路业务与阿尔斯通的运输业务合并，作为收购阿尔斯通能源资产的资产置换交易的一部分，但未能如愿。

需要讨论的问题：

1. 中国南车、中国北车为什么合并？其合并的意义在哪里？

2. 中国南车向中国北车全体A股换股股东发行中国南车A股股票、向中国北车全体H股换股股东发行中国南车H股股票。在这句话中有两个关键词“全体A股换股股东”和“全体H股换股股东”，突出强调了“换股股东”。那是不是意味着还有“不换股股东”？为什么？

3. 中国北车A股和H股的市场参考价分别为5.92元/股和7.21港元/股，而换股价格却分别确定为6.19元/股和8.05港元/股。为什么给中国北车的A股溢价4.56%、H股溢价11.65%？

4. 中国南车和中国北车合并后，在国内市场形成了“垄断”。这种“垄断”的利弊何在？

第三章

公司收购

内容简介

本章主要介绍公司收购与公司合并的区别以及公司收购的分类、动机、流程和风险，同时介绍公司反收购的含义、特点和措施。

学习目标

学习本章，要求了解公司收购与公司合并的区别，了解各维度下公司收购的分类，了解公司收购的一般动机和特殊动机，了解公司收购的流程和风险以及公司反收购的含义、特点和措施。

第一节　公司收购与公司合并的区别

一、公司合并与公司收购的本质区别

长期以来，无论是官方还是理论界和实务界，都习惯把合并和收购合起来统称为“并购”，使人们以为合并和收购是同一回事，模糊了合并和收购的界限。事实上，合并和收购是有明确的区别的。它们之间标志性的区别在于：合并至少有一方的公司名称和法人资格同时消失，而收购没有任何一方的公司名称和法人资格消失。像新设合并，合并各方的公司名称和法人资格都同时消失，取而代之的是一个新的公司名称和法人资格；吸收合并，被合并方的公司名称和法人资格同时消失，合并方的公司名称和法人资格继续存在。收购，无论是什么类型的收购，收购方和被收购方的公司名称和法人资格都同时存在，不会因为收购而使任何一方的公司名称和法人资格消失。这就是公司合并与公司收购的本质区别。

二、国有企业之间的“无偿划转”是中国特色的“0 元收购”

近 10 年来，在中央和地方国有企业改革的浪潮中，出现了很多例国有企业无偿划转的案例。比如，2016 年 7 月 11 日消息，中国国旅集团有限公司整体并入中国港中旅集团公司，成为其全资子公司，中国国旅集团有限公司不再作为国资委监管企业；2016 年 11 月 10

日消息，中国恒天集团有限公司整体产权无偿划转进入中国机械工业集团有限公司，成为中国机械工业集团有限公司的全资子公司；2017 年 8 月 21 日消息，中国轻工集团公司、中国工艺（集团）公司整体并入中国保利集团公司，成为其全资子企业；2018 年 1 月 31 日消息，中国核工业建设集团有限公司整体无偿划转进入中国核工业集团有限公司，不再作为国资委直接监管企业；2021 年 6 月 23 日消息，中国普天信息产业集团有限公司整体并入中国电子科技集团有限公司，成为其全资子企业，不再作为国资委直接监管企业；2022 年 12 月 21 日消息，中国中钢集团有限公司整体划入中国宝武钢铁集团有限公司，不再作为国资委直接监管企业；等等。

媒体在报道这些案例时大多称之为合并，这其实是不恰当的。根据上述合并与收购的本质区别，这些案例实际上是收购，是特殊的 0 元收购。以中国中钢集团有限公司（以下简称“中国中钢”）整体划入中国宝武钢铁集团有限公司（以下简称“中国宝武”）为例，这是中国宝武从国务院国资委（出资人代表，亦即特殊“股东”）那里花 0 元的代价收购了中国中钢 100% 的股权。收购后，中国中钢的公司名称和法人资格仍然存在，只是其主体已经成为中国宝武 100% 控股的全资子公司。这种特殊的 0 元收购又称为“无偿划转”，是中国特色社会主义市场经济中国有企业改革的一种特有现象，体现了中国特色的公司收购。

第二节　公司收购的分类

一、按照是否通过证券交易所公开交易来划分，收购分为协议收购和要约收购

（一）协议收购

协议收购是收购方在证券交易所之外与目标公司的股东就股票价格、数量等方面进行私下协商，进而购买该股东所持有的目标公司的股票，以达到控股目标公司的目的。

（二）要约收购

要约收购是收购方向目标公司的全体股东发出购买其所持该公司股份的收购要约，表示将按照收购要约中所规定的收购条件、收购数量、收购价格、收购期限等事项，收购其所持有的目标公司的股份。

《中华人民共和国证券法》（以下简称《证券法》）规定：

投资者可以采取要约收购、协议收购及其他合法方式收购上市公司。

通过证券交易所的证券交易，投资者持有或者通过协议、其他安排与他人共同持有一个上市公司已发行的有表决权股份达到 5% 时，应当在该事实发生之日起 3 日内，向国务院证券监督管理机构、证券交易所作出书面报告，通知该上市公司，并予公告，在上述期限内不得再行买卖该上市公司的股票，但国务院证券监督管理机构规定的情形除外。（注：《证券法》的这条规定，在资本市场中被俗称为“举牌”。）

投资者持有或者通过协议、其他安排与他人共同持有一个上市公司已发行的有表决权股份达到 5% 后，其所持该上市公司已发行的有表决权股份比例每增加或者减少 5%，应当依照前款规定进行报告和公告，在该事实发生之日起至公告后 3 日内，不得再行买卖该上市公

司的股票，但国务院证券监督管理机构规定的情形除外。（注：《证券法》的这条规定也属于“举牌”的一种情形。）

投资者持有或者通过协议、其他安排与他人共同持有一个上市公司已发行的有表决权股份达到5%后，其所持该上市公司已发行的有表决权股份比例每增加或者减少1%，应当在该事实发生的次日通知该上市公司，并予公告。（注：《证券法》的这条规定同样属于“举牌”的一种情形。）

通过证券交易所的证券交易，投资者持有或者通过协议、其他安排与他人共同持有一个上市公司已发行的有表决权股份达到30%时，继续进行收购的，应当依法向该上市公司所有股东发出收购上市公司全部或者部分股份的要约。收购要约约定的收购期限不得少于30日，并不得超过60日。采取要约收购方式的，收购人在收购期限内，不得卖出被收购公司的股票，也不得采取要约规定以外的形式和超出要约的条件买入被收购公司的股票。

二、按照收购前公司的市场关系来划分，收购分为同行业收购、上下游收购和跨行业收购

这种划分与公司合并类型的划分相类似，具体内容请参看第二章公司合并分类中“按照合并前公司的市场关系来划分”这部分内容。这里要强调的是，跨行业收购又称为跨界收购，是近年来公司收购的一种明显趋势。比如，2020年11月24日晚间，北京大豪科技股份有限公司（以下简称“大豪科技”）发布公告称，其正在筹划以发行股份的方式，拟同时收购北京一轻资产经营管理有限公司（以下简称“资产管理公司”）与北京红星股份有限公司（以下简称“红星股份”）股份。资料显示，大豪科技成立于2000年，于2015年4月在上交所上市，其主要业务为各类智能装备的拥有完全自主知识产权电脑控制系统的研发、生产和销售。目前公司产品主要配套于缝制及针纺机械设备，是缝制、针纺机械设备的核心零部件。大豪科技收购红星股份是典型的跨界收购。再如，2022年12月22日，广东高乐股份有限公司（以下简称“高乐股份”）发布收购公告称，华统集团有限公司（以下简称“华统集团”）通过“股权受让＋表决权受托”方式入主高乐股份，高乐股份控股股东由兴昌塑胶五金厂有限公司变更为华统集团，实际控制人由杨氏家族变更为朱俭勇、朱俭军两兄弟。据相关资料显示，华统集团下属有饲料、养殖、肉制品、科技开发、家禽屠宰、房地产开发等多家控股子公司，主业属于养殖业。而高乐股份目前主要有玩具和互联网教育两大业务板块。因此，华统集团收购高乐股份也是典型的跨界收购。

三、按照收购支付方式来划分，收购分为现金购买资产式收购、现金购买股票（股权）式收购、股票换取资产式收购、股票换取股票（股权）式收购和混合支付式收购

（一）现金购买资产式收购

现金购买资产式收购是指以被收购方整体资产的评估价值为基础确定收购对价后，收购方以现金支付方式向被收购方的股东支付对价，以换取被收购方的全部资产，被收购方的股东从此退出被收购公司的一种收购类型。这种类型的收购，被收购后的公司不承继其被收购前的原有债务，被收购方股东拿到收购方支付的现金后自行清偿其原有的债务。

（二）现金购买股票（股权）式收购

现金购买股票（股权）式收购是指以被收购方股东的股票（股权）市价为基础确定收

购对价后，收购方以现金支付方式向被收购方的股东支付对价，以换取被收购方股东达到控制程度的股份数量，被收购方的股东从此退出被收购公司的一种收购类型。这种类型的收购，被收购后的公司承继其被收购前的原有债务，并按照相关协议的约定予以清偿。

（三）股票换取资产式收购

股票换取资产式收购是指以被收购方净资产的评估价值为基础确定收购对价后，收购方以发行股票方式向被收购方的股东发行股票以支付对价，以换取被收购方的全部资产，被收购方的股东从此退出被收购公司转而成为收购方新股东的一种收购类型。这种类型的收购，被收购后的公司承继其被收购前的原有债务，并按照相关协议的约定予以清偿。

（四）股票换取股票（股权）式收购

股票换取股票（股权）式收购，又称为股票互换式收购，是指以被收购方股东的股票市价（或股权评估价）为基础确定收购对价后，收购方以发行股票方式向被收购方的股东发行股票以支付对价，以换取被收购方股东达到控制程度的股份数量，被收购方换股的股东从此退出被收购公司转而成为收购方新股东的一种收购类型。这种类型的收购，被收购后的公司承继其被收购前的原有债务，并按照相关协议的约定予以清偿。

（五）混合支付式收购

混合支付式收购是指收购方同时以上述四种支付方式中的两种支付方式（或叠加其他方式）来支付对价的一种收购类型。比如，2018 年 3 月 12 日，A 股上市公司经纬纺织机械股份有限公司（以下简称“经纬纺机”）发布公告称，将通过发行股份及现金结合的方式收购中植企业集团有限公司（以下简称“中植集团”）所持中融国际信托投资有限公司（以下简称“中融信托”）32. 9864% 股权。据公告显示，经纬纺机将向中植集团发行股份数量不超过 3 亿股，并通过募集配套资金和其他方式向中植集团支付除股份支付外的现金对价。交易完成后，经纬纺机将持有中融信托约 70. 46% 的股权。在这个例子中，经纬纺机向中植集团发行不超过 3 亿股的股票，以换取中植集团持有的中融信托的 32. 9864% 股权，这属于股票互换；此外，经纬纺机还用现金支付除股份支付外的剩余对价，这属于以现金购买股票。经纬纺机的这一次收购同时采用了现金购买股票和股票换取股票两种支付方式，属于混合支付式收购。

四、按照收购的客体来划分，收购分为资产收购和股权收购

（一）资产收购

在资产收购中，收购的主体既可以是公司法人，也可以是自然人；但收购的客体是目标公司的全部资产。根据支付方式的不同，资产收购又分为现金购买资产式收购和股票换取资产式收购，其具体含义见上述“按照收购支付方式来划分，收购分为现金购买资产式收购、现金购买股票（股权）式收购、股票换取资产式收购、股票换取股票（股权）式收购和混合支付式收购”的内容。

（二）股权收购

在股权收购中，收购的主体同样既可以是公司法人，也可以是自然人；但收购的客体是目标公司的全部或达到控制程度的股权。根据支付方式的不同，股权收购又分为现金购买股票（股权）式收购和股票换取股票（股权）式收购，其具体含义见上述“按照收购支付方式来划分，收购分为现金购买资产式收购、现金购买股票（股权）式收购、股票换取资产

式收购、股票换取股票（股权）式收购和混合支付式收购”的内容。

假设有甲、乙两家公司，甲公司有A、B两个股东，其中A为自然人股东，占股70%，B为法人股东，占股30%；乙公司有C、D两个股东，其中C为法人股东，占股51%，D为自然人股东，占股49%。如果是资产收购，甲公司和A股东、B股东都可以单独收购乙公司的全部资产；或者乙公司和C股东、D股东也都可以单独收购甲公司的全部资产。如果是股权收购，甲公司和A股东、B股东都可以单独收购乙公司中C股东的全部股权；或者乙公司和C股东、D股东也都可以单独收购甲公司中A股东全部或达到控制程度的股权。

五、按照收购方的态度来划分，收购分为善意收购和恶意收购

（一）善意收购

善意收购是指收购方在目标公司知情的情况下，双方本着自愿合作、共同协商的态度所进行的收购。

（二）恶意收购

恶意收购是指收购方不顾目标公司的意愿而采取非协商的手段强势、隐蔽进行的收购。被恶意收购的公司一般都是股权分散的上市公司。

六、按照收购所需资金是否主要来自负债来划分，收购分为杠杆收购和非杠杆收购

（一）杠杆收购

杠杆收购是指收购所需资金主要（70%左右）来自借款、发债等负债渠道。杠杆收购的优点是可以用较少的自有资金撬动较大规模的股权收购或资产收购，发挥了资本的放大效应；缺点是大量增加公司负债和大幅度拉升公司资产负债率，从而加大公司财务风险和利息支出。

（二）非杠杆收购

非杠杆收购是指收购所需资金主要（70%左右）来自公司的自有资金。非杠杆收购的优点是不会大量增加公司负债和大幅度拉升公司资产负债率，因而不会加大公司财务风险和利息支出；缺点是需要动用大量的自有资金，不仅不能发挥资本的放大效应，而且还有可能因大量流出现金而影响公司的正常经营。

七、三种特殊类型的收购

（一）溢价收购

溢价收购是指收购方支付的对价明显高于被收购方资产的账面价值（资产收购），或者明显高于被收购方股权的账面价值（收购非上市公司的股权）或公告日前20个交易日股票交易的均价（收购上市公司的股票）。溢价收购在资本市场中是很常见的。

（二）蛇吞象收购

蛇吞象收购是指规模相对较小的公司收购一家规模显著大于自己的公司。蛇吞象收购在资本市场中不是很常见，但也时有发生。

（三）跨国收购

跨国收购是指跨越国境的收购，一般指收购注册地在境外国家或地区的公司。跨国收购

是公司走国际化路线的一条捷径。比如，2022 年 5 月底，非凡中国控股有限公司（以下简称“非凡中国”）发布股东特别大会通告，将就一则关乎 Clarks（编者注：Clarks 是英国经典鞋履品牌，中文名为“其乐”）控制权的决议案进行投票。至此，这宗几经跌宕的交易已基本坐实，只待履行程序即可。李宁将通过旗下的非凡中国、莱恩资本两家机构一起持有这家公司 51% 的股份。收购方李宁在中国家喻户晓，被收购的一方 Clarks 同样鼎鼎大名：它是英国历经百年的鞋履品牌，多年以来营收一直在 15 亿英镑左右（约合人民币 130 亿元）。据称，有一半英国人的第一双鞋来自 Clarks。如果不是因为全球新冠疫情所带来的严酷打击，Clarks 家族至今也不愿意卖出公司的股份，即便是这次出售，仍保留了 49% 的股份在自己手里。这笔收购完成之后，李宁将坐拥除了“李宁”之外的另一个百亿品牌。这已经是李宁通过非凡中国三年来的第三次出手。2020 年，非凡中国收购了香港本土品牌堡狮龙的控股权；2022 年初，非凡中国完成了对意大利百年奢华品牌 Amedeo Testoni（铁狮东尼）的收购。

【案例 3－1】

中际旭创拟 3 亿元收购君歌电子 62%股权

2023－06－26　来源：中国经济网

（编者注：本书引用时作了删减）

中国经济网北京 6 月 26 日讯：中际旭创股份有限公司（以下简称“中际旭创”）于 6 月 22 日披露公告，公司拟通过全资子公司江苏智驰网联控股有限公司（以下简称“智驰网联”）以增资及股权转让的方式收购重庆君歌电子科技有限公司（以下简称“君歌电子”）62.45% 的股权，其中以人民币 3960 万元受让刘世勇等 7 名股东合计持有的 660 万股股权，同时以人民币 26040 万元对君歌电子进行增资，4340 万元计入注册资本，其余 21700 万元计入资本公积。

本次交易完成后，智驰网联合计持有君歌电子 5000 万股的股权，占君歌电子注册资本的 62.45%，君歌电子纳入公司合并报表范围。

中际旭创 6 月 21 日召开了第四届董事会第三十五次会议，审议通过了《关于收购重庆君歌电子科技有限公司 62.45% 股权的议案》，并授权公司管理层签订相关交易协议和办理本次交易相关事宜。董事会一致同意公司本次收购君歌电子股权事项。

君歌电子主营业务为超声波雷达、视觉传感器及车身控制器等产品研发、生产和销售，公司的主要产品为超声波感知类产品和视觉感知类产品，包括超声波雷达、摄像头和控制器等产品。

本次交易基于收益法评估结果作为君歌电子股东全部权益的评估结论。截至评估基准日，君歌电子股东权益账面价值为 3492.75 万元，评估价值为 22170 万元，评估溢价 18677.25 万元，溢价率 534.74%。

中际旭创称，公司本次收购重庆君歌电子科技有限公司 62.45% 的股权，可以实现公司在汽车光电子领域新的业务拓展，并将公司在光通信领域的光机电软技术积累、精密光电子产品的规模化生产制造以及全球化的供应链体系等方面所构建的光电子领域成熟的生态系统，应用于汽车智慧座舱与智能驾驶相关的新型汽车光电子产品的技术开发，通过君歌电子的市场渠道和客户资源加快推进如车载光互联、新一代激光雷达等汽车光电子新产品客户导入与量产，实现较好的产业协同效应，有利于公司的长远发展。

【案例3-1】需要关注三个问题：

（1）中际旭创收购君歌电子62.45%的股权，采取的支付方式是“现金购买股权+直接增资”的方式。其中，以人民币3960万元受让刘世勇等7名股东合计持有的660万股股权，属于现金购买股权；同时以人民币26040万元对君歌电子进行增资，属于直接增资。直接增资的方式在上述支付方式中没有提到，但从本质上看，直接注入现金获得被收购公司（亦称被投资公司）的股权，实际上也属于现金购买股权方式。

（2）中际旭创以人民币26040万元对君歌电子进行增资，其中，4340万元计入注册资本，其余21700万元计入资本公积。这意味着这笔交易中，君歌电子的股权价值为每股6（26040÷4340）元。中际旭创愿意以每股6元的价格购买君歌电子4340股的股权，表明中际旭创对收购君歌电子这件事还是很乐观的。之所以乐观，是因为收购君歌电子后，中际旭创可以实现公司在汽车光电子领域新的业务拓展，并将公司在光通信领域的光机电软技术积累、精密光电子产品的规模化生产制造以及全球化的供应链体系等方面所构建的光电子领域成熟的生态系统，应用于汽车智慧座舱与智能驾驶相关的新型汽车光电子产品的技术开发，通过君歌电子的市场渠道和客户资源加快推进如车载光互联、新一代激光雷达等汽车光电子新产品客户导入与量产，实现较好的产业协同效应，有利于公司的长远发展。

（3）中际旭创收购君歌电子是基于收益法评估结果来对君歌电子股东全部权益进行作价。截至评估基准日，君歌电子股东权益账面价值为3492.75万元，评估价值为22170万元，评估溢价18677.25万元，溢价率534.74%。这说明，中际旭创收购君歌电子属于溢价收购，而且是高溢价收购。

【案例3-2】

中航电测“蛇吞象”拟收购成飞集团100%股权

2023-01-13　来源：证券日报

（编者注：本书引用时作了删减）

1月11日晚间，中航电测仪器股份有限公司（以下简称“中航电测”）发布公告称，公司正在筹划发行股份购买资产事项，此次交易的标的资产初步确定为成都飞机工业（集团）有限责任公司（以下简称“成飞集团”）的100%股权，公司股票自1月12日开市时起开始停牌。公开资料显示，中国航空工业集团有限公司（以下简称“航空工业集团”）持有成飞集团100%股份，为成飞集团的控股股东、实际控制人。

受此影响，1月12日，军工、大飞机、军民融合等板块表现活跃，截至当日收盘，通达股份涨停，光威复材、航发科技、星网宇达等涨超5%。

根据成飞集团控股子公司中无人机招股说明书显示，成飞集团2021年实现营业收入

567.33 亿元，净利润为 0.99 亿元。截至 2021 年年末，成飞集团总资产为 1511.8 亿元。而中航电测年报数据显示，公司 2021 年实现营业收入 19.43 亿元，净利润 3.16 亿元，截至 2021 年年末，中航电测总资产为 32.99 亿元。天风证券研报预测，成飞集团上市后市值或达 2000 亿元。而截至 1 月 11 日收盘，中航电测市值为 62.5 亿元，即两者市值可能相差 32 倍。

但中航电测收购成飞集团还不仅是 A 股市场的一场“蛇吞象”大戏，天风证券研报还认为，“若此次收购成功完成，中航电测将成为 A 股军工板块的权重龙头，亦有望带动整个板块估值提升。”

中航电测于 2010 年上市，目前业务和产品主要涉及飞机测控产品和配电系统、电阻应变计、应变式传感器、称重仪表和软件、机动车检测系统等方向及领域，按属性划分为航空军品、传感控制、智能交通等业务板块。

成飞集团官网介绍，公司创建于 1958 年，是我国航空武器装备研制生产和出口主要基地、民机零部件重要制造商。在军机方面，成飞集团研制生产了歼 -5、歼 -7、枭龙、歼 -10 等系列飞机数千架，歼 -10 飞机荣获国家科技进步奖特等奖；国外军机用户达十多个国家。在民机方面，与成飞民机公司一道承担了大型客机 C919、新支线客机 ARJ21、大型水陆两栖飞机 AG600 机头的研制生产。

最令人瞩目的是成飞集团负责制造的我国最先进的第五代战斗机歼 -20。作为世界上第三款进入量产的第五代隐身战斗机，歼 -20 是代表世界先进技术水平的“大国重器”。

券商纷纷看好中航电测收购成飞集团前景。中信证券研报认为，通过本次交易，战斗机龙头企业有望实现整体上市，预计 2023 年国企改革将继续加速提振板块情绪。从基本面看，军工板块不受宏观经济波动影响，且行业正处于“十四五”黄金发展期，具备长期配置价值。

中金公司认为，“十四五”以来，随着以第五代战机为代表的新型装备批产上量，成飞集团迈入高速发展阶段。本次交易完成后，成飞集团有望成为 A 股航空航天科技板块最核心的资产之一。

博星证券研究所所长兼首席投资顾问邢星在接受《证券日报》记者采访时表示，成飞集团是行业龙头，其发展得以借力资本市场，将极大促进我国航空装备产业发展。

浙江大学国际联合商学院数字经济与金融创新研究中心联席主任、研究员盘和林告诉《证券日报》记者，“C919 商用飞机和歼 -20 战机已经成为中国制造的新名片，资本市场会为我国航空产业提供更多融资支持，推动其进一步发展。”

【案例 3 -2】需要关注三个问题：

（1）中航电测拟发行股份购买成飞集团 100% 的股权，应该是向成飞集团的控股股东、实际控制人航空工业集团定向发行股票，属于股票换取股票（股权）式收购。此外，根据案例报道提供的信息，中航电测目前业务和产品主要涉及飞机测控产品和配电系统、电阻应变计、应变式传感器、称重仪表和软件、机动车检测系统等方向及领域；成飞集团是我国航空武器装备研制生产和出口主要基地、民机零部件重要制造商。据此可以判断，成飞集团是中航电测的下游公司，中航电测收购成飞集团属于上下游收购。

（2）成飞集团 2021 年实现营业收入 567.33 亿元，净利润为 0.99 亿元，截至 2021 年年末，资产总额为 1511.8 亿元。而中航电测 2021 年实现营业收入 19.43 亿元，净利润 3.16 亿元，截至 2021 年年末，资产总额为 32.99 亿元。从 2021 年的营业收入规模来看，成飞集团是中航电测的 29.20 倍；从 2021 年年末的资产规模来看，成飞集团是中航电测的 45.83 倍。这是典型的蛇吞象收购。

（3）受到中航电测发布的公告影响，2023 年 1 月 12 日，军工、大飞机、军民融合等板块表现活跃，截至当日收盘，通达股份涨停，光威复材、航发科技、星网宇达等涨幅超 5%。此外，天风证券（即天风证券股份有限公司，编者注。）研报还认为，“若此次收购成功完成，中航电测将成为 A 股军工板块的权重龙头，亦有望带动整个板块估值提升。”这说明，无论是资本市场的投资者还是券商，都比较看好这一单收购事项。

第三节　公司收购的动机

第二章所述的公司合并的动机大多也属于公司收购的动机，诸如追求公司快速发展，期望实现规模经济；加强产业上下融合，提高市场驾驭能力；强强联合优势互补，减少内耗逐鹿国际；追求多重协同效应，实现公司战略目标；打造超大规模公司，提升公司市场地位；发挥优质品牌效应，挽救濒临倒闭公司；等等。除了这些动机之外，公司收购还有以下几个特殊动机。

一、突破行业壁垒，进军敏感领域

一个国家的经济结构中，总有一些领域是敏感领域，它们的发展对国家、对社会都会产生重大的、特殊的影响，因此，国家对进入这些领域设置了比较森严的壁垒，一般的公司很难获准在这些领域中投资设立公司。比如金融领域，一般的投资者要想投资设立银行、证券公司、财务公司、信托公司等金融性公司，那是很难获得批准的。要想进军这些敏感领域，收购就是一个很好的途径。比如广西投资集团有限公司（以下简称“广投集团”），曾经提出过一句战略口号，叫作“产融结合、双轮驱动”，意思大概是要把产业资本和金融资本结合起来，用这两个轮子驱动集团公司向前发展。金融资本哪里来？那就是来自上述提到的金融性公司，但由于金融性公司设立的门槛很高、进入的壁垒森严，自己投资设立是很难的，那就只好收购。因此，广投集团就陆续收购了当地的一些金融性公司，成为这些金融性公司的第一大股东，成功地进入金融行业，有力地支持了其“产融结合、双轮驱动”这句战略口号。截至目前，广投集团已经发展成为以能源、铝业、医药健康、数字经济、金融、资本投资为主的世界 500 强公司，其战略口号也已经调整为“产业为基础、金融为保障、投资为引领”。旗下的金融领域拥有银行、证券、保险、公募基金、期货、金融租赁、金融资管等中央监管牌照和股权交易、基金、担保（再担保）、小贷等地方监管牌照。

二、高层利益驱动，实现自我需求

美国心理学家马斯洛将人类的需求像阶梯一样从低到高分为五个层次，分别是：（1）生理需求：维持自身生存的最基本要求，包括衣、食、住、行等方面的需要；（2）安全需求：保障自身安全、摆脱事业和丧失财产威胁等方面的需要；（3）社交需求：包括感情的需要和归属群体的需要；（4）尊重需求：包括自我尊重和受到他人的尊重；（5）自我实现：实现个人理想、抱负，发挥个人的能力。前三个属于低层次需求，通过外部条件就可以满足；后两个属于高层次需求，通过内部因素才能满足，且需求是无止境的。低层次的需求基本得到满足以后，激励作用就会降低，高层次的需求会取代它成为推动行为的主要原因。

公司高管层为了实现上述五个层次的需求，有时也会积极推动公司收购。因为当公司规模发展得更大时，作为高层管理人员的董事长、总经理等人的威望也随之提高，薪酬也将会增加；而且在激烈的市场竞争环境中，高管层也希望通过收购来扩大公司规模，使公司能在瞬息万变的市场中立于不败之地或抵御其他公司的收购，从而保住自己既有的身份和地位。中国有句老话，叫作“最好的防守就是进攻”。与其被其他公司收购，使自己极有可能失去现在的身份和地位，不如主动出击，收购其他公司，以稳住甚至提升自己的身份和地位。

三、低价收购资产，转手经营谋利

公司收购，有时候是为了低价收购资产，再转手高价卖出从中获取较高的资本利得；或者经过整合后自己经营以获取较为丰厚的经营利润。以这种动机去实施的收购一般是在这两种情形之下：（1）被收购方对自身的潜在价值估计不足，愿意贱卖自己的资产，而收购方则对被收购方的潜在价值有充分的认识。亦即被收购方看不到自身的潜在价值，而收购方则看得到。（2）被收购方虽然对自身的潜在价值有充分的估计，但以目前的财务能力已经无力继续经营，不得已贱卖自己的资产。

例如，某省曾经有一家从事化学纤维相关产品生产和销售的国有控股公司，其产品在国内外市场都有很好的声誉，技术在同行业中也处于领先地位，经营业绩更是行业中的佼佼者，属于行业中的头部企业。某一年突发了重特大生产事故，死伤了不少公司员工。为了查明事故原因和责任，处理善后工作，国务院、省、地级市、县级市、乡镇五级政府均派出了工作组。因为这一生产事故，该公司被迫停产，一下子就陷入了极端严重的财务困境，已经无力再继续经营。这时，另外一个省的一家同行业的国有控股上市公司瞄上了这家已无力继续经营的事故公司，待事故处理基本完毕后，这家上市公司仅仅以 2500 万元的价格就收购了这家事故公司，注入资金后事故公司得以恢复生产经营。

四、买壳上市公司，开拓融资渠道

据《人民日报》2023 年 5 月 14 日第 1 版文章，截至 2023 年 3 月底，登记在册的民营企业超过 4900 万户，民营企业在企业总量中占比达 92.3%。据此推算，截至 2023 年 3 月底，全国登记在册的企业达 5308.78 万户。另据上海证券交易所、深圳证券交易所和北京证券交易所官网披露的数据，截至 2023 年 3 月底，三家交易所上市公司合计为 5217 户，上市公司户数仅占登记在册的企业户数的万分之零点九八（0.98‱）。由此可见，在我国现阶段，上市公司是一种稀缺资源。一些公司在自己申请上市比较困难，或者自己申请上市过程太长、成本太高的情况下，就会通过收购上市公司来达到上市的目的。这种通过收购上市公司来达到上市目的的行为，在资本市场上被称为“买壳上市”，很多人也称之为“借壳上市”。但实际上，买壳上市和借壳上市不是同一回事，而是两码事。根据收购的定义，收购是指用现金或有价证券购买另一家公司的部分或全部资产或股权，以获得该公司控制权的行为。收购的一个重要特征就是获得被收购公司的控制权。根据《现代汉语词典》的解释，“买”字是动词，指拿钱换东西。“借”字也是动词，有四种字义：一是暂时使用别人的物品或金钱；二是把物品或金钱暂时供别人使用；三是假托；四是凭借、利用。从汉字的字义来看，“买”来的东西是自己的，自己可以自由地左右它、控制它；“借”来的东西不是自己的，自己只能有限制地左右它、控制它。“自由地”和“有限制地”是有本质区别的。

综上所述，本书认为，“买壳上市”是收购一家上市公司达到直接上市的目的；“借壳上市”是购买（不是收购）一家上市公司没有达到控制程度的股票达到间接上市的目的。

据搜狗百科资料：2017 年 11 月 3 日，江南嘉捷电梯股份有限公司（以下简称“江南嘉捷”）发布重大资产重组报告书，根据重组报告，此次是一个标准的重组上市方案，可以拆分为三个环节：（1）上市公司江南嘉捷全部资产作价 18.72 亿元，通过资产置换和现金转让方式置出。（2）360 安全科技股份有限公司（以下简称“360 公司”）的 100% 股权作为本次拟置入资产作价 504.16 亿元，与拟置出资产中的置换部分以等值置换方式抵消后，置换资产与置入资产差额部分由上市公司以发行股份方式向 360 公司全体股东购买。（3）交易完成后，360 公司实现重组上市，奇信志成将持有总股本的 48.74%，为本公司控股股东。周鸿祎直接持有本公司 12.14% 的股份，通过奇信志成和天津众信间接控制，合计控制 63.70% 的股份，成为实际控制人。上市后预计 2017 年、2018 年、2019 年扣非后净利润不低于 22 亿元、29 亿元、38 亿元。

2017 年 11 月 7 日，被 360 公司买壳的江南嘉捷复牌。2017 年 12 月 21 日，临时停牌的江南嘉捷收市后发布公告称，重大资产重组通过商务部反垄断审查。2017 年 12 月 29 日，360 公司买壳江南嘉捷上市成功过会，回归 A 股市场。2017 年 12 月 29 日，江南嘉捷发布公告称，公司收到中国证券监督管理委员会的通知，经中国证监会上市公司并购重组审核委员会于 2017 年 12 月 29 日召开的 2017 年第 78 次工作会议审核，公司本次重大资产出售、置换及发行股份购买资产暨关联交易事项获得有条件通过。根据《上市公司重大资产重组管理办法》等相关法律法规的规定，经公司向上海证券交易所申请，公司股票自 2018 年 1 月 2 日开市起复牌。2018 年 1 月 2 日，江南嘉捷披露重组草案，公司拟将除全资子公司嘉捷机电 100% 股权之外的全部资产、负债、业务、人员、合同、资质及其他一切权利与义务划转至嘉捷机电。在划转重组的基础上，公司分别将嘉捷机电 90.29% 的股权以现金方式转让给金志峰、金祖铭或其指定的第三方，交易作价为 16.9 亿元；将嘉捷机电 9.71% 股权与 360 公司全体股东拥有的 360 公司 100% 股权的等值部分进行置换，360 公司全体股东再将嘉捷机电 9.71% 股权转让给金志峰、金祖铭或其指定的第三方。2018 年 2 月 28 日，江南嘉捷名称变更为 360 安全科技股份有限公司，公司证券代码由 601313 变更为 601360。360 公司买壳江南嘉捷上市事项成功办结。

另据国海证券股份有限公司 2014 年年度报告显示：国海证券股份有限公司的前身是国海证券有限责任公司。国海证券有限责任公司的前身广西证券公司于 1988 年 10 月经中国人民银行总行批准成立，是经营证券业务的专业机构。2001 年 10 月，公司经中国证监会核准增资扩股并更名为国海证券有限责任公司。2011 年 6 月 24 日，经中国证监会核准，桂林集琦药业股份有限公司施行重大资产重组及以新增股份吸收合并国海证券有限责任公司后，桂林集琦药业股份有限公司依法承继国海证券有限责任公司（含分支机构）的全部资产、人员及各项业务资格。随后，桂林集琦药业股份有限公司更名为国海证券股份有限公司，并在广西壮族自治区桂林市工商行政管理局办理了注册变更登记手续。至此，国海证券有限责任公司成功买壳桂林集琦药业股份有限公司，达到了直接上市的目的。

第四节　公司收购的流程

公司收购流程大致经历选择收购目标、组建收购团队、选择中介机构、开展尽职调查、收购合同谈判、目标公司交接、收购后整合等环节。

一、选择收购目标

收购目标应当根据收购动机来选择，只有契合收购目标的公司才是理想的目标公司。根据前文所述，收购目标主要有追求公司快速发展，期望实现规模经济；加强产业上下融合，提高市场驾驭能力；强强联合优势互补，减少内耗逐鹿国际；追求多重协同效应，实现公司战略目标；打造超大规模公司，提升公司市场地位；发挥优质品牌效应，挽救濒临倒闭公司；突破行业壁垒，进军敏感领域；高层利益驱动，实现自我需求；低价收购资产，转手经营谋利；买壳上市公司，开拓融资渠道；等等。公司在选择收购目标时，必须首先明确定位自己的收购动机。

二、组建收购团队

收购一家公司是一件大事情，必须要有精干高效的收购团队来推动收购工作的实施。收购团队中应当至少有高级管理人员、业务管理人员、财务管理人员和技术管理人员参加。高级管理人员亦即公司领导是把握大原则、大方向、作决策的人，业务管理人员负责对目标公司的业务活动进行把关，财务管理人员负责对目标公司的财务资料进行审核把关，技术管理人员负责对目标公司的技术资料进行把关。各类人员各司其职、通力合作，共同推进整个收购工作，确保收购工作优质高效地完成。

三、选择中介机构

收购过程涉及的中介机构主要有财务顾问、专业律师、注册会计师、资产评估师等。

财务顾问主要指投资银行和投资咨询公司。它的作用在于：帮助收购公司分析确定目标公司、对目标公司进行评估和出价、设计交易方案和开展协调性工作。财务顾问扮演着“导演”的角色，对整个收购过程进行统一的规划设计、控制和协调。选择财务顾问应当注意：（1）财务顾问的过往业绩。（2）财务顾问的工作团队。（3）财务顾问的投标出价。实力雄厚的财务顾问，其出价往往较高；反之，则出价较低。要权衡利弊。（4）财务顾问的沟通合作。在决定选择哪家机构作为财务顾问前一定要与财务顾问拟派出的工作团队见面交流，看看相互之间的沟通是否顺畅、交流是否融洽、观点是否相近、性格是否随和、感情是否投缘。

专业律师的作用在于：帮助收购公司对目标公司进行法律尽职调查，了解目标公司的法律状态、法律瑕疵，为公司收购提出预警、扫除障碍、铺平道路；律师还要以法律专业知识和经验为公司提供收购战略方案和选择、交易结构设计、价格确定以及支付方式选择等法律服务，最终出具收购法律意见书以及一套完整的收购合同和相关协议。选择律师应当注意：（1）要了解律师事务所的综合实力。收购过程的律师服务不是某一个律师的单兵作战，而是一个律师团队的综合服务，因此要了解律师事务所的综合实力。（2）要选择在收购领域具有丰富经验的律师团队。综合实力强的律师事务所，其律师的知识、经验和能力也存在差异，一定要求律师事务所派出最强阵容参与服务。（3）了解律师的报价。律师的报价是根据项目的难易程度、复杂程度、律师可能要投入的工作时间和可能要承担的风险等因素来确定的。公司要慎重权衡。（4）了解律师的个性。优秀律师的选择标准和优秀财务顾问的选择标准略有不同。良好的沟通合作固然重要，但优秀律师更重要的是能够敏锐地发现法律上存在的问题并能够独立判断法律风险的大小然后化解之。

注册会计师的作用在于：帮助收购公司发现目标公司财务数据存在的问题，挤干目标公司财务数据中的水分，让收购公司看到目标公司真实的财务状况和经营业绩，为收购公司的收购决策提供有用的信息。

资产评估师的作用在于：帮助收购双方对目标公司的价值进行评估。评估价值作为确定收购价格的重要参考。

选择注册会计师和资产评估师应当注意的问题与选择财务顾问、专业律师应当注意的问题类似。

四、开展尽职调查

（一）收购尽职调查的目的

收购尽职调查的目的是排查收购活动的潜在风险，维护收购双方的合法权益，为收购中的价值评估、方案设计、出具专业意见等提供相关信息和依据。

（二）收购尽职调查的范围

收购尽职调查的范围包括目标公司商业、财务、法律、税务等方面的历史、现状和未来。调查者可根据需要进行全面调查或者有所侧重的专项调查。

（三）收购尽职调查的主体

收购尽职调查的主体是收购公司或目标公司。收购公司或目标公司开展尽职调查，可以自行组织人员开展调查，也可以聘请中介机构开展调查。

（四）收购尽职调查的方法

收购尽职调查的方法主要有：（1）访谈，包括对股东、高管、员工、上下游客户、同行业竞争对手、债权人、相关政府部门和中介机构等进行访谈。（2）查阅相关资料，包括目标公司提供的原始资料、第三方机构提供的间接资料等。（3）现场盘点及查看。（4）问卷调查。（5）网络搜索。（6）计算、研究、分析。（7）各种方法的综合运用及相互印证。

（五）收购尽职调查的内容

1. 目标公司历史沿革

包括公司前身的设立，股权、所有制形式或实际控制人的历次变化，历次改组、改制、并购、资产出售，历次名称、注册地点的变更等；公司主营业务、主要供应商和客户；公司经过最新年度工商年检的营业执照；公司及其下属公司的股权结构和出资额、历次股权结构的变更等；公司业务资质证明、组织机构代码证书、税务登记证、国有资产产权登记证等从事业务所必需的证明文件；公司设立登记、历次工商变更登记材料；公司现行章程、设立时和历次修订的章程；公司设立和历次工商登记事项变更的政府批文；公司股东经过最新年检的营业执照；公司股东之间的协议和转让股权等方面的法律文件；公司设立和历次增资的验资报告；公司设立和历次增资或资产重组涉及的资产评估报告；公司聘任的董事会成员、监事会成员、高级管理人员的名单及其简历；公司内部组织机构图及下属企业清单；等等。

2. 目标公司在建项目的法律文件和建设进度说明

包括城市规划部门出具的城市规划意见、建设用地规划许可证、建设工程规划许可证；国土资源部门项目用地预审意见；环保部门出具的环评报告的审批意见；项目建议书、可行性研究报告及相应的批复文件（或项目申请报告及相应的核准文件）；初步设计的批复文件和项目开工报告的批复文件；质量监督、安全生产监督、水资源管理等部门出具的相应批复文件；环境问题的评估和监测报告、排污许可文件、环保设施验收文件；项目竣工验收文件；政府部门给予的优惠和扶持政策等文件；工程建设进度总体说明；等等。

3. 目标公司重大资产权属的证明文件

包括土地使用权、房产、建筑物的所有权证明文件；如为出让地或转让地，还需出具土地出让金或土地转让金的交纳凭证；租赁土地、房产、建筑物的租赁合同、土地使用证、房产证、租赁许可证等；关键生产设备的购买合同和发票；等等。

4. 目标公司的融资和担保

包括尚未履行完毕的借款文件和协议（不管是担保的还是非担保的）；外币借款（不论金额大小）的文件和协议（不管是担保的还是非担保的）；银行所提供或同意提供的信用额度或贷款的信函及协议；等等。

5. 目标公司的重大生产经营合同

包括在建项目工程建设施工合同、承包合同、监理合同；与设备制造商、原材料供应商签订的采购、供应、代理、合作以及设备维修合同；水、电、煤、天然气等能源采购合同、服务协议；融资租赁合同、经营租赁合同、委托经营合同；主要产品的重大购销合同；等等。

6. 目标公司的关联交易协议

包括关联方之间签署的所有合同、协议或达成的所有交易的相关文件。

7. 目标公司的人力资源

包括公司员工总数、按有关分类标志划分的人数及比例；任命公司高管人员的董事会决议和聘用合同；公司与员工签订的劳动合同；公司社会保险登记证；公司与高管人员、核心技术人员签署的服务协议、报酬协议或赔偿协议；公司与高管人员、核心技术人员签署的竞业禁止协议、保密协议；公司设立以来发生的人力资源仲裁、诉讼等相关文书；公司设立以来发生的生产事故的详情及原因说明；等等。

8. 目标公司的财务和税务

包括公司设立以来历年经审计的年度财务报告和审计报告；公司最近一期的财务报告；公司缴纳的税项及适用的税率；公司设立以来的所得税纳税申报表；公司享有的税收优惠政

策所涉及的税务部门和批文；公司设立以来因税务问题受到处罚的详情及相关文件；等等。

9. 目标公司的规范运作和内部管理

包括公司设立以来历次股东大会（股东会）、董事会会议的会议决议和记录；现行有效的股东大会议事规则、董事会议事规则、监事会议事规则、总经理工作细则；现行有效的内部控制和管理制度及其执行效果；等等。

10. 目标公司的诉讼、仲裁和行政处罚

包括已经得到终审判决但尚未执行完毕的重大案件的终审判决书、裁决书、调解书以及申请执行文件；正在进行、尚未得到终审判决或裁决的重大案件的起诉书、仲裁申请书、答辩书、律师代理词、中间判决书或裁定书；环保、消防、卫生、安全等行政处罚案件及处罚通知；等等。

11. 目标公司的环评及其他行政监管

包括环保部门颁发的排污许可证、环保设施竣工验收文件；公司设立以来重大投资项目的建设和生产的环境影响报告书、环境评价报告书和环保部门的审批文件；公司设立以来发生过的环保重大事故情况；公司设立以来环保、消防、卫生、安全等行政部门的审核、批准、评估、监测、检查等的报告书和处罚通知；等等。

12. 目标公司其他重大问题

包括公司股权目前的法律状况，如是否存在质押、冻结、查封、扣押、权属争议等情形；公司是否存在职工（工会）持股计划或职工集资情况；公司是否存在其他重大遗留问题；等等。

五、收购合同谈判

（一）谈判的准备

1. 文件资料的准备。公司基本资料的准备；意向书的起草；会议纪要的起草；正式合同文本的起草；等等。

2. 谈判要点的归纳。对方的主要诉求；我方的主要目的和诉求；双方争议的焦点和主要理由；妥协或备选方案；等等。

3. 谈判人员的配备。要级别对等、主次分明、专业配合、法律保驾。

（二）谈判的技巧

1. 过程。开场：感情联络，拉近关系，营造友好轻松的气氛。谈判：以事先确定的主谈人员为主，其他人员可就一些具体问题进行补充、解释、讨论、争辩、说服。结束：总结双方共识和分歧，对谈判进展进行口头总结、补充、完善，签订会议纪要或正式合同。

2. 倾听。通过倾听了解问题的实质和对方的动机，及时正确地作出判断和应对；倾听要专注，且不要随便打断对方的讲话。

3. 提问。通过提问了解新信息，或弄清对方讲话的真实本意，或请求对方肯定或否定某个问题。

4. 答复。答复之前要深思熟虑；要在弄清问题的真正含义之后再答复；谈判中要有底牌，但不要太早地暴露；要适时地运用回避手段；在谈判终了时，对谈判要给予正面的、肯定的评价。

5. 说服。目的是说服对方接受我方的意见；要友善地对待对方，使对方感受到我放的善意和诚意；要向对方阐明接受我方意见的利弊得失；要坦诚地向对方说明我方的利益所在及其合情合理性；要更多地强调双方利益的一致性。

6. 辩论。论证我方立场的正确性和合情合理性；反驳对方意见的不正确性和不合情合理性；采取原则问题不妥协、枝节问题不纠缠的方法；措辞准确、犀利，但不要伤害对方，不要人身攻击；态度要客观公正、从容不迫，不要强词夺理、情绪失控。

7. 叙述。阐述我方对某一个问题的立场、观点、看法和意见；叙述要简明易懂，要使对方明白我方的真实意愿；叙述要重点突出、抓住主题；叙述要直抒胸臆，不要拐弯抹角；叙述要表达准确、掷地有声，不要信口开河、随意修正。

8. 策略。要有点气势；留有余地；不轻易让步；不表露决策者身份；不轻易亮底牌；拿对方的竞争对手压对方；化解僵局；不要急于成交；要出其不意、攻其不备。但不要盛气凌人；不要欺人太甚。

六、目标公司交接

主要包括资料交接、财产交接、财务交接、人员接管、技术交底等。

（一）资料交接

1. 印章。包括各种公章、财务章、合同章、部门章、分支机构印章等，要列出清单，逐个清点、交接。

2. 证照。包括普通证照、特殊政策证书、业务资质证书、产权证书、荣誉证书、涉外资质证书、管理体系认证证书等。

（1）普通证照：公司及其分支机构的营业执照、组织机构代码证、税务登记证、开户许可证、社会保险登记证等。

（2）特殊政策证书：一般纳税人证书、高新技术企业证书、残疾人企业证书等。

（3）业务资质证书：通过特殊审批程序取得的行业主管部门颁发的从事某项业务的特殊资质证书，如金融业务许可证、电力业务许可证、药品生产许可证等。

（4）产权证书：商标注册证、专利证、土地证、房产证、林权证、采矿权证、国有资产产权登记证等。

（5）荣誉证书：重合同守信用企业证书、纳税信用等级证书、优质工程奖励证书、驰名商标证书等。

（6）涉外资质证书：进出口证书等。

（7）管理体系认证证书：质量管理体系认证证书、职业健康安全管理体系认证证书、环境管理体系认证证书等。

3. 文件。决策文件：股东会（股东大会）、董事会、监事会、总经理办公会等的会议记录、会议决议。财务文件：财务凭证、账簿、报表、审计报告、评估报告、资产清册、固定资产台账等；经营活动法律文件：各类合同、协议、备忘录等；人力资源文件：员工花名册、工资单、劳动合同、劳务合同、社会保险登记证、社会保险缴费凭证等；技术资料：固定资产的技术资料、产品的技术资料等；规章制度：章程及各种管理制度。

（二）财产交接

由目标公司财务部门制定分门别类的财产交接清单，由并购公司财务部门逐项清点、办理实物交接。交接过程中要做好清点记录，双方代表要签字确认。

（三）财务交接

包括财务资料交接、银行账户交接、现金交接、固定资产交接、存货交接、其他财务资料交接等。

（四）人员接管

要了解高级管理人员、中层管理人员、技术人员、基层人员的现状；要知人善任，要防范拉帮结派、搞山头主义。

（五）技术交底

要留住目标公司的核心技术人员，让他们真心实意为新公司服务，要派人与他们共事以逐步掌握其核心技术。

七、收购后整合

收购后整合主要包括人员整合、财务整合、文化整合、战略整合等。

（一）人员整合

人员整合的目标是稳定人心、留住人才。它分为筹备阶段、启动阶段、整合阶段和同化阶段。

1. 筹备阶段。评估目标公司人力资源状况，识别阻碍整合的障碍，挑选管理团队，评估目标公司各个高管人员的优缺点，制定沟通策略。

2. 启动阶段。与原高管人员沟通整合计划，宣布新任高管人员名单，公布人员整合计划，进行人员整合动员工作，畅通高管人员与一般员工的沟通渠道。

3. 整合阶段。明确高管人员的分工和职责范围，按照从上到下的顺序逐步调整员工队伍，办理聘用手续。

4. 同化阶段。宣布整合工作完成，向目标公司留用高管及员工渗透并购方的战略、文化、制度、理念等。

（二）财务整合

财务整合的目标是实现财务协同效应最大、财务风险最小。它主要包括以下整合内容：

1. 产权治理制度的整合。规范收购后的法人治理结构，实现收购方的财务控制。对于强弱联合的收购，可采用垂直持股的方式实现直接控制；对于强强联合的收购，可采用环状持股或环状持股与垂直持股相结合的方式实现间接或直接控制。

2. 现金管理的整合。统一集中管理，预算动态监控。

3. 财务管理人员的整合。统一选拔、任命、考核和奖惩制度，规范各个岗位的工作职责。

4. 会计核算体系的整合。统一会计凭证、会计账簿、会计报表、会计政策、会计流程。

5. 存量资产的整合。盘活存量资产，剥离不良资产。

6. 财务管理制度的整合。统一财务政策和管理制度。

（三）文化整合

文化整合的目标是统一思想、统一行为、统一制度、统一形象。

企业文化是公司在生产经营实践中逐步形成的，为全体员工所认同并遵守的、带有本公司特点的精神、理念、价值观以及蕴含在公司制度、行为和产品中的文化特色的总和。企业文化包括深层的企业精神、理念、价值观，中层的制度文化和行为文化以及表层的物质文化。

1. 收购后企业文化的冲突。主要包括地域文化的差异、民族文化的差异、经营方式的差异、价值观的差异和制度文化的差异等。

2. 企业文化整合的原则。主要包括优胜劣汰、服务生产、面向市场、整体性、循序渐进等原则。

3. 企业文化整合的内容。企业精神文化的整合包括企业精神、理念等的整合。企业制度文化的整合包括企业管理制度的整合。企业行为文化的整合包括企业行为规范、服务规范等的整合。企业形象文化的整合包括企业视觉文化、听觉文化、立体文化等的整合。

(四) 战略整合

战略整合的目标是把目标公司纳入收购方的战略范围之内，整合资源，整体布局，取得战略协同效应。

战略整合的内容主要包括公司使命和目标的整合、公司总体战略的整合、公司经营战略的整合和公司职能战略的整合等。

第五节 公司收购的风险

第二章所述的公司合并过程的风险（出资方式风险、抵制风险、信息不对称风险、委托代理风险、法律风险等）和公司合并结果的风险（整合风险、政策风险、产业风险、市场风险、经营风险、财务风险等），也是公司收购的风险。这里不再赘述，仅以两个案例来表明收购风险的存在。

【案例3-3】

大北农收购纠纷案一审败诉，公司称正积极准备上诉

2023-04-12 来源：证券日报 记者：王丽新 见习记者：陈潇

4月11日，大北农就收购九鼎科技三成股权纠纷案披露最新判决结果。公告显示，大北农被判败诉，需支付第二期股权转让款3.96亿元及逾期付款违约金等。

往前回溯，2022年1月份，大北农决定以13.2亿元收购杨林持有的九鼎科技30%股权。此后，据大北农公告，因九鼎科技财务资料审计结果与未审数据差异较大等原因，双方发生诉讼纠纷。

对于此次判决结果，大北农表示，本次为一审判决结果，公司正积极进行上诉准备工作，将依法积极处理并保障自身的合法权利，维护公司及股东利益。

公开资料显示，九鼎科技成立于1994年，经营范围主要包括猪饲料、禽料、水产料的生产以及相关技术服务和销售以及无抗动保、智能化养殖板块业务，公司在全国拥有三十余家分公司和子公司，曾进入全国饲料企业20强、饲料企业口碑30强。

去年（2022年）1月份，大北农决定以13.2亿元收购杨林持有的九鼎科技30%股权，

且后者将其持有的九鼎科技剩余全部股权表决权委托给大北农，三方还就未来剩余70%股权继续收购达成框架性协议。

据披露，截至2020年12月31日，九鼎科技合并报表总资产22.94亿元，负债总额10.64亿元，净资产12.3亿元。2020年度合并报表营业收入39.28亿元，净利润1.58亿元。截至2021年11月30日，九鼎科技合并报表总资产24.63亿元，负债总额11.77亿元，净资产12.86亿元，2021年1月份至11月份合并报表营业收入53.87亿元，净利润1.32亿元。

大北农曾表示，该笔股权交易将进一步完善大北农的战略布局，有助于提升大北农的核心竞争力、盈利能力与抗风险能力。

但在大北农支付了第一笔股权转让款6.6亿元后，事态发展却“急转直下”。2022年8月16日，大北农公告称，为推进股权转让协议的履行，大北农审慎考量深交所3月份下发的关注函相关内容，同时对九鼎科技财务报告进行审计。

根据初步审计结果，九鼎科技2020年和2021年净利润与净资产与其提供的未审数据差异较大，部分数据账实不符，无法满足第三方审计机构出具无保留意见审计报告的要求。

大北农称，公司多次与交易对方、九鼎科技沟通审计推进、规范整改及调整收购股权的交易作价，但沟通未果。基于上述原因及首笔股权转让尚未办理工商变更，大北农暂未支付第二笔股权转让款。

最终，这场“沟通未果”的收购闹上了法庭，2022年8月份，大北农称已收到法院送达的应诉通知书，交易方要求大北农支付第二笔股权转让款3.96亿元，并支付违约金495万元；同时表示，将采取积极应诉、反诉或通过与交易对方协商的方式解决上述事项。

4月10日晚间，大北农公告该案件一审判决结果，湖南省岳阳市中级人民法院《民事判决书》限公司自判决生效后十日内向杨林支付第二期股权转让款3.96亿元及逾期付款违约金，并向杨林支付律师代理费419.76万元，并驳回公司的全部反诉请求。

对此，《证券日报》记者拨打九鼎科技官网联系电话，但电话显示为空号。此外，大北农相关负责人向记者表示，目前判决结果较为不利。

威诺律师事务所主任杨兆全律师向《证券日报》记者表示，若被收购的九鼎科技财务经营状况与公司承诺严重不符，大北农上诉仍有胜诉可能性。此外，上市公司收购前，一般要进行法律和财务尽调。大北农收购九鼎股份前，也应该进行尽调。

此外，亦有法律人士向《证券日报》记者表示，投资方在签署协议时，应充分考虑投资的各种风险及不利结果，并明确约定解除条款或回购条款。此外，被收购方应该按照相关规定，在签订股权收购协议前提供真实有效的财务数据和其他相关信息，积极配合收购方的尽职调查，提供必要的文件、资料和信息，确保收购方能够全面了解被收购方的财务状况、经营状况、法律风险等情况。

【案例3－3】需要关注三个问题：

（1）2022年1月份，大北农决定以13.2亿元收购杨林持有的九鼎科技30%股权。此后，据大北农公告，九鼎科技2020年和2021年净利润、净资产与其提供的未审数据差异较大，且部分数据账实不符，无法满足第三方审计机构出具无保留意见审计报告的要求。双方因此而发生诉讼纠纷。这属于收购过程中的信息不对称风险和法律风险。

（2）2022年1月，大北农决定以13.2亿元收购杨林持有的九鼎科技30%股权，且后者将其持有的九鼎科技剩余全部股权表决权委托给大北农，三方还就未来剩余70%股权继续收购达成框架性协议。这是现金购买股权式叠加委托股权表决权的收购，属于混合支付式收购。

（3）大北农是在支付了第一笔股权转让款6.6亿元后，才于2022年8月16日发布公告称，为推进股权转让协议的履行，大北农审慎考量深交所3月份下发的关注函相关内容，同时对九鼎科技财务报告进行审计。这说明大北农的事前尽职调查没有做好。公司收购前，一般要进行法律和财务的尽职调查。大北农收购九鼎股份前，也应该进行尽调。而作为被收购方的九鼎科技，也应该按照相关规定，在签订股权收购协议前提供真实有效的财务数据和其他相关信息，积极配合收购方的尽职调查，提供必要的文件、资料和信息，确保收购方能够全面了解被收购方的财务状况、经营状况、法律风险等情况。

【案例3-4】

曲美家居借33亿收购迎亏损，华安证券被打脸

2019-03-06　来源：中国经济网　记者：关婧、韩艺嘉

（编者注：本书引用时作了删减）

中国经济网北京3月6日讯，曲美家居（603818.SH）耗资近37亿元收购挪威Ekornes ASA公司一直备受关注，本是为了拓展海外市场、提高经营业绩而下的一步棋，却迎来了曲美家居上市四年首亏的利空。

2018年4月25日，曲美家居因重大资产重组停牌。一个月之后，曲美家居发布现金收购要约公告，公司拟联合华泰紫金以40.63亿元人民币的交易价格收购挪威Ekornes ASA 100%的股份。其中，曲美家居持有90.5%股份（合计人民币36.77亿元），华泰紫金持有9.5%的股份。

华安证券作为此次交易的独立财务顾问称，Ekornes ASA的全球品牌声誉、销售渠道布局、业务技术经验，有助于曲美家居逐步发力欧美等海外市场，并借此了解国际市场环境、法律环境、经营环境等，从而以本次交易为起点加快曲美家居的国际化进程。本次交易完成后，曲美家居的盈利能力有望得到显著增强，行业地位有望进一步提升，有利于曲美家居进行全球化布局。

2018年5月24日，曲美家居发布非公开发行A股股票预案，采取向特定对象非公开发行股票的方式募集25亿元人民币投入要约收购Ekornes ASA股份。与此同时，曲美家居发布关于变更募集资金用途的公告，将尚未使用的募集资金本金及全部利息共2.68亿元用于要约收购。作为曲美家居上市保荐机构的中信建投，对变更募集资金用途无异议。

随后，曲美家居实际控制人赵瑞海、赵瑞宾和持股5%以上的股东赵瑞杰通过质押全部股份向公司提供借款15亿元人民币，此外，还有招商银行提供等值18亿元人民币的欧元贷款。两笔借款合计现金33亿元人民币。

然而收购完成当年，曲美家居便迎来业绩下滑。2018年三季报显示，曲美家居实现归属于上市公司股东的净利润比上年同期减少45.40%，同时由于收购Ekornes ASA，公司商

誉从 0 增长为 36.70 亿元。

2019 年 1 月 31 日，曲美家居发布业绩预亏公告，公司预计 2018 年实现归属于上市公司股东的净利润在 -8300 万元至 -5600 万元之间，归属于上市公司股东的扣除非经常性损益的净利润在 -9000 万元至 -6000 万元之间。

公告称，业绩预亏的主要原因系曲美家居 2018 年完成的对挪威 Ekornes ASA 公司并购相关的费用约 3.13 亿元至 3.3 亿元。同时，2018 年公司直营业务受到加速开店与装修停业影响导致净利润下滑。

对此，独立财务顾问华安证券没有进行任何说明和公告。

【案例 3-4】需要关注三个问题：

（1）曲美家居以近 37 亿元现金收购挪威 Ekornes ASA 公司（占股比例为 90.5%），属于跨国收购，而且是要约收购，采用的是现金购买股票式收购。

（2）华安证券作为此次交易的独立财务顾问称，本次交易完成后，曲美家居的盈利能力有望得到显著增强，行业地位有望进一步提升，有利于曲美家居进行全球化布局。但事实却是，收购完成当年，曲美家居便迎来业绩下滑。2018 年三季报显示，曲美家居实现归属于上市公司股东的净利润比上年同期减少 45.40%，同时由于收购 Ekornes ASA，公司商誉从 0 增长为 36.70 亿元。2019 年 1 月 31 日，曲美家居发布业绩预亏公告，公司预计 2018 年实现归属于上市公司股东的净利润在 -8300 万元至 -5600 万元之间，归属于上市公司股东的扣除非经常性损益的净利润在 -9000 万元至 -6000 万元之间。这个事实与华安证券之前的分析判断截然相反，这不免令华安证券尴尬。

（3）曲美家居业绩预亏的主要原因系其 2018 年完成的对挪威 Ekornes ASA 公司并购相关的费用约 3.13 亿元至 3.3 亿元。同时，2018 年公司直营业务受到加速开店与装修停业影响导致净利润下滑。曲美家居的收购风险属于收购结果风险中的经营风险，也可能还有整合风险（如业务整合不当）和市场风险（如市场开拓不力）。

第六节　公司反收购及其措施

一、反收购及其特点

反收购是指目标公司管理层为了防止公司控制权转移，在经过股东大会批准的情况下采取的、旨在预防或挫败收购方收购意图的行为。

反收购的特点：反收购的核心是防止控制权转移，反收购主要是反恶意收购，反收购由目标公司管理层发起但必须经过股东大会批准。

二、反收购的措施

反收购的措施有很多，常见的主要有：画圈驱妖术、毒丸术、安全着陆术、自残术、自找婆家术、以攻为守术、股价提升术、股份回购术、员工持股术、管理层收购术等。

（一）画圈驱妖术

1986 年 2 月在中国中央电视台播出的，由杨洁执导，戴英禄、杨洁等担任编剧，六小龄童、徐少华、迟重瑞等主演的古装神话电视连续剧《西游记》中，第 10 集“三打白骨精”有一个情节是这样的：孙悟空要去化斋，担心唐僧等人被妖怪袭击，就叫他们（连同白龙马）坐或站在一起，然后用金箍棒在他们周围画了一个圆圈，嘱咐说，你们不要出这个圆圈，只要在这个圆圈内，妖精就伤害不到你们。后来白骨精来了，正当她想要靠近唐僧等人时，那个圆圈就闪烁着金光，把白骨精阻退了。

在这个情节中，孙悟空的做法被称为“画圈驱妖术”。这个做法用在反收购上，就是指公司出于反收购的目的而在公司章程中设置一些作为收购障碍的条款，以使恶意收购方在这些障碍性条款的“阻拦”之下难以推进恶意收购，即使强行推进也难以在短期内获得公司控制权或者会大大增加它的收购成本。设置障碍性条款的“画圈驱妖术”，又被称为“驱鲨剂”策略。这些障碍性条款主要有限制更换董事会人数条款、绝对多数条款、限制董事资格条款和订立公正价格条款等。

1. 限制更换董事会人数条款

限制更换董事会人数条款是指在公司章程中规定，每年只能更换 1/3（或其他比例）的董事。这意味着即使恶意收购方拥有了目标公司的绝对多数的股权，也难以在短期内获得目标公司董事会的控制权。

2. 绝对多数条款

绝对多数条款是指在公司章程中规定，公司进行合并、收购等重大资产重组或者经营管理权变更，必须取得绝对多数的股东的同意才能进行，并且对该条款的修改也必须取得绝对多数的股东的同意才能生效。绝对多数条款增加了公司控制权转移的难度，有利于防止损害目标公司股东利益的恶意收购。

3. 限制董事资格条款

限制董事资格条款是指在公司章程中规定不具备某些特定条件者不得担任公司董事，具备某些特定情节者也不得担任公司董事。这些条款给恶意收购方增加了遴选合适人选出任公司董事的难度，从而为反收购赢得时间。

4. 订立公正价格条款

订立公正价格条款是指在公司章程中规定，恶意收购方必须以相同的价格及其他条件收购所有股东的股票。这些条款可以防止恶意收购方以差异化价格的方式分化目标公司的股东，加大其收购成本，从而使其知难而退。

（二）毒丸术

毒丸术是指公司在面临恶意收购时，把自己制作成一个有毒的丸子，使恶意收购方不敢“吃下”（即不敢继续收购）或者强势“吃下”后会使自身受到伤害。毒丸术又被称为“毒丸计划”，这种毒丸包括股权毒丸、债权毒丸和高管毒丸等。

1. 股权毒丸

股权毒丸是指大量低价增发新股，即当公司遇到恶意收购，尤其是当收购方占有的股份已经达到 10%~20% 的时候，公司为了保住自己的控股权，就要向恶意收购方之外的股东大量低价增发新股。通过向恶意收购方之外的股东大量低价增发新股，一方面降低恶意收购方的持股比例，另一方面也加大其收购成本。之所以“向恶意收购方之外的股东”增发，是因为只有向恶意收购方之外的股东增发，才能快速地稀释恶意收购方的股权比例；之所以“大量”增发，是因为只有大量增发，才能显著降低恶意收购方的持股比例；之所以“低价”增发，是因为只有低价增发，才能使增发的股票容易卖出去，从而增强反收购的效果。

2. 债权毒丸

债权毒丸是指大量增加自身负债，即当公司遇到恶意收购时，大量增加自身负债，降低自身被收购的吸引力。比如，公司通过发行债券并约定在公司股权发生大规模转移时，债券持有人可要求公司立刻兑付，从而使恶意收购方在收购后立即面临巨额的现金支出，降低其收购的兴趣。

3. 高管毒丸

高管毒丸是指高管集体辞职，即当公司遇到恶意收购时，全部或绝大部分高管人员共同签署协议，若收购价格不合理或者收购后高管人员中有一人将被降职或革职，则签署了协议的高管人员将集体辞职。这一做法不仅保护了公司股东的利益，而且会使恶意收购方慎重考虑收购后更换管理层对其带来的巨大影响。

据网文介绍（来源：MBA 智库）：2005 年年初，盛大（指上海盛大网络发展有限公司，下同）董事会主席兼 CEO 陈天桥通过手下直接控制的四家公司，以每股 23.17 美元的价格瞬间收购了 728 万股新浪股票（占新浪股份的 14%）。其实这里有一个小插曲，那就是总股本为 5047.8 万股的新浪，其股权结构相当分散，前十大股东中仅有两家股权比例超过 5%，正是因为分散的股权结构才给了盛大公司可乘之机。2005 年 2 月 10 日，盛大抓住新浪股价下跌的机会再次以每股 22.97 美元的价格购入 16 万股（持股比例直接上升到 19.5%）。这里要注意，因为盛大和新浪都注册于英属开曼群岛，并且都在纳斯达克交易所上市，而根据美国的法律规定，一旦盛大持股达到 20%，新浪和盛大就必须合并财务报表，并表后盛大就会成为新浪的实际控制人，所以此时盛大收购新浪的意图已然是路人皆知。

兵临城下的新浪肯定是坐不住了，新浪并不欢迎盛大入驻，其原因不外乎是企业文化的差异以及目标客户人群的不同。新浪的员工在当时是绝对具有领袖气质的，任何一位员工的出走都一定可以成为其他网络公司的骨干精英，如刘峻成为最大的财经网站和讯网的总编辑兼副总裁，祝志军成为赛迪网的副总裁兼总编辑等。此外，新浪当时的目标客户主要是由成年人和企业客户组成，而盛大（主要做网络游戏）的目标客户主要是十几、二十岁的年轻人。正是因为这样一些方方面面的不兼容性，让新浪坚定了立场，从员工到管理层拧成了一股绳，哪怕伤敌 1000 要自损 800 仍要一致对外。

2005 年 2 月 23 日，时任新浪 CFO 的曹国伟启动了毒丸计划，除盛大方外，已经持有新浪股票的股东将按照 1:1 的比例获得认股权证，原股东可用权证发行时股票价格的半价来行权，获得新股票。毒丸计划一出，盛大的股份就从 19.5% 被稀释到了 2.28%，盛大自知大势已去，最后便选择了离场。新浪成功地运用毒丸术击退了盛大的恶意收购。

（三）安全着陆术

安全着陆术是指在公司章程中规定，当公司被恶意收购方接管时，董事、监事、高层管理人员、中层管理人员和普通员工不管是主动辞职还是被动解职都将获得巨额补偿金。安全着陆术又被称为“降落伞计划”，分为金色降落伞（对董事、监事和高层管理人员）、银色降落伞（对中层管理人员）和锡色降落伞（对普通员工）。

【案例3-5】

防恶意并购，A股600多家上市公司修改章程

2016-09-26　来源：新华社报道　记者：桑彤

新华社上海2016年9月26日电：继中国宝安、伊利股份被问询后，9月22日方大集团发布公告称，收到交易所下发的问询函，要求对公司审议通过的修订《公司章程》《董事会议事规则》相关事项做出核查说明。

今年以来，A股市场已有600多家上市公司修改公司章程，一些公司条款显示出的“过度防御”，赋予了部分股东一票否决权。那么，中小股东的合法权益又如何得到保障？

防控制权旁落，不少公司增设反恶意并购条款

今年，A股市场的股权之争愈演愈烈，最具影响的当属“万宝之争”。为保障权利，不少A股上市公司未雨绸缪，掀起修改公司章程的浪潮。据不完全统计，今年以来，A股市场已有超600家的上市公司修改了公司章程，占上市公司总数的20%以上。不少公司增设反恶意并购条款，以防控制权旁落。

6月底，中国宝安股东大会上，修改后的公司章程获得了通过。在公司原章程的第十条内容中加入“当公司被并购接管，在公司董事、监事、总裁和其他高级管理人员任期未届满前如确需终止或解除职务，必须得到本人的认可，且公司须一次性支付相当于其年薪及福利待遇总和十倍以上的经济补偿，上述董事、监事、总裁和其他高级管理人员已与公司签订劳动合同的，在被解除劳动合同时，公司还应按照《中华人民共和国劳动合同法》，另外支付经济补偿金或赔偿金。”

7月雅化集团公告披露，对公司章程中的10处进行了修改，包括将负有报告义务的5%持股比例降低至3%、董监高无故提前被解除职务将获10倍赔偿等条款。

观察发现，“金色降落伞”和“驱鲨剂”策略是上市公司反制恶意收购最常使用的条款。

“金色降落伞”策略，是指目标公司与其董事及高层管理层、中层管理人员或普通员工在相关条款中约定，在公司控制权发生变更时，相关人员不管是主动辞职还是被动解职都将获得巨额补偿金。

而“驱鲨剂”策略，是一种比较温和的反恶意收购战术，主要是在公司章程中设立一些条款，增加收购者获得公司控制权的难度。例如，提高董事提名的门槛、降低收购人持股变动触发披露义务的法定最低比例或增加相应的报告和披露义务等。

一些条款“防御过度”，合规性遭到监管层质疑

虽然众多上市公司通过修改公司章程，有意提高门槛以紧抓控制权，但一些条款防御过度遭到了监管层的质疑。

山东金泰、中国宝安、雅化集团、华神集团、隆平高科等多家欲修改公司章程的公司，均接到过交易所的问询函，要求上市公司对修改公司章程的合理性做出说明。

近日，被阳光保险举牌的伊利股份，8月份就在修改的公司章程中规定，“投资者持有公司已发行的股份达到3%后，其所持股份比例每增加或减少3%时，需要向董事会通报”。对于上市公司重大资产重组、公司章程修改等事项的表决通过比例提高至参加股东大会的

3/4 以上。

9月，方大集团也修订了《公司章程》和《董事会议事规则》，主要提高了股东大会通过章程修订案及新增发行股份的表决比例至参加股东大会股东所持表决权3/4以上，提高了董事会通过章程修订案及新增发行股份的表决比例至全体董事的3/4以上。

上交所和深交所已分别对上述两家公司发了问询函，要求补充披露将上述事项表决通过条件设置为3/4以上的依据及必要性。该条款是否会导致赋予部分股东一票否决权？是否有利于保护中小股东的合法权益？

广东深长城律师事务所认为，尽管《公司法》大大加强了公司章程的自治程度，但是公司章程的自治性也是相对的，对股东"一言堂"即可以制修章程，并非毫无限制。

大股东强势，中小股东或沦为"局外人"

根据《公司法》的规定，股份有限公司修改公司章程的决议，必须经出席股东大会的股东所持表决权的2/3以上通过。"现在改成3/4以上通过，虽未违反《公司法》，但大股东不能为了一己之利限制中小股东的合法权利。"有法律界人士对记者表示。

根据半年报数据显示，方大集团直接、间接控制公司表决权最多的主体为公司董事长熊建明，其控制的表决权比例达15.41%；伊利股份的第一大股东呼和浩特投资有限公司持股比例仅为8.79%，另有四名董事、高管在前十大股东中，持股比例分别为3.91%、1.39%、1.38%、1.32%，合计持股比例达16.79%。

由于表决权是占"出席股东大会股东"的比例，小股东往往很少出席，剔除一定比例的小股东数量后，大股东持股比例很可能超过1/4。这也就意味着大股东或关联方具有了一票否决权的可能性。

中国公司治理研究院院长、天津财经大学校长李维安表示，中小股东不是上市公司的"局外人"。公司治理流程非常重要，不能因为管理层和董事会的强势而轻视小股东。董事会是公司决策中枢，也是各主体表达利益诉求的平台，不能被单一主体控制，需要具有第三方的独董来维护中小股东利益。独立董事应为维护中小股东利益而"发声"，在治理实践中积极主动发挥自身作用，而不是沦为"附庸"和"花瓶"。

【案例3－5】需要关注三个问题：

（1）中国宝安等公司在章程中加入"当公司被并购接管，在公司董事、监事、总裁和其他高级管理人员任期未届满前如确需终止或解除职务，必须得到本人的认可，且公司须一次性支付相当于其年薪及福利待遇总和十倍以上的经济补偿，上述董事、监事、总裁和其他高级管理人员已与公司签订劳动合同的，在被解除劳动合同时，公司还应按照《中华人民共和国劳动合同法》，另外支付经济补偿金或赔偿金"等类似条款，属于安全着陆术（降落伞计划）的具体运用。

（2）雅化集团、方大集团、伊利股份等公司在章程中加入"投资者持有公司已发行的股份达到3%后，其所持股份比例每增加或减少3%时，需要向董事会通报"以及"股东大会表决通过的比例提高至参加股东大会股东所持表决权3/4以上，董事会表决通过的比例提高至全体董事的3/4以上"等类似条款。前者降低了需要举牌的股份比例，有利于公司更早地发现恶意收购方的收购迹象；后者增加了股东大会和董事会表决通过的难度，有利于抑制恶意收购方在实现收购后作出损害其他股东利益的决策。这些都属于画圈驱妖术（驱鲨剂）

的具体运用。

（3）山东金泰、中国宝安、雅化集团、华神集团、隆平高科、伊利股份、方大集团等多家欲修改公司章程的公司，均接到过交易所的问询函，要求上市公司对修改公司章程的合理性做出说明。这意味着公司在反收购的过程中所采取的一切措施必须合法、合规，不能逾越法律法规的规定来反收购。

（四）自残术

自残术是指公司面临恶意收购时迅速采取措施使自己的资产质量大幅度降低或者经营风险、财务风险明显加大，从而使恶意收购方失去继续收购的兴趣，达到阻退恶意收购的目的。自残术又被称为"焦土战术"，它的具体措施主要包括：一是售卖"冠珠"，即把公司最值钱的、最富有吸引力的、最被恶意收购方看中的资产、业务或技术等售卖或抵押出去；二是购置大量与经营无关或盈利能力差的资产，使公司资产质量下降；三是大量增加公司负债，加大财务风险；四是故作一些短期内看不到效益的投资，使公司在短期内收益大减；五是大幅度提高员工福利，提高公司人力成本等。因为公司采取这些具体措施后，虽然击退了恶意收购方，但也会使公司元气大伤，正所谓"杀敌一千、自损八百"，所以才叫作"自残术"（或"焦土战术"）。

综合网络报道：2016 年 11 月 30 日晚间，格力电器发布公告称，前海人寿（宝能系）持有格力电器的股票比例已经由 2016 年第三季度末的 0.99% 上升至 4.13%，而股东位置也由第六上升至第三，目前其尚未达到持股 5% 的披露标准，公司也尚未获悉其后续投资计划和投资目的。因为 2016 年宝能和万科发生了控制权之争，宝能系在资本市场上被称作"野蛮人"，不太受欢迎。格力电器难以判断宝能系接下来是否会继续增持。在这样的大背景下，格力电器连续几次提高员工福利待遇。

第一次，2016 年 11 月 24 日格力电器下发内部文件显示，从 2016 年 12 月开始，所有员工在现有月工资基础上每人每月增发 1000 元，只要入职满三个月的员工人人有份。此次涨薪涉及大约 7 万名格力电器员工。这意味着格力电器从 2016 年 12 月起将每月增加工资成本 7000 万元，一年下来就是 8.4 亿多元。

第二次，2017 年 6 月 10 日，格力电器发出公告：2017 年 6 月 1 日—7 月 31 日安装的格力空调，每台再补贴 100 元高温安装费。按照上年同期空调安装量计算，6 月、7 月两个月格力空调安装量预计将超过 1000 万台，仅此一项空调安装"高温补贴"，格力电器将新增 10 亿元的成本。

第三次，2019 年 1 月 8 日，格力电器下发全员涨薪的通知，决定自 2019 年 1 月起，根据不同岗位给予薪资调整，总增加薪酬在 10 亿元以内。通知中显示，此次加薪的人员为 2019 年元月 15 日在职且已试用转正的员工。根据公司此前披露的 2017 年年报，格力电器当期领取薪酬员工总人数 85222 名，计算可得此次格力电器加薪约人均 1000 元。

除了涨薪，格力电器还大方给员工分房。2018 年 5 月 16 日的庆典上，格力电器董事长董明珠就表示，珠海市政府给了格力电器 1 万套住房的用地，未来的目标是员工一人一套房。2018 年 8 月，格力电器自费投资 20 亿元建设的人才公寓破土动工。董明珠曾多次表示，争取让格力电器员工都享受两室一厅的待遇，要让每个员工不用为一套房子辛苦一辈子。据内部人士透露，格力电器在解决员工住房问题上实施"双步走"政策。对于刚毕业的大学生，公司全部安排住宿，为此格力电器投资 6 亿元建设了康乐园一期、二期工程，包括图书馆、篮球场、游泳池等设施，供员工免费入住。新婚的员工还可以申请“家庭过渡房”，在未有房产的情况下可以长期居住。

此外，格力电器在 2019 年 7 月发布了《关于全员免费使用工作电话的通知》的“红头文件”，文件称，此次免费使用工作电话的对象包括总部及子公司全体员工，公司将承担每人每月 100 元的通信套餐费用，套餐包括每月国内语音通话 800 分钟，无限国内流量，同时为员工办理 4 张以内家庭副卡，供家属共享使用。按照上述 85222 名员工人数计算，仅此项费用，一年就增加 1 亿元以上。

格力电器的上述操作，大大地增加了公司的人力成本，可能从主观上确实是真心实意地提高员工福利待遇，增加员工的获得感、归属感和幸福感，增强公司对员工（特别是优秀人才）的吸引力，但客观上确实也起到了震慑“野蛮人”的作用，“野蛮人”从此不再增持格力电器的股票。

（五）自找婆家术

自找婆家术是指公司在遇到恶意收购时，主动去寻找一家自己中意的、具有诚意和善意的公司来收购自己，使恶意收购方的收购不能得逞。自找婆家术又被称为“寻找白衣骑士”，是一种“宁给友邦，不予外贼”的战术。运用自找婆家术的一个必要前提是有公司愿意充当“婆家”（“白衣骑士”）。这个前提不具备，就无法运用这个战术。

据网文介绍（来源：MBA 智库）：2003 年 6 月 27 日，全球第二大啤酒集团——南非啤酒 SAB Millerplc（以下简称“SAB”）以每股 2.29 港元购入在香港上市的哈尔滨啤酒集团有限公司（以下简称“哈啤”）29.41% 的权益，成为哈啤的第一大股东，并签订了为期三年的排他性协议。而在 2004 年 3 月，哈啤第二大股东哈尔滨市政府却将其所持有的 29.07% 股权出售给一家名为 Global Conduit 的公司。

同年 5 月 1 日，哈啤宣布单方面终止与 SAB 的排他性协议。5 月 2 日，SAB 的竞争者——全球第一大啤酒商 Anheuser—Busch Companies, Inc.（以下简称“AB”）宣布将以每股 3.70 港元的价格从哈啤的第二大股东——Global Conduit 手中购入 29.07% 的股权，从而触发了 AB 与 SAB 之间争夺哈啤股权的大战。SAB 为巩固其在哈啤中的第一大股东地位，于 5 月 4 日宣布将以每股 4.30 港元的价格全面要约收购哈啤，收购价较停牌前溢价 33.3%。

收购要约发出几个小时内，哈啤的管理层及员工表达了他们对这宗收购要约的抗拒态度，因为虽然 SAB 是第一大股东，但是和哈啤管理层的合作并不愉快，哈啤管理层正打算把他撵出公司。

在竞购战中，哈啤管理层抵制 SAB 的收购，而支持 AB 作为“白衣骑士”对哈啤进行收购。5 月 19 日，AB 正式成为哈啤持股 29.07% 的第二大股东，而 SAB 则于 5 月 24 日正式公告了要约收购书。5 月 31 日和 6 月 1 日是竞购战的转折点，在这两天里 AB 以每股 5.58 港元的高价增持哈啤股份至 36%，一跃成为第一大股东。6 月 3 日，AB 以每股 5.58 港元的价格全面要约收购哈啤，高出 SAB 的收购价 30%。至此，哈啤竞购战胜负已明，SAB 宣布撤回敌意收购，并将其所有持股转让给 AB。哈啤找到 AB 作为新的婆家（白衣骑士），反 SAB 的恶意收购终于取得成功。

（六）以攻为守术

以攻为守术是指公司在遭到恶意收购时，不是被动地防守，而是以攻为守，反过来大量收购或者策动旗下的子公司、孙公司等与本公司关系密切的所属公司或友邦公司出面收购恶意收购方的股份，从而迫使恶意收购方转为防守，或者至少赢得一定的时间重新制定防御措施，以达到围魏救赵的目的。以守为攻术又被称为“帕克曼防御术”。

以攻为守术的运用，需要具备一些条件：一是恶意收购方本身是一家公众公司，股权较为分散；二是恶意收购方本身有懈可击，存在被收购的可能性；三是反击方（被恶意收购方及其所属公司、友邦公司）需要有较强的资金实力和外部融资能力等。

以攻为守术的特点是以攻为守，使攻守双方角色互换，致对方于被动局面。从反收购的效果来看，可以做到进退自如：进，可以反过来收购袭击者，使袭击者（恶意收购方）迫于自卫不得不放弃原先的袭击意图；退，可以因本公司持有袭击者（恶意收购方）的股权，即使被恶意收购了，本公司也能分享收购成功所带来的好处。

（七）股价提升术

股价提升术是指公司遭遇恶意收购时，当即采取一些措施促使公司的股价在短时间内有较大幅度的提升，并力保这种较高股价的状态能够维持较长的一段时间，以加大恶意收购方的收购成本，迫使其放弃收购，就算不放弃，高昂的收购成本也可能会使其得不偿失。被恶意收购的公司一般有三个特征：一是公众公司，二是股权分散，三是股价比较低。贵州茅台2021年2月10日的股票收盘价曾经高达2600元/股以上，像这样的公司几乎没有被恶意收购的可能。因此，通过刺激股价的提升，可以在一定程度上起到击退恶意收购方的作用。

刺激股价提升的方法主要有：（1）重新评估资产的价值。公司的固定资产、无形资产、存货资产等用于抵押贷款、对外投资、偿还债务时，通常都要进行价值评估；公司申办游戏厅、电玩城、图书馆、书店等，文化主管部门需要资产评估报告来确定是否有足够的设备满足文化资质需要时，公司也需要对资产进行价值评估；公司的排污许可资质、汽车生产资质、水泥生产资质等各种许可资质用于合作、质押贷款等时，也需要进行价值评估；等等。资产价值经过重新评估后，一般都会产生增值，有利于刺激股价的提升。（2）发布盈利预测，展示公司乐观的盈利前景。公司可以从市场利好角度（如行业发展周期利好、政策发布时机利好、国际经济形势利好等）和内部利好角度（如拓展了新业务、有了新的利润增长点、引进了新技术、引入了战略投资者、实现了成本领先等）来展望公司的盈利预期，向资本市场释放盈利前景乐观的信号，以刺激股价的提升。（3）高额派现，展现出回报投资者的善意和能力，提振市场对本公司股票的信心。（4）发布尚处于保密状态下的重大的研究与开发成果以及其他增量资源消息（如获得政府提供黄金地段土地开发使用权、著名央企注资、国际知名企业注资等），以证明公司完全具有可持续发展的能力，刺激股价。（5）回购公司股份，减少在外流通的股份数量，增加每股净资产和每股收益，从而有利于提升股价。（6）大股东或高管人员增持本公司股票，展现出大股东和高管人员对公司未来发展的信心和对公司股票价值的高度认可。（7）联合关联公司或友邦公司制造竞购的假象，哄抬股价。

（八）股份回购术

股份回购术是指公司面临恶意收购时，由公司回购本公司的股份。这一方面可以减少在外流通的股份，增加恶意收购者买到足额股份的难度；另一方面也可以提高股价，增加恶意收购的成本。此外，回购股份还可以提高公司控股股东的持股比例，增强其话语权，起到阻吓恶意收购方的作用。

我国《公司法》规定：公司不得收购本公司股份。但是，有下列情形之一的除外：（1）减少公司注册资本；（2）与持有本公司股份的其他公司合并；（3）将股份用于员工持股计划或者股权激励；（4）股东因对股东大会作出的公司合并、分立决议持异议，要求公司收购其股份；（5）将股份用于转换上市公司发行的可转换为股票的公司债券；（6）上市公司为维护公司价值及股东权益所必需。

通过回购股份来抵御恶意收购就属于上述六种情形中的第（6）种。因为被恶意收购后，上市公司原有的控股股东以及其他股东的利益很有可能受到损害，公司价值也可能因受到被恶意收购负面消息的影响而贬损，因此，上市公司为了维护自身价值及股东权益而实施股份回购，是于法有据的。

（九）员工持股术

员工持股术是指公司为了预防或抵御恶意收购而实施员工持股计划。员工持股，除了起到激励作用之外，还可以增加恶意收购方收购到足够多股票的难度。员工持股一般都不是直接持股，而是通过一个持股平台间接持股，即由一个持股平台代替参与员工持股计划的员工持有公司的股票。比如，华为投资控股有限公司（以下简称“华为”）是100%由员工持股的民营企业。华为通过工会实行员工持股计划，截至2022年12月31日，员工持股计划参与人数为14.23万人，参与人均为华为在职员工或退休保留人员，无任何政府部门、机构持有华为股权。华为是以工会为持股平台，代替14.23万名员工（含在职和退休保留人员）持有公司的股权。像华为这样100%由员工持股，而且是由工会代为持股，再强大的恶意收购方也无法对华为实施恶意收购。员工持股，一方面员工为了自己的工作和前途，一般不会轻易卖出自己的股份；另一方面，员工持股一般都是通过一个持股平台间接持股，而且一般都有36个月的锁定期；此外，即使某个员工想要卖出自己的股份，公司也有优先回购权。因此，如果员工持股达到一个较大的比例，其筑起的恶意收购防线是比较牢固的，反恶意收购的作用是比较大的。

据网文介绍（来源：MBA智库）：2004年9月2日，中信证券发布公告，声称将收购广发证券部分股权。9月4日，广发证券实施员工持股计划的目标公司深圳吉富创业投资股份有限公司（以下简称“深圳吉富”）成立。9月6日，中信证券发布拟收购广发证券部分股权的说明，称收购不会导致广发证券重大调整，不会导致广发证券注册地、法人主体、经营方式及员工队伍的变更与调整。

2004年9月10日，深圳吉富以每股1.16元的价格率先收购云大科技持有的广发证券3.83%股权。9月15日，深圳吉富按每股1.20元的价格受让梅雁股份所持有的广发证券8.4%的股权，此时，深圳吉富共持有广发证券12.23%股权，成为第四大股东。

面对广发证券的抵抗，2004年9月16日，中信证券再一次重拳出击，向广发证券全体股东发出要约收购书，以1.25元/股的价格收购广发股权，使出让股东的股权在评估值基础上溢价10%～14%，以达到收购股权51%的目的。

2004年9月17日，原广发证券第三大股东吉林敖东受让风华高科所持有2.16%广发证券股权，增持广发证券股权至17.14%，成为其第二大股东。9月28日，吉林敖东再次公告受让珠江投资所持广发证券10%股权，至此，吉林敖东共持有广发共计27.14%的股权。同日，原广发证券第一大股东辽宁成大公告，受让美达股份所持有的广发证券1.72%的股权，至此，辽宁成大共计持有广发证券27.3%的股权，继续保持第一大股东地位。此时，辽宁成大、吉林敖东与深圳吉富共同持有广发证券66.67%的股权，三者构成的利益共同体（一致行动人）的绝对控股地位已不可动摇。

2004 年 10 月 14 日，因无法达到公开收购要约的条件，中信证券发出解除要约收购说明。至此，历时 43 天的反收购大战，以广发证券的成功画上了圆满的句号。

在这个例子中，广发证券不欢迎中信证券的收购，为了抵御中信证券的收购，广发证券同时采取了三个主要的反收购策略：（1）果断实施员工持股计划，并通过员工持股计划的目标公司（深圳吉富）增持公司的股份；（2）第一大股东辽宁成大增持股份，继续巩固第一大股东地位，第三大股东吉林敖东增持股份，跃升为第二大股东；（3）辽宁成大、吉林敖东与深圳吉富（分别为第一、第二和第四大股东）结成利益共同体（一致行动人），筑成了绝对控股的地位。

（十）管理层收购术

管理层收购术是指公司的管理层为了不让公司落入恶意收购方之手而收购本公司达到控制程度的股份。管理层收购后，公司较大比例的股权掌控在管理层的手中，可以在一定程度上预防和抵御恶意收购。如果管理层持股比例最终达到 51% 及以上，就可以让恶意收购方无懈可击。

复习思考题

1. 公司收购与公司合并的本质区别是什么？

2. 什么是协议收购和要约收购？

3. 通过证券交易所的证券交易，投资者持有或者通过协议、其他安排与他人共同持有一个上市公司已发行的有表决权股份达到多少比例时就要“举牌”？

4. 通过证券交易所的证券交易，投资者持有或者通过协议、其他安排与他人共同持有一个上市公司已发行的有表决权股份达到“举牌”的比例后，其所持该上市公司已发行的有表决权股份比例每增加或者减少多少比例又要“举牌”？

5. 通过证券交易所的证券交易，投资者持有或者通过协议、其他安排与他人共同持有一个上市公司已发行的有表决权股份达到多少比例时，继续进行收购的，应当依法向该上市公司所有股东发出收购上市公司全部或者部分股份的要约？

6. 什么是现金购买资产式收购、现金购买股票（股权）式收购、股票换取资产式收购、股票换取股票（股权）式收购和混合支付式收购？

7. 什么是资产收购和股权收购？

8. 什么是杠杆收购和非杠杆收购？

9. 什么是溢价收购和蛇吞象收购？

10. 公司收购除了具有与公司合并相同的一般性动机外，还有哪些特殊动机？

11. 什么是买壳上市和借壳上市？二者有什么本质区别？

12. 公司选择收购目标通常需要考虑哪些因素？

13. 公司收购团队主要由哪几类人员组成？他们各自的根本任务分别是什么？

14. 公司收购过程中需要哪些中介机构介入？它们各自的根本任务分别是什么？

15. 公司收购过程中尽职调查的主要内容有哪些？

16. 目标公司交接主要交接什么？

17. 公司收购后的整合主要包括哪几个方面的整合？每一个方面整合的目标分别是

什么？

18. 什么是反收购？其特点是什么？

19. 什么是画圈驱妖术、毒丸术、安全着陆术、自残术、自找婆家术、以攻为守术、股价提升术、股份回购术、员工持股术、管理层收购术？

20. 画圈驱妖术主要通过修改公司章程中的哪些条款来实施？

21. 毒丸术主要有哪些毒丸？

22. 安全着陆术主要有哪几种降落伞？

23. 自残术的具体措施主要有哪些？

24. 运用自找婆家术需要满足什么前提？

25. 运用以攻为守术需要具备哪些条件？

26. 公司可以采取哪些措施来刺激股价的提升？

27. 为什么股份回购、员工持股、管理层收购能起到反恶意收购的作用？

思政案例题

【案例3-6】

受让100%股权获批，比亚迪救得了易安保险吗？

2023-05-10　来源：证券日报

曾被监管机构接管的易安财产保险股份有限公司（以下简称“易安保险”）得救了？

5月9日，中国银保监会批复同意比亚迪汽车工业有限公司（以下简称“比亚迪汽车工业”）受让易安保险10亿股股份，持股比例为100%。比亚迪汽车工业是比亚迪股份有限公司（以下简称“比亚迪”）控股子公司。这意味着比亚迪在设立保险经纪公司后，又拿下了一张保险牌照。

业内人士对《证券日报》记者表示，车企加入保险业不会对行业产生较大影响，比亚迪接手易安保险后，如何令易安保险重整旗鼓，尚需时间观察。

易安保险成立于2016年2月份，是国内四家专业互联网保险公司之一，注册资本金10亿元，主要经营与互联网交易直接相关的企业/家庭财产保险、信用保证保险等，目前尚不涉足车险经营。业内人士认为，比亚迪全资控股易安保险之后，必然申请经营车险业务，这也是二者最能发挥协同作用的领域。

2020年7月份，易安保险被银保监会接管；2022年7月份，银保监会原则上同意易安保险进入破产重整程序。北京金融法院此前发布的裁定书认为，易安保险具有管理结构扁平、轻资产运营等优势；同时其自身资产负债体量不大，有望通过有限投资改善偿付能力。因此，易安保险具有一定的重整价值和挽救可能。

对于此次比亚迪受让易安保险100%股份，对外经济贸易大学保险学院院长谢远涛对《证券日报》记者表示：“非常看好此次股权变更，易安保险走出当前经营困境的可能性很大。新能源汽车厂家布局保险公司，是整合价值链的必然选择，有助于增加顾客黏性，利用流量创造价值。”

事实上，近年来诸多新能源车企涉足保险业，目前大多采取设立保险中介的形式。例如，特斯拉保险经纪成立于2020年；比亚迪保险经纪成立于2022年3月份；2022年6月份，理想全资收购银建保险经纪有限公司，后将该公司更名为北京理想保险经纪有限公司。

新能源车企涉足保险业会对保险行业产生多大的影响？瑞士再保险中国原总裁陈东辉对《证券日报》记者表示，新能源车企涉足车险业务，说明其看好车险市场的发展和赚钱效应。这应当引起保险行业的反思，必须提高市场化程度，提高竞争力。

谢远涛认为，以中介形式参与保险经营主要是解决渠道问题，控股保险公司则有可能更新经营理念。

人保财险总裁于泽此前表示，欢迎新能源车企加入保险行业，希望它们带来新的思想、新的理念和新的做法。同时，他也认为，新能源车企涉足保险业对整个保险行业的影响有限，一是车险是管理型险种；二是保险公司储备了大量人才，这并非有了保险牌照和销售渠道就可以很快实现；三是保险公司在历史数据的积累、精算和定价等方面仍有优势；此外，车险对承保的网点和理赔服务的要求很高，这对加入保险业的车企来说也是一项挑战。因此，整体来看，车企加入保险业不会对行业产生很大影响。

一位不愿具名的业内人士对记者表示，比亚迪全资控股易安保险后，可以更好地为自己的车主提供保险服务，增强竞争力；同时，比亚迪在新能源汽车领域具有较强的影响力，其全资控股的保险公司可能会在新能源汽车保险领域有所创新和突破。不过，从行业层面看，比亚迪入局保险业的影响不会太大。比亚迪和易安保险如何通过数据共享和技术创新提高保险服务质量，提升市场份额，尚需时间观察。

需要讨论的问题：

1. 汽车制造业与保险业之间的关联度如何？
2. 比亚迪入主易安保险的动机是什么？
3. 比亚迪入主易安保险后，应该如何“救”易安保险？
4. 什么是破产重整？如何判断一家企业是否具有破产重整的价值？
5. 比亚迪保险经纪与比亚迪全资控股易安保险分别是以什么形式涉足保险业？这两种形式之间有何异同？

第四章

公司制改革与股份制改革

内容简介

本章主要介绍公司制改革和股份制改革的含义，介绍有限责任公司和股份有限公司的设立条件、设立程序和治理结构，同时介绍中央层面和地方层面公司制改制工作实施方案以及股份制改革的主要模式。

学习目标

学习本章，要求了解公司制改革和股份制改革的含义，了解有限责任公司和股份有限公司的设立条件、设立程序和治理结构，了解中央企业和省（自治区、直辖市）直属企业公司制改革的目标任务、规范操作、政策支持和统筹推进，了解股份制改革主要模式的含义、优点和缺点。

第一节　企业公司制改革

一、公司制改革的含义

公司制改革的含义有广义和狭义之分。广义的公司制改革，是指依照《中华人民共和国全民所有制工业企业法》《中华人民共和国城镇集体所有制企业条例》《中华人民共和国乡村集体所有制企业条例》等非《公司法》的规定登记设立的全民所有制企业、集体所有制企业或其他非公司制企业，改由按照《公司法》的规定登记设立为有限责任公司或者股份有限公司的过程。狭义的公司制改革仅仅是指全民所有制企业改制成公司制企业的过程。长期以来，我国官方和社会各界所称的公司制改革主要是指狭义的公司制改革。

二、公司及其权利和责任

（一）公司的概念

《现代汉语词典》认为，公司是指依法设立，以营利为目的，独立承担民事责任的从事生产或服务性业务的经济实体，分为有限责任公司和股份有限公司。《公司法》所称的公司，是指依照《公司法》在中国境内设立的有限责任公司和股份有限公司。

（二）公司的基本权利和责任

《公司法》规定，公司是企业法人，有独立的法人财产，享有法人财产权。公司以其全部财产对公司的债务承担责任。其中，有限责任公司的股东以其认缴的出资额为限对公司承担责任；股份有限公司的股东以其认购的股份为限对公司承担责任。公司股东依法享有资产收益、参与重大决策和选择管理者等权利。公司从事经营活动，必须遵守法律、行政法规，遵守社会公德、商业道德，诚实守信，接受政府和社会公众的监督，承担社会责任。公司的合法权益受法律保护，不受侵犯。

三、公司设立的一般规定

《公司法》规定，设立公司，应当依法向公司登记机关申请设立登记。符合《公司法》规定的设立条件的，由公司登记机关分别登记为有限责任公司或者股份有限公司；不符合《公司法》规定的设立条件的，不得登记为有限责任公司或者股份有限公司。法律、行政法规规定设立公司必须报经批准的，应当在公司登记前依法办理批准手续。公众可以向公司登记机关申请查询公司登记事项，公司登记机关应当提供查询服务。

依法设立的公司，由公司登记机关发给公司营业执照。公司营业执照签发日期为公司成立日期。公司营业执照应当载明公司的名称、住所、注册资本、经营范围、法定代表人姓名等事项。公司营业执照记载的事项发生变更的，公司应当依法办理变更登记，由公司登记机关换发营业执照。

依照《公司法》设立的有限责任公司，必须在公司名称中标明有限责任公司或者有限公司字样。依照《公司法》设立的股份有限公司，必须在公司名称中标明股份有限公司或者股份公司字样。

有限责任公司变更为股份有限公司，应当符合《公司法》规定的股份有限公司的条件。股份有限公司变更为有限责任公司，应当符合《公司法》规定的有限责任公司的条件。有限责任公司变更为股份有限公司的，或者股份有限公司变更为有限责任公司的，公司变更前的债权、债务由变更后的公司承继。

公司以其主要办事机构所在地为住所。设立公司必须依法制定公司章程。公司章程对公司、股东、董事、监事、高级管理人员具有约束力。公司的经营范围由公司章程规定，并依法登记。公司可以修改公司章程，改变经营范围，但是应当办理变更登记。公司的经营范围中属于法律、行政法规规定须经批准的项目，应当依法经过批准。

公司法定代表人依照公司章程的规定，由董事长、执行董事或者经理担任，并依法登记。公司法定代表人变更，应当办理变更登记。

公司可以设立分公司。设立分公司，应当向公司登记机关申请登记，领取营业执照。分公司不具有法人资格，其民事责任由公司承担。公司可以设立子公司，子公司具有法人资格，依法独立承担民事责任。

公司可以向其他企业投资；但是，除法律另有规定外，不得成为对所投资企业的债务承担连带责任的出资人。

公司向其他企业投资或者为他人提供担保，依照公司章程的规定，由董事会或者股东会、股东大会决议；公司章程对投资或者担保的总额及单项投资或者担保的数额有限额规定的，不得超过规定的限额。公司为公司股东或者实际控制人提供担保的，必须经股东会或者股东大会决议。

公司必须保护职工的合法权益，依法与职工签订劳动合同，参加社会保险，加强劳动保护，实现安全生产。公司应当采用多种形式，加强公司职工的职业教育和岗位培训，提高职工素质。

公司职工依照《中华人民共和国工会法》组织工会，开展工会活动，维护职工合法权益。公司应当为本公司工会提供必要的活动条件。公司工会代表职工就职工的劳动报酬、工作时间、福利、保险和劳动安全卫生等事项依法与公司签订集体合同。公司依照宪法和有关法律的规定，通过职工代表大会或者其他形式，实行民主管理。公司研究决定改制以及经营方面的重大问题、制定重要的规章制度时，应当听取公司工会的意见，并通过职工代表大会或者其他形式听取职工的意见和建议。

在公司中，根据中国共产党章程的规定，设立中国共产党的组织，开展党的活动。公司应当为党组织的活动提供必要条件。

公司股东应当遵守法律、行政法规和公司章程，依法行使股东权利，不得滥用股东权利损害公司或者其他股东的利益；不得滥用公司法人独立地位和股东有限责任损害公司债权人的利益。公司股东滥用股东权利给公司或者其他股东造成损失的，应当依法承担赔偿责任。公司股东滥用公司法人独立地位和股东有限责任，逃避债务，严重损害公司债权人利益的，应当对公司债务承担连带责任。

公司的控股股东、实际控制人、董事、监事、高级管理人员不得利用其关联关系损害公司利益。违反该规定，给公司造成损失的，应当承担赔偿责任。

公司股东会或者股东大会、董事会的决议内容违反法律、行政法规的无效。股东会或者股东大会、董事会的会议召集程序、表决方式违反法律、行政法规或者公司章程，或者决议内容违反公司章程的，股东可以自决议作出之日起六十日内，请求人民法院撤销。股东依照上述规定提起诉讼的，人民法院可以应公司的请求，要求股东提供相应担保。公司根据股东会或者股东大会、董事会决议已办理变更登记的，人民法院宣告该决议无效或者撤销该决议后，公司应当向公司登记机关申请撤销变更登记。

四、有限责任公司的设立和治理结构

（一）有限责任公司的设立

1. 设立有限责任公司，应当具备下列条件：（1）股东符合法定人数；（2）有符合公司章程规定的全体股东认缴的出资额；（3）股东共同制定公司章程；（4）有公司名称，建立符合有限责任公司要求的组织机构；（5）有公司住所。

2. 有限责任公司由五十个以下股东出资设立。

3. 有限责任公司章程应当载明下列事项：（1）公司名称和住所；（2）公司经营范围；（3）公司注册资本；（4）股东的姓名或者名称；（5）股东的出资方式、出资额和出资时间；（6）公司的机构及其产生办法、职权、议事规则；（7）公司法定代表人；（8）股东会会议认为需要规定的其他事项。股东应当在公司章程上签名、盖章。

4. 有限责任公司的注册资本为在公司登记机关登记的全体股东认缴的出资额。但法律、行政法规以及国务院决定对有限责任公司注册资本实缴、注册资本最低限额另有规定的，从

其规定。

5. 股东可以用货币出资，也可以用实物、知识产权、土地使用权等可以用货币估价并可以依法转让的非货币财产作价出资；但是，法律、行政法规规定不得作为出资的财产除外。对作为出资的非货币财产应当评估作价，核实财产，不得高估或者低估作价。法律、行政法规对评估作价有规定的，从其规定。

6. 股东应当按期足额缴纳公司章程中规定的各自所认缴的出资额。股东以货币出资的，应当将货币出资足额存入有限责任公司在银行开设的账户；以非货币财产出资的，应当依法办理其财产权的转移手续。股东不按照以上规定缴纳出资的，除应当向公司足额缴纳外，还应当向已按期足额缴纳出资的股东承担违约责任。

7. 股东认足公司章程规定的出资后，由全体股东指定的代表或者共同委托的代理人向公司登记机关报送公司登记申请书、公司章程等文件，申请设立登记。

8. 有限责任公司成立后，发现作为设立公司出资的非货币财产的实际价额显著低于公司章程所定价额的，应当由交付该出资的股东补足其差额；公司设立时的其他股东承担连带责任。

9. 有限责任公司成立后，应当向股东签发出资证明书。出资证明书应当载明下列事项：（1）公司名称；（2）公司成立日期；（3）公司注册资本；（4）股东的姓名或者名称、缴纳的出资额和出资日期；（5）出资证明书的编号和核发日期。出资证明书由公司盖章。

10. 有限责任公司应当置备股东名册，记载下列事项：（1）股东的姓名或者名称及住所；（2）股东的出资额；（3）出资证明书编号。记载于股东名册的股东，可以依股东名册主张行使股东权利。公司应当将股东的姓名或者名称向公司登记机关登记；登记事项发生变更的，应当办理变更登记。未经登记或者变更登记的，不得对抗第三人。

11. 股东有权查阅、复制公司章程、股东会会议记录、董事会会议决议、监事会会议决议和财务会计报告。股东可以要求查阅公司会计账簿。股东要求查阅公司会计账簿的，应当向公司提出书面请求，说明目的。公司有合理根据认为股东查阅会计账簿有不正当目的，可能损害公司合法利益的，可以拒绝提供查阅，并应当自股东提出书面请求之日起十五日内书面答复股东并说明理由。公司拒绝提供查阅的，股东可以请求人民法院要求公司提供查阅。

12. 股东按照实缴的出资比例分取红利；公司新增资本时，股东有权优先按照实缴的出资比例认缴出资。但是，全体股东约定不按照出资比例分取红利或者不按照出资比例优先认缴出资的除外。

13. 公司成立后，股东不得抽逃出资。

（二）有限责任公司的治理结构

有限责任公司的治理结构主要包括股东会、董事会（或执行董事）、经理层和监事会（或监事）等。

1. 股东会

（1）有限责任公司股东会由全体股东组成。股东会是公司的权力机构，依照《公司法》行使职权。股东会行使下列职权：决定公司的经营方针和投资计划；选举和更换非由职工代表担任的董事、监事，决定有关董事、监事的报酬事项；审议批准董事会的报告；审议批准监事会或者监事的报告；审议批准公司的年度财务预算方案、决算方案；审议批准公司的利润分配方案和弥补亏损方案；对公司增加或者减少注册资本作出决议；对发行公司债券作出决议；对公司合并、分立、解散、清算或者变更公司形式作出决议；修改公司章程；公司章程规定的其他职权。对上述所列事项股东以书面形式一致表示同意的，可以不召开股东会会议，直接作出决定，并由全体股东在决定文件上签名、盖章。

（2）首次股东会会议由出资最多的股东召集和主持，依照《公司法》规定行使职权。

（3）股东会会议分为定期会议和临时会议。定期会议应当依照公司章程的规定按时召开。代表1/10以上表决权的股东，1/3以上的董事，监事会或者不设监事会的公司的监事提议召开临时会议的，应当召开临时会议。

（4）有限责任公司设立董事会的，股东会会议由董事会召集，董事长主持；董事长不能履行职务或者不履行职务的，由副董事长主持；副董事长不能履行职务或者不履行职务的，由半数以上董事共同推举一名董事主持。有限责任公司不设董事会的，股东会会议由执行董事召集和主持。

董事会或者执行董事不能履行或者不履行召集股东会会议职责的，由监事会或者不设监事会的公司的监事召集和主持；监事会或者监事不召集和主持的，代表1/10以上表决权的股东可以自行召集和主持。

（5）召开股东会会议，应当于会议召开十五日前通知全体股东；但是，公司章程另有规定或者全体股东另有约定的除外。股东会应当对所议事项的决定作成会议记录，出席会议的股东应当在会议记录上签名。股东会会议由股东按照出资比例行使表决权；但是，公司章程另有规定的除外。股东会的议事方式和表决程序，除《公司法》有规定的外，由公司章程规定。

（6）股东会会议作出修改公司章程、增加或者减少注册资本的决议，以及公司合并、分立、解散或者变更公司形式的决议，必须经代表2/3以上表决权的股东通过。

2. 董事会（或执行董事）

（1）有限责任公司设董事会，其成员为三人至十三人；但是，股东人数较少或者规模较小的有限责任公司，可以设一名执行董事，不设董事会。执行董事可以兼任公司经理。执行董事的职权由公司章程规定。

（2）两个以上的国有企业或者两个以上的其他国有投资主体投资设立的有限责任公司，其董事会成员中应当有公司职工代表；其他有限责任公司董事会成员中可以有公司职工代表。董事会中的职工代表由公司职工通过职工代表大会、职工大会或者其他形式民主选举产生。

（3）董事会设董事长一人，可以设副董事长。董事长、副董事长的产生办法由公司章程规定。董事任期由公司章程规定，但每届任期不得超过三年。董事任期届满，连选可以连任。董事任期届满未及时改选，或者董事在任期内辞职导致董事会成员低于法定人数的，在改选出的董事就任前，原董事仍应当依照法律、行政法规和公司章程的规定，履行董事职务。

（4）董事会对股东会负责，行使下列职权：召集股东会会议，并向股东会报告工作；执行股东会的决议；决定公司的经营计划和投资方案；制订公司的年度财务预算方案、决算方案；制订公司的利润分配方案和弥补亏损方案；制订公司增加或者减少注册资本以及发行公司债券的方案；制订公司合并、分立、解散或者变更公司形式的方案；决定公司内部管理机构的设置；决定聘任或者解聘公司经理及其报酬事项，并根据经理的提名决定聘任或者解聘公司副经理、财务负责人及其报酬事项；制定公司的基本管理制度；公司章程规定的其他职权。

（5）董事会会议由董事长召集和主持；董事长不能履行职务或者不履行职务的，由副董事长召集和主持；副董事长不能履行职务或者不履行职务的，由半数以上董事共同推举一名董事召集和主持。董事会的议事方式和表决程序，除《公司法》有规定的外，由公司章程规定。董事会应当对所议事项的决定作成会议记录，出席会议的董事应当在会议记录上签名。董事会决议的表决，实行一人一票。

3. 经理层

（1）有限责任公司可以设经理，由董事会决定聘任或者解聘。

（2）经理对董事会负责，行使下列职权：主持公司的生产经营管理工作，组织实施董事会决议；组织实施公司年度经营计划和投资方案；拟订公司内部管理机构设置方案；拟订公司的基本管理制度；制定公司的具体规章；提请聘任或者解聘公司副经理、财务负责人；决定聘任或者解聘除应由董事会决定聘任或者解聘以外的负责管理人员；董事会授予的其他职权。

（3）公司章程对经理职权另有规定的，从其规定。

（4）经理列席董事会会议。

4. 监事会（或监事）

（1）有限责任公司设监事会，其成员不得少于三人。股东人数较少或者规模较小的有限责任公司，可以设一至二名监事，不设监事会。

（2）监事会应当包括股东代表和适当比例的公司职工代表，其中职工代表的比例不得低于1/3，具体比例由公司章程规定。监事会中的职工代表由公司职工通过职工代表大会、职工大会或者其他形式民主选举产生。

（3）监事会设主席一人，由全体监事过半数选举产生。监事会主席召集和主持监事会会议；监事会主席不能履行职务或者不履行职务的，由半数以上监事共同推举一名监事召集和主持监事会会议。

（4）董事、高级管理人员不得兼任监事。

（5）监事的任期每届为三年。监事任期届满，连选可以连任。监事任期届满未及时改选，或者监事在任期内辞职导致监事会成员低于法定人数的，在改选出的监事就任前，原监事仍应当依照法律、行政法规和公司章程的规定，履行监事职务。

（6）监事会、不设监事会的公司的监事行使下列职权：检查公司财务；对董事、高级管理人员执行公司职务的行为进行监督，对违反法律、行政法规、公司章程或者股东会决议的董事、高级管理人员提出罢免的建议；当董事、高级管理人员的行为损害公司的利益时，要求董事、高级管理人员予以纠正；提议召开临时股东会会议，在董事会不履行《公司法》规定的召集和主持股东会会议职责时召集和主持股东会会议；向股东会会议提出提案；依照《公司法》第一百五十一条的规定，对董事、高级管理人员提起诉讼；公司章程规定的其他职权。

（7）监事可以列席董事会会议，并对董事会决议事项提出质询或者建议。监事会、不设监事会的公司的监事发现公司经营情况异常，可以进行调查；必要时，可以聘请会计师事务所等协助其工作，费用由公司承担。

（8）监事会每年度至少召开一次会议，监事可以提议召开临时监事会会议。监事会的议事方式和表决程序，除《公司法》有规定的外，由公司章程规定。监事会决议应当经半数以上监事通过。监事会应当对所议事项的决定作成会议记录，出席会议的监事应当在会议记录上签名。

（9）监事会、不设监事会的公司的监事行使职权所必需的费用，由公司承担。

五、国家层面关于公司制改革的指导性文件

2017 年 7 月 18 日，国务院办公厅印发了《中央企业公司制改制工作实施方案》，提出了中央企业公司制改革的目标任务、规范操作、政策支持、统筹推进四个方面的实施意见。

（一）目标任务

2017 年底前，按照《中华人民共和国全民所有制工业企业法》登记、国务院国有资产监督管理委员会监管的中央企业（不含中央金融、文化企业），全部改制为按照《中华人民共和国公司法》登记的有限责任公司或股份有限公司，加快形成有效制衡的公司法人治理结构和灵活高效的市场化经营机制。

（二）规范操作

1. 制定改制方案。中央企业推进公司制改制，要按照现代企业制度要求，结合实际制定切实可行的改制方案，明确改制方式、产权结构设置、债权债务处理、公司治理安排、劳动人事分配制度改革等事项，并按照有关规定起草或修订公司章程。

2. 严格审批程序。中央企业集团层面改制为国有独资公司，由国务院授权履行出资人职责的机构批准；改制为股权多元化企业，由履行出资人职责的机构按程序报国务院同意后批准。中央企业所属子企业的改制，除另有规定外，按照企业内部有关规定履行审批程序。

3. 确定注册资本。改制为国有独资公司或国有及国有控股企业全资子公司，可以上一年度经审计的净资产值作为工商变更登记时确定注册资本的依据，待公司章程规定的出资认缴期限届满前进行资产评估。改制为股权多元化企业，要按照有关规定履行清产核资、财务审计、资产评估、进场交易等各项程序，并以资产评估值作为认缴出资的依据。

（三）政策支持

1. 划拨土地处置。经省级以上人民政府批准实行授权经营或具有国家授权投资机构资格的企业，其原有划拨土地可采取国家作价出资（入股）或授权经营方式处置。全民所有制企业改制为国有独资公司或国有及国有控股企业全资子公司，其原有划拨土地可按照有关规定保留划拨土地性质。

2. 税收优惠支持。公司制改制企业按规定享受改制涉及的资产评估增值、土地变更登记和国有资产无偿划转等方面税收优惠政策。

3. 工商变更登记。全民所有制企业改制为国有独资公司或国有及国有控股企业全资子公司，母公司可先行改制并办理工商变更登记，其所属子企业或事业单位要限期完成改制或转企。全民所有制企业改制为股权多元化企业，应先将其所属子企业或事业单位改制或转企，再完成母公司改制并办理工商变更登记。

4. 资质资格承继。全民所有制企业改制为国有独资公司、国有及国有控股企业全资子公司或国有控股公司，其经营过程中获得的各种专业或特殊资质证照由改制后公司承继。改制企业应在工商变更登记后一个月内到有关部门办理变更企业名称等资质证照记载事项。

（四）统筹推进

1. 加强党的领导。中央企业党委（党组）要切实加强对改制工作的组织领导，按照有关规定落实党的建设同步谋划、党的组织及工作机构同步设置、党组织负责人及党务工作人员同步配备、党的工作同步开展的“四同步”和体制对接、机制对接、制度对接、工作对接的“四对接”要求。要充分发挥企业党组织的领导核心和政治核心作用，确保党的领导、党的建设在企业改制中得到充分体现和切实加强。要依法维护职工合法权益，处理好企业改革发展稳定的关系。改制过程中的重大事项应及时报告党中央、国务院。

2. 建设现代企业制度。改制企业要以推进董事会建设为重点，规范权力运行，实现权利和责任对等，落实和维护董事会依法行使重大决策、选人用人、薪酬分配等权利。要坚持两个“一以贯之”，把加强党的领导和完善公司治理统一起来，处理好党组织和其他治理主体的关系，明确权责边界，做到无缝衔接，形成各司其职、各负其责、协调运转、有效制衡的公司治理机制。

3. 完善市场化经营机制。改制企业要不断深化劳动、人事、分配三项制度改革，建立健全与劳动力市场基本适应、与企业经济效益和劳动生产率挂钩的工资决定和正常增长机制，完善市场化用工制度，合理拉开收入分配差距，真正形成管理人员能上能下、员工能进能出、收入能增能减的市场化选人用人机制。

4. 防止国有资产流失。公司制改制过程中，要按照法律法规和国有企业改制、国有产权管理等有关规定规范操作，严格履行决策程序。完善金融支持政策，维护利益相关方合法权益，落实金融债权。加强对改制全流程的监管，坚持公开透明，严禁暗箱操作和利益输送。做好信息公开，加强事中事后监管，自觉接受社会监督。

中央党政机关和事业单位所办企业的清理整顿和公司制改制工作，按照国家集中统一监管的要求，另行规定执行。各省级人民政府参照本实施方案，指导地方国有企业公司制改制工作。

六、地方层面关于公司制改革的指导性文件

国务院办公厅印发了《中央企业公司制改制工作实施方案》之后，各省、自治区、直辖市人民政府办公厅也相继印发了各地的实施方案。比如，广西壮族自治区人民政府办公厅印发的《广西壮族自治区直属企业公司制改制工作实施方案》，也就目标任务、规范操作、政策支持、统筹推进四个方面提出了具体的要求。

（一）目标任务

2018 年 12 月 31 日前，按照《中华人民共和国全民所有制工业企业法》登记、自治区国资委监管的正常经营全民所有制企业（含政企分开过程中区直有关单位已经移交自治区国资委监管企业管理的正常经营全民所有制企业），全部改制为按照《中华人民共和国公司法》登记的有限责任公司或股份有限公司，加快形成有效制衡的公司法人治理结构和灵活高效的市场化经营机制，成为真正的法人实体。对自治区国资委监管的关停、特困等全民所有制企业，能通过兼并重组盘活的，需在 2020 年 12 月 31 日前完成改制；不能通过兼并重组盘活的，不纳入改制范畴，按照自治区本级国有“僵尸企业”处置方案等有关规定，实现市场化、法治化出清。

以上纳入公司制改制范畴的企业，统称拟改制企业。

（二）规范操作

1. 确定改制企业。按照改制目标任务要求，由自治区国资委监管企业（一级企业）提出所属拟改制企业名单，并在改制实施前报自治区国资委备案；拟改制企业为自治区国资委监管企业（一级企业）的，名单由自治区国资委确定。

2. 制定改制方案。拟改制企业推进公司制改制，要依据《中华人民共和国公司法》等法律法规，按照现代企业制度要求，结合实际，制定切实可行的改制方案。

（1）明确主体。由自治区国资委监管企业（一级企业）制定拟改制企业的改制方案，也可由自治区国资委监管企业（一级企业）委托中介机构或者拟改制企业（向本企业经营管理者转让国有产权的企业除外）制定。

（2）明确内容。改制方案应明确改制方式、产权结构设置、债权债务处理、公司治理安排、劳动人事分配制度改革（涉及职工安置分流的，要制定职工安置方案）等事项。

（3）起草或修订章程。改制要按照《中华人民共和国公司法》等有关规定，起草或修订公司章程。改制为国有独资公司（一级企业），其章程由自治区国资委制定，或者由董事会制定报自治区国资委批准。

3. 严格审批程序。

（1）自治区国资委监管企业（一级企业）改制为国有独资公司，改制方案由自治区人民政府授权自治区国资委批准；改制为股权多元化企业，改制方案由自治区国资委按程序报自治区人民政府同意后批准。

（2）自治区国资委监管企业（一级企业）所属企业改制，除另有规定外，改制方案由自治区国资委监管企业（一级企业）审批。

（3）对本方案印发前已经自治区国资委或者其他自治区党政机关批准改制立项但尚未完成改制的企业，可结合实际选择继续按已有的改制政策完成改制或按照本实施方案操作。

（4）改制涉及职工分流安置的，职工安置方案事先经职工代表大会（或职工大会）讨论通过，并报同级人力资源和社会保障部门审核。

4. 确定注册资本。改制为国有独资公司或国有及国有控股企业全资子公司，可以上一年度经审计的净资产值作为工商变更登记时确定注册资本的依据，待公司章程规定的出资认缴期限届满前进行资产评估。改制为股权多元化企业，要按照国家和自治区有关改制以及相关配套政策规定履行清产核资、财务审计、资产评估、进场交易等各项程序，清产核资、财务审计、资产评估相关结果按有关规定进行确认、核准或备案，并以资产评估值作为认缴出资的依据。

（三）政策支持

1. 划拨土地处置和历史遗留问题的处理。全民所有制企业改制涉及国有划拨土地使用权的，必须按照国家土地管理有关规定办理土地使用权处置审批手续。经自治区人民政府批准实行授权经营或具有国家授权投资机构资格的企业，其原有划拨土地可采取国家作价出资（入股）或授权经营方式处置。全民所有制企业改制为国有独资公司或国有及国有控股企业全资子公司，其原有划拨土地可按照有关规定保留划拨土地性质。改制企业历史遗留问题的土地、房产等不动产，本着实事求是、尊重历史的原则，对权属来源合法，符合登记发证条件的，应依法办理不动产登记手续。

2. 税收优惠支持。改制企业按国家税法和相关政策规定享受改制涉及的资产评估增值、兼并重组、土地变更登记和国有资产无偿划转等方面税收优惠政策。

3. 工商登记变更。全民所有制企业改制为国有独资公司或国有及国有控股企业全资子公司，母公司可先行改制并办理工商变更登记，其所属子企业也是全民所有制企业的，要限期完成改制和工商登记，其所属事业单位要按自治区事业单位改革有关规定的时限完成转企改制。全民所有制企业改制为股权多元化企业，应先将其所属全民所有制子企业或事业单位改制或转企改制，再完成自身改制并办理工商变更登记。

4. 资质资格承继。全民所有制企业改制为国有独资公司、国有及国有控股企业全资子公司或国有控股公司，其经营过程中获得的各种专业或特殊资质证照由改制后的企业承继。改制企业应在工商变更登记后一个月内到有关部门办理变更企业名称等资质证照记载事项。

（四）统筹推进

1. 加强党的领导。区直企业党委（党组）要切实加强对改制工作的组织领导，按照有关规定落实党的建设同步谋划、党的组织及工作机构同步设置、党组织负责人及党务工作人员同步配备、党的工作同步开展的“四同步”和体制对接、机制对接、制度对接、工作对接的“四对接”要求。要充分发挥企业党组织的领导核心和政治核心作用，确保党的领导、党的建设在企业改制中得到充分体现和切实加强。要依法维护职工合法权益，处理好企业改革发展稳定的关系。

2. 落实责任分工。拟改制企业的产权管理单位（主管部门）要按照谁管理谁负责的原则，积极推进，加强监督，确保改制工作顺利完成。改制过程中涉及的领导人任免事项，按照干部管理权限由自治区党委组织部、自治区国资委、自治区有关主管部门及有关企业负责；涉及划拨土地处置事项由自治区国土资源厅负责；涉及的资产评估增值、兼并重组、土地变更登记和国有资产无偿划转等方面税收优惠政策落实事项由国家税务总局广西壮族自治区税务局负责；涉及工商变更登记事项的由自治区工商局负责；涉及资质资格承继的事项由相应的资质资格认定部门负责。

3. 建设现代企业制度。改制企业要以推进董事会建设为重点，规范权力运行，实现权利和责任对等，落实和维护董事会依法行使重大决策、选人用人、薪酬分配等权利。要把加强党的领导和完善公司治理统一起来，处理好党组织和其他治理主体的关系，明确权责边界，做到无缝衔接，形成各司其职、各负其责、协调运转、有效制衡的公司治理机制。

4. 完善市场化经营机制。改制企业要不断深化劳动、人事、分配三项制度改革，建立健全与劳动力市场基本适应、与企业经济效益和劳动生产率挂钩的工资决定和正常增长机制，完善市场化用工制度，合理拉开收入分配差距，真正形成管理人员能上能下、员工能进能出、收入能增能减的市场化选人用人机制。

5. 防止国有资产流失。改制过程中，要按照有关法律法规和国有企业改制、国有产权管理等有关规定规范操作，严格履行决策程序。完善金融支持政策，维护利益相关方合法权益，落实金融债权。加强对改制全流程的监管，坚持公开透明，严禁暗箱操作和利益输送。做好信息公开，加强事中事后监管，自觉接受社会监督。

自治区党政机关和事业单位所办全民所有制企业，未移交自治区国资委及其监管企业管理的，其公司制改制目标任务和操作程序按照相关监管部门的规定执行。各设区市人民政府参照本实施方案，指导地方国有企业公司制改制工作。对金融、文化企业另有规定的，从其规定。

七、公司制改革取得的成效

公司制是现代企业制度的有效组织形式，是建立中国特色现代国有企业制度的必要条件。经过多年改革，全国国有企业公司制改革已全面完成，有力推动了国有企业政企分开，公司产权关系更加明晰，公司法人治理结构日趋完善，公司经营管理水平逐渐提高。

据人民网 2022 年 1 月 17 日消息，国务院国有企业改革领导小组办公室 2022 年 1 月 17 日召开的会议显示：截至 2021 年年底，我国国有企业公司制改革基本完成，中央党政机关和直属事业单位所管理企业中公司制企业占比 97.7%，地方国有企业中公司制企业占比 99.9%，实现了历史性突破。公司制是现代企业制度的有效组织形式，推进国有企业公司制改革主要是指将传统的全民所有制企业改制为符合现代企业制度要求、规范的公司制企业，并根据中国特色现代企业制度要求，不断完善公司治理、建立市场化经营机制。自 20 世纪 90 年代开始相关探索起，我国国有企业公司制改革早已不是新鲜事物，但受制于多种原因，改革越往后推进难度越大。2020 年启动的国企改革三年行动明确提出，要全面完成国有企业公司制改革，打响了这项重要改革的“收官”之战，意味着从法律上制度上实现政企分开、政资分开，有利于将国有企业打造成为真正独立的市场主体。这是全面深化国有企业改革的迫切需要，也是加快转换国有企业经营机制的必然要求，对进一步推动国有企业与市场经济深入融合，激发国有企业发展活力、动力具有重大意义。

另据中国青年报客户端北京 2023 年 2 月 23 日报道（中青报·中青网记者宁迪）：党的二十大进一步强调要完善中国特色现代企业制度的建设，在今天上午国新办举行的新闻发布会上，国资委副主任翁杰明介绍，持续健全现代企业制度，有力促进国有企业效率活力的明显提升。目前，国企公司制改革全面完成，剥离企业办社会职能全面扫尾，独立市场主体地位更加巩固。与此同时，企业董事会建设持续加强，出台董事会工作规则，外部董事选聘管理、报酬待遇、履职支撑等一系列制度办法，董事会实现应建尽建、外部董事占多数；企业经理层契约化管理实现签约全覆盖，管理人员竞争上岗比例超过 6 成，中长期激励扩面提质，累计激励 36.8 万人次。翁杰明指出，下一步，将以新一轮国企改革深化提升行动为契机，更好推动中国特色现代企业制度优势转化为治理效能。其中包括：推动党的领导融入公司治理各环节。分层分类、动态优化国有企业党委（党组）前置研究讨论重大经营管理事项清单；更加注重完善公司治理结构。选优配强外部董事队伍，保障董事会发挥决策中心作用，落实董事会向经理层授权的制度，建立新型经营责任制，吸引更多优秀人才参与国企公司治理，使企业决策、治理、管理与市场经济更加契合；弘扬企业家精神。健全国有企业家培养、选拔、任用、考核、评价机制，完善物质激励和荣誉表彰体系；以更加开放的姿态加强公司治理的交流互鉴。加强国有企业与其他所有制企业在股权、经营、治理、人才等方面的交流，共同打造现代企业。

我国国有企业公司制改革从 2017 年 7 月 18 日国务院办公厅印发《中央企业公司制改制工作实施方案》，到 2022 年 1 月 17 日宣布“基本完成”，再到 2023 年 2 月 23 日宣布“全面完成”，前后历经五年多时间，所取得的成效是非常显著的。但这仅仅是国有企业公司制改革全面完成，还有大量的城镇集体所有制企业、乡村集体所有制企业等非国有企业的公司制改革还在路上。下一步将按照加强引导、精心指导、制定方案、资产清查、明晰产权、维护权益等原则推进其他非公司制企业开展公司制改革。

第二节　公司股份制改革

一、股份制改革的含义

股份制改革是指非股份制企业（含全民所有制企业、集体所有制企业、个体所有制企业、有限责任公司等）按照《公司法》的要求改组设立股份有限公司的过程。企业之所以要进行股份制改革，是因为股份有限公司有以下几个方面主要的优势：（1）责任有限。股份有限公司的股东以其出资额为限承担有限责任，降低了投资人的投资风险。（2）高度自治。股份有限公司有相对独立的运营和管理机制，能够充分考虑股东的意见和利益，实现高度自治。（3）融资多元。股份有限公司可以通过公开发行股票和债券等方式进行融资，融资渠道多元化，有利于公司的快速发展。（4）股份流通。股份有限公司的股份可以在证券市场上自由流通，增加了公司的透明度和稳定性，也提高了股份的流动性。（5）规模效应。股份有限公司可以通过股份的集中发行，实现资本的快速积累，从而形成规模效应，提高公司竞争力。（6）公司形象。股份有限公司的治理结构和运营机制相对规范，有助于建立良好的公司形象和信誉，增强投资者的信心。总之，股份有限公司以其特殊的组织形式和优势，在当今经济发展中占据重要地位，对于推动经济的发展和公司的发展发挥了巨大的作用。

二、股份有限公司的设立和治理结构

（一）股份有限公司的设立

1. 设立股份有限公司，应当具备下列条件：（1）发起人符合法定人数；（2）有符合公司章程规定的全体发起人认购的股本总额或者募集的实收股本总额；（3）股份发行、筹办事项符合法律规定；（4）发起人制订公司章程，采用募集方式设立的经创立大会通过；（5）有公司名称，建立符合股份有限公司要求的组织机构；（6）有公司住所。

2. 股份有限公司的设立，可以采取发起设立或者募集设立的方式。发起设立，是指由发起人认购公司应发行的全部股份而设立公司。募集设立，是指由发起人认购公司应发行股份的一部分，其余股份向社会公开募集或者向特定对象募集而设立公司。

3. 设立股份有限公司，应当有二人以上二百人以下为发起人，其中须有半数以上的发起人在中国境内有住所。股份有限公司发起人承担公司筹办事务。发起人应当签订发起人协议，明确各自在公司设立过程中的权利和义务。

4. 股份有限公司采取发起设立方式设立的，注册资本为在公司登记机关登记的全体发起人认购的股本总额。在发起人认购的股份缴足前，不得向他人募集股份。股份有限公司采取募集方式设立的，注册资本为在公司登记机关登记的实收股本总额。法律、行政法规以及国务院决定对股份有限公司注册资本实缴、注册资本最低限额另有规定的，从其规定。

5. 股份有限公司章程应当载明下列事项：（1）公司名称和住所；（2）公司经营范围；（3）公司设立方式；（4）公司股份总数、每股金额和注册资本；（5）发起人的姓名或者名称、认购的股份数、出资方式和出资时间；（6）董事会的组成、职权和议事规则；（7）公司法定代表人；（8）监事会的组成、职权和议事规则；（9）公司利润分配办法；（10）公司的解散事由与清算办法；（11）公司的通知和公告办法；（12）股东大会会议认为需要规定的其他事项。

6. 发起人可以用货币出资，也可以用实物、知识产权、土地使用权等可以用货币估价并可以依法转让的非货币财产作价出资；但是，法律、行政法规规定不得作为出资的财产除外。对作为出资的非货币财产应当评估作价，核实财产，不得高估或者低估作价。法律、行政法规对评估作价有规定的，从其规定。

7. 以发起设立方式设立股份有限公司的，发起人应当书面认足公司章程规定其认购的股份，并按照公司章程规定缴纳出资。以非货币财产出资的，应当依法办理其财产权的转移手续。发起人不依照上述规定缴纳出资的，应当按照发起人协议承担违约责任。发起人认足公司章程规定的出资后，应当选举董事会和监事会，由董事会向公司登记机关报送公司章程以及法律、行政法规规定的其他文件，申请设立登记。

8. 以募集设立方式设立股份有限公司的，发起人认购的股份不得少于公司股份总数的35%；但是，法律、行政法规另有规定的，从其规定。

9. 发起人向社会公开募集股份，必须公告招股说明书，并制作认股书。招股说明书应当附有发起人制订的公司章程。招股说明书和认股书都必须载明下列事项：（1）发起人认购的股份数；（2）每股的票面金额和发行价格；（3）无记名股票的发行总数；（4）募集资金的用途；（5）认股人的权利、义务；（6）本次募股的起止期限及逾期未募足时认股人可以撤回所认股份的说明。认股书由认股人填写认购股数、金额、住所，并签名、盖章。认股人按照所认购股数缴纳股款。

10. 发起人向社会公开募集股份，应当由依法设立的证券公司承销，签订承销协议。发起人向社会公开募集股份，应当同银行签订代收股款协议。代收股款的银行应当按照协议代收和保存股款，向缴纳股款的认股人出具收款单据，并负有向有关部门出具收款证明的义务。

11. 发行股份的股款缴足后，必须经依法设立的验资机构验资并出具证明。发起人应当自股款缴足之日起三十日内主持召开公司创立大会。创立大会由发起人、认股人组成。

12. 发行的股份超过招股说明书规定的截止期限尚未募足的，或者发行股份的股款缴足后，发起人在三十日内未召开创立大会的，认股人可以按照所缴股款并加算银行同期存款利息，要求发起人返还。

13. 发起人应当在创立大会召开十五日前将会议日期通知各认股人或者予以公告。创立大会应有代表股份总数过半数的发起人、认股人出席，方可举行。创立大会行使下列职权：（1）审议发起人关于公司筹办情况的报告；（2）通过公司章程；（3）选举董事会成员；（4）选举监事会成员；（5）对公司的设立费用进行审核；（6）对发起人用于抵作股款的财产的作价进行审核；（7）发生不可抗力或者经营条件发生重大变化直接影响公司设立的，可以作出不设立公司的决议。创立大会对上述所列事项作出决议，必须经出席会议的认股人所持表决权过半数通过。

14. 发起人、认股人缴纳股款或者交付抵作股款的出资后，除未按期募足股份、发起人未按期召开创立大会或者创立大会决议不设立公司的情形外，不得抽回其股本。

15. 董事会应于创立大会结束后三十日内，向公司登记机关报送下列文件，申请设立登记：(1) 公司登记申请书；(2) 创立大会的会议记录；(3) 公司章程；(4) 验资证明；(5) 法定代表人、董事、监事的任职文件及其身份证明；(6) 发起人的法人资格证明或者自然人身份证明；(7) 公司住所证明。

16. 以募集方式设立股份有限公司公开发行股票的，还应当向公司登记机关报送国务院证券监督管理机构的核准文件。

17. 股份有限公司成立后，发起人未按照公司章程的规定缴足出资的，应当补缴；其他发起人承担连带责任。股份有限公司成立后，发现作为设立公司出资的非货币财产的实际价额显著低于公司章程所定价额的，应当由交付该出资的发起人补足其差额；其他发起人承担连带责任。

18. 股份有限公司的发起人应当承担下列责任：(1) 公司不能成立时，对设立行为所产生的债务和费用负连带责任；(2) 公司不能成立时，对认股人已缴纳的股款，负返还股款并加算银行同期存款利息的连带责任；(3) 在公司设立过程中，由于发起人的过失致使公司利益受到损害的，应当对公司承担赔偿责任。

19. 有限责任公司变更为股份有限公司时，折合的实收股本总额不得高于公司净资产额。有限责任公司变更为股份有限公司，为增加资本公开发行股份时，应当依法办理。

20. 股份有限公司应当将公司章程、股东名册、公司债券存根、股东大会会议记录、董事会会议记录、监事会会议记录、财务会计报告置备于本公司。股东有权查阅公司章程、股东名册、公司债券存根、股东大会会议记录、董事会会议决议、监事会会议决议、财务会计报告，对公司的经营提出建议或者质询。

（二）股份有限公司的治理结构

股份有限公司的治理结构主要包括股东大会、董事会、经理层和监事会等。

1. 股东大会

(1) 股份有限公司股东大会由全体股东组成。股东大会是公司的权力机构，依照《公司法》行使职权。股东大会行使下列职权：决定公司的经营方针和投资计划；选举和更换非由职工代表担任的董事、监事，决定有关董事、监事的报酬事项；审议批准董事会的报告；审议批准监事会或者监事的报告；审议批准公司的年度财务预算方案、决算方案；审议批准公司的利润分配方案和弥补亏损方案；对公司增加或者减少注册资本作出决议；对发行公司债券作出决议；对公司合并、分立、解散、清算或者变更公司形式作出决议；修改公司章程；公司章程规定的其他职权。对上述所列事项股东以书面形式一致表示同意的，可以不召开股东会会议，直接作出决定，并由全体股东在决定文件上签名、盖章。

(2) 股东大会应当每年召开一次年会。有下列情形之一的，应当在两个月内召开临时股东大会：董事人数不足《公司法》规定人数或者公司章程所定人数的 2/3 时；公司未弥补的亏损达实收股本总额 1/3 时；单独或者合计持有公司 10% 以上股份的股东请求时；董事会认为必要时；监事会提议召开时；公司章程规定的其他情形。

(3) 股东大会会议由董事会召集，董事长主持；董事长不能履行职务或者不履行职务的，由副董事长主持；副董事长不能履行职务或者不履行职务的，由半数以上董事共同推举一名董事主持。

董事会不能履行或者不履行召集股东大会会议职责的，监事会应当及时召集和主持；监事会不召集和主持的，连续九十日以上单独或者合计持有公司10%以上股份的股东可以自行召集和主持。

(4) 召开股东大会会议，应当将会议召开的时间、地点和审议的事项于会议召开二十日前通知各股东；临时股东大会应当于会议召开十五日前通知各股东；发行无记名股票的，应当于会议召开三十日前公告会议召开的时间、地点和审议事项。

单独或者合计持有公司3%以上股份的股东，可以在股东大会召开十日前提出临时提案并书面提交董事会；董事会应当在收到提案后二日内通知其他股东，并将该临时提案提交股东大会审议。临时提案的内容应当属于股东大会职权范围，并有明确议题和具体决议事项。

股东大会不得对上述通知中未列明的事项作出决议。

无记名股票持有人出席股东大会会议的，应当于会议召开五日前至股东大会闭会时将股票交存于公司。

(5) 股东出席股东大会会议，所持每一股份有一表决权。但是，公司持有的本公司股份没有表决权。

(6) 股东大会作出决议，必须经出席会议的股东所持表决权过半数通过。但是，股东大会作出修改公司章程、增加或者减少注册资本的决议，以及公司合并、分立、解散或者变更公司形式的决议，必须经出席会议的股东所持表决权的2/3以上通过。

(7)《公司法》和公司章程规定公司转让、受让重大资产或者对外提供担保等事项必须经股东大会作出决议的，董事会应当及时召集股东大会会议，由股东大会就上述事项进行表决。

(8) 股东大会选举董事、监事，可以依照公司章程的规定或者股东大会的决议，实行累积投票制。所谓累积投票制，是指股东大会选举董事或者监事时，每一股份拥有与应选董事或者监事人数相同的表决权，股东拥有的表决权可以集中使用。

(9) 股东可以委托代理人出席股东大会会议，代理人应当向公司提交股东授权委托书，并在授权范围内行使表决权。

(10) 股东大会应当对所议事项的决定作成会议记录，主持人、出席会议的董事应当在会议记录上签名。会议记录应当与出席股东的签名册及代理出席的委托书一并保存。

2. 董事会、经理

(1) 股份有限公司设董事会，其成员为五人至十九人。董事会成员中可以有公司职工代表。董事会中的职工代表由公司职工通过职工代表大会、职工大会或者其他形式民主选举产生。董事任期由公司章程规定，但每届任期不得超过三年。董事任期届满，连选可以连任。董事任期届满未及时改选，或者董事在任期内辞职导致董事会成员低于法定人数的，在改选出的董事就任前，原董事仍应当依照法律、行政法规和公司章程的规定，履行董事职务。

(2) 董事会对股东大会负责，行使下列职权：召集股东大会会议，并向股东大会报告工作；执行股东大会的决议；决定公司的经营计划和投资方案；制订公司的年度财务预算方案、决算方案；制订公司的利润分配方案和弥补亏损方案；制订公司增加或者减少注册资本以及发行公司债券的方案；制订公司合并、分立、解散或者变更公司形式的方案；决定公司内部管理机构的设置；决定聘任或者解聘公司经理及其报酬事项，并根据经理的提名决定聘任或者解聘公司副经理、财务负责人及其报酬事项；制定公司的基本管理制度；公司章程规定的其他职权。

（3）董事会设董事长一人，可以设副董事长。董事长和副董事长由董事会以全体董事的过半数选举产生。董事长召集和主持董事会会议，检查董事会决议的实施情况。副董事长协助董事长工作，董事长不能履行职务或者不履行职务的，由副董事长履行职务；副董事长不能履行职务或者不履行职务的，由半数以上董事共同推举一名董事履行职务。

（4）董事会每年度至少召开两次会议，每次会议应当于会议召开十日前通知全体董事和监事。代表1/10以上表决权的股东、1/3以上董事或者监事会，可以提议召开董事会临时会议。董事长应当自接到提议后十日内，召集和主持董事会会议。董事会召开临时会议，可以另定召集董事会的通知方式和通知时限。董事会会议应有过半数的董事出席方可举行。董事会作出决议，必须经全体董事的过半数通过。董事会决议的表决，实行一人一票。

（5）董事会会议，应由董事本人出席；董事因故不能出席，可以书面委托其他董事代为出席，委托书中应载明授权范围。董事会应当对会议所议事项的决定作成会议记录，出席会议的董事应当在会议记录上签名。董事应当对董事会的决议承担责任。董事会的决议违反法律、行政法规或者公司章程、股东大会决议，致使公司遭受严重损失的，参与决议的董事对公司负赔偿责任。但经证明在表决时曾表明异议并记载于会议记录的，该董事可以免除责任。

（6）股份有限公司设经理，由董事会决定聘任或者解聘。经理对董事会负责，行使下列职权：主持公司的生产经营管理工作，组织实施董事会决议；组织实施公司年度经营计划和投资方案；拟订公司内部管理机构设置方案；拟订公司的基本管理制度；制定公司的具体规章；提请聘任或者解聘公司副经理、财务负责人；决定聘任或者解聘除应由董事会决定聘任或者解聘以外的负责管理人员；董事会授予的其他职权。公司章程对经理职权另有规定的，从其规定。经理列席董事会会议。公司董事会可以决定由董事会成员兼任经理。

3. 监事会

（1）股份有限公司设监事会，其成员不得少于三人。监事会应当包括股东代表和适当比例的公司职工代表，其中职工代表的比例不得低于1/3，具体比例由公司章程规定。监事会中的职工代表由公司职工通过职工代表大会、职工大会或者其他形式民主选举产生。

（2）监事会设主席一人，可以设副主席。监事会主席和副主席由全体监事过半数选举产生。监事会主席召集和主持监事会会议；监事会主席不能履行职务或者不履行职务的，由监事会副主席召集和主持监事会会议；监事会副主席不能履行职务或者不履行职务的，由半数以上监事共同推举一名监事召集和主持监事会会议。

（3）董事、高级管理人员不得兼任监事。

（4）监事的任期每届为三年。监事任期届满，连选可以连任。监事任期届满未及时改选，或者监事在任期内辞职导致监事会成员低于法定人数的，在改选出的监事就任前，原监事仍应当依照法律、行政法规和公司章程的规定，履行监事职务。

（5）监事会行使下列职权：检查公司财务；对董事、高级管理人员执行公司职务的行为进行监督，对违反法律、行政法规、公司章程或者股东大会决议的董事、高级管理人员提出罢免的建议；当董事、高级管理人员的行为损害公司的利益时，要求董事、高级管理人员予以纠正；提议召开临时股东大会会议，在董事会不履行《公司法》规定的召集和主持股东大会会议职责时召集和主持股东会大会议；向股东大会会议提出提案；依照《公司法》第一百五十一条的规定，对董事、高级管理人员提起诉讼；公司章程规定的其他职权。监事会行使职权所必需的费用，由公司承担。

（6）监事可以列席董事会会议，并对董事会决议事项提出质询或者建议。监事会发现公司经营情况异常，可以进行调查；必要时，可以聘请会计师事务所等协助其工作，费用由公司承担。

（7）监事会每六个月至少召开一次会议。监事可以提议召开临时监事会会议。监事会的议事方式和表决程序，除《公司法》有规定的外，由公司章程规定。监事会决议应当经半数以上监事通过。监事会应当对所议事项的决定作成会议记录，出席会议的监事应当在会议记录上签名。

4. 上市公司治理结构的特别规定

（1）上市公司，是指其股票在证券交易所上市交易的股份有限公司。上市公司在一年内购买、出售重大资产或者担保金额超过公司资产总额30%的，应当由股东大会作出决议，并经出席会议的股东所持表决权的2/3以上通过。

（2）上市公司设立独立董事，具体办法由国务院规定。上市公司设董事会秘书，负责公司股东大会和董事会会议的筹备、文件保管以及公司股东资料的管理，办理信息披露事务等事宜。

（3）上市公司董事与董事会会议决议事项所涉及的企业有关联关系的，不得对该项决议行使表决权，也不得代理其他董事行使表决权。该董事会会议由过半数的无关联关系董事出席即可举行，董事会会议所作决议须经无关联关系董事过半数通过。出席董事会的无关联关系董事人数不足三人的，应将该事项提交上市公司股东大会审议。

三、股份制改革的模式

在我国的股份制改革实践中，政府主管部门和企业家们逐渐探索出了诸如“原企业整体续存”模式、“原企业直接分解”模式、“原企业间接分解”模式和“原企业整体新设合并”模式等几种主要模式。这些改革模式同样适用于公司制改革。

（一）“原企业整体续存”模式

“原企业整体续存”模式是指原来的企业（即进行股份制改革的企业）在邀足符合《公司法》规定的发起人数量后采取发起设立或募集设立的方式设立股份有限公司，原来企业的资产、业务、人员等生产经营要素全部融入新成立的股份有限公司，不对原来的资产、业务、人员等进行任何剥离的一种改革模式。其改革示意图如图4－1所示。

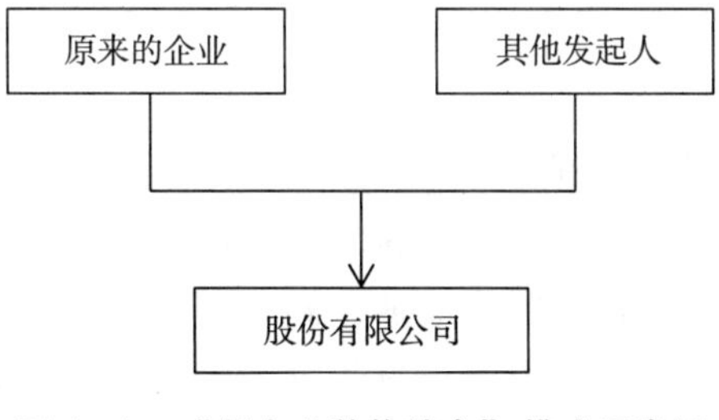

图4－1　“原企业整体续存”模式示意图

1. “原企业整体续存”模式的优点

这种改革模式不存在资产、业务和人员等生产经营要素的剥离，改革过程所需时间短，改革的效率高、成本低，有利于保持资产、业务和人员的稳定，对改革后的生产经营活动不会产生较大的影响。而且，由于引入其他发起人，在扩大企业规模的同时，也有利于原企业与这些发起人之间实现优势互补，促进改革后的股份有限公司快速稳健地发展。此外，由于不存在资产、业务和人员等生产经营要素的剥离，改革后的关联交易相对比较少，有助于降低将来上市后信息披露的难度。

2. “原企业整体续存”模式的缺点

这种改革模式不利于剥离低效资产，不利于裁减冗员，从而不利于提高改革后股份公司的资产质量、人员质量和运营效率。而且当引入的发起人较多时，还会增加改革后战略整合、业务整合、人员整合、文化整合的难度。

（二）“原企业直接分解”模式

“原企业直接分解”模式是指将原来的企业（即进行股份制改革的企业）直接分解为两个部分，一部分与其他发起人发起设立或募集设立股份公司，把核心资产、核心业务、核心人员划入股份公司；另一部分成立一家或若干家非股份公司，把非核心资产、非核心业务、非核心人员划入非股份公司，而且股份公司与非股份公司之间除了存在一个共同的终极控制人（如政府国有资产管理部门）之外，不再存在其他控制人的一种改革模式。其改革示意图如图 4－2 所示。

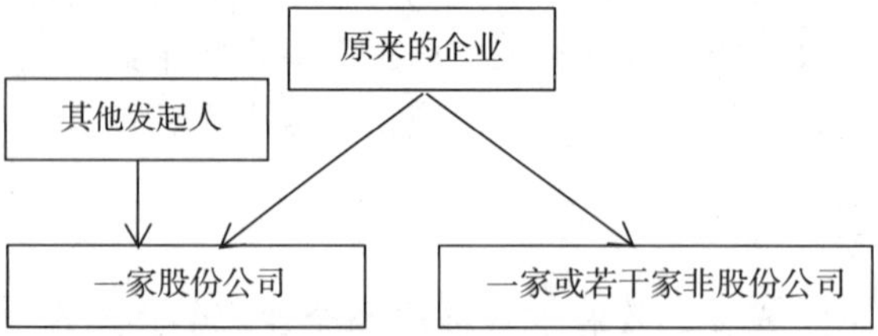

图 4－2 “原企业直接分解”模式示意图

1. “原企业直接分解”模式的优点

这种改革模式通常是把核心资产、核心业务、核心人员划入股份公司，把非核心资产、非核心业务、非核心人员划入非股份公司，这就使改革后的股份公司拥有质量较高的核心资产、盈利较强的核心业务和素质较高的核心人员，从整体上提高了股份公司的质量，有利于增强其将来上市后的核心竞争力。同时，把非核心资产、非核心业务、非核心人员剥离出来成立一家或若干家非股份公司，有利于各项资产、各项业务和各类人员按照专业化分工的原则单独开展生产经营活动，可以盘活原来的非核心资产、非核心业务和非核心人员，提高整体经济效益。

2. “原企业直接分解”模式的缺点

这种改革模式需要剥离非核心资产、非核心业务和非核心人员。原来的企业中究竟哪些资产、业务和人员属于非核心资产、非核心业务和非核心人员，划分起来恐怕不太容易得到大多数人的认可。因此，改革过程可能会引发争议，甚至引发员工思想的动荡，这就给改革增加了难度。而且，如果划分不合理，引起员工的抵触，还会影响改革后公司（含股份公司和非股份公司）的高效运行。

（三）“原企业间接分解”模式

“原企业间接分解”模式是指先将原来的企业（即进行股份制改革的企业）改组为集团公司，再将集团公司分解为两个部分，一部分是与其他发起人发起设立或募集设立股份公司，把核心资产、核心业务、核心人员划入股份公司；另一部分是成立一家或若干家非股份公司，把非核心资产、非核心业务、非核心人员划入非股份公司，而且股份公司与非股份公司之间除了存在一个共同的终极控制人（如政府国有资产管理部门）之外，还存在一个共同的直接控制人（即集团公司）的一种改革模式。其改革示意图如图 4－3 所示。

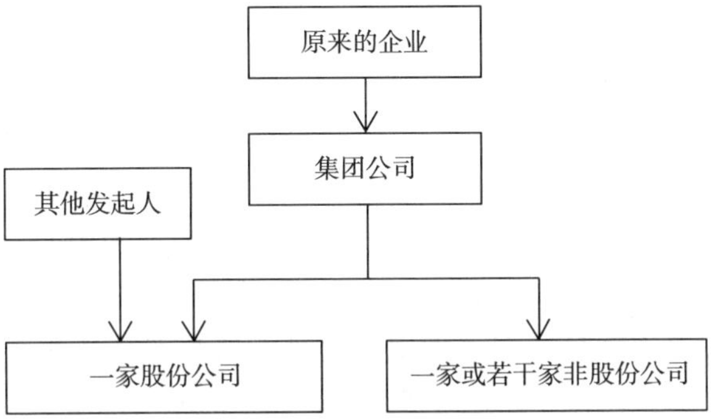

图 4－3 “原企业间接分解”模式示意图

1. “原企业间接分解”模式的优点

“原企业间接分解”模式除了具有“原企业直接分解”模式的优点之外，还具有另外两个优点：一是把股份公司和非股份公司统一设立在同一个直接控制人（集团公司）之下，在一定程度上有助于增强股份公司和非股份公司员工的归属感和认同感，减少改革过程中员工的思想动荡，使股份制改革能够平稳推进；二是把股份公司和非股份公司统一设立在同一个直接控制人（集团公司）之下，有助于集团公司从战略的高度和全局的角度统筹协调股份公司和非股份公司的发展，实现改革过程中股份公司和非股份公司双赢的目标。

2. “原企业间接分解”模式的缺点

“原企业间接分解”模式除了具有“原企业直接分解”模式的缺点之外，还具有另外两个缺点：一是股份公司和非股份公司都受到集团公司直接管理，甚至有可能出现集团公司领导兼任下属公司领导的现象，这时，可能会出现集团公司与下属公司之间业务划分不清、资产归属不清、人员职责不清等情况；二是按照这种模式改革后，股份公司与非股份公司属于关联方，日后关联交易比较多，会给股份公司上市后的信息披露增加一定程度的麻烦。

（四）“原企业整体新设合并”模式

“原企业整体新设合并”模式是指两家或两家以上拟进行股份制改革的企业采用新设合并的方式设立一家股份有限公司的一种改革模式。其改革示意图如图 4－4 所示。

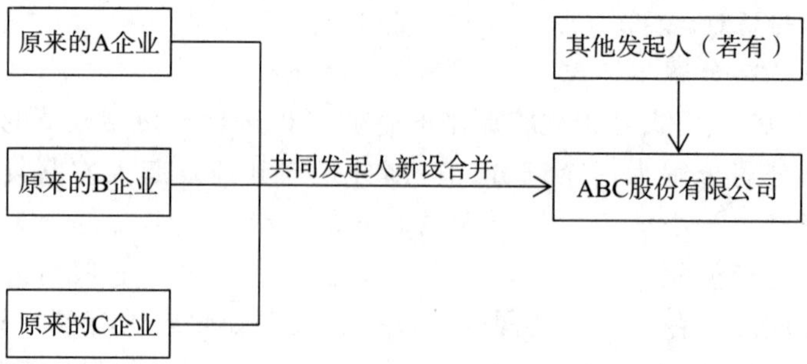

图 4－4　“原企业整体新设合并”模式示意图

1. “原企业整体新设合并”模式的优点

除了具有“原企业整体续存”模式的优点之外，还具有另外两个优点：一是两家或两家以上企业的新设合并，可以迅速地扩大企业的规模，产生经营协同效应、管理协同效应和财务协同效应，有助于增强股份公司的竞争力；二是合并后原企业的体制构架、管理制度及人员结构等基本上都发生了改变，有利于股份公司按照现代企业制度的要求和《公司法》的规定来完善公司治理结构、健全公司管理制度和优化公司人员结构。

2. “原企业整体新设合并”模式的缺点

除了具有“原企业整体续存”模式的缺点之外，还具有另外两个缺点：一是合并过程需要做大量的协调工作，协调合并各方的权责利，改革的时间成本、人力成本和财力成本都比较高；二是合并后需要进行战略整合、业务整合、人员整合和文化整合，整合起来难度会比较大，整合的时间成本、人力成本和财力成本也会比较高。

【案例 4－1】

AB 实业集团有限公司股份制改革的备选模式

（注：本案例为本书作者根据亲身经历编写，因保密需要，
作者对关键信息作了技术处理）

AB 实业集团有限公司（以下简称“集团”）是一家民营企业，主营制糖和房地产等业务。集团下辖 A、B 两家制糖公司、三家房地产公司和其他几家公司。其中，A、B 两家制糖公司分别在 A 市（非省会城市）和 B 县注册。A 制糖公司为纯粹的家族企业，3 名股东均为家族成员。B 制糖公司为家族成员 1 人持股 80%，其余 20% 为 B 县人民政府持有。

集团股份制改革前的组织架构如图 4－5 所示。

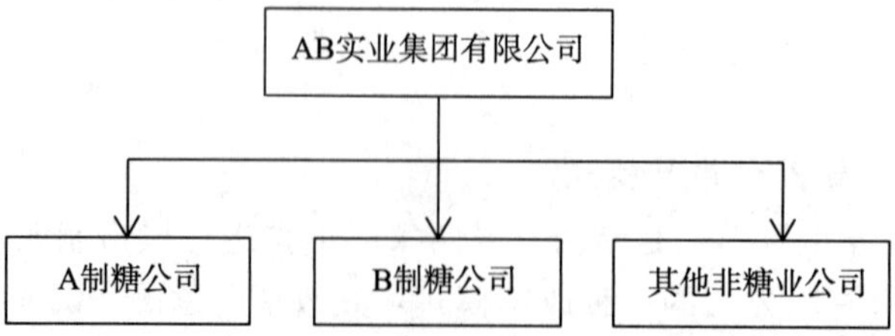

图 4－5　AB 实业集团有限公司股份制改革前的组织架构图

2014 年，集团决定将 A、B 两家制糖公司改组为股份公司，并计划在证交所上市。改组后拟上市的公司将取名“AB 糖业股份有限公司”。改组工作团队提出了三种可供选择的改组模式，它们的模式名称、模式含义、模式步骤和模式特点如下。

模式一：“先更名、后收购 ”模式

即先将 A 制糖公司更名为“AB 糖业股份有限公司”，然后由“AB 糖业股份有限公司”收购 B 制糖公司，同时变更“AB 糖业股份有限公司”的注册资本。

（一）设立步骤

1. 将 A 制糖公司更名为“AB 糖业股份有限公司”。按照《公司法》的规定，股份有限公司发起人为 2 人以上 200 人以下，上市公司股本总额不少于人民币 3000 万元。由于 A 制糖公司现有股东人数为 3 人，注册资本为 5000 万元，符合设立股份公司的要求，可直接办理更名手续。

2. 以“AB 糖业股份有限公司”的名义采用协议收购的方式购买 B 制糖公司的自有产权（即归属于集团所拥有的产权），使这家制糖公司成为“AB 糖业股份有限公司”下属的一个控股公司。

按照模式一改组后的集团组织架构如图 4－6 所示。

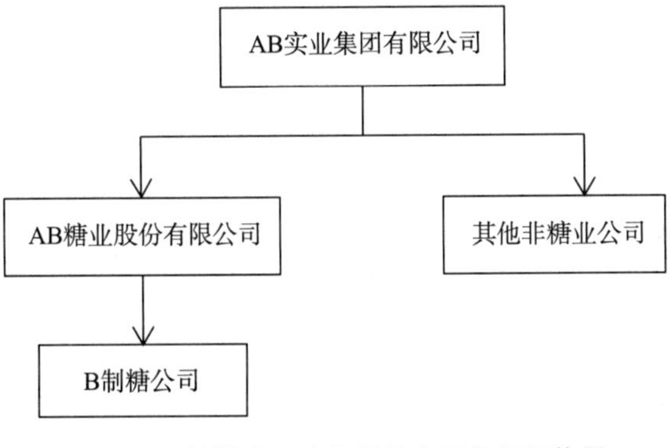

图 4－6　按模式一改组后的集团组织架构图

（二）特点

“AB 糖业股份有限公司”是集团所属的拟上市公司，其注册地点仍在 A 市，是集团的二级法人。B 制糖公司是“AB 糖业股份有限公司”的子公司，是集团的三级法人。

（三）优缺点

1. 优点

通过将 A 制糖公司更名，可以快速地取得“AB 糖业股份有限公司”这个名称，而且 B 制糖公司的自有产权协议转让都属于集团内部的股权转让，不涉及 B 县政府的股权问题，操作简便、手续简单、时间快捷。

2. 缺点

（1）集团控股级次增加、管理链条拉长，不利于规避集团的“金字塔”风险，也不利于集团财务、营销、采购等的集中管理。

（2）“AB 糖业股份有限公司”在 A 市（非省会城市）注册，而管理总部却在省会城市，不利于股份公司今后的管理。

(3) “AB 糖业股份有限公司”采用协议收购的方式购买 B 制糖公司的自有产权后，“AB 糖业股份有限公司”会计账面上“长期股权投资”的金额势必很大，不利于股份公司的日后上市。

模式二：“先更名、后合并”模式

即先将 A 制糖公司更名为“AB 糖业股份有限公司”，然后再由“AB 糖业股份有限公司”吸收合并 B 制糖公司，同时变更“AB 糖业股份有限公司”的注册资本。

（一）设立步骤

1. 将 A 制糖公司更名为“AB 糖业股份有限公司”。按照《公司法》的规定，股份有限公司发起人为 2 人以上 200 人以下，上市公司股本总额不少于 3000 万元人民币。由于 A 制糖公司现有股东人数为 3 人，注册资本为 5000 万元，符合设立股份公司的要求，可直接办理更名手续。

2. 采用吸收合并的方式，由“AB 糖业股份有限公司”合并 B 制糖公司，注销 B 制糖公司的法人资格，B 制糖公司原有的资产、负债和所有者权益全部并入“AB 糖业股份有限公司”，并同时变更“AB 糖业股份有限公司”的注册地点和注册资本，在省会城市注册，使其注册资本达到合并后的应有金额。如果在合并过程中能够让 B 县政府的股权退出则更佳。

按照模式二改组后的集团组织架构如图 4－7 所示。

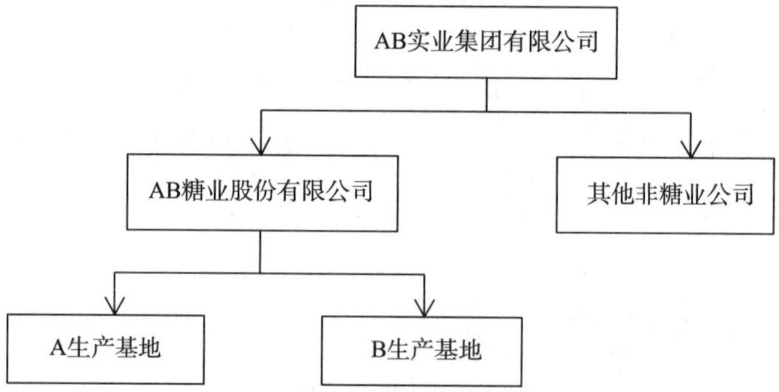

图 4－7 按模式二改组后的集团组织架构图

（二）特点

“AB 糖业股份有限公司”是集团所属的拟上市公司，其注册地点在省会城市，管理总部也设在省会城市，是集团的二级法人。B 制糖公司已不复存在，其原有的资产、负债和所有者权益全部并入“AB 糖业股份有限公司”，其原有的厂区与 A 制糖公司原有的厂区分别成为“AB 糖业股份有限公司”内部的两个非独立法人但可以进行内部独立核算的生产基地。

（三）优缺点

1. 优点

(1) 通过将 A 制糖公司更名，可以快速地取得“AB 糖业股份有限公司”这个名称，整个过程不涉及政府的股权问题，操作简便、手续简单、时间快捷。

(2) 取得“AB 糖业股份有限公司”这个名称后，采取吸收合并的方式合并 B 制糖公司，既保留了“AB 糖业股份有限公司”的公司名称，又实现了 B 制糖公司与 A 制糖公司的资产、产权重组，为“AB 糖业股份有限公司”日后的上市奠定了基础。

(3) 集团控股级次不增加、管理链条也不拉长，有利于实现集团组织结构的扁平化，有利于规避集团“金字塔”风险，也有利于集团财务、营销、采购等的集中管理。

(4) 吸收合并后的“AB 糖业股份有限公司”在省会城市注册，其管理总部也设在省会城市，A 市和 B 县分设两个非独立法人但可以进行内部独立核算的生产基地，有利于今后的管理。

(5) “AB 糖业股份有限公司”采取吸收合并的方式合并 B 制糖公司后，“AB 糖业股份有限公司”会计账面上不会出现因收购而带来的大额“长期股权投资”，有利于股份公司的日后上市。

(6) “AB 糖业股份有限公司”采取吸收合并的方式合并 B 制糖公司的过程中，如果能够让 B 县政府的股权退出，则可以实现完全的私有化。

2. 缺点

“AB 糖业股份有限公司”采取吸收合并的方式合并 B 制糖公司后，注册地点改在省会城市，管理总部也设在省会城市，并同时注销了 B 县和 A 市原有的公司法人，可能会涉及政府税收利益的重新协调问题。

模式三：“新设合并改组”模式

即采用新设合并的方式将 A 制糖公司与 B 制糖公司合并组建成“AB 糖业股份有限公司”。

（一）设立步骤

1. 采取新设合并的方式将 A 制糖公司与 B 制糖公司合并组建成“AB 糖业股份有限公司”。股份公司在省会城市注册，其管理总部也设在省会城市。

2. 注销 A 制糖公司与 B 制糖公司的公司法人资格，使它们成为“AB 糖业股份有限公司”内部非独立法人但可以进行内部独立核算的两个生产基地。

3. 合并过程中争取让 B 县政府的股权退出。

按照模式三改组后的集团组织架构如图 4－8 所示。

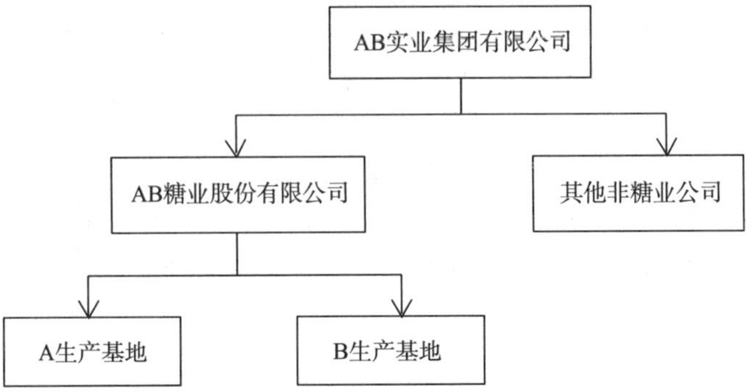

图 4－8　按模式三改组后的集团组织架构图

（二）特点

“AB 糖业股份有限公司”是集团所属的拟上市公司，其注册地点在省会城市，管理总部也设在省会城市，是集团的二级法人。A 制糖公司与 B 制糖公司都不复存在，它们原有的资产、负债和所有者权益全部并入“AB 糖业股份有限公司”，它们原有的厂区分别成为“AB 糖业股份有限公司”内部非独立法人但可以进行内部独立核算的两个生产基地。

（三）优缺点

1. 优点

除了具有第二种模式中的有利于规避集团“金字塔”风险、有利于集中管理、有利于日后上市、有利于完全实现私有化等优点之外，还具有设立股份公司与公司合并同步进行、有利于各项工作的一步到位等优点。

2. 缺点

由于合并改组的过程较长，不利于快速地取得“AB 糖业股份有限公司”这个名称。而且，合并改组后，公司注册地点在省会城市，管理总部也在省会城市，同时注销了 A 制糖公司和 B 制糖公司原有的公司法人，可能会涉及政府税收利益的重新协调问题。

AB 实业集团有限公司的决策者权衡三种备选模式的优缺点后，最终选择了模式二作为其 A、B 两家制糖公司股份制改革的模式，因为模式二优点最多、缺点最少，最能得到集团决策层的认可。

复习思考题

1. 什么是广义的公司制改革和狭义的公司制改革？
2. 有限责任公司的股东以什么为限对公司承担责任？股份有限公司的股东又以什么为限对公司承担责任？
3. 设立有限责任公司应当具备哪些条件？有限责任公司的股东人数为多少人以下？
4. 公司（含有限责任公司和股份有限公司）的治理结构主要包括哪几个要素？
5. 中央企业公司制改革需要进行哪些方面的规范操作？
6. 中央企业公司制改革主要有哪些政策支持？
7. 省（自治区、直辖市）直属企业公司制改革需要进行哪些方面的规范操作？
8. 省（自治区、直辖市）直属企业公司制改革主要有哪些政策支持？
9. 什么是股份制改革？为什么要进行股份制改革？
10. 设立股份有限公司应当具备哪些条件？
11. 设立股份有限公司要有多少个发起人？
12. 股份有限公司的设立可以有哪两种设立方式？它们有什么不同？
13. 股份制改革的模式主要有哪几种？它们的含义和优缺点分别是什么？

思政案例题

【案例 4－2】

铁总更名在即，央企公司制改革接近尾声

2017－11－29 来源：新京报 记者：赵毅波

（编者注：本书引用时作了删减）

铁路系统公司制改革正在加速推进。在各地铁路局密集完成更名的同时，铁路企业的大

管家——中国铁路总公司的更名已经箭在弦上。这意味着2013年开始的铁路“政企分开”改革将告一段落，昔日政府部门彻底变身为市场竞争主体。

铁总将更名为中国国家铁路集团公司

中国铁路总公司近日发布消息，截至2017年11月15日，所属18个铁路局均已完成公司制改革工商变更登记。11月19日，各地铁路局正式更名挂牌，这标志着铁路公司制改革取得重要成果。

据铁总此前介绍，为贯彻中央关于国有企业公司制改革的决策部署，今年初铁路总公司提出了铁路企业实行公司制改革的总体思路和方案，并扎实有序推进。

据《新京报》报道，铁总确定的公司制改革计划分为三步走，第一步是对中国铁路建设投资公司等非运输类企业进行公司制改革，第二步是让全国18家铁路局进行公司制改革，而第三步就是铁总本身进行公司制改革。

在各地铁路局更名改制完成后，铁总的改革已经箭在弦上。据悉，在改革的最后一步，铁总将更名为“中国国家铁路集团公司”。

从公开报道来看，铁总总部机关新组建的“一局五部”以及发展和改革部、企业管理和法律事务部、科技和信息化部、经营开发部等部门已经公开亮相。

同时，铁路系统的机制调整也将启动。记者从铁总获悉，铁路集团未来会设立董事会、监事会和经理层，并设公司党委会，党委会把方向、管大局，支持董事会、监事会、经理层依法履行职责。

目前，铁路总公司机关组织机构改革基本完成，内设机构精简调整，机关部门、二级机构、人员编制分别精简10.3%、26.6%、8.1%，工作流程进一步优化。

历时4年从政府部门变身市场主体

铁总前身为铁道部，2013年3月实行铁路政企分开改革，组建中国铁路总公司，承担铁道部的企业职责。不少业界人士期待，政企分开能够为铁路的市场化铺平道路，并改观铁路系统长期以来的低迷业绩。

虽然实现了政企分开，但铁总作为“总公司”的体制是全民所有制企业，必须进行公司制改革才能成为现代市场经济体系内的公司。

今年7月，国资委有关负责人曾在解读《中央企业公司制改制工作实施方案》时表示，加快推进公司制改革，是加快形成有效制衡的公司法人治理结构和灵活高效的市场化经营机制的前置性条件。

“通过公司制改制，实现出资人所有权和企业法人财产权的分离，赋予企业独立的法人财产权，促使国有企业真正成为依法自主经营、自负盈亏、自担风险、自我约束、自我发展的独立市场主体”，国资委有关负责人称。

此番铁总快速推进公司制改革，恰逢铁路效益好转的改革良机。国家统计局日前公布的数据显示，2017年10月份全国铁路货运量同比增长4.8%，报3.22亿吨；1月至10月铁路货运量同比增长13.5%，报30.8亿吨。

长期以来，货运和客运是铁总收入的两大来源，货运一直高于客运，但受宏观经济低迷影响，2012年至2016年，国家铁路货运量同比分别下降1.8%、0.4%、4.7%、11.6%和2.3%。

公司制改革为混合所有制改革铺路

改制后的这4年，铁总推出了一系列市场化改革举措，比如高铁浮动票价、铁路沿线房地产开发、高铁外卖、高铁快递等，引发舆论好评。

在改制为公司制之后，铁总的市场化改革有望迈出更大步伐。这在工商变更中已经显露端倪，多地铁路局在更名改制的同时，增加了房地产等新业务门类，引发外界对于铁路沿线土地资源的关注。

《新京报》记者注意到，近期铁路总公司总经理陆东福密集会晤大型民营企业，而混合所有制改革、资本合作成为会晤中的关键词汇。

据铁总下属的人民铁道网消息，陆东福近日会晤复星董事长郭广昌时表示，铁路总公司将与包括复星在内的有经济实力、有社会责任感的民营企业深化战略合作，欢迎这些企业参与铁路相关企业混合所有制改革。

在此之前，陆东福在与一汽、阿里、腾讯等企业高层会晤时也均提到混合所有制改革。比如，今年5月，陆东福会见马云时表示，铁路总公司正探索推进优质资产资本化、股权化、证券化，欢迎阿里巴巴集团积极参与。7月，陆东福会见马化腾时也表示，欢迎腾讯公司参与铁路企业混合所有制改革，进一步放大高铁的溢出效应。

相比上述两家互联网企业，作为中国最大民营资本集团之一的复星此前已加入到铁路系统的混改当中。

9月11日，复星牵头民营联合体签约杭绍台铁路PPP项目投资合同。根据签约，本项目可研批复总投资448.9亿元，预计总投资约为409亿元，其中，复星牵头的浙商民营联合体占股51%，开启民资控股中国高铁先河。

陆东福指出，复星投资建设杭绍台高铁，显示了资本的远见和社会责任担当的有机结合，是一个积极的探索，铁总对此持开放与欢迎的态度。

需要讨论的问题：

1. 我国为什么将全民所有制企业改革为公司制企业？这种改革有什么重大的政治和经济意义？

2. 企业改制不是简单地换一个公司名称。如何保证改制后的企业能够更好地运营？

3. 如何理解文章中“公司制改革为混合所有制改革铺路”这句话？

4. 在公司中设立中国共产党的组织有什么重大意义？

5. 公司应该如何协调好党组织与董事会的履职工作？

第五章

公司上市、退市与重新上市

内容简介

本章主要介绍公司上市的概念、证券、动机、地点、条件、费用和我国股票发行制度的演变，介绍证监会《首次公开发行股票注册管理办法》以及证交所《股票上市规则》中关于公司退市和重新上市的主要规定等。

学习目标

学习本章，要求了解公司上市的概念、辨识公司上市的证券、理解公司上市的动机、知道公司上市的地点、熟知公司上市的条件、了解公司上市的费用、掌握各种股票发行制度（尤其是注册制）的核心内涵、熟悉证监会《首次公开发行股票注册管理办法》的主要规定以及证交所《股票上市规则》中关于公司退市和重新上市的主要规定等。

第一节　公司上市

一、公司上市的概念

关于公司上市的概念，有广义和狭义之分。

首先，从上市的证券来说，广义的公司上市是指公司的股票、存托凭证、债券、基金和其他衍生品种（统称为股票及其衍生品种）在公开市场上发行并交易。狭义的公司上市仅仅是指公司的股票（不含其衍生品种）在公开市场上发行并交易。民间所说的公司上市一般是指狭义的公司上市，而官方文件（如证交所的股票上市规则等）所说的公司上市则是指广义的公司上市。

其次，从上市地点来说，广义的公司上市是指公司的股票等证券在证券交易所、全国中小企业股份转让系统（俗称新三板市场）和各省（自治区、直辖市）政府的股权交易所公开发行并交易或者挂牌交易。狭义的公司上市仅仅是指公司的股票等证券在证券交易所公开发行并交易。民间所说的公司上市一般是指广义的公司上市，而官方文件（如证交所的股票上市规则等）所说的公司上市则是指狭义的公司上市。

二、公司上市的证券

公司可以上市交易的证券主要有股票、存托凭证、债券、基金等。

（一）股票

股票是股份公司所有权的一部分，也是发行的所有权凭证，是股份公司为筹集资金而发行给各个股东作为持股凭证并借以取得股息和红利的一种有价证券。股票是资本市场的长期信用工具，可以转让、买卖，股东凭借它可以分享公司的利润，但也要承担公司运作错误所带来的风险。每股股票都代表股东对公司拥有一个基本单位的所有权。每家上市公司都会发行股票。同一类别的每一份股票所代表的公司所有权是相等的。每个股东所拥有的公司所有权份额的大小，取决于其持有的股票数量占公司总股本的比重。

股票是股份公司资本的构成部分，可以转让、买卖，是资本市场的主要长期信用工具，但不能要求公司返还其出资。2023 年 2 月 1 日，中国全面实行股票发行注册制改革正式启动。2023 年 2 月 17 日，中国证监会发布全面实行股票发行注册制相关制度规则，自公布之日起施行。

根据股票上市地点和所面向的投资者的不同，中国上市公司的股票主要分为 A 股、B 股和 H 股等。

A 股，即人民币普通股票，是由中国境内注册公司发行，在境内上市，以人民币标明面值，供境内机构、组织或个人（2013 年 4 月 1 日起，境内港澳台居民可开立 A 股账户）以人民币认购和交易的普通股股票。A 股不是实物股票，以无纸化电子记账，实行“T+1”交割制度，有涨跌幅限制。2005 年 11 月 5 日，证监会和人民银行联合发布《合格境外机构投资者境内证券管理暂行办法》，允许符合条件并经证监会和国家外汇管理局批准的境外机构投资于 A 股。

B 股的正式名称是人民币特种股票。它是以人民币标明面值，以外币认购和买卖，在境内（上海、深圳）证券交易所上市交易。它的投资人限于外国的自然人、法人和其他组织，中国香港、中国澳门、中国台湾地区的自然人、法人和其他组织，定居在国外的中国公民，中国证监会规定的其他投资人。现阶段 B 股的投资人主要是上述几类中的机构投资者。B 股公司的注册地和上市地都在境内，只不过投资者在境外或在中国香港、澳门及台湾地区。B 股不是实物股票，依靠无纸化电子记账，实行“T+3”交割制度，有涨跌幅限制。

H 股也称国企股，指注册地在内地、上市地在香港的中资企业股票。H 股为实物股票，实行“T+0”交割制度，无涨跌幅限制。我国内地机构投资者和个人投资者均可以投资 H 股，但内地个人投资者证券账户和资金账户之和需超过 50 万元。

（二）存托凭证

存托凭证是指在一国证券市场流通的代表外国公司有价证券的可转让凭证，由存托人签发，以境外证券为基础在境内发行，代表境外基础证券权益的证券。存托凭证一般代表公司股票，但有时也代表债券。

以股票为例，存托凭证是这样产生的：某国的一家公司为使其股票在外国流通，就将一定数额的股票，委托某一中间机构（通常为一家银行，称为保管银行或受托银行）保管，由保管银行通知外国的存托银行（存托人）在当地发行代表该股份的存托凭证，之后存托凭证便开始在该外国证券交易所或柜台市场交易。

从投资人的角度来说，存托凭证是由存托银行发行的可转让的股票凭证，证明一定数额的某外国公司股票已寄存在该银行在外国的保管机构，而凭证的持有人实际上是寄存股票的所有人，其所有的权利与原股票持有人相同。

据《证券日报》2023年3月23日报道（记者邢萌）：截至2023年3月22日，共有41家A股上市公司推进赴欧洲GDR（全球存托凭证的英文缩写，下同）上市计划，38家将上市目的地定在瑞交所（占比93%），2家选定伦交所，1家选定德交所。自2022年2月份互联互通存托凭证业务新规发布之后，A股频掀赴欧洲GDR上市热潮。在一年多时间里，先后有12家A股上市公司发行GDR在欧洲证券市场上市，覆盖主板、创业板、科创板等板块。在赴欧洲GDR上市队伍中，2022年7月13日，明阳智能发行GDR在伦交所上市，为新规后首家打通GDR上市通道的主板公司；同年9月21日，乐普医疗发行GDR在瑞交所上市，成为首家成功上市的创业板公司；2023年2月22日，杭可科技发行GDR登陆瑞交所，拿下科创板首例。从目前推进赴欧洲GDR上市的公司来看，创业板、科创板公司数量渐增，合计占比超1/3。同花顺iFinD数据显示，上述41家公司中，27家为沪深主板上市公司（占比66%），来自科创板和创业板的分别为9家和5家，合计14家（占比34%）。这些公司多为行业领军企业，其中不乏千亿元市值龙头。相关数据显示，截至3月22日收盘，上述41家公司的总市值高达2.62万亿元，平均每家市值640亿元。其中，隆基绿能、牧原股份、东方财富等6家公司市值超千亿元。业内人士认为，之所以龙头企业逐渐青睐GDR融资，除了GDR融资本身的审核效率高、时间短等优势外，还在于此渠道能一次性融到可观的资金，对相关公司实施国际化战略意义重大。数据显示，前述12家成功发行GDR的上市公司累计融资总额达42.57亿美元，平均每家募资额3.55亿美元。

（三）债券

债券是政府、企业、银行等债务人为筹集资金，按照法定程序发行并向债权人承诺于指定日期还本付息的有价证券。

债券是一种财务契约，是政府、金融机构、工商企业等直接向社会借债筹借资金时，向投资者发行，同时承诺按一定利率支付利息并按约定条件偿还本金的债权债务凭证。债券的本质是债的证明书，具有法律效力。债券购买者或投资者与发行者之间是一种债权债务关系，债券发行人即债务人，投资者（债券购买者）即债权人。

债券是一种有价证券。由于债券的利息通常是事先确定的，所以债券是固定利息证券（定息证券）的一种。债券尽管种类多种多样，但是在内容上都要包含债券面值、偿还期、付息期、票面利率和发行人名称等基本要素。债券作为一种重要的融资手段和金融工具，具有偿还性、流动性、安全性和收益性等特征。

债券种类按发行主体划分，可分为政府债券（政府发行）、金融债券（金融机构发行）、企业债券和公司债券等。其中，企业债券是按照《企业债券管理条例》规定发行与交易、由国家发展与改革委员会监督管理的债券，在实际中，其发债主体为中央政府部门所属机构、国有独资企业或国有控股企业，因此，它在很大程度上体现了政府信用。公司债券管理机构为中国证券监督管理委员会，发债主体为按照《中华人民共和国公司法》设立的公司法人，在实践中，其发行主体为上市公司，其信用保障是发债公司的资产质量、经营状况、盈利水平和持续盈利能力等。公司债券在证券登记结算公司统一登记托管，可申请在证券交易所上市交易，其信用风险一般高于企业债券。2008年4月15日起施行的《银行间债券市场非金融企业债务融资工具管理办法》进一步促进了企业债券在银行间债券市场的发行，企业债券和公司债券成为我国商业银行越来越重要的投资对象。

债券种类按财产担保划分，可分为抵押债券（以公司财产作为担保的债券）和信用债券（不以任何公司财产作为担保，完全凭信用发行的债券）。其中，抵押债券按抵押品的不同又可以分为一般抵押债券、不动产抵押债券、动产抵押债券和证券信托抵押债券。

债券种类按债券形态划分，可分为实物债券（无记名债券，即发给你的债券是纸质的而非电脑里的数字）、凭证式债券（指国家采取不印刷实物券，而用填制“国库券收款凭证”的方式发行的国债）和记账式债券（指没有实物形态的票券，以电脑记账方式记录债权，通过证券交易所的交易系统发行和交易）。

债券种类按是否可转换划分，可分为可转换债券（指在特定时期内可以按某一固定的比例转换成普通股的债券）和不可转换债券（指不能转换为普通股的债券，又称为普通债券）。

债券种类按付息方式划分，可分为零息债券、定息债券和浮息债券。其中，零息债券是指债券券面上不规定利率，发行时按规定的折扣率，以低于债券面值的价格发行，到期按面值支付本息的债券。定息债券是将利率印在票面上并按期向债券持有人支付利息的债券。浮息债券是指计算利息的利率随市场利率变动而调整的债券。

债券种类按是否能够提前偿还划分，可分为可赎回债券和不可赎回债券。可赎回债券是指在债券到期前，发行人可以以事先约定的赎回价格收回的债券。公司发行可赎回债券主要是考虑到公司未来的投资机会和回避利率风险等问题，以增加公司资本结构调整的灵活性。发行可赎回债券最关键的问题是赎回期限和赎回价格的制定。不可赎回债券是指不能在债券到期前收回的债券。

债券种类按偿还方式不同划分，可分为一次到期债券和分期到期债券。

债券种类按计息方式划分，可分为单利债券、复利债券和累进利率债券。其中，累进利率债券指年利率以利率逐年累进方法计息的债券。累进利率债券的利率随着时间的推移，后期利率比前期利率更高，呈累进状态。

债券种类按募集方式划分，可分为公募债券和私募债券。公募债券是指向社会公开发行，任何投资者均可购买的债券，向不特定的多数投资者公开募集的债券，它可以在证券市场上转让。私募债券是指向与发行者有特定关系的少数投资者募集的债券，其发行和转让均有一定的局限性。私募债券的发行手续简单，一般不能在证券市场上交易。

债券种类按能否上市交易划分，可分为上市债券和非上市债券。可在证券交易所挂牌交易的债券为上市债券，反之为非上市债券。上市债券信用度高，价值高，且变现速度快，故而容易吸引投资者，但上市条件严格，并要承担上市费用。

（四）基金

基金的概念有广义和狭义之分。广义的基金是指为了某种目的而设立的具有一定数量的资金，主要包括公积金、信托投资基金、保险基金、退休基金，各种基金会的基金。狭义的基金是指具有特定目的和用途的资金。从财务管理角度所说的基金主要是指证券投资基金。

根据基金单位是否可增加或赎回来划分，基金可分为开放式基金和封闭式基金。开放式基金一般不上市交易，通过银行、券商、基金公司申购和赎回，基金规模不固定。封闭式基金有固定的存续期，一般在证券交易场所上市交易，投资者通过二级市场买卖基金单位。

根据组织形态的不同来划分，基金可分为公司型基金和契约型基金。基金通过发行基金股份成立投资基金公司的形式设立，通常称为公司型基金。由基金管理人、基金托管人和投资人三方通过基金契约设立，通常称为契约型基金。我国的证券投资基金均为契约型基金。

根据投资风险与收益的不同来划分，基金可分为成长型、收入型和平衡型基金。成长型基金亦称“长期成长型基金”，是以资金长期成长为投资目标，一般投资于信誉好、长期有盈利的公司，或者有长期成长前景的公司，追求资产的稳定、持续的长期增值，重视资金长期成长的一类投资基金。收入型基金是指以获取当期的最大收入为目的，以追求基金当期收入为投资目标的基金，其投资对象主要是那些绩优股、债券、可转让大额存单等收入比较稳定的有价证券。平衡型基金是指以既要获得当期收入，又追求基金资产长期增值为投资目标，把资金分散投资于股票和债券，以保证资金的安全性和盈利性的基金。

根据投资对象的不同来划分，基金可分为股票基金、债券基金、货币基金和混合型基金四大类。股票基金是以股票为投资对象的投资基金，是投资基金的主要种类。股票基金的主要功能是将大众投资者的小额投资集中为大额资金。投资于不同的股票组合，是股票市场的主要机构投资者。债券基金是以债券为主要投资对象的共同基金，除了普通债券之外，尚可投资于金融债券、债券附买回、定存、短期票券等，绝大多数以开放式基金型态发行，并采取不分配收益方式，合法节税。国内大部分债券基金属性偏向于收益型债券基金，以获取稳定的利息为主。货币基金是指投资于货币市场上短期有价证券的一种基金。该基金资产主要投资于短期货币工具如国库券、商业票据、银行定期存单、政府短期债券、企业债券等短期有价证券。混合型基金是在投资组合中既有成长型股票、收益型股票，又有债券等固定收益投资的共同基金。混合型基金设计的目的是让投资者通过选择一款基金品种就能实现投资的多元化，而无需去分别购买风格不同的股票型基金、债券型基金和货币基金。

根据上海证券交易所和深圳证券交易所官网统计，截至 2023 年 7 月 28 日，两所共有在市股票 5149 只（其中上交所有普通股 2271 只、优先股 33 只，深交所有普通股 2845 只），在市债券 41495 只（其中上交所 28980 只，深交所 12515 只），在市基金 1267 只（其中上交所 646 只，深交所 621 只）。

三、公司上市的动机

公司上市的动机按其来源可以分为来自股东的动机、来自公司的动机、来自政府的动机以及来自高管和员工的动机四类。

（一）来自股东的动机

1. 方便资本退出

我国《公司法》规定：“公司成立后，股东不得抽逃出资。”这意味着公司一旦成立，股东就不能退股。如果股东想退出公司，只能通过将股份转让给其他人的方式退出。但在非上市公司，股东想转让自己的股份还是很困难的，因为非上市公司的股份不具备流通性。因此，站在股东的立场，如果公司的股票能够上市公开交易，就给股东的资本退出增加了一条自由的、便利的通道，大大提高了其资金使用的灵活性。出于这个动机，股东对自己公司的上市是很乐见其成的。

2. 增加股东财富

当公司为非上市公司时，股东财富总和通常就是指公司净资产总额，每股股东财富就是每股净资产。当公司为上市公司时，股东财富总和通常是指公司市值总和，每股股东财富就是每股市价。在一般情况下，公司首次公开发行股票并上市交易（以下简称“IPO”）时的每股发行价都会大于每股净资产，因此，公司上市一般都会增加股东财富。尽管现实中有些公司上市后的某个时期，其股价低于每股净资产甚至低于1元面值，但这只是少数情况。大多数公司的大多数时期，其每股市价都是大于每股净资产的。因此，总体上说，公司上市有助于增加股东财富。这是股东乐见其公司上市的第二个动机。

3. 变现股东财富

不管是每股净资产代表的股东财富，还是每股市价代表的股东财富，如果不能变为现实货币（现金）为股东所自由支配，那都只是一个数字而已，是“浮云”。资本市场上有两个术语分别为“浮盈”和“浮亏”。前者是指股价从每股10元涨到每股15元，每股盈利5元（暂且忽略交易费用），但这只是个数字而已，只要股东不在此时卖出这只股票，这5元的盈利就成不了现实的盈利，所以称为“浮盈”。后者是指股价从每股10元跌到每股5元，每股亏损5元（暂且忽略交易费用），但这也只是个数字而已，只要股东不在此时卖出这只股票，这5元的亏损就成不了现实的亏损，所以称为“浮亏”。当股东的股票出现“浮盈”时，只有立即卖出股票，才能使“浮盈”变成“实盈”。而在非上市公司，由于资本退出通道受限，股东要想变“浮盈”为“实盈”是很难的。但上市公司则不同，上市公司的股东可以自由卖出股票（限售股除外），他们可以在出现可接受的“浮盈”状态下卖出手中的股票，使其财富变成现实货币（变现），任其自由支配。这是股东乐见其公司上市的第三个动机。

（二）来自公司的动机

1. 增加公司筹资方式，优化公司资金结构

公司上市，无疑增加了自己的筹资方式。除了发行普通股之外，还可以发行优先股、存托凭证、公司债券、可交换债券和可转换债券等有价证券来筹集资金。发行普通股，除了首发（IPO）之外，还可以多次增发；增发普通股，除了公开增发之外，还可以定向增发。总之，与非上市公司相比，上市公司的筹资方式多而且灵活。有这么多而且灵活的筹资方式，公司可以根据自己的资金结构状况来选择不同的筹资方式。比如，当公司的资产负债率过高时，可以采取发行普通股或优先股的方式来筹集资金，以降低资产负债率；当公司的资产负债率过低时，可以选择发行公司债券、可交换债券或可转换债券的方式来筹集资金。通过选择不同的筹资方式，可以达到优化公司资金结构的目的。

2. 改善公司治理结构，提高公司的经济效益

尽管进行了公司制改革或股份制改革，但只要不上市，公司接受监管的广度和力度总是有限的，其治理结构也是不够完善的。由于上市前和上市后的一段时期，公司都要接受中介机构的辅导，而且上市过程要经过证交所、证监会的严格审核（注册制下也要通过审核才能注册），上市后还要接受证交所、证监会、股东大会、监事会、媒体、社会公众等各方的监督，因此，上市有助于改善公司的治理结构、规范公司的生产经营、优化公司的资产质量、提高公司的经济效益。

3. 引入战略投资者，利用资本市场优质资源

每一家公司都有自己的短板，通过上市，在上市前引入资本市场上的战略投资者，可以利用这些战略投资者的优质资源来弥补自己的短板，使自己的业务得到全面的改良升级。

据新华网2015年12月9日报道（陈听雨）：12月9日，中国邮政储蓄银行（以下简称“邮储银行”）在北京举办新闻发布会宣布，在党中央、国务院的关心下，在财政部、人民银行、银监会等部委的指导下，在中国邮政集团公司的支持下，邮储银行引进战略投资者工作，已于日前正式获得银监会批准，实现了从中国邮政集团公司单一股东向股权多元化的成功迈进。邮储银行综合考虑了战略协同、交易价格、财务实力、品牌影响力等因素，引进10家战略投资者。这些战投涵盖三种类型，包括6家国际知名金融机构：瑞银集团、摩根大通、星展银行、加拿大养老基金投资公司、淡马锡、国际金融公司；2家大型国有企业：中国人寿、中国电信；2家互联网企业：蚂蚁金服、腾讯。此次战略引资，全部采取发行新股方式，融资规模451亿元，发行比例16.92%。邮储银行此次引进战略投资者，呈现出战投数量多、机构类型广、合作领域宽的特点。

邮储银行选择瑞银集团、摩根大通、星展银行和中国人寿作为战略投资者的目的是希望汲取其经验与技术，进一步加快零售业务升级、公司业务拓展、金融市场业务创新。选择蚂蚁金服、腾讯、中国电信和国际金融公司作为战略投资者的目的是希望借助其专业优势和影响力，进一步强化在互联网金融和普惠金融领域的战略布局。选择摩根大通、淡马锡、加拿大养老基金投资公司作为战略投资者的目的是希望借鉴国际一流金融机构的风险管理理念、经验与方法，把邮储银行打造成一家稳健经营、风控良好的百年银行。邮储银行2015年12月9日召开新闻发布会宣布成功引入10家战略投资者，2016年9月27日其H股股票即在香港向全球公开发售。借上市前的机会引入战略投资者是公司上市的动机之一。

4. 引入公司治理机制，促进家族企业传承

在一些家族企业，关键岗位都是家族成员在把持，虽然有其好的一面，但不好的情况也很多。有的家族成员传承了自家企业之后，自我意识过于膨胀，不受约束、肆意妄为，最终导致企业走向衰败。有的家族成员借着把持关键岗位之便贪污挪用企业资金，最终掏空整个家族企业。有鉴于此，有的家族企业就想通过上市来避免这种情况的发生。因为公司一旦上市，就要建立健全公司治理机制，严格按照《公司法》《证券法》等法律法规的规定和证交所相关规则、制度的要求来进行公司治理和运作，在进行公司治理和运作的过程中还要接受证监会、证交所、媒体、社会公众等的监督管理，这就能够在较大程度上抑制家族成员的自我意识和内心贪念，有利于家族企业规范运作、依法运营和代际传承。

5. 拓宽并购交易方式，增加公司并购机会

公司合并与收购合称并购，它们主要有四种交易方式，即现金购买资产式、现金购买股票式、股票换取资产式和股票换取股票式。如果并购方不是上市公司，只能采取前两种交易方式；如果并购方是上市公司，则可以采取四种交易方式。可见，上市可以拓宽公司并购的交易方式，进而增加公司并购的机会。

6. 吸引高质量人才，调整公司人才结构

影响人才流动的因素，除国家相关法律、政策之外，还包括以下10个方面的主要因素：（1）报酬。报酬是指工资、奖金等金钱收入。在目前的情况下，人才流动的一个基本趋势是流入报酬高的企业。（2）福利。福利可以包括休假、医疗保险、退休金、娱乐设施等，福利多的企业容易吸引人才。（3）工作兴趣。有些人才对工作兴趣特别看重，只要让他们干有兴趣的工作就能吸引他们。（4）工作稳定性。工作稳定性是指员工可以长期工作的权利。不会被除名也是吸引人才、促使人才流动的一个重要因素。（5）晋升。答应尽快提拔，

有许多晋升机会会吸引许多人才。(6) 有职有权。单单有高职位还不够，一定要使在职者有实权，这样人才就会大量涌现。(7) 企业形象。人才倾向于流入企业形象较佳的企业，一旦企业形象破坏，人才流走是很正常的。(8) 培训机会。培训机会多也是吸引人才的因素之一，现代人都盼望自身不断提高。(9) 有效沟通。企业中的沟通渠道不畅，尤其是上行渠道不畅是人才离开的因素之一。(10) 工作环境。工作环境舒适、安全会吸引许多人才，因此这也是影响人才流动的一种因素。这10个方面的因素，上市公司几乎都具备，因此，公司上市也有可能是为了（当然，也不仅仅是为了）吸引高质量人才，调整公司人才结构。

7. 获取政府政策支持，得到政府税收优惠

在一些地方，政府为了支持企业IPO上市，会推出一系列企业所得税政策，为企业提供补贴和税收优惠，以减轻企业IPO上市的税收负担。具体来说，IPO上市的补贴企业所得税政策可以为企业带来以下好处：(1) 降低企业所得税税率。政府为了支持企业IPO上市，可以为企业提供一定的补贴，以降低企业的企业所得税税率。(2) 减少企业所得税。企业可以通过获得政府的补贴来减少企业所得税，这可以为企业提供更多的税收优惠。(3) 提高企业知名度和品牌价值。政府可以通过为企业提供补贴来提升企业的知名度和品牌价值，这可以提高企业的市场价值，从而为企业提供更多的IPO机会。(4) 减轻企业财务负担。政府可以通过为企业提供补贴来减轻企业的财务负担，使企业可以更加轻松地完成IPO上市。IPO上市补贴企业所得税政策是政府支持企业IPO上市的重要手段之一。有时候，公司为了（当然，也不仅仅是为了）获得政府提供的补贴和税收优惠而选择上市。

8. 提高员工积极性，提升公司知名度

公司上市对员工来说是一件好事，它可以提高员工的积极性。首先，员工可以获得股票或股票期权，这是公司对员工的一种奖励，可以让员工以低于市场价的价格购买公司股票，如果公司股票价格上涨，员工就可以获得较为丰厚的资本利得。其次，公司上市后，可以提高员工的个人形象和声望，因为成为上市公司的一员可以证明员工的能力和职业水平，有利于其在职业市场上的发展。此外，公司上市后，还可以提高员工的福利待遇，因为公司有了更多的资金，就可以增加员工福利，如增加带薪假期、提高年终奖等。最后，公司上市后，持有股票的员工可以参与到公司的决策过程中，从而获得更多的知情权和参与权，这也是一种重要的权利。公司上市不仅可以提高员工的积极性，还可以提升公司的知名度，促进公司的发展。

（三）来自政府的动机

据Wind数据统计，截至2023年6月8日，A股上市公司数量共计5196家，其中，上交所主板1681家，深交所主板1518家，上交所科创板531家，深交所创业板1266家，北交所200家。在全国31个省（自治区、直辖市）中，A股上市公司数量超过100家的有12省市，分别是：广东（847家）、浙江（682家）、江苏（665家）、北京（463家）、上海（423家）、山东（297家）、福建（171家）、安徽（169家）、四川（169家）、湖北（141家）、湖南（141家）、河南（108家）。A股上市公司数量低于50家的也有12个省区，分别是：吉林（49家）、云南（42家）、广西（42家）、山西（40家）、黑龙江（39家）、贵州（37家）、甘肃（35家）、海南（28家）、内蒙古（25家）、西藏（22家）、宁夏（16家）、青海（11家）。上市公司数量超过100家的省市绝大多数都是东中部经济发达的地区，

而上市公司数量低于50家的省区都是西部和东北经济欠发达地区。可见，一个地区的上市公司数量在一定程度上体现了这个地区的经济发展水平。作为政府（包括中央和地方政府），努力培育并积极扶持公司上市，一方面是为了彰显经济发达水平，另一方面更是想通过推动优质企业上市来带动整个国家或本地区的经济发展。此外，作为政府（包括中央和地方政府），努力推动国有企业改制上市，也是为了推进国有企业改革向纵深发展，实现充分竞争行业国有企业的股权结构多元化，使这部分国有企业转换经营机制，实现快速、稳健发展。

（四）来自高管和员工的动机

公司上市的动机中，来自高管和员工的动机主要体现在三个方面：一是身份地位提升的需要，二是薪酬水平提高的需要，三是社会声誉提升的需要。无论是高管人员还是普通员工，公司上市对于他们来说都是利好的事。在一个上市公司工作，领着相对较高的薪酬，看着亲朋好友羡慕的眼光，这种心理感受对一个人来说无疑是很受用的。因此，无论是高管人员还是一般员工，当公司有机会上市时，他们是会积极推动的。甚至没有机会也要创造机会让自己所在的公司上市。

【案例5-1】

日赚3000万元，最不缺钱的京沪高铁为何还要上市？

2019-12-25 来源：新浪财经 国是直通车

高铁一响，黄金万两。

京沪高铁来了，带着“日赚3000万元”的业绩，京沪高铁正飞速“驶向”A股，预计将在明年初正式登陆A股。

按理来说，京沪高铁是中国最不缺钱的铁路，此番以破纪录的IPO过会速度一路走来，其上市背后的考量引发市场广泛关注。

启动招股，股民1月6日可申购

京沪高速铁路股份有限公司（以下简称“京沪高铁”）2019年12月25日发布首次公开发行股票（IPO）招股意向书、IPO发行安排及初步询价公告等材料，正式启动招股。股民的股票申购时间为2020年1月6日。

此时距离京沪高铁获得IPO批文仅过去五天。

京沪高铁此次IPO之旅给人的深刻印象之一就是“快”。

今年（2019年）10月22日京沪高铁首度报送招股书，11月4日首发申请获得反馈，两天后完成预先披露更新，11月14日证监会发审委审核通过。此次发审委过会距离京沪高铁IPO预披露材料公布仅有23天，一举刷新了2018年由工业富联创下的“36天”过会纪录，引发市场广泛关注。

但武汉科技大学金融证券研究所所长董登新在接受中新社国是直通车记者采访时表示，京沪高铁的IPO速度并不很快。企业IPO的速度不能光看过会速度，也要看前期准备。实际上，京沪高铁IPO的前期论证沟通已较为充分，因而，后期相关环节推进得比较快，才会看上去比较“快”。

实际上，从时间线上来看，京沪高铁对于IPO的筹备期也超过1年。今年（2019年）2月26日，证监会北京监管局网站刊登的京沪高铁上市辅导备案表显示，2018年10月22日，中信建投证券和京沪高铁于2018年签署《京沪高速铁路股份有限公司与中信建投证券股份有限公司关于京沪高速铁路股份有限公司首次公开发行股票并上市之辅导协议》。

另外，京沪高铁的IPO申请反馈意见书中被询问的问题也较为全面，京沪高铁被证监会询问的问题达54条。

缩减发行股数，专家：或为争取市场好感

根据京沪高铁2019年12月25日披露的材料，此次京沪高铁拟公开发行新股数量不超过62.86亿股，发行比例不超过12.80%，全部为公开发行新股，不设老股转让，本次发行后京沪高铁总股本为491.06亿股。

值得注意的是，此次京沪高铁拟发行股份不超过62.86亿股，较2019年10月25日初次披露的发行不超过75.6亿股的上限有所减少。

在董登新看来，这种调整可能跟近日A股市场的表现有关。特别是考虑到当前沪指在3000点的阻力比较大，如果按照原来的计划发行70多亿股，融资额比较大，可能给市场带来负面影响，此次缩减发行股可能旨在减缓市场冲击，争取市场相对好感。

此次有券商研判，按照这一每股收益水平、主板IPO的22.98倍市盈率限制以及75.57亿股的发行规模计算，京沪高铁每股价格约为4.66元，则京沪高铁的最高募资规模有望突破350亿元，有望超过邮储银行上市285亿元的募资规模，成为A股近年最大IPO。

值得注意的还有，京沪高铁此次发行的初始战略配售股份数量为31.43亿股，占本次发行股份数量的50%。

在战略投资者的选择上，京沪高铁表示，将在充分考虑投资者资质以及和发行人长期战略合作关系等因素后综合确定，主要包括：具有产业协同的战略投资者；与发行人存在战略互信和长期合作意愿，有意愿长期持有的重要央企、国家级基金及地方政府投资平台；大型市场化金融机构，“一带一路”概念基金等。

“天量”IPO为哪般？

中国最赚钱的高铁，这是舆论对京沪高铁的印象。

京沪高铁有多赚钱？京沪高速铁路纵贯北京、天津、上海三大直辖市和河北、山东、安徽、江苏四省，连接“京津冀”和“长三角”两大经济区，沿线经济社会发展水平较高，这也助推京沪高铁收获极好的经济效益。

公开资料显示，京沪高铁在2016年、2017年、2018年、2019年1—9月营业收入分别为262.57亿元、295.55亿元、311.58亿元、250亿元；净利润分别为79.03亿元、90.53亿元、102.48亿元、95.2亿元。按照今年前三季度净利润计算，相当于日赚超过3000万元。

这样不差钱的公司，为何还要上市？有分析认为，可能是其背后的股东有退出的意愿。

公开资料显示，平安资产管理有限责任公司为京沪高铁的第二大股东。

据媒体报道，平安资管希望推动京沪高铁尽快上市，一方面可以提高公司透明度，尤其借助上市推动中铁总完善铁路清算体系；另一方面也希望在公司上市后实现投资退出。但大股东认为京沪高铁公司现金流充沛，对上市的积极性一直不高。一直拖到2018年年中，在中央深入推进“去杠杆”等供给侧结构性改革，以及铁路企业深化体制改革的要求下，才终于开启了上市之路。

但中央财经大学中国保险市场研究中心主任郝演苏在接受中新社国是直通车记者采访时表示，不认为京沪高铁上市背后有平安资管要求退出的压力，从资金链的角度来看，平安也不需要。

董登新亦持类似意见，他表示，京沪高铁上市，平安等险资自然能获得较好的退出机会，但目前京沪高铁的经营情况十分好，即便不上市，平安也能获得较好的分红回报。

根据平安资管的控股股东中国平安保险集团 2017 年的年报，平安集团当年获得京沪高铁 1.98 亿元现金分红。

郝演苏进一步指出，当然，京沪高铁启动上市，对参与投资的多家保险机构来说，肯定是好事。京沪高铁一旦上市，将是我国第一支高铁股，对于参股的保险机构来说，可以通过在二级市场实现增资及调整投资战略。不管是从长远投资看，还是从短期利好来说，预计保险机构都会保持长期持有京沪高铁的股权，或许还会利用其原始股东的优先权，追加投资。

平安资管相关负责人也对媒体表示，继续看好京沪高铁项目，保险资金也将长期支持中国铁路投资建设。

那么，京沪高铁关于此次上市的官方说法是什么？公开资料显示，京沪高铁此次所募资金在扣除发行费用后将全部用于收购京福铁路客运专线安徽有限责任公司约 65% 股权。收购对价为 500 亿元，收购对价与募集资金的差额通过自筹资金解决。

京沪高铁表示，本次收购完成后，将有助于增强区域路网协同效应，为京沪高铁持续发展创造有利条件。随着高铁沿线城镇化进程加快，城市之间联系更为紧密，沿线客流密度将逐步提高，京福安徽公司的经济效益将得到有效改善。

对此，董登新表示赞同。他表示，尽管京福安徽公司目前处于亏损阶段，但京沪高铁通过融资可以改善京福安徽公司的经营情况，打造更多优质资产，符合资产重组的正向逻辑。

同济大学铁道与城轨交通研究院孙章教授亦表示，此次京沪高铁上市是非常自然的。将盈利的资产引入民间资本，而政府承担亏损资产，这是全世界在轨道交通方面的经验。比如美国，美国政府承担了亏损的客运业务，而盈利的货运业务则由民间资本运营。此次京沪高铁上市，将引入民间资本并借助民间资本的放大效应，利用市场进行资源配置，推动国企多种所有制改革。同时，后续有望通过债转股等方式，有效降低京沪高铁实际控制人国铁集团的负债率。

安信证券分析师明兴认为，京沪高铁上市将拓宽公司融资渠道，改善债务结构；同时推动铁路资产证券化，京沪高铁是第一条高铁线路资产证券化，将会为更多优质铁路证券化提供样本。

【案例 5－1】需要关注三个问题：

（1）最不缺钱的京沪高铁为什么还要上市？从专家的分析和京沪高铁的官方说法来看，主要有三个动机：一是增加股份的退出通道，便于大股东（如第二大股东平安资管公司等）的资本退出。二是增强股份的流通性，便于参股的保险机构通过二级市场实现增资及调整投资战略。三是为了募集资金用于收购京福铁路客运专线安徽有限责任公司约 65% 的股权。

（2）京沪高铁此次发行的初始战略配售股份数量为 31.43 亿股，占本次发行股份数量的 50%。在战略投资者的选择上，京沪高铁表示，将在充分考虑投资者资质以及和发行人长期战略合作关系等因素后综合确定，主要包括：具有产业协同的战略投资者；与发行人存在战略互信和长期合作意愿，有意愿长期持有的重要央企、国家级基金及地方政府投资平台；大型市场化金融机构，“一带一路”概念基金等。由此可见，京沪高铁上市的另一个动机是引入战略投资者。

（3）此次京沪高铁上市，将引入民间资本并借助民间资本的放大效应，利用市场进行资源配置，推动国企多种所有制改革。同时，后续有望通过债转股等方式，有效降低京沪高铁实际控制人国铁集团的负债率。京沪高铁上市将拓宽公司融资渠道，推动铁路资产证券化，为更多优质铁路证券化提供样本。由此也可以看到，京沪高铁上市，还有推动国企多种所有制改革、降低实际控制人的资产负债率、拓宽融资渠道、推动铁路资产证券化等动机。

四、公司上市的地点

前文述及，从上市地点来说，广义的公司上市是指公司的股票等证券在证券交易所、全国中小企业股份转让系统（俗称新三板市场）和各省（自治区、直辖市）政府的股权交易所公开发行并交易或者挂牌交易。狭义的公司上市仅仅是指公司的股票等证券在证券交易所公开发行并交易。鉴于官方文件所说的公司上市是指狭义的公司上市，本书在介绍上市地点时仅介绍证券交易所。

目前，世界上规模较大的证券交易所主要有：（1）美国纽约证券交易所。（2）美国纳斯达克证券交易所。（3）日本东京证券交易所。（4）英国伦敦证券交易所。（5）欧洲证券交易所。（6）香港证券交易所（主板、创业板）。（7）上海证券交易所（主板、科创板）。（8）加拿大多伦多证券交易所。（9）德国证券交易所。（10）澳大利亚证券交易所。公司可以选择到这些证券交易所上市，也可选择到境外其他的一些证券交易所上市。

我国内地除了上海证券交易所之外，还有深圳证券交易所（主板、创业板）和北京证券交易所（专精特新的中小企业）。我国内地三家证券交易所的基本情况简介如下（分别取自三家交易所2023年7月28日官网上的“本所简介”）。

（一）上海证券交易所

上海证券交易所（以下简称“上交所”）成立于1990年11月26日，同年12月19日开业，受中国证监会监督和管理，是为证券集中交易提供场所和设施、组织和监督证券交易、实行自律管理的会员制法人。

上交所致力于创造规范、透明、开放、有活力、有韧性的市场环境，主要职能包括：提供证券集中交易的场所、设施和服务；制定和修改上交所业务规则；按照国务院及中国证监会规定，审核证券公开发行上市申请；审核、安排证券上市交易，决定证券终止上市和重新上市等；提供非公开发行证券转让服务；组织和监督证券交易；组织实施交易品种和交易方式创新；对会员进行监管；对证券上市交易公司及相关信息披露义务人进行监管，提供网站供信息披露义务人发布依法披露的信息；对证券服务机构为证券发行上市、交易等提供服务的行为进行监管；设立或者参与设立证券登记结算机构；管理和公布市场信息；开展投资者教育和保护；法律、行政法规规定及中国证监会许可、授权或者委托的其他职能。

经过30余年的快速成长，上交所已发展成为拥有股票、债券、基金、衍生品4大类证券交易品种、市场结构较为完整的证券交易所；拥有可支撑上海证券市场高效稳健运行的交易系统及基础通信设施；拥有可确保上海证券市场规范有序运作、效能显著的自律监管体系。依托这些优势，上海证券市场的规模和投资者群体也在迅速壮大。

截至2022年末，沪市上市公司家数达2174家，总市值46.4万亿元；2022年全年股票累计成交金额96.3万亿元，股票市场筹资总额8477亿元；债券市场挂牌2.68万只，托管量15.9万亿元；基金市场上市只数达614只，累计成交18.8万亿元；股票期权市场全年累计成交6475亿元；基础设施公募REITs产品共16个，全年新增9个项目，募集资金342亿元。

经过30余年发展，目前上交所已经成为全球第三大证券交易所和全球最活跃的证券交易所之一。截至2022年底，上交所股票总市值、IPO筹资额分别位居全球第3名、第1名。

（二）深圳证券交易所

深圳证券交易所（以下简称“深交所”）于1990年12月1日开始营业，是经国务院批准设立的全国性证券交易场所，受中国证监会监督管理。深交所依照《证券法》《证券交易所管理办法》和《深圳证券交易所章程》规定，履行市场组织、市场监管和市场服务等职责，主要包括提供证券集中交易的场所、设施和服务，依法审核证券发行上市申请，组织和监督证券交易，对会员、上市公司及其他信息披露义务人进行监管，开展投资者教育和保护等。

深交所是实行自律管理的会员制法人，现有121家会员和3家特别会员，在所党委领导下，建立了会员大会、理事会、经理层、监事会“三会一层”的治理结构。深交所按照中国证监会统一部署，立足服务实体经济和人民生活，发扬敢为天下先的特区“拓荒牛”精神，发挥直接融资主渠道作用和资源优化配置功能，服务国企改革，支持民营经济，助力传统产业转型升级，促进创新资本加速形成。经过三十多年接续奋斗，初步构建了基础功能完善、板块特色鲜明、监管规范透明、运行安全可靠、服务全面高效的市场体系，形成“主板+创业板”定位清晰、特色鲜明的市场结构，既支持相对成熟的蓝筹企业和成长型创新创业企业，又服务各种类型的投资者，成为落实创新驱动发展战略、推动经济高质量发展的重要平台。

近年来，深交所产品种类日益丰富，市场规模稳步扩大，市场功能持续增强，吸引力和影响力不断提升，多项指标位居世界前列，成为全球最具活力的新兴市场之一。2021年，深市股票成交金额、融资金额、IPO公司家数和股票市价总值分别位列世界第三、第三、第四和第六位，在联合国可持续交易所倡议对G20主要交易所碳排放量统计排名中，深交所表现最优。

深交所完整、准确、全面贯彻新发展理念，坚持“建制度、不干预、零容忍”，坚持“四个敬畏、一个合力”，秉承“公诚勤廉”价值观，以“汇聚创新资本、激发成长动力”为使命，以“建成以优质创新资本中心为特色的世界一流交易所”为愿景，聚焦先进制造、数字经济、绿色低碳等重点领域，促进科技、资本和实体经济高水平循环，努力走好中国特色现代交易所发展之路，助力打造规范、透明、开放、有活力、有韧性的资本市场，为全面建设社会主义现代化国家积极贡献力量。

（三）北京证券交易所

北京证券交易所（以下简称“北交所”）于2021年9月3日注册成立，是经国务院批准设立的我国第一家公司制证券交易所，受中国证监会监督管理。经营范围为依法为证券集中交易提供场所和设施、组织和监督证券交易以及证券市场管理服务等业务。

2021 年 9 月 2 日，习近平总书记在 2021 年中国国际服务贸易交易会全球服务贸易峰会上的致辞中宣布："我们将继续支持中小企业创新发展，深化新三板改革，设立北京证券交易所，打造服务创新型中小企业主阵地。"这是对资本市场更好服务构建新发展格局、推动高质量发展作出的新的重大战略部署，是实施国家创新驱动发展战略、持续培育发展新动能的重要举措，也是深化金融供给侧结构性改革、完善多层次资本市场体系的重要内容，对于更好发挥资本市场功能作用、促进科技与资本融合、支持中小企业创新发展具有重要意义。在北京证券交易所建设过程中，我们将重点把握好以下原则：

坚守"一个定位"。北京证券交易所将牢牢坚持服务创新型中小企业的市场定位，尊重创新型中小企业发展规律和成长阶段，提升制度包容性和精准性。

处理好"两个关系"。一是北京证券交易所与沪深交易所、区域性股权市场坚持错位发展与互联互通，发挥好转板上市功能。二是北京证券交易所与新三板现有创新层、基础层坚持统筹协调与制度联动，维护市场结构平衡。

实现"三个目标"。一是构建一套契合创新型中小企业特点的涵盖发行上市、交易、退市、持续监管、投资者适当性管理等基础制度安排，提升多层次资本市场发展普惠金融的能力。二是畅通北京证券交易所在多层次资本市场的纽带作用，形成相互补充、相互促进的中小企业直接融资成长路径。三是培育一批优秀的创新型中小企业，形成创新创业热情高涨、合格投资者踊跃参与、中介机构归位尽责的良性市场生态。

五、公司股票上市的条件

（一）在上海证券交易所上市的条件

1. 境内发行人申请首次公开发行股票并在上交所上市，应当符合下列条件：

（1）符合《证券法》、中国证监会规定的发行条件；

（2）发行后的股本总额不低于 5000 万元；

（3）公开发行的股份达到公司股份总数的 25% 以上；公司股本总额超过 4 亿元的，公开发行股份的比例为 10% 以上；

（4）市值及财务指标符合《上海证券交易所股票上市规则》（2023. 02. 17 发布）规定的标准；

（5）上交所要求的其他条件。

2. 境内发行人申请在上交所上市，市值及财务指标应当至少符合下列标准中的一项：

（1）最近 3 年净利润均为正，且最近 3 年净利润累计不低于 1. 5 亿元，最近一年净利润不低于 6000 万元，最近 3 年经营活动产生的现金流量净额累计不低于 1 亿元或营业收入累计不低于 10 亿元；

（2）预计市值不低于 50 亿元，且最近一年净利润为正，最近一年营业收入不低于 6 亿元，最近 3 年经营活动产生的现金流量净额累计不低于 1. 5 亿元；

（3）预计市值不低于 80 亿元，且最近一年净利润为正，最近一年营业收入不低于 8 亿元。

以上所称净利润以扣除非经常性损益前后的孰低者为准，净利润、营业收入、经营活动产生的现金流量净额均指经审计的数值。所称预计市值，是指股票公开发行后按照总股本乘以发行价格计算出来的发行人股票名义总价值。

3. 符合《国务院办公厅转发证监会关于开展创新企业境内发行股票或存托凭证试点若干意见的通知》（国办发〔2018〕21 号）等相关规定的红筹企业（指注册地在境外、主要经营活动在境内的企业），可以申请发行股票或者存托凭证并在上交所上市。红筹企业申请首次公开发行股票或者存托凭证并在上交所上市，应当符合下列条件：

（1）符合《证券法》、中国证监会规定的发行条件；

（2）发行股票的，发行后的股份总数不低于 5000 万股；发行存托凭证的，发行后的存托凭证总份数不低于 5000 万份；

（3）发行股票的，公开发行（含已公开发行）的股份达到公司股份总数的 25% 以上；公司股份总数超过 4 亿股的，公开发行（含已公开发行）股份的比例为 10% 以上。发行存托凭证的，公开发行（含已公开发行）的存托凭证对应基础股份达到公司股份总数的 25% 以上；发行后的存托凭证总份数超过 4 亿份的，公开发行（含已公开发行）的存托凭证对应基础股份的比例为 10% 以上；

（4）市值及财务指标符合《上海证券交易所股票上市规则》（2023. 02. 17 发布）规定的标准；

（5）上交所要求的其他条件。

4. 已在境外上市的红筹企业，申请发行股票或者存托凭证并在上交所上市的，应当至少符合下列标准中的一项：

（1）市值不低于 2000 亿元；

（2）市值 200 亿元以上，且拥有自主研发、国际领先技术，科技创新能力较强，在同行业竞争中处于相对优势地位。

5. 未在境外上市的红筹企业，申请发行股票或者存托凭证并在上交所上市的，应当至少符合下列标准中的一项：

（1）预计市值不低于 200 亿元，且最近一年营业收入不低于 30 亿元；

（2）营业收入快速增长，拥有自主研发、国际领先技术，在同行业竞争中处于相对优势地位，且预计市值不低于 100 亿元；

（3）营业收入快速增长，拥有自主研发、国际领先技术，在同行业竞争中处于相对优势地位，且预计市值不低于 50 亿元，最近一年营业收入不低于 5 亿元。

以上所说的营业收入快速增长，应当符合下列标准之一：一是最近一年营业收入不低于 5 亿元的，最近 3 年营业收入复合增长率 10% 以上；二是最近一年营业收入低于 5 亿元的，最近 3 年营业收入复合增长率 20% 以上；三是受行业周期性波动等因素影响，行业整体处于下行周期的，发行人最近 3 年营业收入复合增长率高于同行业可比公司同期平均增长水平。

处于研发阶段的红筹企业和对国家创新驱动发展战略有重要意义的红筹企业，不适用“营业收入快速增长”的上述要求。

6. 发行人具有表决权差异安排的，市值及财务指标应当至少符合下列标准中的一项：

（1）预计市值不低于 200 亿元，且最近一年净利润为正；

（2）预计市值不低于 100 亿元，且最近一年净利润为正，最近一年营业收入不低于 10 亿元。

（二）在深圳证券交易所创业板上市的条件

1. 发行人申请在深交所创业板上市，应当符合下列条件：

（1）符合中国证券监督管理委员会（以下简称“中国证监会”）规定的创业板发行

条件；

（2）发行后股本总额不低于3000万元；

（3）公开发行的股份达到公司股份总数的25%以上；公司股本总额超过4亿元的，公开发行股份的比例为10%以上；

（4）市值及财务指标符合《深圳证券交易所创业板股票上市规则》规定的标准；

（5）深交所要求的其他上市条件。

红筹企业发行股票的，上述第（2）项调整为"发行后的股份总数不低于3000万股"，上述第（3）项调整为"公开发行的股份达到公司股份总数的25%以上；公司股份总数超过4亿股的，公开发行股份的比例为10%以上"。

红筹企业发行存托凭证的，上述第（2）项调整为"发行后的存托凭证总份数不低于3000万份"，上述第（3）项调整为"公开发行的存托凭证对应基础股份达到公司股份总数的25%以上；发行后的存托凭证总份数超过4亿份的，公开发行存托凭证对应基础股份达到公司股份总数的10%以上"。

2. 发行人为境内企业且不存在表决权差异安排的，市值及财务指标应当至少符合下列标准中的一项：

（1）最近两年净利润均为正，且累计净利润不低于5000万元；

（2）预计市值不低于10亿元，最近一年净利润为正且营业收入不低于1亿元；

（3）预计市值不低于50亿元，且最近一年营业收入不低于3亿元。

3. 符合《国务院办公厅转发证监会关于开展创新企业境内发行股票或存托凭证试点若干意见的通知》（国办发〔2018〕21号）等相关规定的红筹企业，可以申请其股票或存托凭证在创业板上市。

营业收入快速增长，拥有自主研发、国际领先技术，同行业竞争中处于相对优势地位的尚未在境外上市红筹企业，申请在创业板上市的，市值及财务指标应当至少符合下列标准中的一项：

（1）预计市值不低于100亿元；

（2）预计市值不低于50亿元，且最近一年营业收入不低于5亿元。

以上所称营业收入快速增长，指符合下列标准之一：一是最近一年营业收入不低于5亿元的，最近三年营业收入复合增长率10%以上；二是最近一年营业收入低于5亿元的，最近三年营业收入复合增长率20%以上；三是受行业周期性波动等因素影响，行业整体处于下行周期的，发行人最近三年营业收入复合增长率高于同行业可比公司同期平均增长水平。

处于研发阶段的红筹企业和对国家创新驱动发展战略有重要意义的红筹企业，不适用"营业收入快速增长"的规定。

4. 发行人具有表决权差异安排的，市值及财务指标应当至少符合下列标准中的一项：

（1）预计市值不低于100亿元；

（2）预计市值不低于50亿元，且最近一年营业收入不低于5亿元。

5. 发行人特别表决权股份的持有人资格、公司章程关于表决权差异安排的具体要求，应当符合以下规定：

（1）发行人首次公开发行上市前设置表决权差异安排的，应当经出席股东大会的股东所持表决权的2/3以上通过；

（2）发行人在首次公开发行上市前不具有表决权差异安排的，不得在首次公开发行上市后以任何方式设置此类安排；

（3）除公司章程规定的表决权差异外，普通股份与特别表决权股份具有的其他股东权利应当完全相同；

（4）持有特别表决权股份的股东应当为对上市公司发展作出重大贡献，并且在公司上市前及上市后持续担任公司董事的人员或者该等人员实际控制的持股主体；

（5）持有特别表决权股份的股东在上市公司中拥有权益的股份合计应当达到公司全部已发行有表决权股份的 10% 以上；

（6）上市公司章程应当规定每份特别表决权股份的表决权数量。每份特别表决权股份的表决权数量应当相同，且不得超过每份普通股份的表决权数量的 10 倍；

（7）上市公司股票在深交所上市后，除同比例配股、转增股本、分配股票股利情形外，不得在境内外发行特别表决权股份，不得提高特别表决权比例；

（8）上市公司因股份回购等原因，可能导致特别表决权比例提高的，应当同时采取将相应数量特别表决权股份转换为普通股份等措施，保证特别表决权比例不高于原有水平；

以上所称特别表决权比例，是指全部特别表决权股份的表决权数量占上市公司全部已发行股份表决权数量的比例。

（9）上市公司应当保证普通表决权比例不低于 10%；单独或者合计持有公司 10% 以上已发行有表决权股份的股东有权提议召开临时股东大会；单独或者合计持有公司 3% 以上已发行有表决权股份的股东有权提出股东大会议案；

以上所称普通表决权比例，是指全部普通股份的表决权数量占上市公司全部已发行股份表决权数量的比例。

（10）特别表决权股份不得在二级市场进行交易，但可以按照深交所有关规定进行转让。

6. 以上所称净利润以扣除非经常性损益前后的孰低者为准，所称净利润、营业收入均指经审计的数值。以上所称预计市值，是指股票公开发行后按照总股本乘以发行价格计算出来的发行人股票名义总价值。

（三）在北京证券交易所上市的条件

1. 发行人应当为在全国股转系统连续挂牌满十二个月的创新层挂牌公司。

2. 发行人申请公开发行股票，应当符合下列规定：

（1）具备健全且运行良好的组织机构；

（2）具有持续经营能力，财务状况良好；

（3）最近三年财务会计报告无虚假记载，被出具无保留意见审计报告；

（4）依法规范经营。

3. 发行人及其控股股东、实际控制人存在下列情形之一的，发行人不得公开发行股票：

（1）最近三年内存在贪污、贿赂、侵占财产、挪用财产或者破坏社会主义市场经济秩序的刑事犯罪；

（2）最近三年内存在欺诈发行、重大信息披露违法或者其他涉及国家安全、公共安全、生态安全、生产安全、公众健康安全等领域的重大违法行为；

（3）最近一年内受到中国证监会行政处罚。

六、我国股票发行制度的演变

股票发行制度主要有三种，即审批制、核准制和注册制，每一种发行监管制度都对应一定的市场发展状况。在市场逐渐发育成熟的过程中，股票发行制度也应该逐渐地改变，以适应市场发展需求，其中审批制是完全计划发行的模式，核准制是从审批制向注册制过渡的中间形式，注册制则是目前成熟股票市场普遍采用的发行制度。

审批制是在股票市场的发展初期，为了维护上市公司的稳定和平衡复杂的社会经济关系，采用行政和计划的办法分配股票发行的指标和额度，由地方政府或行业主管部门根据指标推荐企业发行股票的一种发行制度。公司发行股票的首要条件是取得指标和额度，也就是说，如果取得了政府给予的指标和额度，就等于取得了政府的保荐，股票发行仅仅是走个过场。因此，审批制下公司发行股票的竞争焦点主要是争夺股票发行指标和额度。证券监管部门凭借行政权力行使实质性审批职能，证券中介机构的主要职能是进行技术指导，这样无法保证发行公司不通过虚假包装甚至伪装、做账达标等方式达到发行股票的目的。

核准制则是介于注册制和审批制之间的中间形式。它一方面取消了政府的指标和额度管理，并引进证券中介机构的责任，判断企业是否达到股票发行的条件；另一方面证券监管机构同时对股票发行的合规性和适销性条件进行实质性审查，并有权否决股票发行的申请。在核准制下，发行人在申请发行股票时，不仅要充分公开企业的真实情况，而且必须符合有关法律和证券监管机构规定的必要条件，证券监管机构有权否决不符合规定条件的股票发行申请。证券监管机构对申报文件的真实性、准确性、完整性和及时性进行审查，还对发行人的营业性质、财力、素质、发展前景、发行数量和发行价格等条件进行实质性审查，并据此作出发行人是否符合发行条件的价值判断和是否核准申请的决定。

注册制是在市场化程度较高的成熟股票市场所普遍采用的一种发行制度，证券监管部门公布股票发行的必要条件，只要达到所公布条件要求的企业即可发行股票。发行人申请发行股票时，必须依法将公开的各种资料完全准确地向证券监管机构申报。证券监管机构的职责是对申报文件的真实性、准确性、完整性和及时性做合规性的形式审查，而将发行公司的质量留给证券中介机构来判断和决定。这种股票发行制度对发行人、证券中介机构和投资者的要求都比较高。

我国股票发行审批制、核准制和注册制的对比情况如表 5－1 所示。

表 5－1　股票发行审批制、核准制和注册制对比表

比较内容	审批制	核准制	注册制
发行指标和额度	有	无	无
发行上市标准	有	有	有
主要推（保）荐人	政府或行业主管部门	中介机构	中介机构
对发行作出实质判断的主体	证监会	中介机构、证监会	中介机构
发行监管性制度	证监会实质性审核	中介机构和证监会 分担实质性审核职责	证监会形式审核 中介机构实质审核
市场化程度	行政体制	逐步市场化	完全市场化

我国股票发行制度的演变过程如图 5-1 所示。

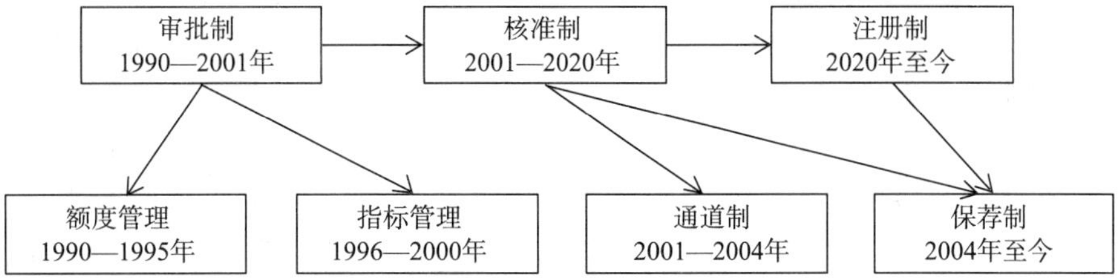

图 5-1　我国股票发行制度演变过程

对上述我国股票发行制度的演变过程简述如下：

（一）审批制（1990—2001 年）

审批制是用行政和计划的办法分配股票发行的指标和额度，由地方政府或行业主管部门根据指标推荐企业发行股票的一种发行制度。公司发行股票的首要条件是取得指标和额度。

首先是 1990—1995 年的额度管理阶段，即将额度指标下达至省级政府或行业主管部门，由其在指标限度内推荐企业，后统一由中国证监会审批企业发行股票。

其次是 1996—2000 年的指标管理阶段。1996 年 8 月，《关于 1996 年全国证券期货工作安排意见》发布，新股发行计划改为“总量控制，限报家数”的管理办法，即由国家计委、证券委共同制定股票发行总规模，证监会在确定的总规模内，根据市场情况向各地区、各部门下达发行企业个数，并对企业进行审核。

（二）核准制（2001—2020 年）

1999 年 9 月，中国证监会发布《中国证券监督管理委员会股票发行审核委员会条例》，设立股票发行审核委员会，也就是传说中的发审委。

2000 年 3 月，中国证监会发布《股票发行核准程序》，标志着我国股票发行体制开始从审批制转变为核准制。

2001 年 3 月，股票发行核准制正式启动，相对于审批制，核准制下的行政审批权力弱化，发行过程的透明程度也大幅提高。

1. 通道制（2001—2004 年）

2001 年，中国证券业协会发布《关于证券公司推荐发行申请有关工作方案的通知》，提出证券公司推荐企业发行股票实行“证券公司自行排队，限报家数”的方案，俗称“通道制”。

每家证券公司所推荐企业每核准一家才能再报一家，即“过会一家，递增一家”，具有主承销资格的证券公司拥有的通道数量最多 8 条，最少 2 条。

通道制于保荐制实施初期继续运行，于 2005 年 1 月废止时，共有 83 家证券公司拥有通道 318 个。

2. 保荐制（2004 年至今）

2003 年 12 月，中国证监会发布《证券发行上市保荐制度暂行办法》，决定从 2004 年 2 月 1 日起在股票发行中正式实行保荐制度。

保荐制度指的是由保荐人对发行人发行证券进行推荐和辅导，并核实公司发行文件中所载资料是否真实、准确、完整，协助发行人建立严格的信息披露制度，承担风险防范责任，并在公司上市后的规定时间内继续协助发行人建立规范的法人治理结构，督促公司遵守上市规定，完成招股计划书中的承诺，同时对上市公司的信息披露负有连带责任。

与“通道制”相比，保荐制度增加了由保荐人承担发行上市过程中连带责任的内容。

（三）注册制（2020 年至今）

2013 年 11 月，党的十八届三中全会通过了《中共中央关于全面深化改革若干重大问题的决定》，明确提出推进股票发行注册制改革。2018 年 11 月，首届中国国际进口博览会开幕式上正式宣布，在上海证券交易所设立科创板并试点注册制，标志着注册制改革进入启动实施阶段。2019 年 7 月，首批 25 家科创板公司上市交易，注册制试点正式落地。2019 年 12 月 28 日，第十三届全国人大常委会第十五次会议审议通过了修订后的《中华人民共和国证券法》，将于 2020 年 3 月 1 日起施行，修订后的《证券法》明确提出全面推行证券发行注册制度。2020 年 4 月，中央全面深化改革委员会通过《创业板改革并试点注册制总体实施方案》，在创业板试点注册制；同年 8 月，创业板试点注册制首批 18 家企业上市；10 月，党的十九届五中全会提出，全面实行股票发行注册制。2021 年 11 月，北京证券交易所揭牌开市，同步试点注册制。2023 年 2 月，中国证监会就全面实行股票发行注册制涉及的《首次公开发行股票注册管理办法》等主要制度规则草案向社会公开征求意见，全面实行股票发行注册制改革正式启动。

2023 年 2 月 17 日，中国证监会发布全面实行股票发行注册制相关制度规则，自公布之日起施行，相关配套制度规则同步发布实施。此次发布的制度规则共 165 部，其中证监会发布的制度规则 57 部，证券交易所、全国股转公司、中国结算等发布的配套制度规则 108 部。内容涵盖发行条件、注册程序、保荐承销、重大资产重组、监管执法、投资者保护等各个方面。主要内容包括：一是精简优化发行上市条件。坚持以信息披露为核心，将核准制下的发行条件尽可能转化为信息披露要求。各市场板块设置多元包容的上市条件。二是完善审核注册程序。坚持证券交易所审核和证监会注册各有侧重、相互衔接的基本架构，进一步明晰证券交易所和证监会的职责分工，提高审核注册效率和可预期性。证券交易所审核过程中发现重大敏感事项、重大无先例情况、重大舆情、重大违法线索的，及时向证监会请示报告。证监会同步关注发行人是否符合国家产业政策和板块定位。同时，取消证监会发行审核委员会和上市公司并购重组审核委员会。三是优化发行承销制度。对新股发行价格、规模等不设任何行政性限制，完善以机构投资者为参与主体的询价、定价、配售等机制。四是完善上市公司重大资产重组制度。各市场板块上市公司发行股份购买资产统一实行注册制，完善重组认定标准和定价机制，强化对重组活动的事中事后监管。五是强化监管执法和投资者保护。依法从严打击证券发行、保荐承销等过程中的违法行为。细化责令回购制度安排。此外，全国股转公司注册制有关安排与证券交易所总体一致，并基于中小企业特点作出差异化安排。自此，我国股票发行正式进入全面注册制阶段。

七、《首次公开发行股票注册管理办法》的主要规定

2023 年 2 月 17 日，中国证监会发布《首次公开发行股票注册管理办法》（以下简称《注册管理办法》），《注册管理办法》指出：在中华人民共和国境内首次公开发行并在上海证券交易所、深圳证券交易所（以下统称交易所）上市的股票的发行注册，适用本办法。现将《注册管理办法》的主要规定整理如下。

（一）关于板块定位的规定

发行人申请首次公开发行股票并上市，应当符合相关板块定位。

主板突出“大盘蓝筹”特色，重点支持业务模式成熟、经营业绩稳定、规模较大、具有行业代表性的优质企业。

科创板面向世界科技前沿、面向经济主战场、面向国家重大需求。优先支持符合国家战略，拥有关键核心技术，科技创新能力突出，主要依靠核心技术开展生产经营，具有稳定的商业模式，市场认可度高，社会形象良好，具有较强成长性的企业。

创业板深入贯彻创新驱动发展战略，适应发展更多依靠创新、创造、创意的大趋势，主要服务成长型创新创业企业，支持传统产业与新技术、新产业、新业态、新模式深度融合。

（二）关于发行条件的规定

1. 发行人是依法设立且持续经营三年以上的股份有限公司，具备健全且运行良好的组织机构，相关机构和人员能够依法履行职责。

有限责任公司按原账面净资产值折股整体变更为股份有限公司的，持续经营时间可以从有限责任公司成立之日起计算。

2. 发行人会计基础工作规范，财务报表的编制和披露符合企业会计准则和相关信息披露规则的规定，在所有重大方面公允地反映了发行人的财务状况、经营成果和现金流量，最近三年财务会计报告由注册会计师出具无保留意见的审计报告。

发行人内部控制制度健全且被有效执行，能够合理保证公司运行效率、合法合规和财务报告的可靠性，并由注册会计师出具无保留结论的内部控制鉴证报告。

3. 发行人业务完整，具有直接面向市场独立持续营的能力：

（1）资产完整，业务及人员、财务、机构独立，与控股股东、实际控制人及其控制的其他企业间不存在对发行人构成重大不利影响的同业竞争，不存在严重影响独立性或者显失公平的关联交易；

（2）主营业务、控制权和管理团队稳定，首次公开发行股票并在主板上市的，最近三年内主营业务和董事、高级管理人员均没有发生重大不利变化；首次公开发行股票并在科创板、创业板上市的，最近二年内主营业务和董事、高级管理人员均没有发生重大不利变化；首次公开发行股票并在科创板上市的，核心技术人员应当稳定且最近二年内没有发生重大不利变化；

发行人的股份权属清晰，不存在导致控制权可能变更的重大权属纠纷，首次公开发行股票并在主板上市的，最近三年实际控制人没有发生变更；首次公开发行股票并在科创板、创业板上市的，最近二年实际控制人没有发生变更；

（3）不存在涉及主要资产、核心技术、商标等的重大权属纠纷，重大偿债风险，重大担保、诉讼、仲裁等或有事项，经营环境已经或者将要发生重大变化等对持续经营有重大不利影响的事项。

4. 发行人生产经营符合法律、行政法规的规定，符合国家产业政策。

最近三年内，发行人及其控股股东、实际控制人不存在贪污、贿赂、侵占财产、挪用财产或者破坏社会主义市场经济秩序的刑事犯罪，不存在欺诈发行、重大信息披露违法或者其他涉及国家安全、公共安全、生态安全、生产安全、公众健康安全等领域的重大违法行为。

董事、监事和高级管理人员不存在最近三年内受到中国证监会行政处罚，或者因涉嫌犯罪正在被司法机关立案侦查或者涉嫌违法违规正在被中国证监会立案调查且尚未有明确结论意见等情形。

（三）关于注册程序的规定

1. 发行人董事会应当依法就本次发行股票的具体方案、本次募集资金使用的可行性及其他必须明确的事项作出决议，并提请股东大会批准。

2. 发行人股东大会应当就本次发行股票作出决议，决议至少应当包括下列事项：

（1）本次公开发行股票的种类和数量；

（2）发行对象；

（3）定价方式；

（4）募集资金用途；

（5）发行前滚存利润的分配方案；

（6）决议的有效期；

（7）对董事会办理本次发行具体事宜的授权；

（8）其他必须明确的事项。

3. 发行人申请首次公开发行股票并上市，应当按照中国证监会有关规定制作注册申请文件，依法由保荐人保荐并向交易所申报。

交易所收到注册申请文件，五个工作日内作出是否受理的决定。

4. 自注册申请文件申报之日起，发行人及其控股股东、实际控制人、董事、监事、高级管理人员，以及与本次股票公开发行并上市相关的保荐人、证券服务机构及相关责任人员，即承担相应法律责任，并承诺不得影响或干扰发行上市审核注册工作。

5. 注册申请文件受理后，未经中国证监会或者交易所同意，不得改动。

发生重大事项的，发行人、保荐人、证券服务机构应当及时向交易所报告，并按要求更新注册申请文件和信息披露资料。

6. 交易所设立独立的审核部门，负责审核发行人公开发行并上市申请；设立科技创新咨询委员会或行业咨询专家库，负责为板块建设和发行上市审核提供专业咨询和政策建议；设立上市委员会，负责对审核部门出具的审核报告和发行人的申请文件提出审议意见。

交易所主要通过向发行人提出审核问询、发行人回答问题方式开展审核工作，判断发行人是否符合发行条件、上市条件和信息披露要求，督促发行人完善信息披露内容。

7. 交易所按照规定的条件和程序，形成发行人是否符合发行条件和信息披露要求的审核意见。认为发行人符合发行条件和信息披露要求的，将审核意见、发行人注册申请文件及相关审核资料报中国证监会注册；认为发行人不符合发行条件或者信息披露要求的，作出终止发行上市审核决定。

交易所审核过程中，发现重大敏感事项、重大无先例情况、重大舆情、重大违法线索的，应当及时向中国证监会请示报告，中国证监会及时明确意见。

8. 交易所应当自受理注册申请文件之日起在规定的时限内形成审核意见。发行人根据要求补充、修改注册申请文件，或者交易所按照规定对发行人实施现场检查，要求保荐人、证券服务机构对有关事项进行专项核查，并要求发行人补充、修改申请文件的时间不计算在内。

9. 交易所应当提高审核工作透明度，接受社会监督，公开下列事项：

（1）发行上市审核标准和程序等发行上市审核业务规则和相关业务细则；

（2）在审企业名单、企业基本情况及审核工作进度；

（3）发行上市审核问询及回复情况，但涉及国家秘密或者发行人商业秘密的除外；

（4）上市委员会会议的时间、参会委员名单、审议的发行人名单、审议结果及现场问询问题；

（5）对股票公开发行并上市相关主体采取的自律监管措施或者纪律处分；

（6）交易所规定的其他事项。

10. 中国证监会在交易所收到注册申请文件之日起，同步关注发行人是否符合国家产业政策和板块定位。

11. 中国证监会收到交易所审核意见及相关资料后，基于交易所审核意见，依法履行发行注册程序。在二十个工作日内对发行人的注册申请作出予以注册或者不予注册的决定。

以上规定的注册期限内，中国证监会发现存在影响发行条件的新增事项的，可以要求交易所进一步问询并就新增事项形成审核意见。发行人根据要求补充、修改注册申请文件，或者中国证监会要求交易所进一步问询，要求保荐人、证券服务机构等对有关事项进行核查，对发行人现场检查，并要求发行人补充、修改申请文件的时间不计算在内。

中国证监会认为交易所对新增事项的审核意见依据明显不充分，可以退回交易所补充审核。交易所补充审核后，认为发行人符合发行条件和信息披露要求的，重新向中国证监会报送审核意见及相关资料，以上规定的注册期限重新计算。

12. 中国证监会予以注册的决定，自作出之日起一年内有效，发行人应当在注册决定有效期内发行股票，发行时点由发行人自主选择。

13. 中国证监会作出予以注册决定后、发行人股票上市交易前，发行人应当及时更新信息披露文件内容，财务报表已过有效期的，发行人应当补充财务会计报告等文件；保荐人以及证券服务机构应当持续履行尽职调查职责；发生重大事项的，发行人、保荐人应当及时向交易所报告。

交易所应当对上述事项及时处理，发现发行人存在重大事项影响发行条件、上市条件的，应当出具明确意见并及时向中国证监会报告。

14. 中国证监会作出予以注册决定后、发行人股票上市交易前，发行人应当持续符合发行条件，发现可能影响本次发行的重大事项的，中国证监会可以要求发行人暂缓发行、上市；相关重大事项导致发行人不符合发行条件的，应当撤销注册。中国证监会撤销注册后，股票尚未发行的，发行人应当停止发行；股票已经发行尚未上市的，发行人应当按照发行价并加算银行同期存款利息返还股票持有人。

15. 交易所认为发行人不符合发行条件或者信息披露要求，作出终止发行上市审核决定，或者中国证监会作出不予注册决定的，自决定作出之日起六个月后，发行人可以再次提出公开发行股票并上市申请。

16 中国证监会应当按规定公开股票发行注册行政许可事项相关的监管信息。

17. 存在下列情形之一的，发行人、保荐人应当及时书面报告交易所或者中国证监会，交易所或者中国证监会应当中止相应发行上市审核程序或者发行注册程序：

（1）相关主体最近三年内，存在贪污、贿赂、侵占财产、挪用财产或者破坏社会主义市场经济秩序的刑事犯罪，存在欺诈发行、重大信息披露违法或者其他涉及国家安全、公共安全、生态安全、生产安全、公众健康安全等领域的重大违法行为，被立案调查或者被司法机关侦查，尚未结案；

（2）发行人的保荐人以及律师事务所、会计师事务所等证券服务机构被中国证监会依法采取限制业务活动、责令停业整顿、指定其他机构托管、接管等措施，或者被证券交易所、国务院批准的其他全国性证券交易场所实施一定期限内不接受其出具的相关文件的纪律处分，尚未解除；

（3）发行人的签字保荐代表人、签字律师、签字会计师等中介机构签字人员被中国证监会依法采取认定为不适当人选等监管措施或者证券市场禁入的措施，被证券交易所、国务院批准的其他全国性证券交易场所实施一定期限内不接受其出具的相关文件的纪律处分，或者被证券业协会采取认定不适合从事相关业务的纪律处分，尚未解除；

（4）发行人及保荐人主动要求中止发行上市审核程序或者发行注册程序，理由正当且经交易所或者中国证监会同意；

（5）发行人注册申请文件中记载的财务资料已过有效期，需要补充提交；

（6）中国证监会规定的其他情形。

以上所列情形消失后，发行人可以提交恢复申请。交易所或者中国证监会按照规定恢复发行上市审核程序或者发行注册程序。

18. 存在下列情形之一的，交易所或者中国证监会应当终止相应发行上市审核程序或者发行注册程序，并向发行人说明理由：

（1）发行人撤回注册申请或者保荐人撤销保荐；

（2）发行人未在要求的期限内对注册申请文件作出解释说明或者补充、修改；

（3）注册申请文件存在虚假记载、误导性陈述或者重大遗漏；

（4）发行人阻碍或者拒绝中国证监会、交易所依法对发行人实施检查、核查；

（5）发行人及其关联方以不正当手段严重干扰发行上市审核或者发行注册工作；

（6）发行人法人资格终止；

（7）注册申请文件内容存在重大缺陷，严重影响投资者理解和发行上市审核或者发行注册工作；

（8）发行人注册申请文件中记载的财务资料已过有效期且逾期三个月未更新；

（9）发行人发行上市审核程序中止超过交易所规定的时限或者发行注册程序中止超过三个月仍未恢复；

（10）交易所认为发行人不符合发行条件或者信息披露要求；

（11）中国证监会规定的其他情形。

19. 中国证监会和交易所可以对发行人进行现场检查，可以要求保荐人、证券服务机构对有关事项进行专项核查并出具意见。

中国证监会和交易所应当建立健全信息披露质量现场检查以及对保荐业务、发行承销业务的常态化检查制度。

20. 中国证监会与交易所建立全流程电子化审核注册系统，实现电子化受理、审核，发行注册各环节实时信息共享，并依法向社会公开相关信息。

（四）关于信息披露的规定

1. 发行人申请首次公开发行股票并上市，应当按照中国证监会制定的信息披露规则，编制并披露招股说明书，保证相关信息真实、准确、完整。信息披露内容应当简明清晰，通俗易懂，不得有虚假记载、误导性陈述或者重大遗漏。

中国证监会制定的信息披露规则是信息披露的最低要求。不论上述规则是否有明确规定，凡是投资者作出价值判断和投资决策所必需的信息，发行人均应当充分披露，内容应当真实、准确、完整。

2. 中国证监会依法制定招股说明书内容与格式准则、编报规则等信息披露规则，对相关信息披露文件的内容、格式、编制要求、披露形式等作出规定。

交易所可以依据中国证监会部门规章和规范性文件，制定信息披露细则或指引，在中国证监会确定的信息披露内容范围内，对信息披露提出细化和补充要求，报中国证监会批准后实施。

3. 发行人及其董事、监事、高级管理人员应当在招股说明书上签字、盖章，保证招股说明书的内容真实、准确、完整，不存在虚假记载、误导性陈述或者重大遗漏，按照诚信原则履行承诺，并声明承担相应法律责任。

发行人控股股东、实际控制人应当在招股说明书上签字、盖章，确认招股说明书的内容真实、准确、完整，不存在虚假记载、误导性陈述或者重大遗漏，按照诚信原则履行承诺，并声明承担相应法律责任。

4. 保荐人及其保荐代表人应当在招股说明书上签字、盖章，确认招股说明书的内容真实、准确、完整，不存在虚假记载、误导性陈述或者重大遗漏，并声明承担相应的法律责任。

5. 为证券发行出具专项文件的律师、注册会计师、资产评估人员、资信评级人员以及其所在机构，应当在招股说明书上签字、盖章，确认对发行人信息披露文件引用其出具的专业意见无异议，信息披露文件不因引用其出具的专业意见而出现虚假记载、误导性陈述或者重大遗漏，并声明承担相应的法律责任。

6. 发行人应当以投资者需求为导向，基于板块定位，结合所属行业及发展趋势，充分披露业务模式、公司治理、发展战略、经营政策、会计政策、财务状况分析等相关信息。

首次公开发行股票并在主板上市的，还应充分披露业务发展过程和模式成熟度，披露经营稳定性和行业地位；首次公开发行股票并在科创板上市的，还应充分披露科研水平、科研人员、科研资金投入等相关信息；首次公开发行股票并在创业板上市的，还应充分披露自身的创新、创造、创意特征，针对性披露科技创新、模式创新或者业态创新情况。

7. 发行人应当以投资者需求为导向，精准清晰充分地披露可能对公司经营业绩、核心竞争力、业务稳定性以及未来发展产生重大不利影响的各种风险因素。

8. 发行人尚未盈利的，应当充分披露尚未盈利的成因，以及对公司现金流、业务拓展、人才吸引、团队稳定性、研发投入、战略性投入、生产经营可持续性等方面的影响。

9. 发行人应当披露募集资金的投向和使用管理制度，披露募集资金对发行人主营业务发展的贡献、未来经营战略的影响。

首次公开发行股票并在科创板上市的，还应当披露募集资金重点投向科技创新领域的具体安排。

首次公开发行股票并在创业板上市的，还应当披露募集资金对发行人业务创新、创造、创意性的支持作用。

10. 符合相关规定、存在特别表决权股份的企业申请首次公开发行股票并上市的，发行人应当在招股说明书等公开发行文件中，披露并特别提示差异化表决安排的主要内容、相关风险和对公司治理的影响，以及依法落实保护投资者合法权益的各项措施。

保荐人和发行人律师应当就公司章程规定的特别表决权股份的持有人资格、特别表决权股份拥有的表决权数量与普通股份拥有的表决权数量的比例安排、持有人所持特别表决权股份能够参与表决的股东大会事项范围、特别表决权股份锁定安排以及转让限制等事项是否符合有关规定发表专业意见。

11. 发行人存在申报前制定、上市后实施的期权激励计划的，应当符合中国证监会和交易所的规定，并充分披露有关信息。

12. 发行人应当在招股说明书中披露公开发行股份前已发行股份的锁定期安排，特别是尚未盈利情况下发行人控股股东、实际控制人、董事、监事、高级管理人员股份的锁定期安排。

发行人控股股东和实际控制人及其亲属应当披露所持股份自发行人股票上市之日起三十六个月不得转让的锁定安排。

首次公开发行股票并在科创板上市的，还应当披露核心技术人员股份的锁定期安排。

保荐人和发行人律师应当就本条事项是否符合有关规定发表专业意见。

13. 招股说明书的有效期为六个月，自公开发行前最后一次签署之日起算。

招股说明书引用经审计的财务报表在其最近一期截止日后六个月内有效，特殊情况下可以适当延长，但至多不超过三个月。财务报表应当以年度末、半年度末或者季度末为截止日。

14. 交易所受理注册申请文件后，发行人应当按规定，将招股说明书、发行保荐书、上市保荐书、审计报告和法律意见书等文件在交易所网站预先披露。

15. 预先披露的招股说明书及其他注册申请文件不能含有价格信息，发行人不得据此发行股票。

发行人应当在预先披露的招股说明书显要位置作如下声明："本公司的发行申请尚需经交易所和中国证监会履行相应程序。本招股说明书不具有据以发行股票的法律效力，仅供预先披露之用。投资者应当以正式公告的招股说明书作为投资决定的依据。"

16. 交易所认为发行人符合发行条件和信息披露要求，将发行人注册申请文件报送中国证监会时，招股说明书、发行保荐书、上市保荐书、审计报告和法律意见书等文件应当同步在交易所网站和中国证监会网站公开。

17. 发行人在发行股票前应当在交易所网站和符合中国证监会规定条件的报刊依法开办的网站全文刊登招股说明书，同时在符合中国证监会规定条件的报刊刊登提示性公告，告知投资者网上刊登的地址及获取文件的途径。

发行人可以将招股说明书以及有关附件刊登于其他网站，但披露内容应当完全一致，且不得早于在交易所网站、符合中国证监会规定条件的网站的披露时间。

保荐人出具的发行保荐书、证券服务机构出具的文件以及其他与发行有关的重要文件应当作为招股说明书的附件。

八、公司股票上市的费用

按照费用是否必须发生来划分，可以将公司股票上市的费用分为刚性费用和柔性费用。刚性费用是指必须发生的费用，柔性费用是指可能发生的费用。

（一）公司股票上市的刚性费用

公司股票上市的刚性费用主要是发行费用，包括：中介机构费用、交易所费用和推广辅助费用等。其中，中介机构费用主要包括会计师费用、律师费用、评估师费用、保荐与承销费用、财务顾问费用、财务公关费用等；交易所费用包括上市初费和年费等；推广辅助费用主要包括印刷费、媒体及路演宣传推广费用等。

根据各交易所的规定，承销费用是在股票发行成功后从募资总额中扣除，不计入发行人当期损益。但如果上市最终失败，则需要将其费用化。

据尚普咨询 2022 年 1 月 11 日发布的一份研究报告显示，2021 年，中国 A 股新上市公司共计 524 家，其中，沪市主板 88 家，深市主板 34 家，科创板 162 家，创业板 199 家，北交所 41 家。各板块的发行费用统计情况如表 5－2 所示。

表 5－2　　2021 年中国 A 股各板块新上市公司发行费用统计表

指标	沪市主板	深市主板	科创板	创业板	北交所
新上市公司数（家）	87*	33*	162	199	41
平均每家公司募集资金（亿元）	18.68	6.73	12.52	7.41	1.83
平均每家公司发行费用（亿元）	0.78	0.65	0.86	0.73	0.17
平均发行费用率（%）	4.18	9.66	6.87	9.85	9.29

*注：沪市主板的中国能建发行 A 股股份换股吸收合并葛洲坝无募集资金而剔除，故新上市公司数为 87 家；深市主板的汇绿生态为重新上市而剔除，故新上市公司数为 33 家。

由表 5－2 可知，平均发行费用率最高是创业板（9.85%），最低是沪市主板（4.18%），其余由高到低依次为深市主板（9.66%）、北交所（9.29%）、科创板（6.87%）。各板块平均的发行费用率似乎有一个规律：募集资金规模大的，其发行费用率比较低；募集资金规模小的，其发行费用率则比较高。如沪市主板平均每家公司募集资金 18.68 亿元，其平均的发行费用率为 4.18%；科创板平均每家公司募集资金 12.52 亿元，其平均的发行费用率为 6.87%。而创业板、深市主板和北交所，它们平均每家公司募集资金都不超过 10 亿元，平均的发行费用率却都在 9% 以上。这个“规律”是否真的是规律，尚需进一步验证。

尚普咨询的这份研究报告还给出了各板块平均每家公司的承销保荐费用率、审计费用率和律师费用率，分别如表 5－3、表 5－4 和表 5－5 所示。

表 5－3　　2021 年中国 A 股各板块新上市公司承销保荐费用率表

指标	沪市主板	深市主板	科创板	创业板	北交所
总募集资金（亿元）	1625.22	222.08	2029.04	1475.11	75.08
总承销保荐费用（亿元）	48.56	14.78	106.99	107.11	5.24
平均承销保荐费用率（%）	2.99	6.66	5.27	7.26	6.98

平均承销保荐费用率最低是沪市主板（2.99%），最高是创业板（7.26%），其余由高到低依次为北交所（6.98%）、深市主板（6.66%）、科创板（5.27%）。

表5-4　2021年中国A股各板块新上市公司审计费用率表

指标	沪市主板	深市主板	科创板	创业板	北交所
总募集资金（亿元）	1625.22	222.08	2029.04	1475.11	75.08
总审计费用（亿元）	9.27	3.31	15.01	18.23	0.98
平均审计费用率（%）	0.57	1.49	0.74	1.24	1.31

平均审计费用率最低是沪市主板（0.57%），最高是深市主板（1.49%），其余由高到低依次为北交所（1.31%）、创业板（1.24%）、科创板（0.74%）。

表5-5　2021年中国A股各板块新上市公司律师费用率表

指标	沪市主板	深市主板	科创板	创业板	北交所
总募集资金（亿元）	1625.22	222.08	2029.04	1475.11	75.08
总律师费用（亿元）	4.86	1.75	8.82	10.11	0.54
平均律师费用率（%）	0.30	0.79	0.43	0.69	0.72

平均律师费用率最低是沪市主板（0.30%），最高是深市主板（0.79%），其余由高到低依次为北交所（0.72%）、创业板（0.69%）、科创板（0.43%）。

另据大象君统计，2022年1月1日至6月17日，中国内地A股IPO公司共有155家，其中，创业板64家，科创板50家，主板24家，北交所17家。155家A股IPO公司发行费用统计数据如表5-6所示。

表5-6　2022年1月1日至6月17日155家A股IPO公司发行费用统计表　单位：万元

数值	首发募资额	承销保荐费用	审计费用	法律费用	信息披露费用	其他费用
中位数	9.60	6478.78	981.13	519.69	457.08	60.25
平均数	18.78	8295.41	1060.04	554.23	439.18	75.86
最高值	519.81	54060.42	7016.46	2434.86	647.00	1032.72
最低值	0.94	607.55	66.04	53.77	4.72	0

数据来源：大象投资顾问、大象研究院。

由表5-6可知，2022年1月1日至6月17日，中国内地155家A股IPO公司平均发行费用为10424.72万元/每家，平均发行费用占平均募资额（18.78亿元）的比例为5.55%，即平均发行费用率为5.55%。募资额最高的那家公司，发行费用达到65191.46万元，占其募资额（519.81亿元）的比例（即发行费用率）为1.25%；募资额最低的那家公司，发行费用为732.08万元，占其募资额（0.94亿元）的比例（即发行费用率）为7.79%。这一点似乎验证了在尚普咨询的研究报告中发现的那个“规律”，即募集资金规模大的，其发行费用率比较低；募集资金规模小的，其发行费用率则比较高。此外，在发行费用中，承销保荐费用占大头，它占发行费用的比重平均为79.57%；募资额最高的那家公司，承销保荐费用占发行费用的比重平均为 82.93%；募资额最低的那家公司，承销保荐费用占发行费用的比重平均为 82.99%。这一点也与尚普咨询研究报告的发现相一致。在尚普咨询的研究报告中，承销保荐费用占发行费用的比重，沪市主板为 71.13%，深市主板为 68.43%，科创板为 76.44%，创业板为 73.81%，北交所为 76.44%。

发行费用的多少主要受到以下几个因素的影响：（1）发行（募资）规模。一般而言，发行（募资）规模越大，其发行费用的绝对值也越大，但二者并非成直线关系。随着发行（募资）规模的增大，发行费用率通常会随之降低。但无论发行（募资）规模有多大或者多小，IPO 的程序都是一样的，因此，即使发行（募资）规模再小的 IPO，中介机构一般也会要求一个基本的收费起价。此外，当发行（募资）规模很大时，发行人一般会要求中介机构降低发行费用率，这就出现了“募集资金规模大的，其发行费用率比较低；募集资金规模小的，其发行费用率则比较高”这种现象或“规律”。（2）中介机构的选择。一般来说，选择实力强、声誉好、效率高的中介机构，其提出的收费水平也比较高；相反，选择实力一般、声誉一般、效率一般的中介机构，其提出的收费水平就比较低。因此，中介机构的选择也会影响到发行费用的多少。（3）发行的难易程度。中介机构的收费与股票发行的难易程度也有一定关系。一般情况下，股票发行所用时间越短，中介机构收费就越少；股票发行所用时间越长，中介机构收费就越多。

（二）公司股票上市的柔性费用

公司股票上市的柔性费用是指那些可能发生、也可能不发生的费用或者可以通过采取措施让它不发生或少发生的费用。公司股票上市的柔性费用主要包括税务成本、社保成本、上市筹备费用、高级管理人员报酬、上市后的边际经营成本以及风险成本等。

1. 税务成本。公司在上市过程中要聘请注册会计师规范公司以往的会计处理，保证公司的会计信息质量达到上市要求，这就有可能发现公司以往的会计处理中有处理不当从而造成少缴税款的情况。一旦发现这种情况，公司就要补缴税款甚至还要缴纳滞纳金和罚款。

2. 社保成本。在劳动密集型公司，往往存在劳动用工不规范的问题。比如降低社保基数、少报用工人数、以综合保险代替城镇社保、少计加班工资、少计节假工资，等等。发审委对于公司劳动用工的规范要求异常严格，因此，拟上市公司一般均会因此付出更高的社保成本。

3. 上市筹备费用。上市筹备工作是一个系统工程，不仅需要各个职能部门按照上市公司的规范性要求提升管理工作水平，还要求组建一个专业的上市筹备工作团队对整个上市筹备工作进行组织与协调。因此，上市筹备费用对于公司来讲，也是必须考虑的成本因素。上市筹备费用主要包括：上市筹备工作团队以及各部门为加强管理而新增的人力成本，公司治理、制度规范、流程再造培训费用，为加强内部控制规范而新增的管理成本等。

4. 高级管理人员报酬。资本市场的财富效应使公司在上市决策过程中必须考虑高级管理人员的报酬问题。除了高管的固定薪资之外，还要考虑符合公司发展战略的高管激励政策。高管固定薪资一般不会因公司上市而带来较大的增量成本，但高管激励政策往往成为拟上市公司新增的高额人力资源成本。因为在市场环境下，大多数公司会采用高管持股计划或期权计划作为对高级管理人员的主要激励手段。对于中小民营公司而言，上市需要考虑的高级管理人员报酬问题有时还表现在高级管理人员的增加上。大多数中小民营公司为了满足公司治理的要求，不得不安排更多的董事、监事和高级管理人员。

5. 公司上市后的边际经营成本。上市给公司带来品牌效应和信用升级，也同时给公司带来“为名所累”的问题。比如，人力资源成本会因公司身为上市公司而升高，因为慕名而来的高素质人才多了，同时求职者对薪资待遇的要求也提高了。再如，采购成本也会因公司身为上市公司而升高，因为有些供应商会因公司是上市公司而抬高价码。因此，一般公司上市后的经营成本会较上市前高。

6. 风险成本。公司上市决策面临的最大风险就是上市申报最终不能得到发审委的通过，这意味着公司上市失败。这一失败会给公司带来许多威胁。比如，各个中介机构掌握着大量的公司重要信息，面临流失的风险。再如，上市的失败，还使改制规范过程中付出的税务成本、社保成本、上市筹备费用、中介费用等前期成本费用全都变成了沉没成本，无法在短期内得到弥补。

【案例 5－2】

蚂蚁集团被暂缓“A＋H”上市！
影响有多大？是否承担连带责任？

2020－11－04　来源：21 世纪经济报道

（编者注：本书引用时作了删减）

蚂蚁集团上市计划被暂缓

据 21 世纪经济报道记者了解，蚂蚁集团原定于 2020 年 11 月 5 日在国内科创板上市，且公司已经为此进行了充分的准备。但上海证券交易所在 2020 年 11 月 3 日发布公告，暂缓蚂蚁集团的上市计划。上海证券交易所公告如下：

蚂蚁科技集团股份有限公司：

你公司原申请于 2020 年 11 月 5 日在上海证券交易所（以下简称本所）科创板上市。近日，发生你公司实际控制人及董事长、总经理被有关部门联合进行监管约谈，你公司也报告所处的金融科技监管环境发生变化等重大事项。该重大事项可能导致你公司不符合发行上市条件或者信息披露要求。根据《科创板首次公开发行股票注册管理办法（试行）》第二十六条和《上海证券交易所股票发行上市审核规则》第六十条等规定，并征询保荐机构的意见，本所决定你公司暂缓上市。你公司及保荐人应当依照规定作出公告，说明重大事项相关情况及你公司将暂缓上市。本所将与你公司及保荐人保持沟通。

上海证券交易所

二〇二〇年十一月三日

科创板首次公开发行股票注册管理办法（试行）第二十六条规定：

“中国证监会作出注册决定后、发行人股票上市交易前，发行人应当及时更新信息披露文件内容，财务报表过期的，发行人应当补充财务会计报告等文件；保荐人及证券服务机构应当持续履行尽职调查职责；发生重大事项的，发行人、保荐人应当及时向交易所报告。

交易所应当对上述事项及时处理，发现发行人存在重大事项影响发行条件、上市条件的，应当出具明确意见并及时向中国证监会报告。”

上交所所指出的“该重大事项可能导致你公司不符合发行上市条件或者信息披露要求”，应该就是指蚂蚁主要负责人被四部门约谈后，公司未及时作出公告，从而导致重大信披违规。

此前一天的11月2日，据证监会消息，中国人民银行、中国银保监会、中国证监会、国家外汇管理局对蚂蚁集团实际控制人马云、董事长井贤栋、总裁胡晓明进行了监管约谈。

H股也暂停上市

11月3日晚间，继上交所宣布关于暂缓蚂蚁科技集团股份有限公司科创板上市的决定后，蚂蚁集团在港交所公告，暂停公司在H股的上市。

公告表示，今天接获中国内地相关监管机构的通知，由于本公司实际控制人及执行董事长、总经理被监管约谈以及金融科技监管环境发生变化等重大事项，可能会使本公司不符合相关发行上市条件，或者信息披露要求，因此决定暂缓本公司的A股于科创版上市。因此，同时进行的H股于香港联合交易所有限公司主版上市亦将暂缓。

同时，公告指出，公司将尽快公布有关暂缓H股上市及退回申请股款的进一步详情。

对此，港交所发言人对21世纪经济报道记者表示：“我们今天接获蚂蚁集团通知，其决定暂缓在上海及香港的上市。香港交易所不评论个别上市申请或发行人 。”

意在保护中小投资者

对于上交所暂缓蚂蚁集团上市，一位大型基金投资人士表示，虽然蚂蚁集团推迟上市，市场对此毫无预期。但分析其原因，可能跟大型互联网公司从事金融业务将加强监管有关，若互联网金融监管大力度加强，这个时候上市，将会提高后续金融科技严监管的难度。

此外，若金融科技公司严监管继续加强，市场对金融科技公司估值重估，股价不断下跌，就会“套牢”很多投资者，从中小投资者保护角度来说，可能暂缓上市会更好些，避免上市以后就是一直下跌套牢的情况出现。

《经济日报》也在当晚评论中认为，此前，蚂蚁集团经过各方批准，按相关程序走到现在，正在静候上市。蚂蚁集团启动上市以来，也广受市场关注。近期，有关方面经过进一步了解，发现了相关问题。本着发现问题，解决问题，一切从维护金融消费者权益、保护广大投资者利益的角度出发，监管层决定让蚂蚁集团暂缓上市。

若按此逻辑，从蚂蚁集团打新中签结果可见一斑。

蚂蚁集团此前披露的信息显示，蚂蚁将在A股发行不超过16.7亿股的新股，其中初始战略配售股票数13.4亿股，供机构和个人投资者“打新”股票数3.34亿股（绿鞋机制前）。按照每股发行价格计算，绿鞋前A股募资总规模为1150亿元，其中面向A股机构和个人投资者的“打新”规模超过220亿元。

10月29日，蚂蚁集团披露发行申购情况及中签率公告显示，在回拨机制启动后，网上发行最终中签率为0.12670497%。本次网上发行有效申购户数约516万户，创下科创板新高；申购金额合计超19万亿元，也刷新了A股纪录。10月30日中午，蚂蚁集团，蚂蚁H股已经获得近150万人认购，冻结资金近1.3万亿港元，双双打破H股纪录。也即，如果A+H两市合计，有666万户、超20万亿元的资金将参与蚂蚁打新。

重估金融科技估值?

多位市场人士表示，若金融科技监管环境继续变化，最悲观的预期是金融科技估值重估，不排除金融科技泡沫破裂的可能性。

此前公布的发行价测算，蚂蚁总市值达2.1万亿元，刷新A股上市公司的最大市值。

此前10月26日，上交所公告显示，蚂蚁集团IPO初步询价完成，最终A股发行价确定为每股68.8元，总市值2.1万亿元，较此前多家投行预测的2.5万亿－3万亿元，折让幅度为20%～30%。港股的发行价也于同日公布，为80港元，刨除汇率影响后与A股基本持平。

有分析师表示，监管风险是金融科技公司的最大风险因素。虽然大多数投资者对金融科技增长还抱有信心，但未来估值前景要重新审视所作。

此前，一位香港大型券商投行人士表示："相当于指名道姓大型互联网企业，表面看拉高了门槛利好蚂蚁等头部玩家。但实际上意味着，长期想象空间受限了，而互联网估值是靠未来前景预期来判断的。阿里巴巴、腾讯等大型互联网公司都会受影响。"

有金融科技公司人士表示，蚂蚁、京东等等待IPO的金融科技公司等一直比较排斥金融估值。比如银行估值是看市净率（PB），而互联网公司估值更多看未来自由现金流、折现率等情况。

是否承担连带责任？

由于蚂蚁集团此前已完成IPO上市的所有手续，只待明日上市。上市前夜突然被暂缓IPO计划，为历史罕见的案例。

上一个类似案例发生在2010年4月。彼时，湖南胜景山河公司即将登陆深交所的前夜，有媒体发文称其招股书披露不实，涉嫌虚增销售收入等情况，监管紧急叫停，公司申请暂缓上市。此后2011年4月，胜景山河公司二次过会被否，成为继宁波立立电子、苏州恒久后，中国证券史上第三家"募集资金到位、但IPO最终被否"的拟上市公司。

此次蚂蚁集团暂缓上市，虽然已是注册制下的中国证券市场，但围绕其上市，仍有诸多后续问题需要解决。

一是打新资金如何退回。蚂蚁集团公告称，将尽快公布有关暂缓H股上市及退回申请股款的进一步详情。一位投资人表示，重创了蚂蚁集团上市打新，现在也不知道打新资金怎么办。此前，蚂蚁集团港股打新火热，甚至有港股券商系统因此一度崩了。蚂蚁集团面向机构投资者的国际配售部分也因申购火热，提前2天结束申购，创下港股市场新纪录。

二是围绕蚂蚁集团上市，一些基金公司已发行蚂蚁相关上市基金。"现在这些基金后续怎么办，我们也不知道。公司领导也在打听。"一位公募基金投资经理说。

根据《证券法》第24条规定，国务院证券监督管理机构或者国务院授权的部门对已作出的证券发行注册的决定，发现不符合法定条件或者法定程序，尚未发行证券的，应当予以撤销，停止发行。已经发行尚未上市的，撤销发行注册决定，发行人应当按照发行价并加算银行同期存款利息返还证券持有人；发行人的控股股东、实际控制人以及保荐人，应当与发行人承担连带责任，但是能够证明自己没有过错的除外。

由于此次蚂蚁集团暂缓上市是上交所公告决定，发布《关于暂缓蚂蚁科技集团股份有限公司科创板上市的决定》。

那么，蚂蚁集团应当按照发行价并加算银行同期存款利息返还证券持有人。此外，蚂蚁集团的控股股东、实际控制人以及保荐人，应当与发行人承担连带责任，是否触发"但是能够证明自己没有过错的除外"例外条款，仍待观察。

【案例5－2】需要关注三个问题：

（1）蚂蚁集团被暂缓上市计划的原因是集团实际控制人及董事长、总经理被有关部门联合进行监管约谈，且集团也报告所处的金融科技监管环境发生变化等重大事项。该重大事项可能导致集团不符合发行上市条件或者信息披露要求。此外，上交所决定暂缓蚂蚁集团上市计划，也是出于维护金融消费者权益、保护广大投资者利益的需要。

（2）上市计划被暂缓后，蚂蚁集团面临的紧急问题，一是打新资金如何退回的问题（注：打新，就是用资金参与新股申购，如果中签的话，就买到了即将上市的股票）；二是如何应对一些基金公司已发行的与蚂蚁集团上市相关的基金的问题。根据《证券法》第24条规定，国务院证券监督管理机构或者国务院授权的部门对已作出的证券发行注册的决定，发现不符合法定条件或者法定程序，尚未发行证券的，应当予以撤销，停止发行。已经发行尚未上市的，撤销发行注册决定，发行人应当按照发行价并加算银行同期存款利息返还证券持有人。根据这条规定，蚂蚁集团应当按照发行价并加算银行同期存款利息返还证券持有人。

（3）上市计划被暂缓后，蚂蚁集团不仅前期为上市所花的费用（包括刚性费用和柔性费用）全都变成了沉没成本，无法在短期内得到弥补；而且后续还要面临有关监管部门调查，如调查发现问题，还要面临处罚。据中国新闻网2023年7月7日报道，2020年11月以来，从依法加强监管和有效防范风险的角度出发，金融管理部门督促指导蚂蚁集团、腾讯集团等大型平台企业全面整改金融活动中存在的违法违规问题。近期，针对蚂蚁集团及旗下机构过往年度在公司治理、金融消费者保护、参与银行保险机构业务活动、从事支付结算业务、履行反洗钱义务和开展基金销售业务等方面存在的违法违规行为，金融管理部门依据《中国人民银行法》《反洗钱法》《银行业监督管理法》《保险法》《证券投资基金法》《消费者权益保护法》等，对蚂蚁集团及旗下机构处以罚款（含没收违法所得）71.23亿元。要求蚂蚁集团关停违规开展的“相互宝”业务，并依法补偿消费者利益。

第二节　公司退市

公司退市是指公司的股票及其衍生品种退出证券交易所的公开交易。各证券交易所对公司退市都有明确的规定。本节关于公司退市的有关规定均节选自上海证券交易所（以下简称“交易所”）2023年2月17日发布的《上海证券交易所股票上市规则》（以下简称《上市规则》）。

一、关于公司退市的一般规定

（一）退市的分类

《上市规则》所称的退市包括强制终止上市（以下简称“强制退市”）和主动终止上市（以下简称“主动退市”）。强制退市分为交易类强制退市、财务类强制退市、规范类强制退市和重大违法类强制退市四类情形。

（二）风险警示及其分类

1. 上市公司出现财务状况异常情况或者其他异常情况，导致其股票存在被强制终止上市的风险，或者投资者难以判断公司前景，投资者权益可能受到损害，存在其他重大风险的，交易所对该公司股票实施风险警示。

2. 风险警示分为警示存在强制终止上市风险的风险警示（以下简称“退市风险警示”）和警示存在其他重大风险的其他风险警示。

（三）风险警示的标识

1. 上市公司股票被实施退市风险警示的，在公司股票简称前冠以“＊ST”字样；上市公司股票被实施其他风险警示的，在公司股票简称前冠以“ST”字样。

公司股票同时被实施退市风险警示和其他风险警示的，在公司股票简称前冠以“＊ST”字样。

2. 交易所设立风险警示板，上市公司股票被实施风险警示或者处于退市整理期的，进入该板进行交易。风险警示板的具体事项，由交易所另行规定。

（四）公司披露风险警示的信息

1. 上市公司存在股票被实施风险警示或者股票终止上市风险的，应当按照《上市规则》第九章相关规定披露风险提示公告。交易所可以视情况要求公司增加风险提示公告的披露次数。

2. 上市公司出现股票被实施风险警示情形的，应当按照《上市规则》第九章要求披露公司股票被实施风险警示的公告，公告应当包括实施风险警示的起始日、触及情形、实施风险警示的主要原因、董事会关于争取撤销风险警示的意见及具体措施、股票可能被终止上市的风险提示（如适用）、实施风险警示期间公司接受投资者咨询的主要方式以及交易所要求的其他内容。

（五）公司申请撤销风险警示

上市公司申请撤销风险警示的，应当向交易所提交申请书、董事会决议、符合撤销风险警示条件的说明及相应证明材料等文件。

（六）交易所撤销风险警示、终止股票上市、撤销终止股票上市的决定

1. 交易所上市审核委员会（以下简称“上市委员会”）对上市公司股票终止上市事宜进行审议，作出独立的专业判断并形成审议意见。交易所根据上市委员会的意见，作出是否终止股票上市的决定。

2. 交易所在作出是否撤销风险警示、终止股票上市决定、撤销对公司股票终止上市的决定前，可以要求上市公司提供补充材料，公司应当在交易所要求期限内提供补充材料，补充材料期间不计入交易所作出相关决定的期限。

公司未在交易所要求期限内提交补充材料的，交易所继续对相关事项进行审核，并按照《上市规则》作出相关决定。

交易所在作出是否撤销风险警示、终止股票上市决定、撤销对公司股票终止上市的决定前，可以自行或委托相关机构就公司有关情况进行调查核实，调查核实期间不计入交易所作出相关决定的期限。

（七）交易所作出终止股票上市决定后公司的信息披露

1. 交易所决定不对上市公司股票实施终止上市的，公司应当在收到交易所相关决定后及时公告。

2. 交易所作出上市公司股票终止上市决定的，在两个交易日内通知公司并发布相关公告，同时报中国证监会备案。

交易所决定对公司股票实施终止上市的，公司应当在收到交易所相关决定后，及时披露股票终止上市公告，公告应当包括终止上市的日期、终止上市决定的主要内容、终止上市后股票转让安排、公司联系方式等内容。

（八）公司股票被强制终止上市后的处理

1. 上市公司股票被交易所强制终止上市后，进入退市整理期，因触及交易类退市情形终止上市的除外。

2. 上市公司股票被强制终止上市后，应当聘请具有主办券商业务资格的证券公司，在交易所作出终止其股票上市决定后立即安排股票转入全国中小企业股份转让系统等证券交易场所进行股份转让相关事宜，保证公司股票在摘牌之日起 45 个交易日内可以转让。公司未聘请证券公司或者无证券公司接受其聘请的，交易所可以为其临时指定。

3. 上市公司股票被终止上市的，其发行的可转换公司债券及其他衍生品种应当终止上市。可转换公司债券及其他衍生品种终止上市事宜，参照股票终止上市的有关规定执行。交易所对可转换公司债券及其他衍生品种的终止上市事宜另有规定的，从其规定。

二、关于交易类强制退市的规定

（一）交易类强制退市的情形

1. 上市公司出现下列情形之一的，交易所决定终止其股票上市：

（1）在交易所仅发行 A 股股票的上市公司，连续 120 个交易日通过交易所交易系统实现的累计股票成交量低于 500 万股，或者连续 20 个交易日的每日股票收盘价均低于 1 元；

（2）在交易所仅发行 B 股股票的上市公司，连续 120 个交易日通过交易所交易系统实现的累计股票成交量低于 100 万股，或者连续 20 个交易日的每日股票收盘价均低于 1 元；

（3）在交易所既发行 A 股股票又发行 B 股股票的上市公司，其 A、B 股股票的成交量或者收盘价同时触及第（1）项和第（2）项规定的标准；

（4）上市公司股东数量连续 20 个交易日（不含公司首次公开发行股票上市之日起 20 个交易日）每日均低于 2000 人；

（5）上市公司连续 20 个交易日在交易所的每日股票收盘总市值均低于 3 亿元；

（6）交易所认定的其他情形。

2. 在交易所发行存托凭证的红筹企业出现下列情形之一的，交易所决定终止其存托凭证上市：

（1）连续 120 个交易日通过交易所交易系统实现的累计存托凭证成交量低于 500 万份；

（2）连续 20 个交易日每日存托凭证收盘价乘以存托凭证与基础股票转换比例后的数值（以下简称“基础股票数值”）均低于 1 元；

（3）连续 20 个交易日在交易所的每日存托凭证收盘市值均低于 3 亿元；

（4）交易所认定的其他情形。

以上所规定的交易日，不包含公司股票或者存托凭证的全天停牌日。

（二）公司对触及交易类强制退市前的风险提示

1. 在交易所仅发行A股股票的上市公司，出现连续90个交易日（不包含公司股票停牌日）通过交易所交易系统实现的累计股票成交量低于375万股的，应当在次一交易日发布公司股票可能被终止上市的风险提示公告，其后每个交易日披露1次，直至自上述起算时点起连续120个交易日（不包含公司股票停牌日）内通过交易所交易系统实现的累计成交量达到500万股以上或者交易所作出公司股票终止上市的决定之日止（以先达到的日期为准）。

2. 在交易所仅发行B股股票的上市公司，出现连续90个交易日（不包含公司股票停牌日）通过交易所交易系统实现的累计股票成交量低于75万股的，应当在次一交易日发布公司股票可能被终止上市的风险提示公告，其后每个交易日披露1次，直至自上述起算时点起连续120个交易日（不包含公司股票停牌日）内通过交易所交易系统实现的累计成交量达到100万股以上或者交易所作出公司股票终止上市的决定之日止（以先达到的日期为准）。

3. 在交易所既发行A股股票又发行B股股票的上市公司，其A、B股股票的成交量同时触及前两款规定的标准的，应当在次一交易日发布公司股票可能被终止上市的风险提示公告，其后每个交易日披露1次，直至自上述起算时点起连续120个交易日（不包含公司股票停牌日）内A股股票通过交易所交易系统实现的累计成交量达到500万股以上或者B股股票通过交易所交易系统实现的累计成交量达到100万股以上，或者交易所作出公司股票终止上市的决定之日止（以先达到的日期为准）。

4. 在交易所发行存托凭证的红筹企业出现连续90个交易日（不包含公司存托凭证停牌日）通过交易所交易系统实现的累计存托凭证成交量低于375万份的，应当在次一交易日发布公司存托凭证可能被终止上市的风险提示公告，其后每个交易日披露1次，直至自上述起算时点起连续120个交易日（不包含公司存托凭证停牌日）内通过交易所交易系统实现的累计成交量达到500万份以上或者交易所作出公司存托凭证终止上市的决定之日止（以先达到的日期为准）。

5. 在交易所仅发行A股股票或者B股股票的上市公司，首次出现股票收盘价低于1元的，应当在次一交易日发布公司股票可能被终止上市的风险提示公告；出现连续10个交易日（不包含公司股票停牌日）每日股票收盘价均低于1元的，应当在次一交易日发布公司股票可能被终止上市的风险提示公告，其后每个交易日披露1次，直至公司股票收盘价低于1元的情形消除或者交易所作出公司股票终止上市的决定之日止（以先达到的日期为准）。

6. 在交易所既发行A股股票又发行B股股票的上市公司，其A、B股股票首次同时出现股票收盘价均低于1元的，应当在次一交易日发布公司股票可能被终止上市的风险提示公告；A、B股股票同时出现连续10个交易日（不包含公司股票停牌日）每日股票收盘价均低于1元的，应当在次一交易日发布公司股票可能被终止上市的风险提示公告，其后每个交易日披露1次，直至公司A、B股股票收盘价均低于1元的情形消除或者交易所作出公司股票终止上市的决定之日止（以先达到的日期为准）。

7. 在交易所发行存托凭证的红筹企业首次出现基础股票数值低于1元的，应当在次一交易日发布公司股票可能被终止上市的风险提示公告；出现连续10个交易日（不包含公司存托凭证停牌日）每日基础股票数值均低于1元的，应当在次一交易日发布公司存托凭证可能被终止上市的风险提示公告，其后每个交易日披露1次，直至红筹企业基础股票数值低于1元的情形消除或者交易所作出红筹企业存托凭证终止上市的决定之日止（以先达到的日期为准）。

8. 上市公司股东数量连续10个交易日（不含公司首次公开发行股票上市之日起20个交易日和公司股票停牌日）每日均低于2000人的，应当在次一交易日发布公司股票可能被终止上市的风险提示公告，其后每个交易日披露1次，直至公司股东数量低于2000人的情形消除或者交易所作出公司股票终止上市的决定之日止（以先达到的日期为准）。

9. 上市公司连续10个交易日（不含公司股票停牌日）在交易所的每日股票收盘总市值均低于3亿元，或者发行存托凭证的红筹企业连续10个交易日（不含存托凭证停牌日）在交易所的每日存托凭证收盘市值均低于3亿元的，应当在次一交易日发布公司股票或者存托凭证可能被终止上市的风险提示公告，其后每个交易日披露1次，直至公司股票收盘总市值或者存托凭证收盘市值低于3亿元的情形消除或者交易所作出公司股票或者存托凭证终止上市的决定之日止（以先达到的日期为准）。

（三）交易所作出交易类强制退市的决定

1. 上市公司出现上述交易类强制退市的情形第1条规定情形之一的，其股票及其衍生品种自该情形出现的次一交易日起开始停牌。红筹企业出现上述交易类强制退市的情形第2条规定情形之一的，其存托凭证自该情形出现的次一交易日起开始停牌。

2. 交易所自公司触及上述交易类强制退市的情形之后5个交易日内，向公司发出拟终止其股票或者存托凭证上市的事先告知书。公司应当在收到交易所事先告知书后及时披露。

3. 交易所自上市公司触及上述交易类强制退市的情形之日后15个交易日内，根据上市委员会的审议意见，作出是否终止公司股票或者存托凭证上市的决定。公司向交易所申请听证的，自交易所收到公司听证申请至听证程序结束期间不计入前述期限。

4. 交易所决定不对上市公司股票实施终止上市的，公司应当在收到交易所相关决定后，及时披露并申请股票及其衍生品种复牌。

5. 交易所在公告上市公司股票终止上市决定之日后5个交易日内对其予以摘牌，公司股票终止上市。

三、关于财务类强制退市的规定

（一）交易所对公司股票实施退市风险警示的情形

上市公司最近一个会计年度经审计的财务会计报告相关财务指标触及《上市规则》规定的财务类强制退市情形的，交易所对其股票实施退市风险警示。

1. 上市公司出现下列情形之一的，交易所对其股票实施退市风险警示：

（1）最近一个会计年度经审计的净利润为负值且营业收入低于1亿元，或追溯重述后最近一个会计年度净利润为负值且营业收入低于1亿元；

（2）最近一个会计年度经审计的期末净资产为负值，或追溯重述后最近一个会计年度期末净资产为负值；

（3）最近一个会计年度的财务会计报告被出具无法表示意见或否定意见的审计报告；

（4）中国证监会行政处罚决定书表明公司已披露的最近一个会计年度经审计的年度报

告存在虚假记载、误导性陈述或者重大遗漏，导致该年度相关财务指标实际已触及第（1）项、第（2）项情形的；

（5）交易所认定的其他情形。

2. 以上所述“净利润”以扣除非经常性损益前后孰低为准，所述“营业收入”应当扣除与主营业务无关的业务收入和不具备商业实质的收入。

公司最近一个会计年度经审计的扣除非经常性损益前后的净利润孰低者为负值的，公司应当在年度报告或者更正公告中披露营业收入扣除情况及扣除后的营业收入金额；负责审计的会计师事务所应当就公司营业收入扣除事项是否符合上述规定及扣除后的营业收入金额出具专项核查意见。

公司未按上述规定扣除相关收入的，交易所可以要求公司扣除，并按照扣除后营业收入金额决定是否对公司股票实施退市风险警示。

（二）公司发布股票可能被实施退市风险警示的风险提示公告

1. 上市公司预计将出现上述交易所对公司股票实施退市风险警示的情形之一的，应当在相应的会计年度结束后一个月内，发布股票可能被实施退市风险警示的风险提示公告，并在披露年度报告前至少再发布两次风险提示公告。

2. 公司预计因追溯重述导致可能出现上述交易所对公司股票实施退市风险警示的情形的第（1）项、第（2）项情形的，或者可能出现上述交易所对公司股票实施退市风险警示的情形的第（4）项情形的，应当在知悉相关风险情况时，及时发布股票可能被实施退市风险警示的风险提示公告。

（三）公司向交易所报告触及股票被实施退市风险警示情形的事项

1. 上市公司出现上述交易所对公司股票实施退市风险警示的情形的第（1）项至第（3）项情形的，应当在董事会审议通过年度报告或者财务会计报告更正事项后及时向交易所报告，提交董事会的书面意见。公司股票及其衍生品种于年度报告或者财务会计报告更正公告披露日起开始停牌。披露日为非交易日的，于次一交易日起开始停牌。

2. 上市公司出现上述交易所对公司股票实施退市风险警示的情形的第（4）项情形的，应当在收到行政处罚决定书后及时向交易所报告，提交董事会的书面意见。公司股票及其衍生品种于行政处罚决定书披露日起开始停牌。披露日为非交易日的，于次一交易日起开始停牌。

（四）交易所实施退市风险警示

1. 公司根据上述关于营业收入扣除的规定纠正前期营业收入扣除事项或交易所根据上述关于营业收入扣除的规定要求公司扣除相关营业收入，且扣除后公司触及上述交易所规定的退市风险警示情形的，公司应当立即披露纠正情况或在收到交易所通知的次一交易日披露有关内容，公司股票于公告披露日起停牌。披露日为非交易日的，于次一交易日起停牌。

2. 交易所在公司股票及其衍生品种停牌之日后5个交易日内，根据实际情况，对公司股票实施退市风险警示。公司应当按照交易所要求在其股票被实施退市风险警示之前一个交易日作出公告。公司股票及其衍生品种自公告披露日后的次一交易日起复牌。自复牌之日起，交易所对公司股票实施退市风险警示。

（五）公司发布股票被实施退市风险警示的风险提示公告

1. 上市公司股票因出现上述交易所对公司股票实施退市风险警示情形的第（1）项至第（3）项情形被实施退市风险警示的，公司应当在其股票被实施退市风险警示当年的会计年度结束后一个月内，发布股票可能被终止上市的风险提示公告，并在披露该年年度报告前至少再发布两次风险提示公告。

2. 公司因追溯重述导致触及上述交易所对公司股票实施退市风险警示情形的第（1）项、第（2）项情形，或者因上述交易所对公司股票实施退市风险警示情形的第（4）项情形，股票被实施退市风险警示的，应当在披露年度报告前至少发布两次股票可能被终止上市的风险提示公告。

（六）公司申请撤销退市风险警示

1. 上市公司股票被实施退市风险警示后，公司同时满足下列条件的，可以在年度报告披露后5个交易日内，向交易所申请撤销对其股票实施的退市风险警示：

（1）最近一个会计年度经审计的财务会计报告不存在上述交易所对公司股票实施退市风险警示情形的第（1）项至第（3）项中的任一情形；

（2）最近一个会计年度经审计的财务会计报告未被出具保留意见审计报告；

（3）已在法定期限内披露最近一年年度报告；

（4）超过半数董事保证公司所披露年度报告的真实性、准确性和完整性。

2. 上市公司股票因触及上述交易所对公司股票实施退市风险警示情形而被实施退市风险警示的，在退市风险警示期间，公司根据中国证监会相关规定进行重大资产重组且同时满足以下条件的，可以向交易所申请撤销对其股票实施的退市风险警示：

（1）根据中国证监会有关上市公司重大资产重组规定，出售全部经营性资产和负债，同时购买其他资产且已实施完毕；

（2）通过购买进入公司的资产是一个完整经营主体，该经营主体在进入公司前已在同一管理层之下持续经营3年以上；

（3）会计师事务所出具专项说明显示，预计公司完成重大资产重组当年的年度财务会计报告符合《上市规则》规定的撤销退市风险警示条件；

（4）已披露完成重大资产重组后的最近一期定期报告；

（5）交易所规定的其他条件。

3. 上市公司向交易所申请撤销对其股票实施的退市风险警示时，应当同时作出公告。

4. 交易所自收到公司申请之日后10个交易日内，根据实际情况，决定是否撤销对其股票实施的退市风险警示。

5. 交易所决定撤销退市风险警示的，上市公司应当按照交易所要求在撤销退市风险警示之前一个交易日作出公告。公司股票及其衍生品种于公告日停牌一天。自复牌之日起，交易所撤销对公司股票实施的退市风险警示。

6. 交易所决定不予撤销退市风险警示的，上市公司应当在收到交易所有关书面通知后的次一交易日发布公司股票可能被终止上市的风险提示公告。公司未按规定公告的，交易所可以向市场公告。

（七）交易所决定终止公司股票上市

1. 上市公司股票被实施退市风险警示后，公司出现下列情形之一的，交易所决定终止其股票上市：

（1）公司披露的最近一个会计年度经审计的财务会计报告存在上述交易所对公司股票实施退市风险警示情形的第（1）项至第（3）项中的任一情形或财务会计报告被出具保留意见审计报告；

（2）公司未在法定期限内披露最近一年年度报告；

（3）公司未在规定的期限内向交易所申请撤销退市风险警示；

（4）半数以上董事无法保证公司所披露最近一年年度报告的真实性、准确性和完整性，且未在法定期限内改正；

（5）公司撤销退市风险警示申请未被交易所同意。

2. 上市公司最近连续两个会计年度经审计的财务会计报告相关财务指标触及《上市规则》规定的财务类强制退市情形的，交易所决定终止其股票上市。

四、关于规范类强制退市的规定

（一）规范类强制退市的情形

1. 上市公司出现下列情形之一的，交易所对其股票实施退市风险警示：

（1）因财务会计报告存在重大会计差错或者虚假记载，被中国证监会责令改正但公司未在规定期限内改正，公司股票及其衍生品种自前述期限届满的次一交易日起停牌，此后公司在股票及其衍生品种停牌两个月内仍未改正；

（2）未在法定期限内披露半年度报告或者经审计的年度报告，公司股票及其衍生品种自前述期限届满的次一交易日起停牌，此后公司在股票及其衍生品种停牌两个月内仍未披露；

（3）因半数以上董事无法保证公司所披露半年度报告或年度报告的真实性、准确性和完整性，且未在法定期限内改正，公司股票及其衍生品种自前述期限届满的次一交易日起停牌，此后公司在股票及其衍生品种停牌两个月内仍未改正；

（4）因信息披露或者规范运作等方面存在重大缺陷，被交易所要求限期改正但公司未在规定期限内改正，公司股票及其衍生品种自前述期限届满的次一交易日起停牌，此后公司在股票及其衍生品种停牌两个月内仍未改正；

（5）因公司股本总额、股权分布发生变化，导致连续 20 个交易日不再具备上市条件，公司股票及其衍生品种自前述期限届满的次一交易日起停牌，此后公司在股票及其衍生品种停牌一个月内仍未解决；

（6）公司可能被依法强制解散；

（7）法院依法受理公司重整、和解和破产清算申请；

（8）交易所认定的其他情形。

2. 上述规范类强制退市情形的第（4）项情形规定的信息披露或者规范运作等方面存在重大缺陷，具体包括以下情形：

（1）交易所失去公司有效信息来源；

（2）公司拒不披露应当披露的重大信息；

（3）公司严重扰乱信息披露秩序，并造成恶劣影响；

（4）交易所认为公司存在信息披露或者规范运作重大缺陷的其他情形。

3. 对于公司是否触及前述情形，交易所可以提请上市委员会审议，并根据上市委员会的审议意见作出认定。

（二）公司披露股票被实施退市风险警示的公告

1. 上市公司出现上述规范类强制退市情形的第（1）项至第（4）项情形之一的，公司应在股票及其衍生品种停牌两个月届满的次一交易日披露股票被实施退市风险警示的公告。公司股票及其衍生品种自公告披露日后的次一交易日起复牌。自复牌之日起，交易所对公司股票实施退市风险警示。

停牌期间，公司应当至少发布 3 次风险提示公告。停牌期间前述情形消除的，公司应当及时披露并申请股票及其衍生品种复牌。

2. 上市公司出现上述规范类强制退市情形的第（5）项情形的，公司应在股票及其衍生品种自停牌一个月届满的次一交易日披露股票被实施退市风险警示的公告。公司股票及其衍生品种自公告披露日后的次一交易日起复牌。自复牌之日起，交易所对公司股票实施退市风险警示。

停牌期间，公司应当至少发布 3 次风险提示公告。停牌期间股本总额、股权分布重新具备上市条件的，公司应当及时披露并申请股票及其衍生品种复牌。

3. 上市公司出现上述规范类强制退市情形的第（6）项至第（8）项情形之一的，应当及时披露相关情况，公司股票及其衍生品种自该情形出现的次一交易日起停牌。交易所在停牌之日后 5 个交易日内，根据实际情况，对公司股票实施退市风险警示。

公司应当按照交易所要求在其股票被实施退市风险警示之前一个交易日作出公告。公司股票及其衍生品种自公告披露日后的次一交易日起复牌。自复牌之日起，交易所对公司股票实施退市风险警示。

4. 上市公司股票因出现上述规范类强制退市情形的第（1）项至第（6）项情形之一被实施退市风险警示的，在股票被实施退市风险警示期间，公司应当每 5 个交易日披露一次风险提示公告，提示公司股票可能终止上市的风险。

5. 上市公司股票因出现上述规范类强制退市情形的第（7）项情形而被实施退市风险警示的，公司应当分阶段及时披露法院裁定批准公司重整计划、和解协议或者终止重整、和解程序等重整事项的进展，并充分提示相关风险。上市公司破产重整的停牌与复牌应当遵守交易所相关规定。

（三）公司申请撤销退市风险警示

1. 上市公司股票因出现上述规范类强制退市情形的第（1）项至第（6）项情形之一被实施退市风险警示后，符合下列对应条件的，可以向交易所申请撤销对其股票实施的退市风险警示：

（1）因出现上述规范类强制退市情形的第（1）项情形被实施退市风险警示之日后两个月内，披露经改正的财务会计报告；

（2）因出现上述规范类强制退市情形的第（2）项情形被实施退市风险警示之日后两个月内，披露相关半年度报告或者经审计的年度报告，且不存在半数以上董事无法保证真实性、准确性和完整性的情形；

（3）因出现上述规范类强制退市情形的第（3）项情形被实施退市风险警示之日后两个月内，超过半数董事保证公司所披露半年度报告或年度报告的真实性、准确性和完整性；

（4）因出现上述规范类强制退市情形的第（4）项情形被实施退市风险警示之日后两个月内，公司已按要求完成整改，具备健全的治理结构，运作规范，信息披露和内控制度无重大缺陷；

（5）因出现上述规范类强制退市情形的第（5）项情形被实施退市风险警示之日后六个月内，解决股本总额、股权分布问题，股本总额、股权分布重新具备上市条件；

（6）因出现上述规范类强制退市情形的第（6）项情形被实施退市风险警示后，公司可能被依法强制解散的情形已消除。

2. 上市公司股票因出现上述规范类强制退市情形的第（7）项情形被实施退市风险警示后，符合下列条件之一的，公司可以向交易所申请撤销对其股票实施的退市风险警示：

（1）重整计划执行完毕；

（2）和解协议执行完毕；

（3）法院受理破产申请后至破产宣告前，依据《中华人民共和国企业破产法》（以下简称《企业破产法》）作出驳回破产申请的裁定，且申请人在法定期限内未提起上诉；

（4）因公司已清偿全部到期债务、第三人为公司提供足额担保或者清偿全部到期债务，法院受理破产申请后至破产宣告前，依据《企业破产法》作出终结破产程序的裁定。

公司因以上第（1）项和第（2）项规定情形向交易所申请撤销对其股票实施的退市风险警示，应当提交法院指定管理人出具的监督报告、律师事务所出具的对公司重整计划或和解协议执行情况的法律意见书，以及交易所要求的其他说明文件。

3. 公司向交易所申请撤销对其股票实施的退市风险警示，应当作出公告。

（四）交易所作出是否撤销退市风险警示的决定

1. 交易所自收到公司申请之日后10个交易日内，根据实际情况，决定是否撤销对其股票实施的退市风险警示。

2. 交易所决定撤销退市风险警示的，上市公司应当按照交易所要求在撤销退市风险警示之前一个交易日作出公告。公司股票及其衍生品种于公告披露日停牌一天。自复牌之日起，交易所撤销对公司股票实施的退市风险警示。

3. 交易所决定不予撤销退市风险警示的，上市公司应当在收到交易所有关书面通知后的次一交易日发布公司股票可能被终止上市的风险提示公告。公司未按规定公告的，交易所可以向市场公告。

（五）交易所决定终止公司股票上市

1. 上市公司出现下列情形之一的，交易所决定终止其股票上市：

（1）公司股票因出现上述规范类强制退市情形的第（1）项情形被实施退市风险警示之日后两个月内，仍未披露经改正的财务会计报告；

（2）公司股票因出现上述规范类强制退市情形的第（2）项情形被实施退市风险警示之日后两个月内，仍未披露符合要求的年度报告或者半年度报告；

（3）公司股票因出现上述规范类强制退市情形的第（3）项情形被实施退市风险警示之日后两个月内，半数以上董事仍然无法保证公司所披露半年度报告或年度报告的真实性、准确性和完整性；

（4）公司股票因出现上述规范类强制退市情形的第（4）项情形被实施退市风险警示之日后两个月内，仍未按要求完成整改；

（5）公司股票因出现上述规范类强制退市情形的第（5）项情形被实施退市风险警示之日后六个月内，仍未解决股本总额、股权分布问题；

（6）公司股票因出现上述规范类强制退市情形的第（6）项、第（7）项情形被实施退市风险警示后，公司依法被吊销营业执照、被责令关闭或者被撤销等强制解散条件成就，或者法院裁定公司破产；

（7）公司未在规定期限内向交易所申请撤销退市风险警示；

（9）公司撤销退市风险警示申请未被交易所同意。

2. 交易所自上市公司触及上述终止其股票上市情形之日后15个交易日内，根据上市委员会的审议意见，作出是否终止公司股票上市的决定。公司向交易所申请听证的，自交易所收到公司听证申请至听证程序结束期间不计入前述期限。

3. 交易所决定不对上市公司股票实施终止上市的，公司应当在收到交易所相关决定后，及时披露并申请股票及其衍生品种复牌。公司股票不存在其他退市风险警示情形的，自复牌之日起，交易所撤销对公司股票实施的退市风险警示。

五、关于重大违法类强制退市的规定

（一）重大违法类强制退市包括的情形

重大违法类强制退市包括下列情形：

（1）上市公司存在欺诈发行、重大信息披露违法或者其他严重损害证券市场秩序的重大违法行为，且严重影响上市地位，其股票应当被终止上市的情形；

（2）上市公司存在涉及国家安全、公共安全、生态安全、生产安全和公众健康安全等领域的违法行为，情节恶劣，严重损害国家利益、社会公共利益，或者严重影响上市地位，其股票应当被终止上市的情形。

（二）交易所决定终止公司股票上市的情形

1. 上市公司涉及上述重大违法类强制退市情形的第（1）项规定的重大违法行为，存在下列情形之一的，由交易所决定终止其股票上市：

（1）公司首次公开发行股票申请或者披露文件存在虚假记载、误导性陈述或者重大遗漏，被中国证监会依据《证券法》第一百八十一条作出行政处罚决定，或者被人民法院依据《刑法》第一百六十条作出有罪生效判决；

（2）公司发行股份购买资产并构成重组上市，申请或者披露文件存在虚假记载、误导性陈述或者重大遗漏，被中国证监会依据《证券法》第一百八十一条作出行政处罚决定，或者被人民法院依据《刑法》第一百六十条作出有罪生效判决；

（3）公司披露的年度报告存在虚假记载、误导性陈述或者重大遗漏，根据中国证监会行政处罚决定认定的事实，导致2015年度至2020年度内的任意连续会计年度财务类指标已实际触及相应年度的终止上市情形，或者导致2020年度及以后年度的任意连续会计年度财务类指标已实际触及《上市规则》规定的终止上市情形；

（4）根据中国证监会行政处罚决定认定的事实，公司披露的营业收入连续2年均存在虚假记载，虚假记载的营业收入金额合计达到5亿元以上，且超过该2年披露的年度营业收入合计金额的50%；或者公司披露的净利润连续2年均存在虚假记载，虚假记载的净利润金额合计达到5亿元以上，且超过该2年披露的年度净利润合计金额的50%；或者公司披露的利润总额连续2年均存在虚假记载，虚假记载的利润总额金额合计达到5亿元以上，且超过该2年披露的年度利润总额合计金额的50%；或者公司披露的资产负债表连续2年均存在虚假记载，资产负债表虚假记载金额合计达到5亿元以上，且超过该2年披露的年度期末净资产合计金额的50%（计算前述合计数时，相关财务数据为负值的，则先取其绝对值再合计计算；本项情形以2020年度作为首个起算年度）；

（5）交易所根据上市公司违法行为的事实、性质、情节及社会影响等因素认定的其他严重损害证券市场秩序的情形。

上述第（1）项、第（2）项统称欺诈发行强制退市情形，第（3）项至第（5）项统称重大信息披露违法强制退市情形。

2. 上市公司涉及上述重大违法类强制退市情形的第（2）项规定的重大违法行为，存在下列情形之一的，由交易所决定终止其股票上市：

（1）上市公司或其主要子公司被依法吊销营业执照、责令关闭或者被撤销；

（2）上市公司或其主要子公司被依法吊销主营业务生产经营许可证，或者存在丧失继续生产经营法律资格的其他情形；

（3）交易所根据上市公司重大违法行为损害国家利益、社会公共利益的严重程度，结合公司承担法律责任类型、对公司生产经营和上市地位的影响程度等情形，认为公司股票应当终止上市的。

（三）上市公司可能触及重大违法类强制退市情形的风险提示

1. 上市公司可能触及重大违法类强制退市情形的，应当于知悉相关行政机关行政处罚事先告知书或者人民法院作出司法裁判当日，及时披露有关内容，并就其股票可能被实施重大违法类强制退市进行特别风险提示。公司股票及其衍生品种于公告披露日停牌一天，公告披露日为非交易日的，自披露日后的第一个交易日停牌一天。自复牌之日起，交易所对公司股票实施退市风险警示。

2. 公司股票被实施退市风险警示期间，公司应当每5个交易日披露一次相关事项进展情况，并就公司股票可能被实施重大违法类强制退市进行特别风险提示。

（四）公司在股票被实施退市风险警示期间的应对措施

1. 上市公司在股票被实施退市风险警示期间，收到相关行政机关相应行政处罚决定或者人民法院生效司法裁判，未触及《上市规则》规定的重大违法类强制退市情形，且不存在其他退市风险警示情形的，应当及时披露有关内容，公司股票及其衍生品种于公告披露日停牌一天，公告披露日为非交易日的，于披露日后的次一交易日停牌一天。自复牌之日起，交易所撤销对公司股票实施的退市风险警示。

2. 上市公司在股票被实施退市风险警示期间，收到相关行政机关相应行政处罚决定或者人民法院生效司法裁判，可能触及《上市规则》规定的重大违法类强制退市情形的，应当向交易所申请股票及其衍生品种停牌，并及时披露有关内容，就其股票可能被实施重大违法类强制退市进行特别风险提示。公司股票及其衍生品种自公告披露日起停牌；公告披露日为非交易日的，自披露日后的次一交易日起停牌。

3. 交易所在公司披露或者交易所向市场公告相关行政机关行政处罚决定或者人民法院生效司法裁判后5个交易日内，向公司发出拟终止其股票上市的事先告知书，公司应当在收到交易所事先告知书后及时披露。

（五）交易所作出是否终止公司股票上市的决定

1. 上市公司可能触及本节规定的重大违法类强制退市情形的，交易所在公司披露或者交易所向市场公告相关行政机关行政处罚决定或者人民法院生效司法裁判后 15 个交易日内，作出是否终止公司股票上市的决定。公司向交易所申请听证的，自交易所收到公司听证申请至听证程序结束期间不计入前述期限。

2. 交易所上市委员会对上市公司是否触及重大违法类强制退市情形并终止上市进行审议，作出独立的专业判断并形成审议意见。交易所根据上市委员会的审议意见，作出公司股票是否终止上市的决定。

3. 交易所决定不对上市公司股票实施重大违法类强制退市的，公司应当在收到交易所相关决定后，及时披露并申请股票及其衍生品种复牌。公司股票不存在其他退市风险警示情形的，自复牌之日起，交易所撤销对公司股票实施的退市风险警示。

六、关于退市整理期的规定

（一）公司进入退市整理期后的股票交易

1. 上市公司股票被交易所作出强制终止上市决定后，自交易所公告终止上市决定之日后 5 个交易日届满的次一交易日复牌，进入退市整理期交易，并在股票简称前冠以“退市”标识。

交易类强制退市公司股票和主动退市公司股票不进入退市整理期交易。

2. 退市整理期的交易期限为 15 个交易日。上市公司股票及其衍生品种在退市整理期内全天停牌的，停牌期间不计入退市整理期，但停牌天数累计不得超过 5 个交易日。累计停牌达到 5 个交易日后，交易所不再接受公司的停牌申请；公司未在累计停牌期满前申请复牌的，交易所于累计停牌期满后的次一交易日恢复公司股票交易。

3. 上市公司有限售条件股份的限售期限在退市整理期间连续计算。限售期限未届满的，相关股份在退市整理期内不得流通。

4. 上市公司股票进入退市整理期的，公司及相关信息披露义务人仍应当遵守法律、行政法规、部门规章、其他规范性文件、本规则及交易所其他规定，并履行相关义务。

（二）公司披露股票终止上市公告

1. 上市公司应当在收到交易所关于终止其股票上市的决定后及时披露股票终止上市公告，并同时披露其股票进入退市整理期交易相关情况。相关公告应至少包括如下内容：

（1）终止上市的股票种类、证券简称、证券代码；

（2）终止上市决定的主要内容；

（3）终止上市后公司股票登记、转让和管理事宜；

（4）终止上市后公司的联系人、联系地址、电话和其他通讯方式；

（5）公司股票在退市整理期间的证券代码、证券简称及涨跌幅限制；

（6）公司股票退市整理期交易期限及预计最后交易日期；

（7）公司股票在退市整理期交易期间公司将不筹划或者实施重大资产重组事项的说明；

（8）交易所要求披露的其他内容。

2. 上市公司应当于退市整理期交易首日，发布公司股票已被交易所作出终止上市决定的风险提示公告，说明公司股票在退市整理期交易的起始日和终止日等事项。

公司应当在退市整理期前10个交易日内，每5个交易日发布一次股票将被终止上市的风险提示公告，在最后5个交易日内每日发布一次股票将被终止上市的风险提示公告。

3. 退市整理股票在一段时期内偏离同期可比指数涨跌幅较大，且期间上市公司未有重大事项公告的，交易所可以要求上市公司进行停牌核查。上市公司应当对公司信息披露情况和相关媒体报道、传闻等进行核查，并及时予以公告。

4. 上市公司应当在其股票的退市整理期届满当日再次发布终止上市公告，对公司股票进入全国中小企业股份转让系统等证券交易场所的具体事宜，包括拟进入的市场名称、进入日期、股份重新确认、登记、托管等股票终止上市后续安排作出说明。

5. 上市公司在退市整理期间对外发布公告时，应当在公告的“重要提示”中特别说明：“本公司股票将在退市整理期交易15个交易日，截至本公告日已交易XX个交易日，剩余YY个交易日，交易期满将被终止上市，敬请投资者审慎投资、注意风险”。

（三）交易所终止公司股票上市

退市整理期届满后5个交易日内，交易所对上市公司股票予以摘牌，公司股票终止上市。

七、关于主动退市的规定

（一）公司申请主动退市的情形

1. 上市公司出现下列情形之一的，可以向交易所申请主动终止上市：

（1）公司股东大会决议主动撤回其股票在交易所的交易，并决定不再在交易所交易；

（2）公司股东大会决议主动撤回其股票在交易所的交易，并转而申请在其他交易场所交易或转让；

（3）公司向所有股东发出回购全部股份或部分股份的要约，导致公司股本总额、股权分布等发生变化不再具备上市条件；

（4）公司股东向所有其他股东发出收购全部股份或部分股份的要约，导致公司股本总额、股权分布等发生变化不再具备上市条件；

（5）除公司股东外的其他收购人向所有股东发出收购全部股份或部分股份的要约，导致公司股本总额、股权分布等发生变化不再具备上市条件；

（6）公司因新设合并或者吸收合并，不再具有独立主体资格并被注销；

（7）公司股东大会决议公司解散；

（8）中国证监会和交易所认可的其他主动终止上市情形。

2. 已在交易所发行A股和B股股票的上市公司，根据上述可以向交易所申请主动终止上市的情形申请主动终止上市的，应当申请其A、B股股票同时终止上市，但存在特殊情况的除外。

（二）公司申请主动退市的流程

1. 上述可以向交易所申请主动终止上市的情形的第（1）项、第（2）项规定的股东大会决议事项，除须经出席会议的全体股东所持有效表决权的2/3以上通过外，还须经出席会议的除下列股东以外的其他股东所持有效表决权的2/3以上通过：

（1）上市公司的董事、监事和高级管理人员；

（2）单独或者合计持有上市公司5%以上股份的股东。

2. 上市公司应当在上述可以向交易所申请主动终止上市的情形的第（1）项、第（2）项规定的股东大会召开通知发布之前，充分披露主动终止上市方案、退市原因及退市后的发展战略，包括并购重组安排、经营发展计划、重新上市安排、异议股东保护的专项说明等。

独立董事应当就上述事项是否有利于公司长远发展和全体股东利益充分征询中小股东意见，在此基础上发表独立意见，独立董事意见应当与股东大会召开通知一并公告。

公司应当聘请财务顾问和律师为主动终止上市提供专业服务，发表专业意见并与股东大会召开通知一并公告。

股东大会对主动终止上市事项进行审议后，公司应当及时披露股东大会决议公告，说明议案的审议及通过情况。

3. 上市公司因上述可以向交易所申请主动终止上市的情形的第（3）项至第（7）项规定的回购、收购、公司合并以及自愿解散等情形引发主动终止上市的，应当遵守《公司法》《证券法》《上市公司收购管理办法》《上市公司重大资产重组管理办法》等有关规定及交易所业务规则，严格履行决策、实施程序和信息披露义务，并及时向交易所申请公司股票及其衍生品种停牌或复牌。

4. 上市公司根据上述可以向交易所申请主动终止上市的情形的第（1）项、第（2）项规定情形申请主动终止上市的，应当向交易所申请其股票及其衍生品种自股东大会股权登记日的次一交易日起停牌，并于股东大会作出终止上市决议后15个交易日内，向交易所提交主动终止上市申请。

5. 公司因上述可以向交易所申请主动终止上市的情形的第（3）项至第（7）项规定情形引发主动终止上市的，公司应当按照相关规定，及时向交易所提交主动终止上市申请。

6. 公司应当在提出申请后，及时发布相关公告。

7. 上市公司向交易所提出主动终止上市申请的，至少应当提交以下文件：

（1）主动终止上市申请书；

（2）董事会决议及独立董事意见（如适用）；

（3）股东大会决议（如适用）；

（4）主动终止上市的方案；

（5）主动终止上市后去向安排的说明；

（6）异议股东保护的专项说明；

（7）财务顾问出具的关于公司主动终止上市的专项意见；

（8）律师出具的关于公司主动终止上市的专项法律意见；

（9）交易所要求的其他材料。

8. 上市公司主动终止上市事项未获股东大会审议通过的，公司应当及时向交易所申请其股票及其衍生品种自股东大会决议公告之日起复牌。

9. 交易所在收到上市公司提交的主动终止上市申请文件之日后5个交易日内，作出是否受理的决定并通知公司。公司应当在收到决定后及时披露决定的有关内容，并发布其股票是否可能终止上市的风险提示公告。

10. 交易所在受理上市公司主动终止上市申请之日后15个交易日内，作出是否同意其股票终止上市的决定。在此期间，交易所要求公司提供补充材料的，公司提供补充材料期间不计入上述作出有关决定的期限，但累计不得超过 30 个交易日。

11. 交易所上市委员会对上市公司股票主动终止上市事宜进行审议，重点从保护投资者特别是中小投资者合法权益的角度，在审查上市公司决策程序合规性的基础上，作出独立的专业判断并形成审议意见。

12. 交易所根据上市委员会的审议意见，作出是否终止股票上市的决定。

第三节 公司重新上市

一、重新上市的一般规定

1. 上市公司在其股票终止上市后，申请其股票重新上市的，应当符合证交所规定的重新上市条件，证交所依据《股票上市规则》规定的程序审议和决定其股票重新上市事宜。

2. 公司申请重新上市，应当及时、公平地披露或者申报信息，并保证所披露或者申报信息的真实、准确、完整，不得有虚假记载、误导性陈述或者重大遗漏。

公司董事、监事和高级管理人员应当勤勉尽责，保证公司所披露或者申报信息的及时、公平、真实、准确、完整，并声明承担相应的法律责任。

3. 保荐人及其保荐代表人应当勤勉尽责、诚实守信，认真履行审慎核查和辅导义务，并声明对其所出具文件的真实性、准确性、完整性承担相应的法律责任。

为公司重新上市提供有关文件或者服务的其他中介机构和人员，应当严格履行职责，并声明对所出具文件的真实性、准确性和完整性承担责任。

4. 证交所同意公司股票重新上市的决定，不表明对该股票的投资价值或者投资者的收益作出实质性判断或者保证。投资者应自行承担投资风险。

二、重新上市的申请

1. 上市公司的股票被终止上市后，其终止上市情形（不包括交易类终止上市情形）已消除，且同时符合下列条件的，可以向证交所申请重新上市：

（1）符合《证券法》、中国证监会规定的发行条件；

（2）公司股本总额不低于 5000 万元；

（3）社会公众股东持有的股份占公司股份总数的比例达到 25% 以上；公司股本总额超过 4 亿元的，社会公众股东持有的股份的比例为 10% 以上；

（4）市值及财务指标符合证交所《股票上市规则》规定的相应标准；

（5）公司董事、监事和高级管理人员具备法律法规、证交所相关规定及公司章程规定的任职资格，且不存在影响其任职的情形；

（6）证交所要求的其他条件。

上述第（5）项所称“影响其任职的情形”，包括：①被中国证监会采取证券市场禁入措施，期限尚未届满；②最近 36 个月内受到中国证监会行政处罚，或者最近 12 个月内受到证券交易场所公开谴责；③因涉嫌犯罪被司法机关立案侦查或者涉嫌违法违规被中国证监会立案调查，尚未有明确结论意见；④证交所规定的其他情形。

2. 主动退市公司可以随时向证交所提出重新上市申请。

3. 强制退市公司向证交所申请重新上市的，其申请时间应当符合下列规定：

（1）因市场交易类指标强制退市的公司，自其股票进入全国中小企业股份转让系统等证券交易场所转让之日起满 3 个月；

（2）因欺诈发行被实施重大违法类强制退市的公司，其股票被终止上市后，不得向证交所申请重新上市；

（3）因欺诈发行之外的其他违法行为被实施重大违法类强制退市的公司，除因重大违法类强制退市的情形外，自其股票进入全国中小企业股份转让系统等证券交易场所转让之日起满 5 个完整会计年度；

（4）除上述第（1）项、第（2）项、第（3）项强制退市公司之外的其他强制退市公司，自其股票进入全国中小企业股份转让系统等证券交易场所转让之日起满 12 个月。

4. 强制退市公司出现下列情形的，自其股票进入全国中小企业股份转让系统等证券交易场所转让之日起 36 个月内，证交所不受理其股票重新上市的申请：

（1）上市公司股票可能被强制退市但其董事会已审议通过并公告筹划重大资产重组事项的，公司董事会未按规定及时召开股东大会，决定公司股票在终止上市后是否进入退市整理期交易；

（2）在退市整理期间未按证交所规定履行信息披露及其他相关义务；

（3）未按证交所规定安排股份转入全国中小企业股份转让系统等证券交易场所进行转让；

（4）其他拒不履行证交所规定的义务、不配合退市相关工作的情形。

5. 因欺诈发行之外的其他违法行为被实施重大违法类强制退市的公司，未同时符合下列条件的，证交所不受理其重新上市申请：

（1）已全面纠正重大违法行为并符合下列要求：①公司已就重大信息披露违法行为所涉事项披露补充或更正公告；②对重大违法行为的责任追究已处理完毕；③公司已就重大违法行为所涉事项补充履行相关决策程序；④公司控股股东、实际控制人等相关责任主体对公司因重大违法行为发生的损失已作出补偿；⑤重大违法行为可能引发的与公司相关的风险因素已消除。

（2）已撤换下列与重大违法行为有关的责任人员：①被人民法院判决有罪的有关人员；②被相关行政机关行政处罚的有关人员；③被相关行政机关依法移送公安机关立案调查的有关人员；④中国证监会、证交所认定的与重大违法行为有关的其他责任人员。

（3）已对相关民事赔偿承担做出妥善安排并符合下列要求：①相关赔偿事项已由人民法院作出判决的，该判决已执行完毕；②相关赔偿事项未由人民法院作出判决，但已达成和解的，该和解协议已执行完毕；③相关赔偿事项未由人民法院作出判决，且也未达成和解的，公司及相关责任主体已按预计最高索赔金额计提赔偿基金，并将足额资金划入专项账户，且公司的控股股东和实际控制人已承诺“若赔偿基金不足赔付，其将予以补足”。

（4）不存在证交所《股票上市规则》规定的终止上市情形。

（5）公司聘请的重新上市保荐人、律师已对前述 4 项条件所述情况进行核查验证，并出具专项核查意见，明确认定公司已完全符合前述 4 项条件。

6. 退市公司拟申请重新上市的，应当召开董事会和股东大会，就申请重新上市事宜作出决议。股东大会决议须经出席会议的股东所持表决权的2/3以上通过。

7. 公司应当提供按照企业会计准则编制并经会计师事务所审计的最近3年财务会计报告。财务会计报告的审计报告自最近一期审计截止日后6个月内有效。超过6个月的，公司应当补充提供最近一期经审计的财务会计报告。

8. 退市公司申请重新上市，应当由保荐人保荐，并向证交所申报重新上市申请文件及重新上市申请书。重新上市申请文件及重新上市申请书的格式与内容由证交所另行规定。证交所可以根据审核情况，要求公司在规定的期限内补充提供有关材料。

9. 保荐人应当对退市公司申请重新上市情况进行尽职调查，并制作尽职调查工作底稿。尽职调查工作底稿的格式与内容由证交所另行规定。

保荐人应当在尽职调查基础上出具重新上市保荐书和保荐工作报告。重新上市保荐书和保荐工作报告的格式与内容由证交所另行规定。

10. 申请重新上市的退市公司应当聘请律师对其重新上市申请的合法性、合规性及相关申请文件的真实性、准确性、完整性进行尽职调查。

律师应当在尽职调查基础上出具法律意见书和律师工作报告。法律意见书和律师工作报告的格式与内容由证交所另行规定。

11. 证交所收到重新上市申请文件后，在5个交易日内作出是否受理其申请的决定。公司按照证交所要求提供补充材料期间不计入上述期限，但补充材料的期限累计不得超过15个交易日。

12. 存在下列情形之一的，证交所不予受理公司的重新上市申请：

（1）重新上市报告书、重新上市保荐书、法律意见书等重新上市申请文件不齐备且未按要求补正；

（2）公司及其控股股东、实际控制人、董事、监事、高级管理人员，保荐人、中介机构及其主办人员因证券违法违规被中国证监会采取认定为不适当人选、限制业务活动、证券市场禁入，被证券交易所、国务院批准的其他全国性证券交易场所采取一定期限内不接受其出具的相关文件、公开认定不适合担任公司董事、监事、高级管理人员，或者被证券业协会采取认定不适合从事相关业务等相关措施，尚未解除；

（3）法律、行政法规及中国证监会规定的其他情形。

13. 退市公司的重新上市申请未获得证交所同意的，可于证交所作出相应决定之日起6个月后再次提出重新上市申请。

三、重新上市的审核

1. 主动退市公司申请重新上市的，证交所自受理申请之日起30个交易日内，作出是否同意其股票重新上市的决定。

强制退市公司申请重新上市的，证交所自受理申请之日起60个交易日内，作出是否同意其股票重新上市的决定。

公司按照证交所要求提供补充材料的期间和落实上市委员会意见的期间不计入上述期限，但补充材料的期限和落实上市委员会意见的期限分别累计不得超过30个交易日。

公司未按证交所要求在前述期限内提交补充材料的，证交所在该期限届满后继续对其重新上市申请进行审核，并根据证交所《股票上市规则》作出是否同意其股票重新上市的决定。

证交所在作出是否同意公司股票重新上市决定前，可以自行或委托相关机构就公司申请重新上市有关情况进行调查核实，并将核查结果提交上市委员会审议。调查核实期间不计入上述有关决定的期限内。

重新上市审核过程中，出现中止审核、暂缓审议、处理会后事项等情形的，相关期间不计入上述作出有关决定的期限内。

2. 重新上市审核过程中出现下列情形之一的，公司、保荐人等中介机构应当及时告知证交所，证交所将中止重新上市审核，通知公司及其保荐人：

（1）公司及其控股股东、实际控制人涉嫌贪污、贿赂、侵占财产、挪用财产或者破坏社会主义市场经济秩序的犯罪，或者涉嫌欺诈发行、重大信息披露违法或其他涉及国家安全、公共安全、生态安全、生产安全、公众健康安全等领域的重大违法行为，正在被立案调查，或者正在被司法机关立案侦查，尚未结案；

（2）公司的保荐人等中介机构被中国证监会依法采取限制业务活动、责令停业整顿、指定其他机构托管或者接管等措施，尚未解除；

（3）保荐代表人、其他中介机构主办人员被中国证监会依法采取认定为不适当人选、证券市场禁入等措施，被中国证券业协会采取认定不适合从事相关业务的纪律处分，尚未解除；

（4）保荐人及其保荐代表人、其他中介机构及其主办人员，被证券交易所、国务院批准的其他全国性证券交易场所实施一定期限内不接受其出具的相关文件的纪律处分，尚未解除；

（5）公司重新上市申请文件中记载的财务资料已过有效期，需要补充提交；

（6）公司及保荐人主动要求中止重新上市审核，理由正当且经证交所同意；

（7）证交所认为应当中止审核的其他情形。

3. 重新上市审核过程中出现下列情形之一的，证交所将终止重新上市审核，通知公司及其保荐人：

（1）重新上市申请文件内容存在重大缺陷，严重影响投资者理解和证交所审核；

（2）公司撤回重新上市申请或者保荐人撤销保荐；

（3）重新上市申请文件被认定存在虚假记载、误导性陈述或者重大遗漏；

（4）公司阻碍或者拒绝中国证监会、证交所依法对公司实施的检查；

（5）公司及其关联人以不正当手段严重干扰重新上市审核工作；

（6）公司法人资格终止；

（7）上述第 2 条规定的中止审核情形未能在 3 个月内消除，或者未能在上述第 2 条第（3）项、第（4）项、第（5）项规定的时限内完成相关事项；

（8）其他证交所认为应当终止审核的情形。

4. 证交所上市委员会对退市公司的重新上市申请进行审议，作出独立的专业判断并形成审议意见。证交所根据上市委员会的审议意见，作出是否同意公司股票重新上市的决定。

5. 证交所作出同意或者不同意公司重新上市决定后的，在两个交易日内通知公司，并报中国证监会备案。

6. 证交所作出正式决定后至公司股票重新上市前，发生不符合公司股票重新上市条件、触及中止审核或终止审核情形、或者其他可能对投资价值及投资决策判断构成重大影响的事项的，公司及其保荐人应当及时向证交所报告，并按要求更新重新上市申请文件。公司的保荐人等中介机构应当持续履行尽职调查职责，并向证交所提交专项核查意见。

因以上所述事项可能导致公司不具备重新上市条件的，证交所可以将公司的重新上市申请重新提交上市委员会审议，并根据上市委员会的意见作出是否维持同意其股票重新上市的决定。

7. 上市公司因重大违法类强制退市，其股票被终止上市后，作为上市公司重大违法类强制退市认定依据的行政处罚决定、司法裁判被依法撤销、确认无效或被依法变更的，公司可以在知悉相关行政机关相应决定或者人民法院生效司法裁判后10个交易日内，向证交所申请撤销对公司股票作出的终止上市决定。证交所于收到公司申请后15个交易日内，根据相关行政机关相应决定或者人民法院生效司法裁判，作出是否撤销对公司股票作出的终止上市决定。公司可以在证交所决定撤销对公司作出的终止上市决定之日起20个交易日内向证交所申请其股票重新上市。

四、重新上市的安排

1. 退市公司的重新上市申请获得证交所同意后，应当在3个月内办理完毕公司股份的重新确认、登记、托管等相关手续。证交所在公司办理完成相关手续后安排其股票上市交易。

公司未在上述期间内办理完毕重新上市相关手续的，应当向证交所提交申请延期重新上市的说明并公告，证交所可以根据具体情况决定是否同意延期。

公司未在上述期间内办理完毕重新上市相关手续，也未获得证交所同意延期的，证交所关于同意公司股票重新上市的决定自期限届满之日起失效，公司可于该决定失效之日起6个月后再次提出重新上市申请。

2. 退市公司重新上市申请获得证交所同意后，应当在其股票重新上市前与证交所签订重新上市协议，明确双方的权利、义务及其他有关事项，并按照证交所规定于股票重新上市前缴纳相关费用。

3. 公司应当在其股票重新上市前向证交所提交以下文件：

（1）公司董事、监事和高级管理人员签署的《董事（监事、高级管理人员）声明及承诺书》；

（2）公司全部股份已经中国结算托管的证明文件；

（3）公司行业分类的情况说明；

（4）证交所要求的其他文件。

4. 上市公司股票重新上市首日的开盘参考价原则上应为其在全国中小企业股份转让系统等证券交易场所最后一个转让日或者交易日的收盘价。

公司认为需要调整上述开盘参考价的，需由重新上市保荐人出具专项核查意见，充分说明理由并对外披露。

主动退市公司退市后其股票未转入全国中小企业股份转让系统等证券交易场所交易或转让的，重新上市保荐人应就开盘参考价的确定方法及其依据出具核查意见并对外披露。

5. 公司控股股东和实际控制人应当承诺：自公司股票重新上市之日起36个月内，不转让或者委托他人管理其直接和间接持有的公司股份，也不由公司回购该部分股份。公司无控股股东或者实际控制人的，其第一大股东及其最终控制人比照执行这条规定。

公司董事、监事及高级管理人员应当承诺：自公司股票重新上市之日起12个月内，不转让其直接和间接持有的公司股份，也不由公司回购该部分股份。

6. 除上述第5条规定的情形外，公司退市期间发行的新增股份，除已通过证券竞价交易等方式公开转让的股份之外，自重新上市之日起12个月内不得转让。

7. 退市公司重新上市后，其终止上市前的有限售条件流通股，在退市期间未以证券竞价交易等方式公开转让的，其限售期限自重新上市之日起连续计算。

8. 公司在退市期间因配股、资本公积转增股本或者送股而相应增加的股份，其限售期与原对应的股份相同。

9. 终止上市前未进行股权分置改革的公司，其非流通股份须待相关股东通过股东会议等形式就其上市交易事项作出相关安排后，方可流通。

10. 公司应当在股票重新上市前5个交易日内披露重新上市公告、重新上市报告书（重新上市报告书的格式与内容由证交所另行规定）、修订后的重新上市保荐书和法律意见书。重新上市公告应当包括以下内容：

（1）重新上市日期；

（2）重新上市股票的种类、证券简称、证券代码和涨跌幅限制；

（3）证交所关于股票重新上市的决定；

（4）股本结构及重新上市后可交易股份数量，以及本次不能上市交易股票的限售情况（若有）；

（5）证交所要求的其他内容。

11. 退市公司重新上市后，其保荐人应当在公司重新上市后当年及其后的两个完整会计年度内履行持续督导职责，并于每一年度报告披露后10个交易日内向证交所提交持续督导总结报告并公告。

复习思考题

1. 什么是广义的公司上市和狭义的公司上市？

2. 什么是A股、B股和H股？

3. 什么是存托凭证？

4. 企业债券与公司债券最大的不同是什么？

5. 什么是可转换债券和可赎回债券？

6. 什么是广义的基金和狭义的基金？

7. 什么是开放式基金和封闭式基金？

8. 什么是成长型基金、收入型基金和平衡型基金？

9. 公司上市的动机中来自股东的动机、来自公司的动机、来自政府的动机以及来自高管和员工的动机分别有哪些？

10. 公司在上交所、深交所和北交所上市分别需要具备哪些条件？

11. 我国股票发行经历了哪三种制度？各种制度的核心内涵分别是什么？

12. 主板、科创板和创业板对上市公司的定位分别是什么？

13. 注册制下关于股票发行条件的规定主要有哪些？

14. 注册制下关于股票注册程序的规定主要有哪些？

15. 注册制下关于股票信息披露的规定主要有哪些？

16. 公司上市主要有哪些刚性费用和柔性费用？

17. 上市公司被强制退市分为哪几种类型？每一种类型都是在哪些情形之下被强制退市？

18. 上市公司在哪些情形之下会主动申请退市？

19. 什么是重新上市？重新上市的一般规定主要有哪些？

20. 关于重新上市申请主要有哪些规定？

21. 关于重新上市审核主要有哪些规定？

22. 关于重新上市安排主要有哪些规定？

23. 主动退市的公司和强制退市的公司在重新上市时有哪些区别对待？

思政案例题

【案例5-3】

疯狂造假被强制退市，“股市骗子”为何屡禁不止？

2023-05-14　来源：中国新闻周刊　记者：哈力克

（编者注：本书引用时作了删减）

科创板首批退市企业已锁定

2023年4月21日，广东紫晶信息存储技术股份有限公司（以下简称“紫晶存储”）、泽达易盛（天津）科技股份有限公司（以下简称“泽达易盛”）发布多份公告，因存在欺诈发行、信息披露违法违规行为，将被实施重大违法强制退市，股票也于4月24日起停牌。

监管部门贯彻“零容忍”要求，对紫晶存储、泽达易盛分别处以3668万元、8600万元罚款，两家公司控股股东、董事长等“首恶”也被顶格处理。

《中国新闻周刊》了解到，已有一些股民分别对紫晶存储、泽达易盛发起诉讼，资本市场能否再次出现证券集体诉讼案，还有待观察。

值得注意的是，这两家企业都是通过注册制在科创板上市，最终因造假被强制退市。这在注册制改革全面落地的当下更具参照意义——当未来更多企业通过注册制上市，应该如何防范“造假上市”？

造假成瘾

紫晶存储于2020年2月在科创板上市，同年6月，泽达易盛上市。两年后的2022年，两家公司先后被证监会立案调查。经过一年多时间查明，紫晶存储、泽达易盛的违法违规行为贯穿整个上市周期。紫晶存储、泽达易盛成为科创板首批因欺诈发行强制退市公司。

经查，在上市前夕的招股说明书中，紫晶存储通过虚构销售合同、伪造物流单据和验收单据入账、安排资金回款、提前确认收入等方式虚增营业收入、利润，在2017年至2019年上半年分别合计达到2.2亿元、8599万元。

两年半间，紫晶存储虚增营业收入占当年营收的比重逐年攀升，从最初的13.9%提高至42.97%。虚增利润占当年利润总额的比重也在2019年4月披露招股说明书申报稿所处期内“冲刺”，从2017年占比35.82%突升至137.33%——接近1.5倍的利润造假。

值得注意的是，紫晶存储招股说明书显示，2019年上半年，其利润为1844.16万元，而虚增利润合计却是2532.66万元，这意味着该时期真实情况是，紫晶存储处在亏损状态，数额为688.5万元。

泽达易盛的招股说明书也存在数据造假问题，不仅虚增的绝对金额超过紫晶存储，造假程度也更严重。经查明，泽达易盛通过公司或全资子公司浙江金淳信息技术有限公司、苏州泽达兴邦医药科技有限公司签订虚假合同、开展虚假业务等方式，2016—2019年累计虚增营业收入3.4亿元，虚增利润接近1.9亿元。

4年间，泽达易盛虚增营业收入占当年营收的比重在50%上下浮动，最高达到2017年的59.67%。虚增利润占比则一直在高位徘徊。上市前的2019年，虚增利润达到6528.1万元，占当年利润的67.69%。

同样在4年中，泽达易盛有两年出现亏损。其招股说明书并未披露2016年利润，但根据证监会下发的《行政处罚决定书》粗略测算，泽达易盛当年账面利润为2142.7万元，但虚增利润却达到2243.82万元，意味着当年真实利润为负，亏损101.12万元。

泽达易盛另一次亏损发生在2018年，与招股说明书上的5967.71万元利润总额相比，虚增利润为6160.85万元，说明当年实际亏损达到193.14万元。这也导致泽达易盛虚增利润占比在2016年、2018年均超过1倍，分别达到104.72%、103.24%。

如果两家公司没有财务造假，还能顺利上市吗？

根据《上海证券交易所科创板股票上市规则》规定，紫晶存储选择了“预计市值不低于人民币10亿元，最近两年净利润均为正且累计净利润不低于人民币5000万元”这一上市标准，并在招股说明书上称，发行人2017年和2018年经审计的扣除非经常性损益前后孰低的归属于母公司股东的净利润分别为4600.75万元和10241.34万元，符合指标。

紫晶存储在2017年、2018年虚增利润总额为2162.7万元、3903.63万元，剔除该部分，经过粗略测算后发现，这两年该公司真实利润总额达到3875.37万元、8075.99万元。根据招股说明书，该公司利润总额与净利润差距不大，因此，若仅仅根据上述两年的真实数据，紫晶存储也很有可能成功上市。

不过，问题出在2019年上半年——紫晶存储出现亏损。按照发行规定，该公司将无法上市。所以很有可能，紫晶存储通过虚增大额利润，“扭转”了这一时期的亏损，最终顺利在科创板IPO。

泽达易盛情况与紫晶存储类似，若不造假，将无法满足“最近两年净利润均为正且累计净利润不低于人民币5000万元”这一标准——该公司2018年原本出现亏损，达到193.14万元。

然而，泽达易盛比较特殊的地方是，经粗略测算，该公司2019年真实营收接近1.07亿元，真实利润总额达到3116.11万元，加上其利润总额与净利润差距不大，有极大概率符合“预计市值不低于人民币10亿元，最近一年净利润为正且营业收入不低于人民币1亿元”这一上市标准。然而，泽达易盛依旧选择欺诈发行。

除了虚增营业收入、利润外，两家公司也未在招股说明书中如实披露重要事实。其中，紫晶存储并未披露所有对外担保情况。截至招股说明书签署日，其未按规定披露的对外担保余额合计1.35亿元。

紫晶存储和泽达易盛不只停留在招股说明书中做手脚，上市后，两家公司的财务造假“把戏”仍在持续，猖獗程度不亚于上市前夕。

经查，2019年至2020年，紫晶存储超过一半的营收数据造假，虚增营收分别接近2.71亿元、3.28亿元。2019年的虚增利润更是逼近全年利润总额，达到1.45亿元，2020年共有1.69亿元利润虚增，占当期利润总额绝对值150.21%，意味着这一年紫晶存储原本出现了亏损，粗略计算为5600万元。

2020年，泽达易盛虚增营收1.52亿元，虚增利润8246.92万元。虽然在2021年，这两项数据的造假数额和占比略有下降，但仍然达到0.71亿元、2665.78万元，分别占当期营收、利润总额的21.59%、56.23%。

最终，紫晶存储、泽达易盛因触及《上海证券交易所科创板股票上市规则》第12.2.2条第（一）项规定的重大违法行为，将被实施重大违法强制退市，将成为科创板首批欺诈发行、首批强制退市公司。

证监会、上交所也“重拳出击”，进行了全方位追责。紫晶存储、泽达易盛分别被处以3668万元、8600万元罚款，对两家公司控股股东、董事长等“首恶”作出公开认定终身不适合担任董监高的顶格处理，推动案件刑事追责相关工作。并对涉案的证券公司、会计师事务所、律师事务所等中介机构及其责任人员开展调查或立案。

会是第二个证券集体诉讼案吗？

泽达易盛、紫晶存储多年大额造假令股民钱包“很受伤”，严重损害了投资者合法权益。对此，证监会有关部门负责人答记者问时明确表态，依法支持适格投资者及时有效地追究违规上市公司及其相关中介机构等责任主体的民事赔偿责任。

作为紫晶存储首发上市的保荐机构和主承销商，2023年4月21日晚，中信建投证券股份有限公司发布公告（以下简称《先行赔付公告》）称，与其他中介机构拟共同出资人民币10亿元设立紫晶存储事件先行赔付专项基金，用于先行赔付适格投资者的投资损失。并表示，该金额为公司初步估算结果，基金规模将根据最终计算的适格投资者损失赔付金额进行调整。

“先行赔付可以高效、快捷地解决紫晶存储案的民事赔偿问题，适格投资者可以积极参与先行赔付程序直接获赔，以维护自身合法权益。”证监会有关部门负责人说。

也有部分股民正在寻求其他途径获得赔偿。《中国新闻周刊》了解到，一些股民准备起诉紫晶存储。

北京市炜衡（广州）律师事务所“金融315团队”在“五一”假期前，向上海金融法院提交了两名投资者起诉紫晶存储证券虚假陈述侵权民事赔偿一案，目前已被法院受理。

一位资深律师告诉《中国新闻周刊》，中信建投的先行赔付是不是等于主动赔付，目前暂不明朗。即便其愿意代替紫晶存储先行赔付，具体的赔付标准仍有可能需要等待法院判决确认。

对于泽达易盛案，也有一些股民踏上了代表人诉讼（也称“集体诉讼”）之路。

2023年4月21日，上海金融法院称，收到12名投资者共同起诉泽达易盛等证券虚假陈述责任纠纷的申请。该案包括泽达易盛、公司控股股东、董监高、证券发行时提供服务的中介机构等11个被告。

据《中国新闻周刊》了解，上述12名原告诉讼请求泽达易盛赔偿82万余元，其余10个被告承担连带责任。同时，原告还申请适用普通代表人诉讼程序审理案件。

代表人诉讼分为普通代表人诉讼和特别代表人诉讼。当原告人数众多，可选出代表人，代表原告参加开庭审理，行使诉讼权利。最终判决结果适用于所有原告，无须重复诉讼。谈到该机制，绕不开康美药业案，该案被称为“证券集体诉讼第一案”，是资本市场史上具有开创意义的标志性案件。

2021年11月12日，广州中级人民法院对康美药业证券特别代表人诉讼作出一审判决，责令康美药业因年报等虚假陈述侵权赔偿52037名证券投资者损失24.59亿元。中证中小投资者服务中心作为这五万余名投资者的特别代表人参加诉讼。

泽达易盛案与康美药业案走势颇有相似之处。就在不少人讨论，泽达易盛案是否会成为下一个证券集体诉讼案件之时，上海金融法院4月28日宣布，立案受理投资者诉泽达易盛等证券虚假陈述责任纠纷普通代表人诉讼案件，将依法适用普通代表人诉讼程序审理本案。

此前，中证中小投资者服务中心曾表示，如上海金融法院后续受理并裁定适用普通代表人诉讼，发布普通代表人诉讼权利登记公告，将依法接受投资者特别授权，申请参加该案并转换特别代表人诉讼。

“特别代表人诉讼制度具有‘默示加入、明示退出’的特征，能在一个诉讼程序中一揽子解决众多投资者的索赔诉求，对投资者来说保护力度很大。”邓新辉说。

有律师告诉《中国新闻周刊》，像紫晶存储案、泽达易盛案这一类的证券市场虚假陈述案件最大的难点之一在于，确定上市公司虚假陈述实施日和揭露日，这直接关系到赔付金额。

上述律师告诉《中国新闻周刊》，目前来看，泽达易盛案已经启动了普通代表人诉讼程序，“走得更远些，更有可能成为第二个‘康美药业案’”。

严打“看门人”不“看门”

随着2022年年报披露季结束，据不完全统计，2023年4月至今已有25家将陆续退市。四类退市情形中，不乏因财务造假等问题，触及重大违法强制退市。

除了紫晶存储、泽达易盛外，＊ST宏图4月18日发布公告称，根据证监会认定情况，公司存在虚假记载、虚减负债等违法行为，涉嫌信息披露违法违规，可能被实施重大违法强制退市。＊ST计通因2017年度财务信息涉嫌存在虚假记载，触及重大违法强制退市情形，4月20日被终止上市。

此外，＊ST吉艾、＊ST博天因涉嫌信息披露违法违规，已经遭证监会立案调查，未来也有可能被强制退市。

代理前述泽达易盛普通代表人诉讼案的上海明伦律师事务所副主任、合伙人、律师王智斌告诉《中国新闻周刊》，本年度集中退市的比较多和2020年底出台的退市规则有关。

“2020年底的退市新规对于重大违法违规退市、财务类退市中的‘考察期’均规定为‘连续两年’，自2020年底的退市新规落地起算，至今已历经两个完整的会计年度，部分未通过‘考察’的上市公司，会在2022年年报发布后退出市场。”王智斌说。

多名受访者告诉《中国新闻周刊》，上市公司财务造假也与券商、会计师事务所、律师事务所等中介机构未能压实“看门人”责任有关。

证监会有关部门负责人此前曾表示，对为泽达易盛、紫晶存储提供保荐、承销服务的证券公司、出具审计报告的或者法律意见书的证券服务机构等违规主体实施精准打击。

2023年4月1日，东兴证券公告称，因在执行泽达易盛发行上市项目中，涉嫌保荐承销及持续督导等业务未勤勉尽责，被证监会立案。

“未勤勉尽责”是对证券中介机构处罚中常用的词语。2022年，证监会办理的中介机构未勤勉尽责案件达到44件，涉及36家中介机构。今年以来，除东兴证券外，东北证券、东海证券、广发证券等均因未勤勉尽责，被证监会立案。

目前，股票发行注册制改革全面落地，其核心是信息披露。而上市公司信息披露违法在证券期货违法行为中更为常见，财务造假更是“高发区”。随着通过注册制上市的公司不断增多，如何提高信息披露质量显得颇为重要，直接关系到注册制能否顺利运行。

注册制改革将发行上市申请文件“受理即担责”调整为“申报即担责”。王智斌表示，这更加要求中介机构切实承担起“看门人”的责任。与此相对应，“看门人”不“看门”时，其法律责任就会比以往更加严厉。张胜超认为，中介机构需要更深入到企业内部，在专业度、内控方面进行完善，进一步修炼本领，不能主动配合企业造假。

需要讨论的问题：

1. 紫晶存储、泽达易盛等公司欺诈发行、违法违规披露信息的动机是什么？

2. 结合紫晶存储、泽达易盛等公司的造假手法探讨公司上市前后财务造假的手法主要有哪些？

3. 在注册制下，紫晶存储、泽达易盛等公司仍然可以疯狂造假，请探讨：在这些公司上市过程中，保荐机构、会计师事务所、律师事务所、交易所、证监会等各有哪些漏洞？站在机构的角度，如何堵住这些漏洞？

4. 公司上市前后疯狂造假，保荐机构、会计师事务所、律师事务所、交易所、证监会等要不要承担责任？承担什么责任？

5. 公司上市前后疯狂造假，投资人会有什么损失？公司为什么要赔偿投资人的损失？

第六章

公司资产剥离、公司分立与公司分拆

内容简介

本章主要介绍公司资产剥离的概念、动因、类型和方式，公司分立的概念、动因和程序，上市公司分拆的概念、条件、负面清单、信息披露要求、程序和违规处罚。

学习目标

学习本章，要求了解公司资产剥离的概念、动因、类型和方式，了解公司分立的概念、动因和程序，了解上市公司分拆的概念、条件、负面清单、信息披露要求、程序和违规处罚。

第一节　公司资产剥离

一、公司资产剥离的概念

公司资产剥离是指公司将那些长期处于亏损状态的资产，或者虽有微利但长期达不到收益预期的资产，或者市场价值逐渐降低的资产，或者流动性较强、公司正好有现金需求的资产，或者与主业不和谐、拖累主业发展的资产，或者不符合当前和今后公司发展战略需求的资产等出售给他人的一种经营行为。

资产剥离是公司资本经营的一种常见方式，它并不意味着公司经营失败，而是公司发展过程中对资产组合的一种合理选择。公司通过剥离不适于公司长期发展战略、没有成长潜力或影响公司整体业务发展的部门、产品生产线或单项资产，可使资源集中于经营重点，从而更具有竞争力。同时，剥离还可以使公司资产获得更有效的配置、提高公司资产的质量和资本的市场价值。

二、公司资产剥离的动因

公司资产剥离的动因主要有及时止损、专注主业、战略转型、偿还债务和补充资金等。

（一）及时止损

公司的某些资产长期处于亏损状态，或者收益长期达不到公司的期望，或者市场价值出现贬损等，公司出于及时止损的目的，就会择机将这些资产剥离出去。

【案例6-1】

温氏股份瘦身，拟逾4亿元剥离亏损乳业

2023-05-30 来源：长江商报

（编者注：本书引用时作了删减）

温氏股份（全称“温氏食品集团股份有限公司”）整体业务低迷，计划剥离乳业板块，专注肉猪和肉鸡养殖。

近日，温氏股份发布公告称，拟将控股子公司广东温氏乳业股份有限公司（以下简称“温氏乳业”）35%的股权，以近4.38亿元的价格转让给关联方广东筠诚投资控股股份有限公司（以下简称“筠诚控股”）。

对此，温氏股份相关人员表示，公司主要是为了集中优势资源，提升公司的核心业务实力。本次交易所得款项主要用于补充公司日常经营所需。

《长江商报》记者注意到，今年一季度，公司的经营活动现金净流量为-5.38亿元，较上年同期的-4.07亿元有所恶化。实际上，进入2023年以来，生猪行业的价格始终处于盈亏线之下，温氏股份的生猪养殖业务持续在亏损之中。

在经营活动现金流承压的情况下，公司加大了银行融资。截至今年3月末，公司的短期借款为33.54亿元，较年初的10.89亿元激增22.65亿元，3个月增幅高达207.99%。

标的公司3个月亏2234万元

根据公告，温氏股份拟将温氏乳业35%的股权以4.38亿元转让给公司关联方筠诚控股，交易完成后，公司持有温氏乳业的股权比例由64.57%减少至29.57%，温氏乳业不再纳入上市公司合并报表。

与此同时，筠诚控股成为温氏乳业的第一大股东，持股比例达42.45%。

对此，温氏股份表示，此举旨在聚焦核心业务，集中优势资源提升核心业务实力，优化整体业务结构。

资料显示，温氏乳业成立于2014年，旗下有奶牛养殖和乳品加工销售两大业务公司，目前乳业处于行业周期低谷，温氏乳业陷入持续亏损，2022年和2023年一季度分别亏损653.6万元、2234.17万元。

值得注意的是，此次交易的受让方筠诚控股也是温氏股份旗下企业，基于关联交易，在转让协议中，温氏乳业可自协议签订之日起10年内无偿使用带有“温氏”字样文字或图形的商标，10年期满后的处置方式由双方另行商议。如温氏乳业的实际控制人变更为温氏家族以外的主体，则温氏乳业不得继续使用带有“温氏”字样文字或图形的商标。

【案例6-1】需要关注三个问题：

（1）温氏乳业2022年全年亏损653.6万元，2023年一季度亏损就多达2234.17万元。温氏股份剥离温氏乳业明面上看是及时止损，但深层次上看，是不让温氏乳业的亏损影响到温氏股份的报表数据，进而不影响到温氏股份的股价以及其他经营活动。从报道看到，温氏

股份将温氏乳业35%的股权以4.38亿元转让给公司关联方筠诚控股后，公司持有温氏乳业的股权比例由64.57%减少至29.57%，温氏乳业不再纳入上市公司合并报表。“温氏乳业不再纳入上市公司合并报表”，这意味着温氏乳业的亏损数据不再影响到温氏股份的报表数据。

（2）“此次交易的受让方筠诚控股也是温氏股份旗下企业”。经查阅温氏股份2022年年报得知，温氏家族成员温鹏程、温均生、温志芬、温小琼、梁焕珍、伍翠珍、温子荣、陈健兴、刘容娇、孙芬、古金英共11人为一致行动人，合计持有温氏股份15.86%的股权，成为温氏股份的控股股东。温氏股份的董事温鹏程任筠诚控股董事长，温氏股份的董事温志芬、梁志雄、严居然、温小琼任筠诚控股董事；温氏股份实际控制人温氏家族的温鹏程、温均生、温志芬、温小琼、梁焕珍、伍翠珍、陈健兴直接或间接合计持有筠诚控股19.83%股权，成为筠城控股的控股股东。温氏股份和筠城控股之间没有股权关系，所以，即使筠诚控股持有温氏乳业的股权比例达到42.45%成为第一大股东，筠城控股也不纳入温氏股份的合并报表范围，把温氏乳业剥离给筠城控股后，温氏乳业就不再纳入温氏股份的合并报表。

（3）基于关联交易，在转让协议中，温氏乳业可自协议签订之日起10年内无偿使用带有“温氏”字样文字或图形的商标，10年期满后的处置方式由双方另行商议。但如果温氏乳业的实际控制人变更为温氏家族以外的主体，则温氏乳业就不得继续使用带有“温氏”字样文字或图形的商标。这是温氏家族出于保护自家商标和品牌的考虑而作出的约定，是可以理解的，也是必要的。

（二）专注主业

公司为了专注于主业的发展，剥离那些非主业的资产，这在资本市场上也是常见的一种资本经营方式。通过剥离非主业资产，使人力、财力、物力等资源都集中到主业上来，以期使主业得到更好的发展。

【案例6－2】

恒大汽车剥离47个养生项目究竟是怎么一回事?

2023－04－25　来源：21世纪经济报道　记者：吴抒颖

恒大汽车的重组迈出了重要一步。

中国恒大、恒大汽车于2023年4月24日晚间宣布，于当日交易时段后，恒大汽车与中国恒大及其附属公司订立买卖协议。中国恒大附属公司将有条件同意购买恒大汽车旗下47个养生谷项目，代价为2元。

这对恒大汽车是一个相对积极的消息。假若本次出售能够得到股东大会的通过，恒大汽车将借此甩去超过200亿元的负债。

恒大汽车提供的未经审核数据显示，截至2022年12月31日，拟出售的养生谷项目负债净额为247.89亿元，而项目估值约为601亿元。此外，这部分项目去年实现的收益也十分有限，2022年，其产生的收益仅为约15亿元，而除税后的净亏损则达到了88.24亿元。

由此看来，恒大汽车选择仅2元出售这部分项目，有其现实原因。

恒大汽车在公告中分析表示，2018年，其进军新能源汽车产业，自此建立新能源汽车分部，打造涵盖汽车研发、动力电池、电机控制与动力总成技术、制造、智能充电及共享出行的全产业垂直价值链。

恒大汽车董事会指出，新能源汽车分部牵涉庞大资本承担，加上考虑到本集团的现有资源，向养生谷项目进一步投入资源不符合其去杠杆的整体战略，并可能对恒大汽车发展新能源汽车分部加诸限制。

恒大汽车董事会进一步提到，通过去杠杆及减持项目专注发展及专业化新能源汽车分部，可带领新能源汽车分部更上一层楼。董事会亦相信，股东可借新能源汽车分部的业务增长变现持续投资于恒大汽车余下集团所带来的股东价值。完成后，恒大汽车将继续经营新能源汽车分部的现有主要业务，并在天津及南宁各持有一个住宅及物业发展项目。

在交易完成后，恒大汽车将专注投入新能源汽车分部的新能源汽车研发及生产工作。恒大汽车也称，其正积极寻求外部潜在投资者，以获得可能的合作机会。不过，截至公告日期，恒大汽车尚未与任何潜在投资者签订最终协议。

恒大汽车出售47个养生谷项目的目的不仅是上述原因。受到控股股东的影响，恒大汽车2021年、2022年年报仍然难产，而恒大汽车更认为，出售上述养生谷项目后，可促进完成后编制财务报表的审计程序。因此，恒大汽车认为代价以及买卖协议的条款及条件属公平合理，并符合其及股东整体利益。

不过，恒大汽车这宗交易的达成，仍然有赖于几个先决条件。其中包括恒大汽车相关股东已根据上市规则批准买卖协议及拟进行交易；恒大汽车根据买卖协议作出的声明、保证及承诺仍属真实准确及并无误导成分等。

在先决条件完成后，恒大汽车须于切实可行情况下尽快采取合理努力促使其核数师根据香港相关审阅工作准则审阅拟出售资产截至2022年12月31日止财政年度的账目，并就截至2022年12月31日的出售资产经调整资产净额金额向买卖协议订约方提供声明。

对于交易对价，则需参照2022年12月31日被出售资产经调整资产净值进行调整。如果上述资产经调整资产净值超过2元，则代价将被调整至经调整资产净值的金额（经调整代价），买方也需要向恒大汽车支付相等于经调整代价与目标股份初始代价之间差额的金额。

中国恒大在公告中也肯定了这宗交易。其称，重组可优化恒大汽车集团的架构，让其可专注发展新能源汽车分部，并投放合适资源于新能源汽车分部的新能源汽车研发及生产工作。

中国恒大还表示，考虑到投资者对主要从事新能源汽车分部的联交所上市公司的近期取向，其认为恒大汽车的估值可以借由恒大汽车的业务集中在新能源汽车分部而改善，这也可能有助于吸引投资者加盟恒大汽车并筹得资金。

中国恒大还称，作为恒大集团境外债务整体重组计划的一环，目前预期中国恒大的金融债权人将能够获得可按若干条款交换恒大汽车股份的债券。因此，这部分债权人亦将从恒大汽车集团的价值增长中受益。

【案例6－2】需要关注三个问题：

（1）汽车和养生谷本就是两个关联度不高甚至有点风马牛不相及的产业，恒大汽车却把它们放在了一起。恒大汽车名为“汽车”，就理应专注于做汽车，但其涉足了地产（养生谷）项目，有点“不务正业”。当然，多元化发展也是一种很好的选择，但前提是多元化要经营得好，要有钱赚。2022 年，恒大汽车的这些养生谷项目税后的净亏损达到了 88.24 亿元，是一些赔钱赚吆喝的项目。这次它把旗下 47 个养生谷项目剥离出去，可以专注发展新能源汽车产业，把更多资源投放于新能源汽车研发及生产工作。

（2）恒大汽车为什么愿以 2 元的代价将旗下 47 个估值为 601 亿元的养生谷项目转让给中国恒大附属公司？因为假若本次出售能够得到股东大会的通过，恒大汽车将借此甩去超过 200 亿元的负债。恒大汽车董事会指出，新能源汽车分部牵涉庞大资本承担，加上考虑到本集团的现有资源，向养生谷项目进一步投入资源不符合其去杠杆的整体战略，并可能对恒大汽车发展新能源汽车分部加诸限制。恒大汽车董事会进一步提到，通过去杠杆及减持项目专注发展及专业化新能源汽车分部，可带领新能源汽车分部更上一层楼。

（3）恒大汽车出售 47 个养生谷项目的目的不仅仅是因为专注发展新能源汽车业务和去杠杆，还因为其 2021 年、2022 年年报受控股股东的影响仍然难产，希望出售上述养生谷项目后，可以促进财务报表的编报和审计程序，尽快公布 2021 年、2022 年的年度报告。

（三）战略转型

公司因为战略转型，通常会退出某个或某几个不符合新的战略定位的领域，退出的方式之一就是资产剥离，把不符合新的战略定位的资产剥离出去，转而专注于或者新进入符合新的战略定位的领域。

【案例 6 - 3】

雅戈尔重操服装主业：
剥离投资板块，还能靠卖西装赚钱吗？

2019 - 06 - 09　来源：经济观察报　作者：洪宇涵

（编者注：本书引用时作了删减）

“美国有耐克，德国有阿迪，雅戈尔也完全有实力成为这样的集团。”今年（2019 年，下同）5 月 20 日的股东大会上，雅戈尔董事长李如成再一次表达了要回归服装主业的计划。今年（2019 年）是雅戈尔成立的 40 周年，4 月 30 日，雅戈尔宣布将执行了 11 年的“三驾马车”（服装、地产、投资）发展战略进行调整，投资业务将被剥离。

雅戈尔将重新聚焦服装主业，房地产成为唯一副业。“雅戈尔在 20 世纪 90 年代是高速发展的，到了 2010 年以后，基本上进入了一个徘徊期，甚至是没有什么增长。经过一段时期的反思以后，我们觉得雅戈尔还是有很好的成长空间。”2018 年底，李如成在接受《经济观察报》采访时谈到，“现在房地产市场开始变化，国家正在做一个大的调整，我们判断空间不会太大，黄金时代已经过去。金融投资风险也很大，尽管我们有些项目有比较好的收益，但是有的项目有一定风险，有的投资周期也很长，效益也不稳定。从产业上来看，我们已经完成对服装品牌和产品升级的计划，雅戈尔应该说是这个行业里一个基础扎实的企业。”

服装界巴菲特

李如成用了将近三十年的时间将一个乡镇服装企业做成了国内第一男装品牌。但在雅戈尔市值突进的数年里，服装主业都表现得不像主业，更加赚钱的房地产和投资副业反而占据更加重要的地位，尤其是利润贡献最大的投资业务。

雅戈尔涉足金融投资始于1999年。当年雅戈尔斥资3.2亿元投资发起成立中信证券股份有限公司，取得了9.61%的股份。1999年至2005年期间，雅戈尔还陆续投资了广博股份、宜科科技（后更名为汉麻产业、联创电子）、宁波银行等。2005年，股权分置改革全面铺开，资本市场步入了快速发展期，雅戈尔持有的金融资产市值急速增长，一度超过200亿元。

2007年，雅戈尔出售中信证券股份4506.56万股，实现投资收益达16.51亿元，占雅戈尔当年净利的一半。2009年，雅戈尔减持中信证券、海通证券和金马股份，获益约18.6亿元；2015年减持中国平安、广博股份、金正大等，获益5.36亿元。

投资中信证券带来的高额收益让李如成很是钟情于投资中信系，在中信系旗下的中信股份上市前后，雅戈尔通过二级市场买入及参与新股认购的方式，累计持有中信股份14.55万股，占中信股份总股本的4.99%，总投资成本达170.62亿元。但此次投资却未能重复中信证券高收益，中信股份在2016年股价下跌16.92%，致使雅戈尔当年投资业务净利润同比下降39.24%，在2017年的年报中，雅戈尔计提中信股份资产减值准备33.08亿元，其中投资业务净利润为-16.89亿元，同比下降201.95%。

此外，雅戈尔投资业务的另一次“折戟”是金田铜业。2008年3月，雅戈尔在金田铜业申报IPO前夕以每股3.6元的价格，受让其3.05%的股份。但金田铜业在10年间三次冲击A股未果。2018年9月，挂牌新三板的金田铜业再次冲击A股，公司从2017年11月13日停牌至今，其停牌前的市值为35.96亿元。雅戈尔持股部分目前的市值约为1.1亿元，相较其10年前1.33亿元的投资成本仍缩水不少。

金盆洗手

尽管有着两笔不成功的投资，但雅戈尔的投资板块仍在过去6年中的4年里在“三驾马车”中贡献了占比最高的净利。根据记者统计，雅戈尔的投资板块除了在2013年与2017年出现了-4.89亿元与-16.89亿元的亏损外，在2014年、2015年、2016年与2018年间，雅戈尔在投资板块的净利分别为24.25亿元、27.27亿元、16.58亿元与17.89亿元，分别占当年总净利润的76.60%、62.39%、44.97%与48.9%。“什么主业不主业的，赚钱就是我的主业。”李如成在今年（2019年）的股东大会上称，但此前的一则公告让雅戈尔“三驾马车”中最赚钱的投资业务成为了历史。

4月30日，雅戈尔发布了《关于投资战略调整的公告》，公告称，为了实现价值最大化目标，公司拟对发展战略作出重大调整，未来将进一步聚焦服装主业的发展，除战略性投资和继续履行投资承诺外，公司将不再开展非主业领域的财务性股权投资，并择机处置既有财务性股权投资项目。对于存量项目，除履行原有投资承诺外，雅戈尔将根据不同的投资特点，采取二级市场减持、协议转让、期满后退出、上市后退出等不同的策略，择机进行处置。

李如成在股东大会上解释了放弃投资板块主要原因：一是证监会对股权投资退出进行限制，退出越来越难，这给了雅戈尔很大压力；二是由于新《企业会计准则》的执行，投资业务的盈亏受持有的金融资产股价波动影响较大；三是难以对投资团队做好现金监管。

难舍房地产

雅戈尔的“三驾马车”如今只剩下“两驾”，除了发家的服装产业外，李如成放不下的还是房地产业务。早在1992年，雅戈尔就进入了房地产行业。2004年，雅戈尔开始走出发家地宁波，并在长三角制造数个高价地。2010年，雅戈尔以24.21亿元竞得杭州市申花区

53 号地块和 56 号地块，成交价格达 11.65 亿元和 12.56 亿元，合计 24.21 亿元，刷新了当地土地出让的单价纪录。但在三年后，遭遇调控的雅戈尔，仅付出了一半的地价，业务受困的雅戈尔不得不“壮士断腕”，损失掉 4.84 亿元的合同定金，退掉了此前拍得的杭州申花地块。

今年 5 月 23 日，雅戈尔新增了一笔对外投资，成立雅戈尔康旅控股有限公司，法定代表人为李寒穷，注册资本 1.92 亿元人民币，经营范围包括“实业投资；房地产开发经营；自有房屋租赁；房产信息咨询服务。”资料显示，李寒穷为雅戈尔董事长李如成独生女。在今年 2 月，雅戈尔耗资 3.9 亿元购得慈溪三地块，3 月 2 日，雅戈尔又以 4.5 亿元的价格竞得甘肃省兰州市七里河区两地块。去年，雅戈尔还曾以 10 亿元的价格成功竞买到天津亿豪大厦。尽管雅戈尔加大了房地产业务的投入，但公司 2018 年年报显示，地产业务收入降低 17.8% 至 39.9 亿元，净利润降低 14.5% 至 10.5 亿元。

2016 年底，李如成称将在三年时间内，投入 100 亿元，启动科技与创新战略，“用五年时间再造一个雅戈尔”，发展服装主业。但据 2018 年年报显示，雅戈尔的服装业务起色仍不明显。雅戈尔在 2018 年品牌服装营业成本同比上年增长 1.31%，品牌西服营业成本同比提升 10.46%。据近三年财报显示，2016—2018 年，雅戈尔存货周转天数分别为 533.88 天、866.85 天、1054.33 天，处于业内高位。与此同时，2016—2018 年应收账款周转天数也在同步提升，分别为 6.15 天、10.52 天、12.27 天。

此外，公司针对年轻男性消费者且已经经营 8 年的品牌 GY，已在去年全面关店。2018 年年报显示，报告期内 GY 共关店 95 家，报告期末仅剩 1 家自营网点。“但发展之后我们发现 GY 这个品牌面对的竞争很激烈，再加上我们公司内部有个规矩：产品的毛利率必须在 60% 以上。但 GY 这个品牌的毛利率只有 40% 左右，这个品牌经营之后，我们感觉是亏损的，所以我们及时地撤掉了。”李如成在股东大会上称。

李如成曾费心挖来了乔治阿玛尼的设计师、台湾人龚乃杰担任公司设计总监，也曾坐十几个小时的飞机，飞赴欧洲，拜访各大顶级面料供应商。在五年计划过半之际，李如成“用五年时间再造一个雅戈尔”的豪言能否实现，仍然需要时间的检验。“敬爱的股东们，给我们时间吧！”李如成在《致股东书》中写道。

【案例 6－3】需要关注三个问题：

（1）2019 年是雅戈尔成立的 40 周年，4 月 30 日，雅戈尔宣布将执行了 11 年的“三驾马车”（服装、地产、投资）发展战略进行调整，投资业务将被剥离。这表明，雅戈尔执行了 11 年的“三驾马车”（服装、地产、投资）发展战略从 2019 年 5 月 1 日起将调整为“服装＋地产”的双轮驱动发展战略，因此接下来就需要剥离投资业务。

（2）根据董事长李如成在股东大会上的解释，雅戈尔放弃投资板块的原因主要有：一是证监会对股权投资退出进行限制，退出越来越难，这给了雅戈尔很大压力；二是由于新《企业会计准则》的执行，投资业务的盈亏受持有的金融资产股价波动影响较大；三是难以对投资团队做好现金监管。

（3）尽管 2016 年 12 月中央经济工作会议提出要坚持“房子是用来住的、不是用来炒的”的定位后，国家相关部门综合运用金融、土地、财税、投资、立法等手段，加强了住房市场监管和整顿，但雅戈尔还是对房地产业务难舍难分，在 2018 年以 10 亿元的价格成功竞买到天津亿豪大厦，在今年 2 月耗资 3.9 亿元购得慈溪三地块，3 月又以 4.5 亿元的价格竞得甘肃省兰州市七里河区两地块。据公司 2018 年年报显示，地产业务收入虽然同比降低了 17.8%，但仍然保持在 39.9 亿元的水平，净利润虽然也降低了 14.5%，但仍然达到 10.5 亿元的水平。

（四）偿还债务

公司在面临偿债危机时，通过剥离部分资产以换取现金用于偿还债务，或者直接将所剥离的资产用于抵消债务，这是解除偿债危机的一种无奈之举。但凡公司尚有其他手段化解债务危机，都不会选择资产剥离这种手段。

【案例 6－4】

恒大集团的又一个项目被央企接手了

2022－03－21　来源：网易财经

恒大集团的又一个项目被央企接手了。

3 月 14 日，澎湃新闻通过天眼查查询资料发现，深涛生活服务（广东）有限公司的大股东由恒大汽车产业园投资（深圳）集团有限公司变更为中航信托股份有限公司，持股比例 100%。股东变更日期为 3 月 8 日。

中航信托官方资料显示，该公司是由中国银保监会批准设立的非银行金融机构，由特大型央企中国航空工业集团有限公司及境外投资者新加坡华侨银行等单位共同发起组建。2020 年，中航信托以 38.29 亿元的信托业务收入位列全国 68 家信托公司的第 5 位。

资料显示，深涛生活服务（广东）有限公司注册成立于 2019 年 1 月 28 日，注册资本 25 亿元，经营范围包含家庭服务；汽车零售；汽车销售；技术进出口；货物进出口（专营专控商品除外）；汽车零配件批发；企业管理服务（涉及许可经营项目的除外）；房地产开发经营等。

深涛生活服务（广东）有限公司此前持有的项目是恒大集团位于广州南沙万顷沙板块的阳光半岛。恒大南沙阳光半岛此前规划建设 40 栋高层住宅，共 5022 户，涵盖 72～117 平方米的两房至四房，分为一期和二期进行销售建设。2020 年 8 月 8 日首次开盘。该项目也是恒大集团在南沙独资的首个项目。

该项目此前也因恒大集团资金链的问题遭遇停工。

2021 年 9 月，广州市南沙区住房和城乡建设局印发通知，将恒大阳光半岛项目所有收入缴入政府维稳托管专户。通知称，为切实维护购房人权益及保障工程持续建设，请深涛生活服务（广东）有限公司开发的恒大阳光半岛项目中所有收入（包括已收款项及购房款、按揭款等后续所有收入）全额缴入政府维稳托管专户。此后，南沙住建局再次发文要求恒大阳光半岛项目要围绕保交楼目标，继续加大人力物力投入，加快施工进度，确保如期交楼。目前，该项目已经复工。

此前，恒大集团向两家信托公司出售了公司的 4 个项目。

2 月 25 日，中国恒大公告称，公司与光大信托和五矿信托签订了合作协议，向其出售 4 个项目，信托机构将接管项目公司的运营管理，向项目公司投入资金以保障项目后续开发建设及保交楼，恒大有行使回购股权的权利。中国恒大称，通过此次与信托机构的合作，中国恒大可收回项目的部分前期投资款约 19.5 亿元，可化解项目涉及的债务约 70.1 亿元，收回的投资对于公司其他项目的保交楼及债务化解工作都有积极影响。

截至 3 月 14 日收盘，中国恒大报 1.37 港元/股，跌幅 6.16%。

【案例 6 -4】需要关注的三个问题：

（1）恒大集团的又一个项目被央企接手了。之所以用一个“又”字，是因为在 2022 年 2 月 25 日的时候，公司已经与光大信托、五矿信托签订了合作协议，向其出售 4 个项目，信托机构将接管项目公司的运营管理，向项目公司投入资金以保障项目后续开发建设及保交楼，恒大有行使回购股权的权利。这次（即 2022 年 3 月 8 日）又将旗下的深涛生活服务（广东）有限公司出售给中航信托股份有限公司，后者对前者的持股比例为 100%。

（2）此次（2022 年 3 月 8 日）被剥离的资产是深涛生活服务（广东）有限公司，该公司此前持有的项目是恒大集团位于广州南沙万顷沙板块的阳光半岛。该项目此前也因恒大集团资金链的问题遭遇停工。2021 年 9 月，广州市南沙区住房和城乡建设局印发通知，将恒大阳光半岛项目所有收入缴入政府维稳托管专户。通知称，为切实维护购房人权益及保障工程持续建设，请深涛生活服务（广东）有限公司开发的恒大阳光半岛项目中所有收入（包括已收款项及购房款、按揭款等后续所有收入）全额缴入政府维稳托管专户。此后，南沙住建局再次发文要求恒大阳光半岛项目要围绕保交楼目标，继续加大人力物力投入，加快施工进度，确保如期交楼。截至 2022 年 3 月 21 日，该项目已经复工。这段描述充分说明中国恒大已经出现了资金链危机和债务危机。

（3）中国恒大称，通过此次与信托机构的合作，中国恒大可收回项目的部分前期投资款约 19.5 亿元，可化解项目涉及的债务约 70.1 亿元，收回的投资对于公司其他项目的保交楼及债务化解工作都有积极影响。这说明中国恒大剥离这几项资产，目的就是为了还债，以化解债务危机。

（五）补充资金

当公司主业发展的资金不足时，也有可能通过剥离非主业资产来补充主业的资金。公司筹资方式虽然比较多，比如发行股票、发行债券、借款等，但很多时候公司并不能随心所欲地选择筹资方式。公司对筹资方式的选择受限于很多因素。当其他方式受到限制时，剥离资产以换取现金就是一种无奈的选择。当然，从积极的一面来说，资产剥离也是公司筹集现金的一种方式。

【案例 6 -5】

两面针出售副业谋生机

2017 -06 -05　来源：北京商报

在连续几年亏损后，两面针频频通过“卖子”、借债的方式维持业绩。5 月 31 日，两面针发布公告称，公司决定抛售子公司盐城捷康三氯蔗糖制造有限公司（以下简称“捷康公司”）35% 的股份，以达到“集中发展主业”的目的。

据两面针方面表示，若在 2017 年内以首次挂牌交易价格 6557.01 万元成交，预计当年产生投资收益1101万元。转让捷康公司股权，可以优化公司资产结构，收回投资，集中资源发展主业，符合公司整体利益。数据显示，剥离捷康公司后，两面针未经审计的资产总值将减少3.77亿元；营业收入将减少3.29亿元。

两面针表示，该交易目前存在风险。一方面，两面针持有对捷康公司债权余额6640万元，股权挂牌交易成功后一年内收回，受让方以有效资产为该债权提供担保，存在该债权逾期收回风险；另一方面，两面针为捷康公司向银行贷款提供连带责任担保余额6150万元，担保期限为一年，捷康公司其他股东以所持捷康公司股权为两面针提供反担保，若捷康公司出现没有按时偿还上述银行贷款，公司存在承担连带责任风险。

对于两面针来说，捷康公司并非不良资产。2016年下半年，受市场供求关系影响，三氯蔗糖因货源不足，价格持续上涨，最高售价达50万元/吨，捷康公司实现净利润211.61万元。2017年一季度，捷康公司净利润高达3355.78万元。

对于两面针此举，业内持两种态度。部分业内人士认为，这是两面针一改往日多元化策略，重振两面针口腔护理市场份额所做出的前期布置。截至目前，两面针现已扩展为日化、纸业、医药、精细化工及房地产五个板块，主营业务为日化板块。2016年财报数据显示，包括牙膏在内的日化产品营收总额为5.26亿元，仅占该集团总收入的30%左右。日化行业专家赵向晖认为，如果两面针能够真的把“卖子”产生的收益用于主业投入上，加上从去年开始在广告支出力度的增加，品牌或许还能换得一线生机。

不过，也有业内人士指出，挂牌抛售副业更符合两面针一贯所采用的维持业绩正增长的手段。公司2017年一季度财报显示，两面针在该季度营收3.57亿元，同比增长10.32%，但从净利润数据来看，仍亏损2682.26万元。如果此次两面针抛售副业成功，将获得6557.01万元净收入，可顺利弥补2017年上半年的亏损金额。

除抛售副业外，卖掉手中的股票来换取资金也已成为两面针的惯用手法。《北京商报》记者了解到，2016年年报中，两面针的净利润虽然实现扭亏，但并非受益于主业回暖。去年，两面针出售了中信证券股票1162万股，实现投资收益约1.6亿元，出售长风路2号危旧改土地及地面附属物，获得处置收益1239.1万元，获得深圳市中信联合创业投资有限公司分红1597.41万元。受此影响，该公司2016年净利润仅为0.27亿元，实现扭亏。

这并不是主业低迷的两面针首次依赖出售资产自救。过去六年，该公司几度抛售持有中信证券股票换来漂亮的财报业绩。据了解，2010年两面针持有中信证券9552.75万股，为获得资金，当年以不低于13元/股的价格出售及处置不超过800万股，获得1.04亿元收入；2011年两面针再度出售不超过1400万股，最终两面针2011年净利润定格在0.16亿元；2012—2014年，两面针先后三次抛售中信证券股票，分别获利1.18亿元、1.49亿元、2.58亿元，公司上述三年的净利润则分别为0.14亿元、0.1亿元、0.22亿元；2015年7月2日，两面针再度抛售中信证券股票，换取3亿元，该公司2015年年报显示，公司净亏损1.73亿元。

频频通过“卖子”和出售资产的方式扭亏，也让业内对两面针“日化”公司的身份产生了质疑。赵向晖认为，两面针旗下虽然涉猎多个板块，但本土市场上一度占有优势的日化产品却迟迟无法顶起大梁，多年依靠非主业的收益保壳，这样的两面针有点“不务正业”。在高端化趋势越发明显的牙膏市场，两面针的高端产品没有在市场上打出名声，流于依靠低端酒店的途径维持品牌销售。长此以往，“两面针牙膏”只会成为这家公司的一个标志、一个噱头，而非核心产品。

【案例6－5】需要关注三个问题：

（1）两面针这次想要卖掉的捷康公司并非不良资产，2017年一季度，其净利润就高达3355.78万元。如此优质的资产，两面针为什么还要卖掉？文章中的一种观点认为，这是两面针一改往日多元化策略，重振两面针口腔护理市场份额所作出的前期布置。言下之意，两面针实施多元化战略后，其传统主业日化已经逐渐没落。2016年财报数据显示，包括牙膏在内的日化产品营收总额为5.26亿元，仅占该集团总收入的30%左右。两面针要想保住这个传统品牌，就必须在产品研发、市场定位、渠道开拓、广告宣传等方面投入足够的资金。而出售捷康公司这项优质资产就是一种很好的筹资方式，若在2017年内以首次挂牌交易价格成交，就可以筹措到6500多万元的资金。

（2）两面针之所以卖掉捷康公司，文章中的另一种观点认为，这是两面针为了维持业绩正增长而采用的一贯手段。因为从2010年到2016年，两面针每一年都通过出售资产（股票）来实现扭亏为盈或减亏，故这种观点也是言之有据的。在主业之外购入或置办一定规模的资产（股票），在必要的时候出售这些资产（股票）来维持业绩，这是上市公司为了保壳所惯用的手法，也是上市公司资本经营的一种门道。

（3）两面针挂牌出售捷康公司35%的股份存在两种风险：一是两面针持有对捷康公司的债权余额6640万元，股权挂牌交易成功后一年内收回，受让捷康公司35%股份的一方以有效资产为该债权提供担保，存在该债权逾期收回风险；二是两面针为捷康公司向银行贷款提供连带责任担保余额6150万元，担保期限为一年，捷康公司其他股东以所持捷康公司股权为两面针提供反担保，若捷康公司出现没有按时偿还上述银行贷款，两面针存在承担连带责任风险。什么是“反担保”？从这段话的描述中已经得到了答案。

三、公司资产剥离的类型

公司资产剥离的类型主要分为剥离实体资产、剥离股权投资、剥离债权投资和剥离其他投资四种。

（一）剥离实体资产

剥离实体资产是指公司将其自身的一部分实体资产（如固定资产、无形资产等）剥离出去或卖掉，或另外成立公司，不再保留在原有公司法人名下的一种资本经营行为。这种类型的资产剥离通常发生在公司制改革和股份制改革的过程中，同时也会发生在有限责任公司和股份有限公司的日常经营活动中。其剥离示意图如图6－1所示。

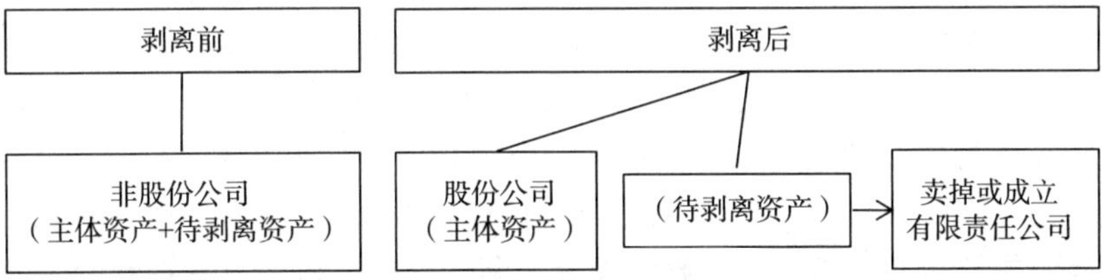

图6－1　股份制改革中剥离实体资产示意图

（二）剥离股权投资

剥离股权投资是指公司将其持有的某一家公司的股权（持股比例100%及其以下）全部出售给其他公司或自然人，从而不再成为这家公司股东的一种资本经营行为。如果剥离的是上市公司的股权，则这种剥离又被称为清仓式减持。其剥离示意图如图 6－2 所示。

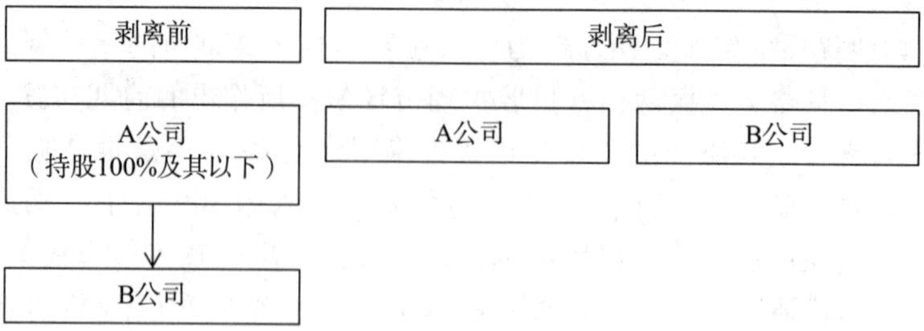

图 6－2　剥离股权投资示意图

（三）剥离债权投资

剥离债权投资是指公司将其持有的某家公司（或某地政府）发行的债券在债券到期日之前全部出售给其他公司或自然人，从而不再成为这家公司（或该地政府）债权人的一种资本经营行为。

（四）剥离其他投资

剥离其他投资是指公司将其拥有的某家公司或机构其他权益性投资（如基金投资、理财投资等）在权益兑换日之前全部出售给其他公司或自然人，从而不再成为这家公司或机构投资人的一种资本经营行为。

四、公司资产剥离的方式

公司资产剥离的方式主要有卖给非关联方、卖给关联方、划转关联方、对外投资、公司分立等。

（一）关联方关系的认定

关联方关系的存在是以控制、共同控制或重大影响为前提条件的。在判断是否存在关联方关系时，应当遵循实质重于形式的原则。从一个企业的角度出发，与其存在关联方关系的各方包括：

1. 该企业的母公司，不仅包括直接或间接地控制该企业的其他企业，也包括能够对该企业实施直接或间接控制的单位等。

（1）某一个企业直接控制一个或多个企业。例如，母公司控制一个或若干个子公司，则母公司与子公司之间存在关联方关系。

（2）某一个企业通过一个或若千个中间企业间接控制一个或多个企业。例如，母公司通过其子公司，间接控制子公司的子公司，表明母公司与其子公司的子公司存在关联方关系。

（3）一个企业直接地和通过一个或若干个中间企业间接地控制一个或多个企业。例如，母公司对某一企业的投资虽然没有达到控股的程度，但由于其子公司也拥有该企业的股份或权益，如果母公司与其子公司对该企业的投资之和达到拥有该企业的控制权，则母公司直接和间接地控制该企业，表明母公司与该企业之间存在关联方关系。

2. 该企业的子公司，包括直接或间接地被该企业控制的其他企业，也包括直接或间接地被该企业控制的企业、单位、基金等特殊目的实体。

3. 与该企业受同一母公司控制的其他企业。例如，A 公司和 B 公司同受 C 公司控制，从而 A 公司和 B 公司之间构成关联方关系。

4. 对该企业实施共同控制的投资方。这里的共同控制包括直接的共同控制和间接的共同控制。对企业实施直接或间接共同控制的投资方与该企业之间是关联方关系，但这些投资方之间并不能仅仅因为共同控制同一家企业而视为存在关联方关系。例如，A、B、C 三个企业共同控制企业 D，则 A 和 D、B 和 D 以及 C 和 D 之间构成关联方关系。如果不存在其他关联方关系，则 A 和 B、A 和 C 以及 B 和 C 之间不构成关联方关系。

5. 对该企业施加重大影响的投资方。这里的重大影响包括直接的重大影响和间接的重大影响。对企业实施重大影响的投资方与该企业之间是关联方关系，但这些投资方之间并不能仅仅因为对同一家企业具有重大影响而视为存在关联方关系。

6. 该企业的合营企业。合营企业包括合营企业的子公司。合营企业是以共同控制为前提的，两方或多方共同控制某一企业时，该企业则为投资者的合营企业。例如，A、B、C、D 企业各占 F 企业有表决权资本的 25%，按照合同规定，投资各方按照出资比例共同控制 F 企业，在这种情况下，A 和 F、B 和 F、C 和 F 以及 D 和 F 之间构成关联方关系。

7. 企业的联营企业。联营企业包括联营企业的子公司。联营企业和重大影响是相联系的，如果投资者能对被投资企业施加重大影响，则该被投资企业应被视为投资者的联营企业。

8. 该企业的主要投资者个人及与其关系密切的家庭成员。主要投资者个人，是指能够控制、共同控制一个企业或者对一个企业施加重大影响的个人投资者。

（1）某一企业与其主要投资者个人之间的关系。例如，张三是 A 企业的主要投资者，则 A 企业与张三构成关联方关系。

（2）某一企业与其主要投资者个人关系密切的家庭成员之间的关系。例如，A 企业的主要投资者张三的儿子与 A 企业构成关联方关系。

9. 该企业或其母公司的关键管理人员及与其关系密切的家庭成员。关键管理人员，是指有权力并负责计划、指挥和控制企业活动的人员。通常情况下，企业关键管理人员负责管理企业的日常经营活动，并且负责制订经营计划、战略目标、指挥调度生产经营活动等，主要包括董事长、董事、董事会秘书、总经理、总会计师、财务总监、主管各项事务的副总经理以及行使类似决策职能的人员等。

（1）某一企业与其关键管理人员之间的关系。例如，A 企业的总经理与 A 企业构成关联方关系。

（2）某一企业与其关键管理人员关系密切的家庭成员之间的关系。例如，A 企业的总经理张三的儿子张小三与 A 企业构成关联方关系。

10. 该企业主要投资者个人、关键管理人员或与其关系密切的家庭成员控制、共同控制的其他企业。与主要投资者个人、关键管理人员关系密切的家庭成员，是指在处理与企业的交易时可能影响该个人或受该个人影响的家庭成员，例如，父母、配偶、兄弟姐妹和子女等。对于这类关联方，应当根据主要投资者个人、关键管理人员或与其关系密切的家庭成员对两家企业的实际影响力具体分析判断。

（1）某一企业与受该企业主要投资者个人控制、共同控制的其他企业之间的关系。例如，A 企业的主要投资者 H 拥有 B 企业 60% 的表决权资本，则 A 和 B 存在关联方关系。

（2）某一企业与受该企业主要投资者个人关系密切的家庭成员控制、共同控制的其他企业之间的关系。例如，A 企业的主要投资者 Y 的妻子拥有 B 企业 60% 的表决权资本，则

A 和 B 存在关联方关系。

(3) 某一企业与受该企业关键管理人员控制、共同控制的其他企业之间的关系。例如，A 企业的关键管理人员 H 控制了 B 企业，则 A 和 B 存在关联方关系。

(4) 某一企业与受该企业关键管理人员关系密切的家庭成员控制、共同控制的其他企业之间的关系。例如，A 企业的财务总监 Y 的妻子是 B 企业的董事长，则 A 和 B 存在关联方关系。

11. 该企业关键管理人员提供服务提供方与服务接受方。提供关键管理人员服务的主体（以下简称“服务提供方”）向接受该服务的主体（以下简称“服务接受方”）提供关键管理人员服务的，服务提供方和服务接受方之间是否构成关联方关系应当具体分析判断。

(1) 服务接受方在编制财务报表时，应当将服务提供方作为关联方进行相关披露。服务接受方可以不披露服务提供方所支付或应支付给服务提供方有关员工的报酬，但应当披露其接受服务而应支付的金额。

(2) 服务提供方在编制财务报表时，不应仅仅因为向服务接受方提供了关键管理人员服务就将工认定为关联方。而应当按照《企业会计准则第 36 号——关联方披露》判断双方是否构成关联方并进行相应的会计处理。

12. 企业与其所属企业集团的其他成员单位（包括母公司和子公司）的合营企业或联营企业。

13. 企业的合营企业与企业的其他合营企业或联营企业。

（二）不构成关联方关系的情况

1. 与该企业发生日常往来的资金提供者、公用事业部门、政府部门和机构，以及因与该企业发生大量交易而存在经济依存关系的单个客户、供应商、特许商、经销商和代理商之间，不构成关联方关系。

2. 与该企业共同控制合营企业的合营者之间，通常不构成关联方关系。

3. 仅仅同受国家控制而不存在控制、共同控制或重大影响关系的企业，不构成关联方关系。

4. 两方或两方以上受同一方重大影响的企业之间不构成关联方。

（三）关联方交易的类型

1. 购买或销售商品。购买或销售商品是关联方交易最常见的交易事项。例如，集团内部成员之间相互购买或销售商品，从而形成关联方交易。这种交易由于将市场交易转变为集团的内部交易，可以节约交易成本，减少交易过程中的不确定性，确保供给和需求，并能在一定程度上保证产品的质量和标准化。此外，通过集团内部适当的交易安排，有利于实现集团利润的最大化，提高其整体的市场竞争能力。这种交易产生的问题是，可能为公司调节利润提供了一种良好的途径。

2. 购买或销售商品以外的其他资产。购买或销售商品以外的其他资产，也是关联交易的主要形式。比如，母公司销售给其子公司的设备或建筑物等。

3. 提供或接受劳务。关联方之间相互提供或接受劳务，也是关联交易的主要形式。例如：甲企业是乙企业的联营企业，甲企业专门从事设备维修服务，乙企业的所有设备均由甲企业负责维修，乙企业每年支付设备维修费用 20 万元。作为企业外部的报表使用者来说，需要了解这种提供或接受劳务的定价标准，以及关联方之间是否在正常的交易情况下进行。

4. 担保。担保有很多形式，以贷款担保为例，某企业生产经营中需要资金，往往会向银行等金融机构申请贷款，银行等金融机构为了保证所贷资金的安全，需要企业在贷款时由第三方提供担保。担保是有风险的，一旦被担保企业没有按期履行还款协议，则担保企业就成了还款的责任人。关联企业之间相互提供担保，能有效解决企业的资金问题，有利于经营活动的有效开展，但也形成了或有负债，增加了担保企业的财务风险，有可能因此而引发经济纠纷。

5. 提供资金（贷款或股权投资）。提供资金包括以现金或实物形式提供的贷款或股权投资。例如：母公司利用集团内部的金融机构向子公司提供贷款，母公司向子公司投入资金、购入股份等。

6. 租赁。租赁通常包括经营租赁和融资租赁等。关联方之间的租赁合同也是主要的交易事项。

7. 代理。代理主要是依据合同条款，一方可为另一方代理某些事务，如代理销售货物或代理签订合同等。

8. 研究与开发项目的转移。在存在关联方关系时，有时某一企业所研究与开发的项目会由于另一方的要求而放弃或转移给其他企业。例如：B 公司是 A 公司的子公司，A 公司要求 B 公司停止对某一新产品的研究与试制，并将 B 公司研究的现有成果转给 A 公司最近购买的、研究和开发能力超过 B 公司的 C 公司继续研制，从而形成关联方交易。

9. 许可协议。当存在关联方关系时，关联方之间可能达成某种协议，允许一方使用另一方的商标等，从而形成关联方交易。

10. 代表企业或由企业代表另一方进行债务结算。这也是关联方企业之间比较普遍存在的一种关联交易形式，比如，母公司为子公司支付广告费用，或者为子公司偿还已逾期的长期借款等。

11. 关键管理人员薪酬。支付给关键管理人员的薪酬也是一种主要的关联交易形式。因为企业关键管理人员之间构成了关联方关系。例如：企业支付给董事长、总经理等人员的薪酬，这属于关联交易。

（四）公司资产剥离的常见方式

1. 卖给非关联方。卖给非关联方就是将需要剥离的资产卖给不存在关联方关系的公司、其他机构或自然人。如【案例 6－4】中，恒大汽车产业园投资（深圳）集团有限公司将其持有的深涛生活服务（广东）有限公司 100% 的股权，卖给中航信托股份有限公司，而中航信托股份有限公司是由中国银保监会批准设立的非银行金融机构，由特大型央企中国航空工业集团有限公司及境外投资者新加坡华侨银行等单位共同发起组建。从案例资料判断，恒大汽车产业园投资（深圳）集团有限公司和中航信托股份有限公司应该是非关联方。【案例 6－5】中，两面针决定以挂牌交易的方式抛售子公司盐城捷康三氯蔗糖制造有限公司 35% 的股份，既然是挂牌交易，那么，最后成交的对方应该也不是两面针的关联方。

2. 卖给关联方。卖给关联方就是将需要剥离的资产卖给存在关联方关系的公司、其他机构或自然人。如【案例 6－1】中，温氏股份将控股子公司温氏乳业 35% 的股权，以近 4.38 亿元的价格转让给关联方筠诚控股。因为温氏股份的董事温鹏程任筠诚控股董事长，温氏股份的董事温志芬、梁志雄、严居然、温小琼任筠诚控股董事；温氏股份实际控制人温氏家族的温鹏程、温均生、温志芬、温小琼、梁焕珍、伍翠珍、陈健兴直接或间接合计持有筠诚控股 19.83% 股权，成为筠城控股的控股股东，因此，温氏股份和筠城控股存在关联方关系。【案例 6－2】中，恒大汽车以 2 元的价格将旗下 47 个养生谷项目出售给中国恒大附属公司，这也是将需要剥离的资产卖给关联方。

3. 划转关联方。划转关联方就是将需要剥离的资产无偿划转给存在关联方关系的公司、其他机构或自然人。据《证券时报》2017 年 5 月 11 日报道（记者：刘灿邦）：2017 年 5 月 8 日，保利能源官网刊登署名为保利集团董事长徐念沙和总经理张振高的《致保利能源公司全体人员的公开信》，其中提到，为落实国家供给侧改革的要求，按照国资委关于非专业涉煤央企退出煤炭行业的统一部署，保利能源将整体划转至中煤集团旗下。这意味着保利能源成为此轮央企结构调整以来，第二家划转至中煤集团的非专业涉煤央企的煤炭子公司，此前，国投公司已将国投新集（已更名为“新集能源”）划转至中煤集团。在这份报道中，有两个信息值得关注：一是为落实国家供给侧改革的要求，非专业涉煤央企要将其旗下的煤炭子公司剥离；二是剥离的方式是无偿划转给国资委所属的专业涉煤央企，即划转给关联方。

4. 对外投资。对外投资就是将需要剥离的资产拿来对外进行控制性投资、共同控制性投资、施加重大影响投资或其他投资。

5. 公司分立。将在下一节论及。

第二节　公司分立

一、公司分立的概念

一种观点认为，公司分立是指一个母公司将其在某个子公司中的股份按母公司股东在母公司中的持股比例分配给母公司的现有股东，从而在法律上和组织上将该子公司的经营从母公司的经营中分离出去。假设甲公司由 A、B、C 三个股东共同出资设立，其中 A 股东持股 51%，B 股东持股 30%，C 股东持股 19%。甲公司以 80% 的持股比例控股乙公司。现甲公司股东会议决定将乙公司分立出去，经计算，乙公司分立后，A 股东直接持有乙公司 40.8%（51% ×80%）的股权，B 股东直接持有乙公司 24%（30% ×80%）的股权，C 股东直接持有乙公司 15.2%（19% ×80%）的股权。乙公司分立前后的股权关系如图 6－3 和图 6－4 所示。

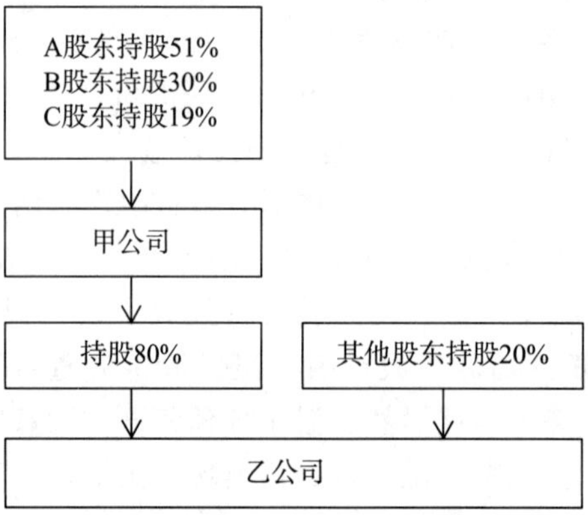

图 6－3　乙公司分立前的股权关系图

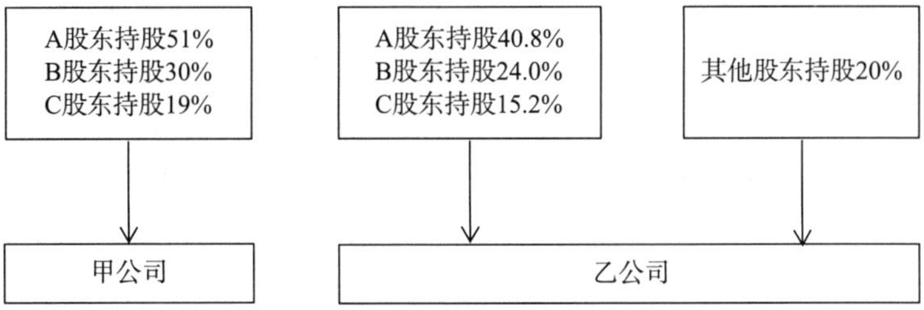

图6-4　乙公司分立后的股权关系图

另一种观点认为，公司分立是和公司合并相反的行为，它是指原有的一家公司分成两家或两家以上独立公司的法律行为。公司分立有两种方式，一是存续分立，二是解散分立。存续分立是指一家公司分解成两家或两家以上公司，本公司继续存在并设立一家或一家以上新的公司；解散分立是指一家公司分解为两家或两家以上公司，本公司解散并设立两家或两家以上新的公司。

上述两种观点所描述的公司分立，其概念是有差别的。本书支持两种观点并存，即本书认为第一种观点所说的是公司分立，第二种观点所说的也是公司分立，它们都存在于现实之中。举例如下。

2022 年 3 月 16 日，湖北鼎润环保科技有限公司在《鄂州日报》上刊登一则“公司分立公告”。公告内容为：经 2022 年 3 月 10 日公司股东会决定，湖北鼎润环保科技有限公司（注册资本人民币 3500 万元）拟存续分立成“湖北鼎润环保科技有限公司”和“湖北鼎润新型建材有限公司”。湖北鼎润环保科技有限公司为存续公司，注册资本减少为 1000 万元人民币；湖北鼎润新型建材有限公司为分立后新设公司，注册资本为 2600 万元人民币。为保护公司债权人的合法权益，自本公告见报之日起 45 日内，债权人有向本公司提出清偿债务或要求本公司提供相应的担保的权利，并以书面的形式函告本公司。本公司地址：鄂州市华容区段店镇孙彭村（316 国道南边）。联系人：舒莲花　电话：13986426773。特此公告。

这则公告的内容显示，湖北鼎润环保科技有限公司拟存续分立成“湖北鼎润环保科技有限公司”和“湖北鼎润新型建材有限公司”。湖北鼎润环保科技有限公司为存续公司，湖北鼎润新型建材有限公司为分立后新设公司。

二、公司分立的动因

公司分立的动因主要有剥离资产或业务、缩短管理链条、解决管理矛盾、激发管理潜能、谋求上市融资和刺激股价上扬等。

（一）剥离资产或业务

公司分立有时候是为了剥离一些资产或业务，使原公司更加专注于主业，或者使原公司的资产或业务的分工更加精细化和专业化。比如上面提到的湖北鼎润环保科技有限公司拟存续分立成“湖北鼎润环保科技有限公司”和“湖北鼎润新型建材有限公司”，很明显，原先的湖北鼎润环保科技有限公司经营着新型建材业务，现分立出“湖北鼎润新型建材有限公司”后，存续的湖北鼎润环保科技有限公司就不再经营新型建材业务，新型建材业务由新成立的“湖北鼎润新型建材有限公司”经营，这样就有利于把原先的业务进行精细化、专业化的分工。

（二）缩短管理链条

在母公司、子公司、孙公司这样的控股型组织架构中，有一种风险叫作“金字塔”风险，是指当下级公司（被控股公司）的股东权益收益率发生变动时，上级公司（控股公司）的股东权益收益率将会发生更大幅度的变动，而且随着控股级次的增加和管理链条的延长，这种风险就越大。公司为了化解这种“金字塔”风险，有时候就会通过公司分立的方式来减少管理级次、缩短管理链条。像图 6－3 所展示的那样，在控股股东 A 和乙公司之间多出了甲公司这一管理层级，A 股东不能直接（只能通过甲公司间接）控制乙公司。把乙公司分立出去之后，A 股东直接持有乙公司 40.8% 的股份（如图 6－4 所示），是第一大股东，不需要再通过甲公司来间接控制乙公司，从而实现了对乙公司的直接控制。乙公司分立之后，控股股东 A 和乙公司之间少了一个管理层级，管理链条缩短了，有利于提高管理效率。

（三）解决管理矛盾

当一家公司由几个股东出资设立时，股东之间在公司发展战略、经营模式、人才配备、分配制度、激励政策、对外关系等诸多方面可能会产生不同的意见从而导致管理矛盾的发生，严重的话还会影响公司经营活动的正常开展。当这种管理矛盾无法调和的时候，公司分立不失为解决这种管理矛盾的一种有效方法。比如图 6－4 中的甲公司，假设 A 股东和 B 股东在公司发展战略、经营模式、人才配备、分配制度、激励政策、对外关系等方面产生了不可调和的矛盾，可以采取存续分立的方式从甲公司中分立出一家丙公司，由 B 股东 100% 控股，A 股东和 C 股东继续留在甲公司；也可以采取解散分立的方式，解散甲公司，成立丙公司（B 股东 100% 控股）和丁公司（A 股东绝对控股、C 股东参股）。这样就可以在较大程度上调和 A 股东和 B 股东的矛盾。

（四）激发管理潜能

在母子公司的组织架构中，子公司对母公司通常会有一种依赖症，特别是当母公司对子公司的供、产、销等经营活动实行集中统一管理时，子公司的这种依赖症显得尤为突出。由于供、产、销等经营活动都由母公司集中统一管理，子公司的管理层就会产生一种依赖心理，不管绩效如何，反正都有母公司兜着，其管理潜能无法得到有效释放，管理积极性无法得到有效提高。这个时候，如果把子公司分立出去，就有可能激发子公司管理者的潜能，使子公司的效益达到最大化。比如图 6－3 中的乙公司，假若它的供、产、销等经营活动都受到甲公司的严格管制，其管理层的管理潜能是无法尽情地发挥的，但如果按照图 6－4 所示把乙公司分立出去了，其管理层的管理潜能就有可能得到尽情发挥，其管理效率和经营绩效也有可能得到明显提高。

（五）谋求上市融资

业务多元的公司不利于上市融资。这时，公司为了筹备上市，通常需要进行公司分立，把业务多元的公司分立成两家或两家以上业务单一的公司，以利于上市融资。出于上市动因而进行公司分立，详见本章第三节“公司分拆”。

（六）刺激股价上扬

如果是上市公司，公司分立往往能够向股票市场释放一种利好信号。当公司发布分立消息之后，公司的股票价格通常会有一个上扬的表现。这也反映出投资者对“主业清晰”的公司的一种偏好。许多投资者对专注于某一行业发展的公司比较看好，因为这些公司的业务结构比较单纯因而比较容易估算出其真实价值。从另一个角度看，这种偏好也反映出不少投资者对那些跨行业的合并和收购并不太欢迎。实质上，投资者越来越偏好于主业突出的公司也与股票二级市场效率低下有很大关系，信息传递的不充分性和不及时性使投资者在评估拥有多种业务的上市公司的合理价值时遇到许多障碍。而分立之后，公司的业务比较单一，有利于投资者对公司的价值作出更加客观、合理的评估。

三、公司分立的程序

（一）公司董事会拟定公司分立方案

董事会在拟定公司分立方案时，除应当对分立原因、目的、分立后各公司的地位、分立后公司章程及其他相关问题作出安排外，特别应妥善处理财产及债务分割问题。

（二）公司股东会对董事会拟定的公司分立方案作出决议

公司分立属于《公司法》上所称重大事项，应当由股东会以特别会议决议方式决定。股东会决议通过方案时，特别要通过公司债务的分担协议，即由未来两家或多家公司分担原公司债务的协议。为了保证分立方案的顺利执行，应当同时授权董事会具体实施分立方案。该授权包括向国家主管机关提出分立申请、编制其他相关文件等事项。

《公司法》第 43 条规定：股东会的议事方式和表决程序，除本法有规定的外，由公司章程规定。股东会会议作出修改公司章程、增加或者减少注册资本的决议，以及公司合并、分立、解散或者变更公司形式的决议，必须经代表 2/3 以上表决权的股东通过。

（三）董事会编制公司财务及财产文件

《公司法》第 175 条规定：公司分立，其财产作相应的分割。公司分立，应当编制资产负债表及财产清单。公司应当自作出分立决议之日起十日内通知债权人，并于三十日内在报纸上公告。

（四）报政府主管机关批准

《公司法》第 66 条规定：国有独资公司不设股东会，由国有资产监督管理机构行使股东会职权。国有资产监督管理机构可以授权公司董事会行使股东会的部分职权，决定公司的重大事项，但公司的合并、分立、解散、增加或者减少注册资本和发行公司债券，必须由国有资产监督管理机构决定；其中，重要的国有独资公司合并、分立、解散、申请破产的，应当由国有资产监督管理机构审核后，报本级人民政府批准。

（五）履行债权人保护程序

除了《公司法》第 175 条规定“公司应当自作出分立决议之日起十日内通知债权人，并于三十日内在报纸上公告”之外，《公司法》第 176 条还规定：公司分立前的债务由分立后的公司承担连带责任。但是，公司在分立前与债权人就债务清偿达成的书面协议另有约定的除外。

（六）办理变更登记、解散登记或设立登记手续

《公司法》第 179 条规定：公司合并或者分立，登记事项发生变更的，应当依法向公司登记机关办理变更登记；公司解散的，应当依法办理公司注销登记；设立新公司的，应当依法办理公司设立登记。公司增加或者减少注册资本，应当依法向公司登记机关办理变更登记。

《公司法》第 204 条规定：公司在合并、分立、减少注册资本或者进行清算时，不依照本法规定通知或者公告债权人的，由公司登记机关责令改正，对公司处以一万元以上十万元以下的罚款。公司在进行清算时，隐匿财产，对资产负债表或者财产清单作虚假记载或者在

未清偿债务前分配公司财产的，由公司登记机关责令改正，对公司处以隐匿财产或者未清偿债务前分配公司财产金额5%以上10%以下的罚款；对直接负责的主管人员和其他直接责任人员处以一万元以上十万元以下的罚款。

【案例6-6】

江苏诺泰澳赛诺生物制药股份有限公司
关于股东存续分立的进展公告

2023-06-08 来源：证券日报 新浪财经

（编者注：本书引用时作了删减）

证券代码：688076 证券简称：诺泰生物 公告编号：2023-046

本公司董事会及全体董事保证本公告内容不存在任何虚假记载、误导性陈述或者重大遗漏，并对其内容的真实性、准确性和完整性承担法律责任。

江苏诺泰澳赛诺生物制药股份有限公司（以下简称“诺泰生物”或“公司”）于2022年8月27日在上海证券交易所网站披露了《关于股东存续分立的提示性公告》（公告编号：2022-042）。公司股东建德市五星生物科技有限公司（以下简称“五星生物”）拟进行存续分立，即分立为五星生物和建德市星联企业管理有限公司（以下简称“星联管理”）。五星生物的股东平移至星联管理，各股东持股比例保持不变，五星生物拟转让其持有的10314700股公司无限售流通股给星联管理，占公司总股本的4.84%。

近日，公司接到股东五星生物的通知，五星生物股东持股比例由潘余明和潘余有各持股50%变更为潘余明持股51%，潘余有持股49%。因此，分立公司星联管理股东持股比例亦变更为潘余明持股51%，潘余有持股49%。变更完成后，五星生物与星联管理签署了《股份过户协议》。

一、存续分立双方工商变更后的基本情况

（一）存续公司的基本情况（略）

（二）分立公司的基本情况（略）

二、股份转让的基本情况

2023年6月7日，五星生物与星联管理签署《股份过户协议》，五星生物拟将持有的10314700股公司股份转让给星联管理，转让完成后不再持有公司股份。

（一）协议双方

转让方（甲方）：建德市五星生物科技有限公司

受让方（乙方）：建德市星联企业管理有限公司

（二）协议主要条款

1. 标的股份

甲方系江苏诺泰澳赛诺生物制药股份有限公司（以下简称“标的公司”）股东，持有标的公司10314700股股份，合计占公司股份总数的4.84%。

2. 股份转让、价款安排

甲方同意将其合法持有的标的公司4.84%股份（合计：10314700股）转让给乙方，乙方同意接受甲方持有的前述标的公司股份。本协议项下标的股份每股转让价格以本协议签署日的前一交易日（即2023年6月6日）标的公司二级市场收盘价为定价基准（即基准价格），按基准价格×90%即每股35.811元作为转让价格，则合计标的股份的转让价格为369379721.7元。

3. 标的股份过户登记

甲、乙双方积极配合，尽快办理本次转让设计的标的股份过户登记事项。

标的股份过户登记完成日起，标的股份对应的股东权利与义务均由乙方享有或承担。

4.《股份过户协议》对税费承担、协议的变更和解除、违约责任、保密条款、争议解决等其他条款进行了明确的规定。

三、所涉及的后续事项

五星生物与星联管理股权结构完全一致，因此本次股份转让系同一实际控制人下的股份转让。本次分立完成后，星联管理将继承五星生物在公司首次公开发行股票时所做出的全部承诺事项。本次存续分立不会导致上市公司控股权发生变更，也不存在损害上市公司及其他股东利益的情形，不会对公司的生产和经营产生影响。

本次存续分立符合《上市公司收购管理办法》《上市公司股东、董监高减持股份的若干规定》《上海证券交易所上市公司股东及董事、监事、高级管理人员减持股份实施细则》、上海证券交易所有关法律、法规、部门规章及规范性文件和《江苏诺泰澳赛诺生物制药股份有限公司章程》的规定。

本次股东存续分立所涉股份协议转让事宜尚需取得有关监管部门的批准，存在不确定性。公司将持续关注相关事项的进展，并督促交易双方按照有关法律法规的要求完成后续相关工作，及时履行信息披露义务，敬请广大投资者注意投资风险。

特此公告。

江苏诺泰澳赛诺生物制药股份有限公司

董事会

2023年6月8日

【案例6-6】需要关注三个问题：

（1）这是上市公司诺泰生物的股东五星生物拟进行的存续分立，即从五星生物分立出星联管理，五星生物续存。这说明上市公司的重要股东进行分立，上市公司也要履行信息披露义务。分立后，五星生物的股东平移至星联管理，各股东持股比例保持不变，五星生物拟转让其持有的诺泰生物10314700股无限售流通股给星联管理，占诺泰生物总股本的4.84%。转让价格为转让协议签署日的前一交易日诺泰生物股票收盘价的90%（即每股35.811元）。随后，五星生物股东持股比例由潘余明和潘余有各持股50%变更为潘余明持股51%，潘余有持股49%。同时，星联管理股东持股比例亦变更为潘余明持股51%，潘余有持股49%。变更完成后，五星生物与星联管理签署了《股份过户协议》。

（2）鉴于五星生物与星联管理的股权结构完全一致，因此本次股份转让是同一实际控制人下的股份转让。本次分立完成后，星联管理将继承五星生物在诺泰生物首次公开发行股票时所做出的全部承诺事项。本次存续分立不会导致上市公司诺泰生物的控股权发生变更，也不存在损害上市公司及其他股东利益的情形，不会对诺泰生物的生产和经营产生影响。

(3) 本次存续分立符合《上市公司收购管理办法》等法律法规、部门规章和规范性文件以及《江苏诺泰澳赛诺生物制药股份有限公司章程》的规定。但分立所涉股份协议转让事宜尚需取得有关监管部门的批准，存在不确定性。诺泰生物及时披露这个信息就是提醒广大投资者注意投资风险。

第三节 公司分拆

一、公司分拆的概念

公司分拆的概念有广义和狭义之分。

广义的公司分拆，其概念与公司分立是一样的，即一个母公司将其在某个子公司中的股份按母公司股东在母公司中的持股比例分配给母公司的现有股东，从而在法律上和组织上将该子公司的经营从母公司的经营中分离出去，或者原有的一家公司分成两家或两家以上独立的公司。这些情形都属于公司分拆，因此，从广义的视角来看，公司分拆与公司分立本质上是同一回事，上述关于公司分立的动因也基本上适用于公司分拆。

狭义的公司分拆是指上市公司将部分业务或资产分拆出来单独上市融资。根据证监会2022年1月5日发布的《上市公司分拆规则（试行）》第2条规定，上市公司分拆，是指上市公司将部分业务或资产，以其直接或间接控制的子公司的形式，在境内或境外证券市场首次公开发行股票并上市或者实现重组上市的行为。以下所说的公司分拆都是指狭义的公司分拆，即《上市公司分拆规则（试行）》所定义的上市公司分拆。

二、上市公司分拆的条件

上市公司分拆，应当同时符合以下条件：

1. 上市公司股票境内上市已满三年。

2. 上市公司最近三个会计年度连续盈利。

3. 上市公司最近三个会计年度扣除按权益享有的拟分拆所属子公司的净利润后，归属于上市公司股东的净利润累计不低于人民币六亿元（净利润的计算，以扣除非经常性损益前后孰低值为依据）。

4. 上市公司最近一个会计年度合并报表中按权益享有的拟分拆所属子公司的净利润不得超过归属于上市公司股东的净利润的50%；上市公司最近一个会计年度合并报表中按权益享有的拟分拆所属子公司的净资产不得超过归属于上市公司股东的净资产的30%。

三、上市公司分拆的负面清单

（一）上市公司存在以下情形之一的，不得分拆：

1. 资金、资产被控股股东、实际控制人及其关联方占用或者上市公司权益被控股股东、实际控制人及其关联方严重损害。

2. 上市公司或其控股股东、实际控制人最近三十六个月内受到过中国证监会的行政处罚。

3. 上市公司或其控股股东、实际控制人最近十二个月内受到过证券交易所的公开谴责。

4. 上市公司最近一年或一期财务会计报告被注册会计师出具保留意见、否定意见或者无法表示意见的审计报告。

5. 上市公司董事、高级管理人员及其关联方持有拟分拆所属子公司股份，合计超过所属子公司分拆上市前总股本的10%，但董事、高级管理人员及其关联方通过该上市公司间接持有的除外。

（二）上市公司所属子公司存在以下情形之一的，上市公司不得分拆：

1. 主要业务或资产是上市公司最近三个会计年度内发行股份及募集资金投向的，但子公司最近三个会计年度使用募集资金合计不超过子公司净资产10%的除外。这里所称的募集资金投向包括上市公司向子公司出资或者提供借款，并以子公司实际收到募集资金作为判断标准。上市公司向子公司提供借款的，子公司使用募集资金金额，可以按照每笔借款使用时间长短加权平均计算。

2. 主要业务或资产是上市公司最近三个会计年度内通过重大资产重组购买的。

3. 主要业务或资产是上市公司首次公开发行股票并上市时的主要业务或资产。

4. 主要从事金融业务的。

5. 子公司董事、高级管理人员及其关联方持有拟分拆所属子公司股份，合计超过该子公司分拆上市前总股本的30%，但董事、高级管理人员及其关联方通过该上市公司间接持有的除外。

四、上市公司分拆的信息披露要求

（一）上市公司分拆，应作出充分说明并披露的事项

1. 有利于上市公司突出主业、增强独立性。

2. 本次分拆后，上市公司与拟分拆所属子公司均符合中国证监会、证券交易所关于同业竞争、关联交易的监管要求；分拆到境外上市的，上市公司与拟分拆所属子公司不存在同业竞争。

3. 本次分拆后，上市公司与拟分拆所属子公司的资产、财务、机构方面相互独立，高级管理人员、财务人员不存在交叉任职。

4. 本次分拆后，上市公司与拟分拆所属子公司在独立性方面不存在其他严重缺陷。

（二）上市公司分拆应披露的信息

上市公司分拆，应当参照中国证监会、证券交易所关于上市公司重大资产重组的有关规定，充分披露对投资者投资决策和上市公司证券及其衍生品种交易价格可能产生较大影响的所有信息，包括但不限于：分拆的目的、商业合理性、必要性、可行性；分拆对各方股东特别是中小股东、债权人和其他利益相关方的影响；分拆预计和实际的进展过程、各阶段可能面临的相关风险，以及应对风险的具体措施、方案等。

五、上市公司分拆的程序

（一）董事会作出分拆决议

1. 上市公司分拆，应当由董事会依法作出决议，并提交股东大会批准。

2. 上市公司董事会应当就所属子公司分拆是否符合相关法律法规和《上市公司分拆规则（试行）》、是否有利于维护股东和债权人合法权益，上市公司分拆后能否保持独立性及持续经营能力，分拆形成的新公司是否具备相应的规范运作能力等作出决议。

（二）股东大会作出分拆决议

1. 上市公司股东大会应当就董事会提案中有关所属子公司分拆是否有利于维护股东和债权人合法权益、上市公司分拆后能否保持独立性及持续经营能力等进行逐项审议并表决。

2. 上市公司股东大会就分拆事项作出决议，必须经出席会议的股东所持表决权的2/3以上通过，且须经出席会议的中小股东所持表决权的2/3以上通过。

3. 上市公司董事、高级管理人员在拟分拆所属子公司安排持股计划的，该事项应当由独立董事发表独立意见，作为独立议案提交股东大会表决，并须经出席会议的中小股东所持表决权的半数以上通过。

（三）上市公司聘请证券服务机构就分拆事项出具意见

1. 上市公司分拆的，应当聘请符合《证券法》规定的独立财务顾问、律师事务所、会计师事务所等证券服务机构就分拆事项出具意见。

2. 独立财务顾问应当具有保荐业务资格，就上市公司分拆是否符合《上市公司分拆规则（试行）》、上市公司披露的相关信息是否存在虚假记载、误导性陈述或者重大遗漏等，进行尽职调查、审慎核查，出具核查意见，并予以公告。

3. 所属子公司上市当年剩余时间及其后一个完整会计年度，独立财务顾问应当持续督导上市公司维持独立上市地位，并承担下列工作：

（1）持续关注上市公司核心资产与业务的独立经营状况、持续经营能力等情况。

（2）针对所属子公司发生的对上市公司权益有重要影响的资产、财务状况变化，以及其他可能对上市公司股票价格产生较大影响的重要信息，督导上市公司依法履行信息披露义务。

（3）持续督导工作结束后，自上市公司年报披露之日起十个工作日内出具持续督导意见，并予以公告。

（四）涉及境内首发、重组上市和境外上市的规定

1. 上市公司分拆，涉及境内首次公开发行股票并上市的，应当遵守中国证监会、证券交易所关于证券发行上市、保荐、承销等相关规定。

2. 上市公司分拆，涉及重组上市的，应当遵守中国证监会、证券交易所关于上市公司重大资产重组的规定。

3. 上市公司分拆，涉及境外上市的，应当符合中国证监会关于境外发行上市的有关规定。

六、上市公司分拆的违规处罚

1. 上市公司及相关方未按照《上市公司分拆规则（试行）》及其他相关规定披露分拆信息，或者所披露的信息存在虚假记载、误导性陈述或者重大遗漏的，中国证监会依照《证券法》予以处罚。

2. 上市公司及相关各方利用分拆从事内幕交易、操纵市场等证券违法行为的，中国证监会依照《证券法》予以处罚。

复习思考题

1. 什么叫资产剥离？它的动因是什么？
2. 资产剥离的类型有哪些？方式又有哪些？
3. 什么叫公司分立？它的动因是什么？
4. 什么叫存续分立和解散分立？
5. 公司分立的程序主要有哪些环节？
6. 什么叫公司分拆？它和公司分立是什么关系？
7. 上市公司分拆的条件是什么？
8. 上市公司分拆有哪些负面清单？
9. 上市公司分拆有哪些信息披露要求？
10. 上市公司分拆的程序主要有哪些环节？

思政案例题

【案例 6 –7】

千亿央企官宣：分拆上市！这家公司去年赚了 20 多亿

2023 –06 –02　来源：证券时报

（编者注：本书引用时作了删减）

2023 年 6 月 2 日晚间，市值超 1000 亿元的中国电力建设集团有限公司（以下简称“中国电建”）公告称，为深入贯彻落实国务院国资委关于提高央企控股上市公司质量的有关要求，紧抓资本市场改革契机，公司拟筹划分拆控股子公司中电建新能源集团股份有限公司（以下简称“电建新能源”）至境内证券交易所上市，以上市平台为发展引擎，引领公司新能源“投建营”高质量发展。

目前，中国电建直接持有电建新能源 40.1955% 股份，直接及间接通过子企业合计持有电建新能源 99.9687% 的股份，其余 0.0313% 股份由水电水利规划设计总院有限公司持有。

中国电建表示，本次分拆上市有利于公司抢抓“双碳”机遇，服务国家战略；也有利于提升市值管理质效，促进公司资产保值增值。

一方面，“3060 碳目标”要求我国能源结构加速向清洁低碳转型，加快构建以新能源为主体的新型电力系统。电建新能源上市，将进一步补充权益资金、优化资本结构，实现高质量发展，有利于公司抢抓新能源历史性机遇，更好地服务国家战略，将显著增强公司在新能源行业的影响力。

另一方面，电建新能源上市后，将会以上市公司的形式存在于中国电建的合并报表及整体估值中，特别是在当前市场背景下，新能源板块的高估值和稀缺性将为公司总市值的增长作出贡献，对实现公司资产保值增值具有重要意义。

公告显示，本次分拆上市不会导致中国电建丧失对电建新能源的控制权，不会对公司其他业务板块的持续经营运作构成实质性影响，不会损害公司独立上市地位和持续盈利能力。

值得一提的是，电建新能源正在推进引入战略投资者相关工作。目前，电建新能源已经完成在北京产权交易所公开挂牌征集投资者程序及董事会、股东大会决策程序，并确定引入10名战略投资者。本次增资完成后，电建新能源的注册资本由60亿元人民币增加至75亿元人民币。本次增资尚待完成工商变更登记等手续。

电建新能源究竟成色几何？记者从中国电建2022年报中发现了一些端倪。

2022年，电建新能源完成了股份制改造，公司获取新能源资源储量和开发建设实现跨越式发展，2022年新增建设指标、新增投资立项、新增开工项目、累计投产装机规模等四项指标均突破1000万千瓦。

财务指标方面，2022年度，电建新能源实现营收83.95亿元，营业利润23.32亿元，净利润20.68亿元。截至该报告期末，电建新能源资产合计668.32亿元，负债合计488.06亿元。

中国电建披露的数据显示，2022年度，公司新增风电、太阳能光伏发电、水电装机容量分别为136万千瓦、127.2万千瓦、37.3万千瓦。截至2022年底，公司控股并网装机容量2038.34万千瓦，其中：风电装机764.44万千瓦，同比增长21.64%；水电装机685.54万千瓦，同比增长5.75%；火电装机316万千瓦，与上年基本持平；太阳能发电装机272.36万千瓦，同比增长87.63%。清洁能源占比达到84.5%。

除了改制、引战、分拆等一系列行动以外，中国电建整体战略方向也在向新能源领域倾斜。去年6月，中国电建宣布出售体内剩余房地产业务，交易对价接近50亿元。事实上，早在2021年，中国电建就已经开始逐渐剥离旗下地产业务，具体方式是，中国电建将所持房地产板块资产与电建集团持有的优质电网辅业相关资产进行置换。

此外，中国电建还在2022年完成了近150亿元的定增，投向包括越南金瓯1号350MW海上风电EPC项目、云阳建全抽水蓄能电站项目等新能源项目。

从中国电建在2022年报中的表态来看，公司称，电力投资与运营业务是公司的重要业务，公司坚持“控制规模、优化结构、突出效益”原则，加强电力投资项目全生命周期的管理，加快推进以风电、太阳能光伏发电、水电等清洁能源为核心的电力投资与运营业务，着力推动业务结构持续向绿色低碳发展。

记者注意到，此前也有多家电力央企对新能源板块业务进行分拆。例如，今年3月，华润电力在港交所公告称，公司董事会正筹划分拆华润新能源控股有限公司在中国境内发行A股股票上市。而早在2021年6月，三峡能源在上交所上市，首发募资227.13亿元。同样是在今年3月，中国华电集团旗下华电新能源集团股份有限公司递交招股书，并获得上交所受理，该公司计划在主板上市，募资总金额为300亿元。

需要讨论的问题：

1. 中国电建分拆电建新能源上市的动因是什么？
2. 中国电建分拆电建新能源上市的意义在哪里？
3. 什么是“3060碳目标”？它对中国企业的经营将产生哪些影响？
4. 中国电建在2021年和2022年剥离了房地产业务，其动因是什么？
5. 多家电力央企对新能源板块业务进行分拆上市，其背景是什么？

第七章

公司混合所有制改革与员工持股计划

内容简介

本章主要介绍混合所有制的概念和类型、混合所有制改革的概念和国务院《关于国有企业发展混合所有制经济的意见》以及国务院国资委《中央企业混合所有制改革操作指引》，介绍员工持股计划的含义和国务院国资委《关于国有控股混合所有制企业开展员工持股试点的意见》以及中国证监会《关于上市公司实施员工持股计划试点的指导意见》等。

学习目标

学习本章，要求了解混合所有制的概念和类型，了解混合所有制改革和员工持股计划的概念，熟知国务院《关于国有企业发展混合所有制经济的意见》、国务院国资委《中央企业混合所有制改革操作指引》、国务院国资委《关于国有控股混合所有制企业开展员工持股试点的意见》和中国证监会《关于上市公司实施员工持股计划试点的指导意见》等政策文件的内容。

第一节　公司混合所有制改革

一、混合所有制的概念

混合所有制是指财产权分属于不同性质所有者的所有制形式。从宏观层面来讲，混合所有制是指一个国家或地区的所有制结构中既有国有、集体等公有制经济，也有个体、私营、外资等非公有制经济，还包括拥有国有和集体成分的合资、合作经济，而作为微观层面的混合所有制，是指不同所有制性质的投资主体共同出资组建的企业。

在我国社会主义初级阶段，发展混合所有制经济，至少具有以下几个方面的意义：首先，混合所有制为盘活国有资产存量、促进国民经济快速增长，找到了有效的途径。其次，混合所有制为实现政企分开创造了产权条件。再次，混合所有制为资金大规模聚合运作以及生产要素最优配置，拓展了广阔的空间。最后，混合所有制为国有企业顺利转制提供了契机。

混合所有制不等同于股份制。混合所有制经济是由各种不同所有制经济，按照一定原则，实行联合生产或经营的所有制形式。而股份制是现代企业的一种资本组织形式，其突出特征是财产占有形式的社会化，“你中有我，我中有你”，不能笼统地说股份制是公有还是私有，也不能笼统地说股份制就是混合所有制经济。股份制的具体形式是多种多样的，有的属于国有经济，有的属于集体经济，只有公有制经济和非公有制经济所组成的才属于混合所有制经济。如果是外资企业或私营企业组建的股份制，没有公有制经济的参与，它就是私有制经济的实现形式，并不是混合所有制经济，更不具有公有制性质。

二、我国混合所有制的类型

我国现有的混合所有制主要有三大类型。

（一）公有制和私有制联合组成的混合所有制企业

这一类型的混合所有制可以进一步细分为两种形式，一是国有经济或集体经济与外资联合而成的企业，如中外合作经营、合资经营等；二是国有经济或集体经济同国内私营经济联合组成的企业。

（二）公有制与个人所有制联合组成的混合所有制企业

这一类型的混合所有制包括国有企业股份制改造中吸收本企业职工持有部分股权的企业，以及集体经济实行股份合作制的企业中集体所有与个人所有相结合的混合所有制企业。

（三）公有制内部国有企业与集体企业联合组成的混合所有制企业

如城市国有企业与农村乡镇企业或城市集体企业组成的联合体。这是公有制企业之间的联合。混合所有制经济的形式随着经济的发展会进一步呈现多样化的趋势。

三、公司混合所有制改革的概念

公司混合所有制改革的概念有广义和狭义之分。广义的公司混合所有制改革是指单一性质所有者的公司引入其他性质所有者或其公司的资本的行为。狭义的公司混合所有制改革仅仅指国有独资或国有控股的企业（以下统称“国有企业”）引入非国有企业的资本的行为。以下所称的公司混合所有制改革或混合所有制改革均指狭义的公司混合所有制改革。

四、国务院关于国有企业发展混合所有制的意见

（一）国有企业混合所有制改革的出发点和落脚点

国有资本、集体资本、非公有资本等交叉持股、相互融合的混合所有制经济，是基本经济制度的重要实现形式。多年来，一批国有企业通过改制发展成为混合所有制企业，但治理机制和监管体制还需要进一步完善；还有许多国有企业为转换经营机制、提高运行效率，正在积极探索混合所有制改革。当前，为应对日益激烈的国际竞争和挑战，推动我国经济保持中高速增长、迈向中高端水平，需要通过深化国有企业混合所有制改革，推动完善现代企业制度，健全企业法人治理结构；提高国有资本配置和运行效率，优化国有经济布局，增强国有经济活力、控制力、影响力和抗风险能力，主动适应和引领经济发展新常态；促进国有企业转换经营机制，放大国有资本功能，实现国有资产保值增值，实现各种所有制资本取长补短、相互促进、共同发展，夯实社会主义基本经济制度的微观基础。在国有企业混合所有制改革中，要坚决防止因监管不到位、改革不彻底导致国有资产流失。

（二）国有企业混合所有制改革的基本原则

1. 政府引导，市场运作。尊重市场经济规律和企业发展规律，以企业为主体，充分发挥市场机制作用，把引资本与转机制结合起来，把产权多元化与完善企业法人治理结构结合起来，探索国有企业混合所有制改革的有效途径。

2. 完善制度，保护产权。以保护产权、维护契约、统一市场、平等交换、公平竞争、有效监管为基本导向，切实保护混合所有制企业各类出资人的产权权益，调动各类资本参与发展混合所有制经济的积极性。

3. 严格程序，规范操作。坚持依法依规，进一步健全国有资产交易规则，科学评估国有资产价值，完善市场定价机制，切实做到规则公开、过程公开、结果公开。强化交易主体和交易过程监管，防止暗箱操作、低价贱卖、利益输送、化公为私、逃废债务，杜绝国有资产流失。

4. 宜改则改，稳妥推进。对通过实行股份制、上市等途径已经实行混合所有制的国有企业，要着力在完善现代企业制度、提高资本运行效率上下功夫；对适宜继续推进混合所有制改革的国有企业，要充分发挥市场机制作用，坚持因地施策、因业施策、因企施策，宜独则独、宜控则控、宜参则参，不搞拉郎配，不搞全覆盖，不设时间表，一企一策，成熟一个推进一个，确保改革规范有序进行。尊重基层创新实践，形成一批可复制、可推广的成功做法。

（三）分类推进国有企业混合所有制改革

1. 稳妥推进主业处于充分竞争行业和领域的商业类国有企业混合所有制改革。按照市场化、国际化要求，以增强国有经济活力、放大国有资本功能、实现国有资产保值增值为主要目标，以提高经济效益和创新商业模式为导向，充分运用整体上市等方式，积极引入其他国有资本或各类非国有资本实现股权多元化。坚持以资本为纽带完善混合所有制企业治理结构和管理方式，国有资本出资人和各类非国有资本出资人以股东身份履行权利和职责，使混合所有制企业成为真正的市场主体。

2. 有效探索主业处于重要行业和关键领域的商业类国有企业混合所有制改革。对主业处于关系国家安全、国民经济命脉的重要行业和关键领域、主要承担重大专项任务的商业类国有企业，要保持国有资本控股地位，支持非国有资本参股。对自然垄断行业，实行以政企分开、政资分开、特许经营、政府监管为主要内容的改革，根据不同行业特点实行网运分开、放开竞争性业务，促进公共资源配置市场化，同时加强分类依法监管，规范营利模式。

（1）重要通信基础设施、枢纽型交通基础设施、重要江河流域控制性水利水电航电枢纽、跨流域调水工程等领域，实行国有独资或控股，允许符合条件的非国有企业依法通过特许经营、政府购买服务等方式参与建设和运营。

（2）重要水资源、森林资源、战略性矿产资源等开发利用，实行国有独资或绝对控股，在强化环境、质量、安全监管的基础上，允许非国有资本进入，依法依规有序参与开发经营。

（3）江河主干渠道、石油天然气主干管网、电网等，根据不同行业领域特点实行网运分开、主辅分离，除对自然垄断环节的管网实行国有独资或绝对控股外，放开竞争性业务，允许非国有资本平等进入。

（4）核电、重要公共技术平台、气象测绘水文等基础数据采集利用等领域，实行国有独资或绝对控股，支持非国有企业投资参股以及参与特许经营和政府采购。粮食、石油、天然气等战略物资国家储备领域保持国有独资或控股。

（5）国防军工等特殊产业，从事战略武器装备科研生产、关系国家战略安全和涉及国家核心机密的核心军工能力领域，实行国有独资或绝对控股。其他军工领域，分类逐步放宽市场准入，建立竞争性采购体制机制，支持非国有企业参与武器装备科研生产、维修服务和竞争性采购。

（6）对其他服务国家战略目标、重要前瞻性战略性产业、生态环境保护、共用技术平台等重要行业和关键领域，加大国有资本投资力度，发挥国有资本引导和带动作用。

3. 引导公益类国有企业规范开展混合所有制改革。在水电气热、公共交通、公共设施等提供公共产品和服务的行业和领域，根据不同业务特点，加强分类指导，推进具备条件的企业实现投资主体多元化。通过购买服务、特许经营、委托代理等方式，鼓励非国有企业参与经营。政府要加强对价格水平、成本控制、服务质量、安全标准、信息披露、营运效率、保障能力等方面的监管，根据企业不同特点有区别地考核其经营业绩指标和国有资产保值增值情况，考核中要引入社会评价。

（四）分层推进国有企业混合所有制改革

1. 引导在子公司层面有序推进混合所有制改革。对国有企业集团公司二级及以下企业，以研发创新、生产服务等实体企业为重点，引入非国有资本，加快技术创新、管理创新、商业模式创新，合理限定法人层级，有效压缩管理层级。明确股东的法律地位和股东在资本收益、企业重大决策、选择管理者等方面的权利，股东依法按出资比例和公司章程规定行权履职。

2. 探索在集团公司层面推进混合所有制改革。在国家有明确规定的特定领域，坚持国有资本控股，形成合理的治理结构和市场化经营机制；在其他领域，鼓励通过整体上市、并购重组、发行可转债等方式，逐步调整国有股权比例，积极引入各类投资者，形成股权结构多元、股东行为规范、内部约束有效、运行高效灵活的经营机制。

3. 鼓励地方从实际出发推进混合所有制改革。各地区要认真贯彻落实中央要求，区分不同情况，制定完善改革方案和相关配套措施，指导国有企业稳妥开展混合所有制改革，确保改革依法合规、有序推进。

（五）鼓励各类资本参与国有企业混合所有制改革

1. 鼓励非公有资本参与国有企业混合所有制改革。非公有资本投资主体可通过出资入股、收购股权、认购可转债、股权置换等多种方式，参与国有企业改制重组或国有控股上市公司增资扩股以及企业经营管理。非公有资本投资主体可以货币出资，或以实物、股权、土地使用权等法律法规允许的方式出资。企业国有产权或国有股权转让时，除国家另有规定外，一般不在意向受让人资质条件中对民间投资主体单独设置附加条件。

2. 支持集体资本参与国有企业混合所有制改革。明晰集体资产产权，发展股权多元化、经营产业化、管理规范化的经济实体。允许经确权认定的集体资本、资产和其他生产要素作价入股，参与国有企业混合所有制改革。研究制定股份合作经济（企业）管理办法。

3. 有序吸收外资参与国有企业混合所有制改革。引入外资参与国有企业改制重组、合资合作，鼓励通过海外并购、投融资合作、离岸金融等方式，充分利用国际市场、技术、人才等资源和要素，发展混合所有制经济，深度参与国际竞争和全球产业分工，提高资源全球化配置能力。按照扩大开放与加强监管同步的要求，依照外商投资产业指导目录和相关安全审查规定，完善外资安全审查工作机制，切实加强风险防范。

4. 推广政府和社会资本合作（PPP）模式。优化政府投资方式，通过投资补助、基金注资、担保补贴、贷款贴息等，优先支持引入社会资本的项目。以项目运营绩效评价结果为依据，适时对价格和补贴进行调整。组合引入保险资金、社保基金等长期投资者参与国家重点工程投资。鼓励社会资本投资或参股基础设施、公用事业、公共服务等领域项目，使投资者在平等竞争中获取合理收益。加强信息公开和项目储备，建立综合信息服务平台。

5. 鼓励国有资本以多种方式入股非国有企业。在公共服务、高新技术、生态环境保护和战略性产业等重点领域，以市场选择为前提，以资本为纽带，充分发挥国有资本投资、运营公司的资本运作平台作用，对发展潜力大、成长性强的非国有企业进行股权投资。鼓励国有企业通过投资入股、联合投资、并购重组等多种方式，与非国有企业进行股权融合、战略合作、资源整合，发展混合所有制经济。支持国有资本与非国有资本共同设立股权投资基金，参与企业改制重组。

6. 探索完善优先股和国家特殊管理股方式。国有资本参股非国有企业或国有企业引入非国有资本时，允许将部分国有资本转化为优先股。在少数特定领域探索建立国家特殊管理股制度，依照相关法律法规和公司章程规定，行使特定事项否决权，保证国有资本在特定领域的控制力。

7. 探索实行混合所有制企业员工持股。坚持激励和约束相结合的原则，通过试点稳妥推进员工持股。员工持股主要采取增资扩股、出资新设等方式，优先支持人才资本和技术要素贡献占比较高的转制科研院所、高新技术企业和科技服务型企业开展试点，支持对企业经营业绩和持续发展有直接或较大影响的科研人员、经营管理人员和业务骨干等持股。完善相关政策，健全审核程序，规范操作流程，严格资产评估，建立健全股权流转和退出机制，确保员工持股公开透明，严禁暗箱操作，防止利益输送。混合所有制企业实行员工持股，要按照混合所有制企业实行员工持股试点的有关工作要求组织实施。

（六）建立健全混合所有制企业治理机制

1. 进一步确立和落实企业市场主体地位。政府不得干预企业自主经营，股东不得干预企业日常运营，确保企业治理规范、激励约束机制到位。落实董事会对经理层成员等高级经营管理人员选聘、业绩考核和薪酬管理等职权，维护企业真正的市场主体地位。

2. 健全混合所有制企业法人治理结构。混合所有制企业要建立健全现代企业制度，明晰产权，同股同权，依法保护各类股东权益。规范企业股东（大）会、董事会、经理层、监事会和党组织的权责关系，按章程行权，对资本监管，靠市场选人，依规则运行，形成定位清晰、权责对等、运转协调、制衡有效的法人治理结构。

3. 推行混合所有制企业职业经理人制度。按照现代企业制度要求，建立市场导向的选人用人和激励约束机制，通过市场化方式选聘职业经理人依法负责企业经营管理，畅通现有经营管理者与职业经理人的身份转换通道。职业经理人实行任期制和契约化管理，按照市场化原则决定薪酬，可以采取多种方式探索中长期激励机制。严格职业经理人任期管理和绩效考核，加快建立退出机制。

（七）建立依法合规的操作规则

1. 严格规范操作流程和审批程序。在组建和注册混合所有制企业时，要依据相关法律法规，规范国有资产授权经营和产权交易等行为，健全清产核资、评估定价、转让交易、登记确权等国有产权流转程序。国有企业产权和股权转让、增资扩股、上市公司增发等，应在产权、股权、证券市场公开披露信息，公开择优确定投资人，达成交易意向后及时公示交易对象、交易价格、关联交易等信息，防止利益输送。国有企业实施混合所有制改革前，应依据《国务院关于国有企业发展混合所有制经济的意见》制定方案，报同级国有资产监管机构批准；重要国有企业改制后国有资本不再控股的，报同级人民政府批准。国有资产监管机构要按照《国务院关于国有企业发展混合所有制经济的意见》要求，明确国有企业混合所有制改革的操作流程。方案审批时，应加强对社会资本质量、合作方诚信与操守、债权债务关系等内容的审核。要充分保障企业职工对国有企业混合所有制改革的知情权和参与权，涉及职工切身利益的要做好评估工作，职工安置方案要经过职工代表大会或者职工大会审议通过。

2. 健全国有资产定价机制。按照公开、公平、公正原则，完善国有资产交易方式，严格规范国有资产登记、转让、清算、退出等程序和交易行为。通过产权、股权、证券市场发现和合理确定资产价格，发挥专业化中介机构作用，借助多种市场化定价手段，完善资产定价机制，实施信息公开，加强社会监督，防止出现内部人控制、利益输送造成国有资产流失。

3. 切实加强监管。政府有关部门要加强对国有企业混合所有制改革的监管，完善国有产权交易规则和监管制度。国有资产监管机构对改革中出现的违法转让和侵吞国有资产、化公为私、利益输送、暗箱操作、逃废债务等行为，要依法严肃处理。审计部门要依法履行审计监督职能，加强对改制企业原国有企业法定代表人的离任审计。充分发挥第三方机构在清产核资、财务审计、资产定价、股权托管等方面的作用。加强企业职工内部监督。进一步做好信息公开，自觉接受社会监督。

（八）营造国有企业混合所有制改革的良好环境

1. 加强产权保护。健全严格的产权占有、使用、收益、处分等完整保护制度，依法保护混合所有制企业各类出资人的产权和知识产权权益。在立法、司法和行政执法过程中，坚持对各种所有制经济产权和合法利益给予同等法律保护。

2. 健全多层次资本市场。加快建立规则统一、交易规范的场外市场，促进非上市股份公司股权交易，完善股权、债权、物权、知识产权及信托、融资租赁、产业投资基金等产品交易机制。建立规范的区域性股权市场，为企业提供融资服务，促进资产证券化和资本流动，健全股权登记、托管、做市商等第三方服务体系。以具备条件的区域性股权、产权市场为载体，探索建立统一结算制度，完善股权公开转让和报价机制。制定场外市场交易规则和规范监管制度，明确监管主体，实行属地化、专业化监管。

3. 完善支持国有企业混合所有制改革的政策。进一步简政放权，最大限度取消涉及企业依法自主经营的行政许可审批事项。凡是市场主体基于自愿的投资经营和民事行为，只要不属于法律法规禁止进入的领域，且不危害国家安全、社会公共利益和第三方合法权益，不得限制进入。完善工商登记、财税管理、土地管理、金融服务等政策。依法妥善解决混合所有制改革涉及的国有企业职工劳动关系调整、社会保险关系接续等问题，确保企业职工队伍稳定。加快剥离国有企业办社会职能，妥善解决历史遗留问题。完善统计制度，加强监测分析。

4. 加快建立健全法律法规制度。健全混合所有制经济相关法律法规和规章，加大法律法规立、改、废、释工作力度，确保改革于法有据。根据改革需要抓紧对合同法、物权法、公司法、企业国有资产法、企业破产法中有关法律制度进行研究，依照法定程序及时提请修改。推动加快制定有关产权保护、市场准入和退出、交易规则、公平竞争等方面法律法规。

（九）组织实施

1. 建立工作协调机制。国有企业混合所有制改革涉及面广、政策性强、社会关注度高。各地区、各有关部门和单位要高度重视，精心组织，严守规范，明确责任。各级政府及相关职能部门要加强对国有企业混合所有制改革的组织领导，做好把关定向、配套落实、审核批准、纠偏提醒等工作。各级国有资产监管机构要及时跟踪改革进展，加强改革协调，评估改革成效，推广改革经验，重大问题及时向同级人民政府报告。各级工商联要充分发挥广泛联系非公有制企业的组织优势，参与做好沟通政企、凝聚共识、决策咨询、政策评估、典型宣传等方面工作。

2. 加强混合所有制企业党建工作。坚持党的建设与企业改革同步谋划、同步开展，根据企业组织形式变化，同步设置或调整党的组织，理顺党组织隶属关系，同步选配好党组织负责人，健全党的工作机构，配强党务工作者队伍，保障党组织工作经费，有效开展党的工作，发挥好党组织政治核心作用和党员先锋模范作用。

3. 开展不同领域混合所有制改革试点示范。结合电力、石油、天然气、铁路、民航、电信、军工等领域改革，开展放开竞争性业务、推进混合所有制改革试点示范。在基础设施和公共服务领域选择有代表性的政府投融资项目，开展多种形式的政府和社会资本合作试点，加快形成可复制、可推广的模式和经验。

4. 营造良好的舆论氛围。以坚持“两个毫不动摇”（毫不动摇巩固和发展公有制经济，毫不动摇鼓励、支持、引导非公有制经济发展）为导向，加强国有企业混合所有制改革舆论宣传，做好政策解读，阐释目标方向和重要意义，宣传成功经验，正确引导舆论，回应社会关切，使广大人民群众了解和支持改革。

五、中央企业混合所有制改革操作指引

（一）基本操作流程

中央企业所属各级子企业实施混合所有制改革，一般应履行以下基本操作流程：可行性研究、制定混合所有制改革方案、履行决策审批程序、开展审计评估、引进非公有资本投资者、推进企业运营机制改革。以新设企业、对外投资并购、投资入股等方式实施混合所有制改革的，履行中央企业投资管理有关程序。

1. 可行性研究

拟实施混合所有制改革的企业（以下简称“拟混改企业”）要按照“完善治理、强化激励、突出主业、提高效率”的总体要求，坚持“因地施策、因业施策、因企施策，宜独则独、宜控则控、宜参则参，不搞拉郎配，不搞全覆盖，不设时间表”的原则，依据相关政策规定对混合所有制改革的必要性和可行性进行充分研究，一企一策，成熟一个推进一个。

积极稳妥推进主业处于充分竞争行业和领域的商业类国有企业混合所有制改革，国有资本宜控则控、宜参则参；探索主业处于重要行业和关键领域的商业类国有企业混合所有制改革，保持国有资本控股地位，支持非公有资本参股；根据不同业务特点，有序推进具备条件

的公益类国有企业混合所有制改革；充分发挥国有资本投资、运营公司市场化运作专业平台作用，积极推进所属企业混合所有制改革。

可行性研究阶段，企业应按照有关文件规定，对实施混合所有制改革的社会稳定风险作出评估。

2. 制定混合所有制改革方案

拟混改企业应制定混合所有制改革方案，方案一般包括以下内容：企业基本情况，混合所有制改革必要性和可行性分析，改革基本原则和思路，改革后企业股权结构设置，转变运营机制的主要举措，引进非公有资本的条件要求、方式、定价办法，员工激励计划，债权债务处置方案，职工安置方案，历史遗留问题解决方案，改革风险评估与防范措施，违反相关规定的追责措施，改革组织保障和进度安排等。

制定方案过程中，要科学设计混合所有制企业股权结构，充分向非公有资本释放股权，尽可能使非公有资本能够派出董事或监事；注重保障企业职工对混合所有制改革的知情权和参与权，涉及职工切身利益的要做好评估工作，职工安置方案应经职工大会或者职工代表大会审议通过；科学设计改革路径，用好用足国家相关税收优惠政策，降低改革成本。必要时可聘请外部专家、中介机构等参与。

3. 履行决策审批程序

混合所有制改革方案制定后，中央企业应按照“三重一大”决策机制，履行企业内部决策程序。拟混改企业属于主业处于关系国家安全、国民经济命脉的重要行业和关键领域、主要承担重大专项任务子企业的，其混合所有制改革方案由中央企业审核后报国资委批准，其中需报国务院批准的，由国资委按照有关法律、行政法规和国务院文件规定履行相应程序；拟混改企业属于其他功能定位子企业的，其混合所有制改革方案由中央企业批准。

4. 开展审计评估

企业实施混合所有制改革，应合理确定纳入改革的资产范围，需要对资产、业务进行调整的，可按照相关规定选择无偿划转、产权转让、产权置换等方式。企业混合所有制改革前如确有必要开展清产核资工作的，按照有关规定履行程序。

拟混改企业的资产范围确定后，由企业或产权持有单位选聘具备相应资质的中介机构开展财务审计、资产评估工作，履行资产评估项目备案程序，以经备案的资产评估结果作为资产交易定价的参考依据。

5. 引进非公有资本投资者

拟混改企业引进非公有资本投资者，主要通过产权市场、股票市场等市场化平台，以公开、公平、公正的方式进行。通过产权市场引进非公有资本投资者，主要方式包括增资扩股和转让部分国有股权。通过股票市场引进非公有资本投资者，主要方式包括首发上市（IPO）和上市公司股份转让、发行证券、资产重组等。中央企业通过市场平台引进非公有资本投资者过程中，要注重保障各类社会资本平等参与权利，对拟参与方的条件要求不得有明确指向性或违反公平竞争原则的内容。

6. 推进企业运营机制改革

混合所有制企业要完善现代企业制度，健全法人治理结构，充分发挥公司章程在公司治理中的基础性作用，各方股东共同制定章程，规范企业股东（大）会、董事会、监事会、经理层和党组织的权责关系，落实董事会职权，深化三项制度改革；用足用好用活各种正向激励工具，构建多元化、系统化的激励约束体系，充分调动企业职工积极性。转变混合所有制企业管控模式，探索根据国有资本与非公有资本的不同比例结构协商确定具体管控方式，国有出资方强化以出资额和出资比例为限、以派出股权董事为依托的管控方式，明确监管边界，股东不干预企业日常经营。

（二）“混资本”相关环节操作要点

1. 资产审计评估

（1）财务审计。实施混合所有制改革，应当按照《国务院办公厅转发国务院国有资产监督管理委员会关于规范国有企业改制工作意见的通知》（国办发〔2003〕96 号）、《国务院办公厅转发国资委关于进一步规范国有企业改制工作实施意见的通知》（国办发〔2005〕60 号）等规定，开展财务审计工作。

①关于选聘审计机构。选聘审计机构应采取差额竞争方式，综合考察和了解其资质、信誉及能力。选聘的审计机构近两年内在企业财务审计中没有违法、违规记录，未承担同一混合所有制改革项目的评估业务，与企业不存在经济利益关系。

②关于审计报告。审计报告应为无保留意见的标准审计报告。拟上市项目或上市公司的重大资产重组项目，评估基准日在 6 月 30 日（含）之前的，需出具最近三个完整会计年度和本年度截至评估基准日的审计报告；评估基准日在 6 月 30 日之后的，需出具最近两个完整会计年度和本年度截至评估基准日的审计报告。其他经济行为需出具最近一个完整会计年度和本年度截至评估基准日的审计报告。

（2）资产评估。实施混合所有制改革，应当按照《中华人民共和国资产评估法》《企业国有资产评估管理暂行办法》（国资委令第 12 号）等规定，开展资产评估工作。

①评估机构选聘及委托。中央企业应当采取差额竞争方式在本企业评估机构备选库内选聘评估机构。选聘的评估机构应具有与企业评估需求相适应的资质条件、专业人员和专业特长，近 3 年内没有违法、违规执业国有资产评估项目记录；掌握企业及所在行业相关的法律法规、政策、经济行为特点和相关市场信息；与混合所有制改革相关方无经济利益关系。评估对象为企业股权的资产评估项目，由产权持有单位委托，其中涉及增资扩股事项的，可由产权持有单位和增资企业共同委托。

②评估备案管理权限。经国资委批准的混合所有制改革涉及的资产评估项目，由国资委负责备案；经中央企业批准的混合所有制改革涉及的资产评估项目，由中央企业负责备案；被评估企业涉及多个国有股东的，经协商一致，可以由持股比例最大的国有股东办理备案手续。

③重点关注事项。一是评估基准日选取应尽量接近混合所有制改革的实施日期。如果期后发生对评估结果产生重大影响的事项，应调整评估基准日或评估结果。二是评估范围应与混合所有制改革方案、决策文件、评估业务委托约定书等确定的范围一致。三是纳入评估的房产、土地、矿产资源等资产应当权属明晰、证照齐全。符合划拨用地条件的国有划拨土地使用权，经所在地县级以上人民政府批准可继续以划拨方式使用。四是涉及企业价值的资产评估项目，原则上应当采用两种以上评估方法。五是资产评估项目备案前，应当按照资产评估项目公示制度履行公示程序。

2. 通过产权市场实施混合所有制改革

（1）产权交易机构选择。非上市企业通过产权转让、增资扩股方式实施混合所有制改革应按照《企业国有资产交易监督管理办法》（国资委 财政部令第32号）、《关于印发〈企业国有产权交易操作规则〉的通知》（国资发产权〔2009〕120号）等有关规定，在国资委确定的可以从事相关业务的产权交易机构中公开进行。从事中央企业产权转让业务的机构有北京产权交易所、天津产权交易中心、上海联合产权交易所和重庆联合产权交易所；从事中央企业增资扩股业务的机构有北京产权交易所和上海联合产权交易所。

（2）信息披露。进场交易项目要严格按照规定在产权交易机构进行信息披露。企业混合所有制改革方案确定后，可合理选择信息发布时机，及早披露相关信息。产权转让项目正式信息披露时间不少于20个工作日，涉及企业实际控制权转移的应进行信息预披露，时间不少于20个工作日。增资扩股项目信息披露时间不少于40个工作日。

（3）投资人遴选。拟混改企业要合理确定投资人的遴选方式。产权转让项目可采取拍卖、招投标、网络竞价等方式，增资扩股项目可采取竞价、竞争性谈判、综合评议等方式。投资人遴选过程中，对战略投资人主要关注与企业发展战略、经营目标、主营业务等方面的匹配和协同情况，对财务投资人主要关注资金实力和财务状况等。

（4）重点关注事项。

①企业增资与产权转让同步进行。企业混合所有制改革后继续保持国有控股地位的，如增资过程中国有股东拟同步转让其所持有的少部分企业产权，统一按照增资流程操作，产权转让价格应与增资价格保持一致。

②商业秘密保护。在配合意向投资人尽职调查过程中，如涉及拟混改企业商业秘密，应按照《关于印发〈中央企业商业秘密保护暂行规定〉的通知》（国资发〔2010〕41号）要求，与相关方签订保密协议，保护自身权益。

③交易价格。产权转让项目首次正式挂牌底价不得低于经备案的评估结果，信息披露期满未征集到受让方拟降价的，新的挂牌底价低于评估结果90%时，应经混合所有制改革批准单位同意；交易价格确定后，交易双方不得以期间损益等理由对交易价格进行调整。增资扩股项目的交易价格以评估结果为基础，结合意向投资人的条件和报价等因素综合确定，并经企业董事会或股东会审议同意。

3. 通过股票市场实施混合所有制改革

通过股票市场发行证券、转让上市公司股份、国有股东与上市公司资产重组等方式实施混合所有制改革，应按照《上市公司国有股权监督管理办法》（国资委 财政部 证监会令第36号）及证券监管的有关规定履行程序。

（1）发行证券。通过发行证券形式实施混合所有制改革，可以采取首发上市（IPO）、国有股东以所持上市公司股票发行可交换公司债券、上市公司发行股份购买非国有股东所持股权、增发和发行可转换公司债券等方式。采取首发上市（IPO）方式的，应当按照要求履行国有股东标识管理程序。符合国家战略、拥有关键核心技术、科技创新能力突出、主要依靠核心技术开展生产经营、具有稳定商业模式、市场认可度高、社会形象良好、具有较强成长性的企业，可积极申请在科创板上市。

（2）上市公司股份转让。应坚持公开、公平、公正原则，一般采取公开征集方式进行。国有股东履行内部决策程序后，书面通知上市公司，由其依法披露、进行提示性公告。国有股东将转让方案、可行性研究报告、内部决策文件、拟发布的公开征集信息等内容通过国资委产权管理综合信息系统报国资委同意后，书面通知上市公司发布公开征集信息，内容主要包括拟转让股份权属情况和数量、受让方应当具备的资格条件、受让方的选择规则、公开征集期限等。公开征集信息中对受让方资格条件不得设定指向性或违反公平竞争要求的条款。收到拟受让方提交的受让申请和受让方案后，国有股东成立由内部职能部门及独立外部专家组成的工作小组，严格按照已公告的规则选择确定受让方。转让价格不低于上市公司提示性公告日前 30 个交易日的每日加权平均价格的算术平均值及最近一个会计年度经审计的每股净资产值中的较高者。

（3）国有股东与上市公司资产重组。国有股东应按照符合国有股东发展战略及有利于提高上市公司质量和核心竞争力等原则，在与上市公司充分协商基础上，科学策划重组方案，合理选择重组时机。国有股东履行内部决策程序后，书面通知上市公司，由其依法披露并申请停牌，并按照相关规定履行国资委预审核、上市公司董事会审议预案、对外披露预案、复牌、资产评估及备案、董事会审议草案、对外披露草案、集团公司或国资委审批重组方案、股东大会审议重组方案、报送证券监管机构审核等程序。资产重组发行股份价格在符合证券监管规则基础上，按照有利于维护包括国有股东在内的全体股东权益的原则确定。

通过股票市场实施混合所有制改革应做好信息披露工作，切实防控内幕交易，其中涉及的投资人遴选、商业秘密保护等事项按照“通过产权市场实施混合所有制改革”中明确的原则操作。

（三）“改机制”相关环节操作要点

1. 关于混合所有制企业公司治理和管控方式

（1）混合所有制企业法人治理结构。混合所有制企业要建立健全现代企业制度，坚持以资本为纽带、以产权为基础完善治理结构，根据股权结构合理设置股东（大）会、董事会、监事会，规范股东会、董事会、监事会、经理层和党组织的权责关系，按章程行权、依规则运行，形成定位清晰、权责对等、运转协调、制衡有效的法人治理结构。充分发挥公司章程在公司治理中的基础性作用，国有股东根据法律法规和公司实际情况，与其他股东充分协商，合理制定章程条款，切实维护各方股东权利。充分发挥非公有资本股东的积极作用，依法确定非公有资本股东提名和委派董事、监事的规则，建立各方参与、有效制衡的董事会，促进非公有资本股东代表能够有效参与公司治理。

（2）混合所有制企业管控方式。中央企业要科学合理界定与混合所有制企业的权责边界，避免“行政化”“机关化”管控，加快实现从“控制”到“配置”的转变。国有股东要在现代企业制度框架下按照市场化规则，以股东角色和身份参与企业决策和经营管理，不干预企业日常经营。通过股东（大）会表决、推荐董事和监事等方式行使股东权利，实施以股权关系为基础、以派出股权董事为依托的治理型管控，加强股权董事履职支撑服务和监督管理，确保国有股权董事行权履职体现出资人意志。依法保障混合所有制企业自主经营权，落实董事会对经理层成员选聘、业绩考核和薪酬管理等职权。对于国有参股的混合所有制企业，结合实际健全完善管理体制、落实董事会职责权限、加强经理层成员和国有股权董事监督管理，并在公司章程中予以明确。

（3）混合所有制企业党的建设。中央企业混合所有制改革要把建立党的组织、开展党的工作作为必要前提。根据不同类型混合所有制企业特点，明确党组织的设置方式、职责定位和管理模式。按照党章及党内法规制度要求，结合实际，推动混合所有制企业党组织和工作有效覆盖，设置党的工作机构，配齐配强专兼职党务工作人员，保证必需的党建工作经费，确保党的活动能够正常开展。

2. 关于三项制度改革

（1）建立市场化选人用人机制，实现管理人员能上能下。推动混合所有制企业在更大范围实行经理层成员任期制和契约化管理，具备条件的建立职业经理人制度，积极探索建立与市场接轨的经理层激励制度。树立正确的选人用人导向，建立健全内部管理人员考核评价机制，实现“能者上、庸者下、平者让”。完善职业发展通道，为内部管理人员搭建能上能下平台。

（2）健全市场化用工制度，实现员工能进能出。建立健全以合同管理为核心、以岗位管理为基础的市场化用工制度。拓宽人才引进渠道，严格招聘管理，严把人员入口，不断提升引进人员质量。合理确定用工总量，盘活用工存量，畅通进出渠道，构建正常流动机制，不断提升用工效率和劳动生产率。

（3）建立市场化薪酬分配机制，实现收入能增能减。落实中央企业工资总额管理制度改革要求，建立健全与劳动力市场基本适应、与企业经济效益和劳动生产率挂钩的工资决定和正常增长机制。完善市场化薪酬分配制度，优化薪酬结构，坚持向关键岗位和核心骨干倾斜，坚持与绩效考核紧密挂钩，合理拉开收入分配差距，打破高水平“大锅饭”。统筹推进上市公司股权激励、科技型企业股权分红、员工持股等中长期激励措施，用好用足相关政策，不断增强关键核心人才的获得感、责任感、荣誉感。

3. 关于激励约束机制

鼓励混合所有制企业综合运用国有控股混合所有制企业员工持股、国有控股上市公司股权激励、国有科技型企业股权和分红激励等中长期激励政策，探索超额利润分享、项目跟投、虚拟股权等中长期激励方式，注重发挥好非物质激励的积极作用，系统提升正向激励的综合效果。

（1）混合所有制企业员工持股。员工持股应按照《关于印发〈关于国有控股混合所有制企业开展员工持股试点的意见〉的通知》（国资发改革〔2016〕133号）稳慎开展。坚持依法合规、公开透明，增量引入、利益绑定，以岗定股、动态调整，严控范围、强化监督等原则。优先支持人才资本和技术要素贡献占比较高的科技型企业开展员工持股。员工持股企业应当具备以下条件：主业处于充分竞争行业和领域的商业类企业；股权结构合理，非公有资本股东所持股份应达到一定比例，公司董事会中有非公有资本股东推荐的董事；公司治理结构健全，建立市场化的劳动人事分配制度和业绩考核评价体系，形成管理人员能上能下、员工能进能出、收入能增能减的市场化机制，营业收入和利润90%以上来源于所在企业集团外部市场。员工持股总量原则上不高于公司总股本的30%，单一员工持股比例原则上不高于公司总股本的1%。

（2）中央企业控股上市公司股权激励。中央企业控股上市公司应按照证监会和国资委有关规定规范实施股权激励，建立健全长效激励约束机制，充分调动核心骨干人才创新创业的积极性。股权激励对象要聚焦核心骨干人才队伍，结合企业高质量发展需要、行业竞争特点、关键岗位职责、绩效考核评价等因素综合确定。股权激励方式一般为股票期权、股票增值权、限制性股票等方式，也可以探索试行法律、行政法规允许的其他激励方式。中小市值上市公司及科技创新型上市公司，首次实施股权激励计划授予的权益数量占公司股本总额的比重，最高可以由1%上浮至3%。上市公司两个完整会计年度内累计授予的权益数量一般在公司总股本的3%以内，公司重大战略转型等特殊需要的可以适当放宽至总股本的5%以内。股权激励对象实际获得的收益不再设置调控上限。中央企业控股上市公司根据有关政策规定，制订股权激励计划，在股东大会审议之前，国有控股股东按照公司治理和股权关系，经中央企业审核同意，并报国资委批准。除主营业务整体上市公司外，国资委不再审核上市公司股权激励分期实施方案，上市公司依据股权激励计划制定的分期实施方案，国有控股股东应当在董事会审议决定前，报中央企业审核同意。

（3）国有科技型企业股权和分红激励。鼓励符合条件的国有科技型企业按照国家相关规定，实施股权和分红激励，充分调动科研骨干和关键人才的积极性和创造性。明确激励政策导向，以推动形成有利于自主创新和科技成果转化的激励机制为主要目标，根据科技人才资本和技术要素贡献占比及投入产出效率等情况，合理确定实施企业范围和激励对象，建立导向清晰、层次分明、重点突出的中长期激励体系。优先支持符合《“十三五”国家科技创新规划》战略布局和中央企业“十三五”科技创新重点研发方向，创新能力较强、成果技术水平较高、市场前景较好的企业或项目实施股权和分红激励。综合考虑职工岗位价值、实际贡献、承担风险和服务年限等因素，重点激励在自主创新和科技成果转化中发挥主要作用的关键核心技术、管理人员。科学选择激励方式，鼓励符合条件的企业优先开展岗位分红激励，科技成果转化和项目收支明确的企业可选择项目分红激励，在积累试点经验的基础上稳妥实施、逐步推进股权激励。合理确定总体激励水平，从经营发展战略以及自身经济效益状况出发，分类分步推进股权和分红激励工作，坚持效益导向和增量激励原则，根据企业人工成本承受能力和经营业绩状况，合理确定激励水平。规范制度执行，中央企业开展股权和分红激励要按照《关于印发〈国有科技型企业股权和分红激励暂行办法〉的通知》（财资〔2016〕4号）等有关规定，不得随意降低资格条件。

（四）相关支持政策

1. 关于财税支持政策

国家发展改革委、国资委会同有关部门共同制定出台的《关于深化混合所有制改革试点若干政策的意见》（发改经体〔2017〕2057号）和国家发展改革委办公厅《关于印发〈国有企业混合所有制改革相关税收政策文件汇编〉的通知》（发改办经体〔2018〕947号），对混合所有制改革过程中符合税法规定条件的有关情形，可享受相应的财税政策支持，主要包括：股权（资产）收购、合并、分立、债务重组、债转股等，可享受企业所得税递延纳税优惠政策；涉及以非货币性资产对外投资确认的非货币性资产转让所得，可享受5年内分期缴纳企业所得税政策；符合税法规定条件的债权损失在计算企业所得税应纳税所得额时扣除；通过合并、分立、出售、置换等方式，将全部或者部分实物资产以及与其相关联的债权、负债和劳动力，一并转让给其他单位和个人，其中涉及的货物、不动产、土地使用权转让，不征收增值税、营业税；符合条件的股权收购、资产收购、按账面净值划转股权或资产等，可适用特殊性税务处理政策；混合所有制改革涉及的土地增值税、契税、印花税，可享受相关优惠政策。

2. 关于土地处置支持政策

企业推进混合所有制改革过程中涉及的土地处置事项，按照《国务院关于促进企业兼并重组的意见》（国发〔2010〕27号）、《国务院关于进一步优化企业兼并重组市场环境的意见》（国发〔2014〕14号）、《国务院关于全民所有自然资源资产有偿使用制度改革的指导意见》（国发〔2016〕82号）等相关规定办理，主管部门对拟混改企业提出的土地转让、改变用途等申请，将依法依规加快办理相关用地和规划手续。拟混改企业拥有国有划拨土地使用权的，经主管部门批准，可根据行业和改革需要，分别采取出让、租赁、国家作价出资（入股）、授权经营和保留规划用地等方式进行处置；重点产业调整和振兴规划确定的混合所有制改革事项涉及的国有划拨土地使用权，经省级以上主管部门批准，可以国家作价出资（入股）方式处置；涉及因实施城市规划需要搬迁的工业项目，经主管部门审核批准，可收回原国有土地使用权，并以协议出让或租赁方式为原土地使用权人重新安排工业用地；涉及事业单位等改制为企业的，允许实行国有企业改制土地资产处置政策。

混合所有制改革具有较强探索性和挑战性，涉及面广、政策性强、影响广泛、社会关注度高。中央企业要坚持解放思想、实事求是，积极稳妥统筹推进，鼓励探索、勇于实践，建立健全容错纠错机制，宽容在改革创新中的失误。要坚持依法合规操作，注重发挥内外部监督合力，做到规则公开、过程公开、结果公开，防止暗箱操作、低价贱卖、利益输送、化公为私、逃废债务，杜绝国有资产流失。要及时跟踪改革进展，评估改革成效，推广改革经验，加快形成可复制、可推广的模式和经验。

【案例7-1】

六问联通混改：姓私还是姓公？为什么引入BATJ？

2017-08-21 来源：新华网 北京晨报 作者：焦立坤

（编者注：本书引用时作了删减）

一问：为什么是联通？

首批国企混改试点主要集中在电力、石油、天然气、铁路、民航、电信、军工等七大垄断性行业。而中国联通是唯一一家集团整体混改的试点公司。

在业内看来，中国联通在三大运营商中业绩最低，用户数最少。以2016年营收来看，中国电信是中国联通的近1.3倍，中国移动则是中国联通的2.6倍；以净利润来计，中国电信约为中国联通的30倍，中国移动则是中国联通的172倍。同时，中国联通的资产负债率居首，高达62.57%，中国移动、中国电信分别为35.43%、51.52%。

电信观察家刘兴亮指出，中国联通曾经三分天下，但是经过4G的落跑，目前的压力最大。因此，对其而言，混改是翻身的希望。

中国联通总经理陆益民此前曾表示，中国联通希望通过混改，实现“完善治理、强化激励、突出主业、提高效率”。

知名电信专家项立刚指出，中国联通混改是“戴着脚镣跳舞”，既要打破旧有机制，又要做大做强国有机制。实际上，过去数年，在机制创新上，联通一直走在前面。在他看来，在4G上落后的联通，需要一个弯道超车的机会，有了这780亿元资金的助力，5G的赛场将有更多看点。

二问：联通姓私还是姓公？

中国联通称，拟通过本次混改形成多元化董事会和经理层，以及权责对等、协调运转、有效制衡的混合所有制公司治理机制。坚持同股同权，依法保护各类股东产权，让参与进来的国有资本和非国有资本有话语权。

根据目前的方案，交易完成后，联通集团对中国联通A股的持股比例将从原来的63.7%降低到36.7%。将超过35%的股权比例让渡给民营企业，这也被视为最大亮点。

但中国联通A股上市公司依然姓“公”。联通集团+结构调整基金（129.75亿元，占6.11%）+中国人寿（217亿元，占10.22%）股权总计约53%。因此，此次混改并不改变中国联通国有企业的性质。

三问：为什么引入BATJ?

根据目前的信息，联通混改的“朋友圈”阵容豪华，尤其是百度、阿里巴巴、腾讯以及京东等四大互联网巨头集体入局。BTAJ之间明争暗斗是公开的秘密，四家同时成为一家公司的“盟友”恐怕还是头一遭。

在资深电信观察家刘启诚看来，战略投资者的选择是联通混改的一大突破口。“基于‘优势互补，创新合作’的原则，此次联通混改引入的战略投资者显然是经过慎重选择的。”他指出，无论是互联网巨头，还是滴滴等垂直行业公司，以及金融产业集团和相关产业基金，联通此次混改伙伴的选择，不是简单地只为引进资本，而是更看重价值上、产业链上的互补，用心良苦。

但是这些战略合作者既不是救世主，也不是“活雷锋”，他们入股联通，有的看中业务互补，有的看中公司未来业务的潜力，有的可能纯粹是为了寻找新获利机会。

实际上，联通和BTAJ的跨界合作于2016年底加速，与腾讯、阿里、百度、京东均推出联合电话卡，分别为腾讯王卡、阿里蚂蚁宝卡、百度神卡、京东强卡和滴滴王卡，意在双向拉新用户。

当然，在联通的算盘中，未来还要与这些小伙伴们在云计算、大数据、物联网、人工智能、家庭互联网、数字内容、零售体系、支付金融等领域大干一场。

是助力，但也有可能成为掣肘。达睿咨询首席分析师马继华指出，中国联通希望依靠这些互联网公司解决自身应用能力研发不足的短板，可合作方却是各怀心事的互联网江湖，难度很大。甚至有业内人士戏称，联通的“后宫”以后可就热闹了。

四问：谁会进入董事会?

在8月16日下午的中期业绩记者会上，中国联通董事长王晓初表示，混改后中国联通A股上市公司在董事会结构上将发生改变，其中民企战略投资者将有3个董事席位，政府代表3人，联通集团2人，国企战略投资者1人。

在专家们看来，联通管理层与民营股东代表将占据董事会多数席位，这个变化非常重大，这意味着民营资本在公司决策层面具有话语权，这将有助于联通实现市场化改革。

引人关注的是，在民营战略投资者中，腾讯以110亿元位列榜首，占股5.21%；其次是百度70亿元，占3.31%；阿里巴巴43.3亿元，占2.05%；京东50亿元，占2.36%；苏宁40亿元，占1.88%。值得一提的是，京东的大股东是腾讯，腾讯+京东的权重要远远大于友商们。

达睿咨询首席分析师马继华指出，目前判断，腾讯和百度一定有代表进入，京东有可能，阿里、苏宁可能性很小。在其看来，未来腾讯和联通会走得更近。而阿里巴巴颇有战略性退让之意。

五问：员工持股会惠及哪些人？

按照计划，中国联通将向核心员工首期授予不超过约 8.48 亿股限制性股票，募集资金不超过约 32.13 亿元。就是说，股权激励的价格约为 3.79 元/股，是停牌前交易价的一半。这意味着，中国联通在此次股权激励中，采用了相关管理办法要求中的最低价来定价。

那么，最关键的问题是，谁是核心员工？如何确定分配比例？

该公司指出，股权激励方案将适时推出。激励对象包括联通 A 股公司董事、高级管理人员以及对经营业绩和持续发展有直接影响的管理人员和技术骨干等。激励股权将根据对经营业绩的贡献实现分配。联通的分配法则也将为诸多国企混改提供参考。

也有人士指出，对于普通员工来说，现实的威胁可能是裁员。

六问：混改能让联通翻身吗？

与资本市场的狂热相比，券商们对联通混改表情不一。

内资投行对于联通混改是一致性喝彩。国信证券程成团队维持联通“买入”评级，中信证券认为联通混改方案超预期，方正证券认为联通运营全面向好、创新积极，混改助力未来发展。

不过，外资投行保持谨慎的态度。瑞信认为，联通战略投资者认购价优于估值，预计交易还有下文，维持联通红筹股强于大盘评级。而里昂证券则认为混改没给联通带来什么改变，直接将中国联通香港的评级下调至跑输大盘。摩根士丹利也并不看好中国联通此次混改，给出减持评级。

不过，最新的半年报给了联通底气。2017 年中期业绩，收入和利润双双提升。其中净利润同比增长 68.9%，混改新动能开始显现。

【案例 7-1】需要关注三个问题：

（1）中国联通在三大运营商中业绩最低，用户数最少。以 2016 年营收来看，中国电信是中国联通的近 1.3 倍，中国移动则是中国联通的 2.6 倍；以净利润来计，中国电信约为中国联通的 30 倍，中国移动则是中国联通的 172 倍。中国联通希望通过混改，实现“完善治理、强化激励、突出主业、提高效率”。那么，从 2016 年到 2023 年，7 年过去了，“提高效率”这个目标是否实现了呢？据《中国证券报》2023 年 8 月 10 日报道，中国联通 8 月 9 日发布的 2023 年半年报业绩稳中有进，营业收入、利润规模连续刷新上市以来纪录。上半年，中国联通营业收入达到 1918.33 亿元，同比增长 8.8%；实现归属于母公司净利润 54.4 亿元，同比增长 13.7%，连续 7 年实现双位数提升。可见，当年的混改有效地促进了中国联通效率的提高和效益的改善，有力地回应了案例资料中的第六问“混改能让联通翻身吗？”

（2）根据中国联通的混改方案，交易完成后，联通集团对中国联通 A 股的持股比例将从原来的 63.7% 降低到 36.7%，将超过 35% 的股权比例让渡给民营企业。但联通集团的 36.7% 加上结构调整基金的 6.11% 和中国人寿的 10.22%（后两者均为国有企业），国有股权总计达到 53.03%。因此，此次混改并不改变中国联通国有企业的性质，中国联通 A 股上市公司依然姓“公”。

（3）在 2017 年 8 月 16 日下午的中期业绩记者会上，中国联通董事长王晓初表示，混改后中国联通 A 股上市公司在董事会结构上将发生改变，其中民企战略投资者将有 3 个董事席位，政府代表 3 人，联通集团 2 人，国企战略投资者 1 人。这意味着民营资本在公司决策层面具有话语权，这将有助于中国联通 A 股实现市场化改革。但由于代表国有资本的董事会成员达到 6 人，因此，董事会的最终决策权还是掌控在国有资本手里。

第二节　公司员工持股计划

一、公司员工持股计划的概念

员工持股计划，又称为员工持股制度，是员工所有权的一种实现形式，是公司所有者与员工分享公司所有权和未来收益权的一种制度安排。员工通过购买公司部分股票（或股权）而拥有公司的部分产权，并获得相应的管理权。实施员工持股计划的目的，是使员工成为公司的股东。

员工持股计划是公司实行资本积累和筹资的一种手段；它可以为非公众持股公司的股票提供一个内部交易的市场；是上市的一种替代方案；可以防止恶意收购；可以实现公司所有权向员工的转移；可以为员工的退休提供保障，替代养老金；可以提供激励机制，补偿员工工资的减少，激发员工的积极性，促进生产的提高。

员工持股计划的实施步骤大致为：设立员工持股平台，统一管理员工股东的出资；界定员工持股平台的职权，规范员工持股平台的组织和行为；设计员工持股计划，内容主要包括：收益人的范围与数量（主要是确定持股员工的资格），员工持股总量控制和员工股票的分配，员工股票的托管，员工股票的出售等。

二、国务院国资委关于国有控股混合所有制企业开展员工持股试点的意见

（一）试点原则

1. 坚持依法合规，公开透明。依法保护各类股东权益，严格遵守国家有关法律法规和国有企业改制、国有产权管理等有关规定，确保规则公开、程序公开、结果公开，杜绝暗箱操作，严禁利益输送，防止国有资产流失。不得侵害企业内部非持股员工合法权益。

2. 坚持增量引入，利益绑定。主要采取增资扩股、出资新设方式开展员工持股，并保证国有资本处于控股地位。建立健全激励约束长效机制，符合条件的员工自愿入股，入股员工与企业共享改革发展成果，共担市场竞争风险。

3. 坚持以岗定股，动态调整。员工持股要体现爱岗敬业的导向，与岗位和业绩紧密挂钩，支持关键技术岗位、管理岗位和业务岗位人员持股。建立健全股权内部流转和退出机制，避免持股固化僵化。

4. 坚持严控范围，强化监督。严格试点条件，限制试点数量，防止“一哄而起”。严格审批程序，持续跟踪指导，加强评价监督，确保试点工作目标明确、操作规范、过程可控。

（二）试点企业条件

1. 主业处于充分竞争行业和领域的商业类企业。

2. 股权结构合理，非公有资本股东所持股份应达到一定比例，公司董事会中有非公有资本股东推荐的董事。

3. 公司治理结构健全，建立市场化的劳动人事分配制度和业绩考核评价体系，形成管理人员能上能下、员工能进能出、收入能增能减的市场化机制。

4 营业收入和利润 90% 以上来源于所在企业集团外部市场。

优先支持人才资本和技术要素贡献占比较高的转制科研院所、高新技术企业、科技服务型企业（以下统称“科技型企业”）开展员工持股试点。中央企业二级（含）以上企业以及各省、自治区、直辖市及计划单列市和新疆生产建设兵团所属一级企业原则上暂不开展员工持股试点。违反国有企业职工持股有关规定且未按要求完成整改的企业，不开展员工持股试点。

（三）企业员工入股

1. 员工范围。参与持股人员应为在关键岗位工作并对公司经营业绩和持续发展有直接或较大影响的科研人员、经营管理人员和业务骨干，且与本公司签订了劳动合同。

党中央、国务院和地方党委、政府及其部门、机构任命的国有企业领导人员不得持股。外部董事、监事（含职工代表监事）不参与员工持股。如直系亲属多人在同一企业时，只能一人持股。

2. 员工出资。员工入股应主要以货币出资，并按约定及时足额缴纳。按照国家有关法律法规，员工以科技成果出资入股的，应提供所有权属证明并依法评估作价，及时办理财产权转移手续。上市公司回购本公司股票实施员工持股，须执行有关规定。

试点企业、国有股东不得向员工无偿赠与股份，不得向持股员工提供垫资、担保、借贷等财务资助。持股员工不得接受与试点企业有生产经营业务往来的其他企业的借款或融资帮助。

3. 入股价格。在员工入股前，应按照有关规定对试点企业进行财务审计和资产评估。员工入股价格不得低于经核准或备案的每股净资产评估值。国有控股上市公司员工入股价格按证券监管有关规定确定。

4. 持股比例。员工持股比例应结合企业规模、行业特点、企业发展阶段等因素确定。员工持股总量原则上不高于公司总股本的 30%，单一员工持股比例原则上不高于公司总股本的 1%。企业可采取适当方式预留部分股权，用于新引进人才。国有控股上市公司员工持股比例按证券监管有关规定确定。

5. 股权结构。实施员工持股后，应保证国有股东控股地位，且其持股比例不得低于公司总股本的 34%。

6. 持股方式。持股员工可以个人名义直接持股，也可通过公司制企业、合伙制企业、资产管理计划等持股平台持有股权。通过资产管理计划方式持股的，不得使用杠杆融资。持股平台不得从事除持股以外的任何经营活动。

（四）企业员工股权管理

1. 股权管理主体。员工所持股权一般应通过持股人会议等形式选出代表或设立相应机构进行管理。该股权代表或机构应制定管理规则，代表持股员工行使股东权利，维护持股员工合法权益。

2. 股权管理方式。公司各方股东应就员工股权的日常管理、动态调整和退出等问题协商一致，并通过公司章程或股东协议等予以明确。

3. 股权流转。实施员工持股，应设定不少于 36 个月的锁定期。在公司公开发行股份前已持股的员工，不得在公司首次公开发行时转让股份，并应承诺自上市之日起不少于36个月的锁定期。锁定期满后，公司董事、高级管理人员每年可转让股份不得高于所持股份总数的25%。

持股员工因辞职、调离、退休、死亡或被解雇等原因离开本公司的，应在12个月内将所持股份进行内部转让。转让给持股平台、符合条件的员工或非公有资本股东的，转让价格由双方协商确定；转让给国有股东的，转让价格不得高于上一年度经审计的每股净资产值。国有控股上市公司员工转让股份按证券监管有关规定办理。

4. 股权分红。员工持股企业应处理好股东短期收益与公司中长期发展的关系，合理确定利润分配方案和分红率。企业及国有股东不得向持股员工承诺年度分红回报或设置托底回购条款。持股员工与国有股东和其他股东享有同等权益，不得优先于国有股东和其他股东取得分红收益。

5. 破产重整和清算。员工持股企业破产重整和清算时，持股员工、国有股东和其他股东应以出资额为限，按照出资比例共同承担责任。

（五）试点工作实施

1. 试点企业数量。选择少量企业开展试点。各省、自治区、直辖市及计划单列市和新疆生产建设兵团可分别选择5—10户企业，国务院国资委可从中央企业所属子企业中选择10户企业，开展首批试点。

2. 试点企业确定。开展员工持股试点的地方国有企业，由省级人民政府国有资产监督管理机构协调有关部门，在审核申报材料的基础上确定。开展试点的中央企业所属子企业，由国有股东单位在审核有关申报材料的基础上，报履行出资人职责的机构确定。

3. 员工持股方案制定。企业开展员工持股试点，应深入分析实施员工持股的必要性和可行性，以适当方式向员工充分提示持股风险，严格按照有关规定制定员工持股方案，并对实施员工持股的风险进行评估，制定应对预案。员工持股方案应对持股员工条件、持股比例、入股价格、出资方式、持股方式、股权分红、股权管理、股权流转及员工岗位变动调整股权等操作细节作出具体规定。

4. 员工持股方案审批及备案。试点企业应通过职工代表大会等形式充分听取本企业职工对员工持股方案的意见，并由董事会提交股东（大）会进行审议。地方试点企业的员工持股方案经股东（大）会审议通过后，报履行出资人职责的机构备案，同时抄报省级人民政府国有资产监督管理机构；中央试点企业的员工持股方案经股东（大）会审议通过后，报履行出资人职责的机构备案。

5. 试点企业信息公开。试点企业应将持股员工范围、持股比例、入股价格、股权流转、中介机构以及审计评估等重要信息在本企业内部充分披露，切实保障员工的知情权和监督权。国有控股上市公司执行证券监管有关信息披露规定。

6. 规范关联交易。国有企业不得以任何形式向本企业集团内的员工持股企业输送利益。国有企业购买本企业集团内员工持股企业的产品和服务，或者向员工持股企业提供设备、场地、技术、劳务、服务等，应采用市场化方式，做到价格公允、交易公平。有关关联交易应由一级企业以适当方式定期公开，并列入企业负责人经济责任审计和财务审计内容。

（六）组织领导

实施员工持股试点，事关国有企业改革发展大局，事关广大员工切身利益，各地区、各有关部门要高度重视，加强领导，精心组织，落实责任，确保试点工作规范有序开展。国务院国资委负责中央企业试点工作，同时负责指导地方国有资产监督管理机构做好试点工作，重要问题应及时向国务院国有企业改革领导小组报告。首批试点原则上在2016年启动实施，各有关履行出资人职责的机构要严格审核试点企业申报材料，成熟一户开展一户，2018年年底进行阶段性总结，视情况适时扩大试点。试点企业要按照要求规范操作，严格履行有关决策和审批备案程序，扎实细致开展员工持股试点工作，积极探索员工持股有效模式，切实转换企业经营机制，激发企业活力。各有关履行出资人职责的机构要对试点企业进行定期跟踪检查，及时掌握情况，发现问题，纠正不规范行为。试点过程中出现制度不健全、程序不规范、管理不到位等问题，致使国有资产流失、损害有关股东合法权益或严重侵害企业职工合法权益的，要依法依纪追究相关责任人的责任。

金融、文化等国有企业实施员工持股，中央另有规定的依其规定执行。国有科技型企业的股权和分红激励，按国务院有关规定执行。已按有关规定实施员工持股的企业，继续规范实施。国有参股企业的员工持股不适用本意见。

三、证监会关于上市公司实施员工持股计划试点的指导意见

（一）员工持股计划基本原则

1. 依法合规原则。上市公司实施员工持股计划，应当严格按照法律、行政法规的规定履行程序，真实、准确、完整、及时地实施信息披露。任何人不得利用员工持股计划进行内幕交易、操纵证券市场等证券欺诈行为。

2. 自愿参与原则。上市公司实施员工持股计划应当遵循公司自主决定，员工自愿参加，上市公司不得以摊派、强行分配等方式强制员工参加本公司的员工持股计划。

3. 风险自担原则。员工持股计划参与人盈亏自负，风险自担，与其他投资者权益平等。

（二）员工持股计划的主要内容

1. 员工持股计划是指上市公司根据员工意愿，通过合法方式使员工获得本公司股票并长期持有，股份权益按约定分配给员工的制度安排。员工持股计划的参加对象为公司员工，包括管理层人员。

2. 员工持股计划的资金和股票来源

（1）员工持股计划可以通过以下方式解决所需资金：员工的合法薪酬；法律、行政法规允许的其他方式。

（2）员工持股计划可以通过以下方式解决股票来源：上市公司回购本公司股票；二级市场购买；认购非公开发行股票；股东自愿赠与；法律、行政法规允许的其他方式。

3. 员工持股计划的持股期限和持股计划的规模

（1）每期员工持股计划的持股期限不得低于12个月，以非公开发行方式实施员工持股计划的，持股期限不得低于36个月，自上市公司公告标的股票过户至本期持股计划名下时起算；上市公司应当在员工持股计划届满前6个月公告到期计划持有的股票数量。

（2）上市公司全部有效的员工持股计划所持有的股票总数累计不得超过公司股本总额的10%，单个员工所获股份权益对应的股票总数累计不得超过公司股本总额的1%。员工持股计划持有的股票总数不包括员工在公司首次公开发行股票上市前获得的股份、通过二级市场自行购买的股份及通过股权激励获得的股份。

4. 员工持股计划的管理

（1）参加员工持股计划的员工应当通过员工持股计划持有人会议选出代表或设立相应机构，监督员工持股计划的日常管理，代表员工持股计划持有人行使股东权利或者授权资产管理机构行使股东权利。

（2）上市公司可以自行管理本公司的员工持股计划，也可以将本公司员工持股计划委托给下列具有资产管理资质的机构管理：信托公司；保险资产管理公司；证券公司；基金管理公司；其他符合条件的资产管理机构。

（3）上市公司自行管理本公司员工持股计划的，应当明确持股计划的管理方，制定相应的管理规则，切实维护员工持股计划持有人的合法权益，避免产生上市公司其他股东与员工持股计划持有人之间潜在的利益冲突。

（4）员工享有标的股票的权益，在符合员工持股计划约定的情况下，该权益可由员工自身享有，也可以转让、继承。员工通过持股计划获得的股份权益的占有、使用、收益和处分的权利，可以依据员工持股计划的约定行使；参加员工持股计划的员工离职、退休、死亡以及发生不再适合参加持股计划事由等情况时，其所持股份权益依照员工持股计划约定方式处置。

（5）上市公司委托资产管理机构管理本公司员工持股计划的，应当与资产管理机构签订资产管理协议。资产管理协议应当明确当事人的权利义务，切实维护员工持股计划持有人的合法权益，确保员工持股计划的财产安全。资产管理机构应当根据协议约定管理员工持股计划，同时应当遵守资产管理业务相关规则。

（6）员工持股计划管理机构应当为员工持股计划持有人的最大利益行事，不得与员工持股计划持有人存在利益冲突，不得泄露员工持股计划持有人的个人信息。

（7）员工持股计划管理机构应当以员工持股计划的名义开立证券交易账户。员工持股计划持有的股票、资金为委托财产，员工持股计划管理机构不得将委托财产归入其固有财产。员工持股计划管理机构因依法解散、被依法撤销或者被依法宣告破产等原因进行清算的，委托财产不属于其清算财产。

（三）员工持股计划的实施程序及信息披露

1. 上市公司实施员工持股计划前，应当通过职工代表大会等组织充分征求员工意见。

2. 上市公司董事会提出员工持股计划草案并提交股东大会表决，员工持股计划草案至少应包含如下内容：

（1）员工持股计划的参加对象及确定标准、资金、股票来源；

（2）员工持股计划的存续期限、管理模式、持有人会议的召集及表决程序；

（3）公司融资时员工持股计划的参与方式；

（4）员工持股计划的变更、终止，员工发生不适合参加持股计划情况时所持股份权益的处置办法；

（5）员工持股计划持有人代表或机构的选任程序；

（6）员工持股计划管理机构的选任、管理协议的主要条款、管理费用的计提及支付方式；

（7）员工持股计划期满后员工所持有股份的处置办法；

（8）其他重要事项。

3. 非金融类国有控股上市公司实施员工持股计划应当符合相关国有资产监督管理机构关于混合所有制企业员工持股的有关要求。

4. 金融类国有控股上市公司实施员工持股计划应当符合财政部关于金融类国有控股上市公司员工持股的规定。

5. 独立董事和监事会应当就员工持股计划是否有利于上市公司的持续发展，是否损害上市公司及全体股东利益，公司是否以摊派、强行分配等方式强制员工参加本公司持股计划发表意见。上市公司应当在董事会审议通过员工持股计划草案后的两个交易日内，公告董事会决议、员工持股计划草案摘要、独立董事及监事会意见及与资产管理机构签订的资产管理协议。

6. 上市公司应当聘请律师事务所对员工持股计划出具法律意见书，并在召开关于审议员工持股计划的股东大会前公告法律意见书。员工持股计划拟选任的资产管理机构为公司股东或股东关联方的，相关主体应当在股东大会表决时回避；员工持股计划涉及相关董事、股东的，相关董事、股东应当回避表决；公司股东大会对员工持股计划作出决议的，应当经出席会议的股东所持表决权的半数以上通过。

7. 股东大会审议通过员工持股计划后两个交易日内，上市公司应当披露员工持股计划的主要条款。

8. 采取二级市场购买方式实施员工持股计划的，员工持股计划管理机构应当在股东大会审议通过员工持股计划后6个月内，根据员工持股计划的安排，完成标的股票的购买。上市公司应当每月公告一次购买股票的时间、数量、价格、方式等具体情况。

上市公司实施员工持股计划的，在完成标的股票的购买或将标的股票过户至员工持股计划名下的两个交易日内，以临时公告形式披露获得标的股票的时间、数量等情况。

9. 员工因参加员工持股计划，其股份权益发生变动，依据法律应当履行相应义务的，应当依据法律履行；员工持股计划持有公司股票达到公司已发行股份总数的5%时，应当依据法律规定履行相应义务。

10. 上市公司至少应当在定期报告中披露报告期内下列员工持股计划实施情况：

（1）报告期内持股员工的范围、人数；

（2）实施员工持股计划的资金来源；

（3）报告期内员工持股计划持有的股票总额及占上市公司股本总额的比例；

（4）因员工持股计划持有人处分权利引起的计划股份权益变动情况；

（5）资产管理机构的变更情况；

（6）其他应当予以披露的事项。

（四）员工持股计划的监管

1. 除非公开发行方式外，中国证监会对员工持股计划的实施不设行政许可，由上市公司根据自身实际情况决定实施。

2. 上市公司公布、实施员工持股计划时，必须严格遵守市场交易规则，遵守中国证监会关于信息敏感期不得买卖股票的规定，严厉禁止利用任何内幕信息进行交易。

3. 中国证监会对上市公司实施员工持股计划进行监管，对利用员工持股计划进行虚假陈述、操纵证券市场、内幕交易等违法行为的，中国证监会将依法予以处罚。

4. 法律禁止特定行业公司员工持有、买卖股票的，不得以员工持股计划的名义持有、买卖股票。

5. 证券交易所在其业务规则中明确员工持股计划的信息披露要求；证券登记结算机构在其业务规则中明确员工持股计划登记结算业务的办理要求。

【案例 7－2】

三一重能股份有限公司 2023 年员工持股计划（草案）摘要

证券代码：688349　证券简称：三一重能　公告编号：2023－028

三一重能股份有限公司董事会二〇二三年七月

（2023－08－01　来源：证券日报网）

声明

本公司及全体董事、监事保证本员工持股计划及其摘要不存在虚假记载、误导性陈述或重大遗漏，并对其真实性、准确性、完整性承担个别和连带的法律责任。

特别提示

1.《三一重能股份有限公司 2023 年员工持股计划》（以下简称“本员工持股计划”）系三一重能股份有限公司（以下简称“公司”或“三一重能”）依据《中华人民共和国公司法》（以下简称《公司法》）、《中华人民共和国证券法》（以下简称《证券法》）、《关于上市公司实施员工持股计划试点的指导意见》（以下简称《指导意见》）、《上海证券交易所科创板股票上市规则》（以下简称《上市规则》）、《上海证券交易所科创板上市公司自律监管指引第 1 号——规范运作》（以下简称《自律监管指引第 1 号》）等有关法律、行政法规、规章和规范性文件以及《三一重能股份有限公司章程》（以下简称《公司章程》）的规定制定。

2. 本员工持股计划的参加对象为公司董事、监事、高级管理人员、中层管理人员、关键岗位人员、核心业务（技术）人员，共计不超过 631 人，所有参加对象均需在公司或公司的全资/控股子公司任职。符合条件的员工按照依法合规、自愿参与、风险自担的原则参加本员工持股计划。

3. 本员工持股计划的设立规模不超过人民币 74406347 元。本员工持股计划的资金来源为根据公司《经营管理关键岗位薪酬管理办法》《研发人员薪酬管理办法》规定计提的员工中长期激励，均属于员工薪酬构成部分。

4. 本员工持股计划（草案）获得股东大会批准后在存续期内由公司自行管理。本员工持股计划成立管理委员会，代表本员工持股计划持有人行使除表决权以外的其他股东权利，并对本员工持股计划进行日常管理。

5. 本员工持股计划（草案）获得股东大会批准后六个月内，本员工持股计划专用账户直接或间接通过二级市场购买（包括但不限于竞价交易、大宗交易方式）或法律法规许可的其他方式购买并持有三一重能股票（688349. SH），公司将根据要求及时履行信息披露义务。

6. 公司全部有效的员工持股计划所持有的股票总数累计不得超过公司股本总额的 10%，单个员工所获股份权益对应的股票总数累计不得超过公司股本总额的 1%。如相关法律、法规和规范性文件对员工持股计划规模上限等要求有变更的，则本员工持股计划规模根据变更后的法律、法规和规范性文件要求相应进行调整。

7. 本员工持股计划的存续期为 72 个月，自公司公告本员工持股计划专用账户完成公司股票购买之日起计算。本员工持股计划所获标的股票的锁定期为 12 个月，自公司公告完成公司股票购买之日起计算，在前述锁定期内不得进行交易。

8. 为优化人才结构，深度绑定股东、公司及核心员工的利益，公司 2023 年员工持股计划的标的股票权益归属分两部分：

（1）岗薪制员工的股票权益分五个自然年度归属至持有人，分别为 2023 年度、2024 年度、2025 年度、2026 年度、2027 年度，每个年度归属至持有人名下的比例均为 20%；

（2）股薪制员工的股票权益分两个自然年度归属至持有人，分别为 2023 年度、2024 年度，每个年度归属至持有人名下的比例均为 50%。

本员工持股计划锁定期届满且每个归属年度届满后，由管理委员会根据市场行情择机实施分配。

9. 本员工持股计划不对持有人设置业绩考核指标。

10. 如持有人对公司发生贪污、受贿、侵害公司利益等不廉洁、不诚信行为，持有人的参与资格将被取消，管理委员会有权将其不廉洁、不诚信行为发生年度以及发生当年以后各年度持有的本员工持股计划份额强制无偿收回，所收回份额对应的收益归公司所有。

11. 无论持有人因何种原因不在公司任职，持有人的参与资格都将被取消，管理委员会有权将其持有的本员工持股计划未分配份额强制无偿收回，所收回份额对应的收益归公司所有。

12. 本员工持股计划管理委员会办理持有人的资格取消事项，以及被取消资格的持有人所持份额的处理事项。

13. 本员工持股计划内部管理的最高权力机构为持有人会议，持有人选举管理委员会，管理委员会履行日常管理职责，代表持有人行使股东权利或授权管理机构行使股东权利。本员工持股计划可选择专业管理机构进行管理。

14. 公司董事会审议通过本员工持股计划后，公司将发出召开股东大会通知审议本员工持股计划，本员工持股计划经公司股东大会批准后方可实施。公司审议本员工持股计划的股东大会将采取现场投票与网络投票相结合的方式。

15. 员工参加本员工持股计划遵循公司自主决定、员工自愿参加的原则，不存在以摊派、强行分配等方式强制员工参加的情形。

16. 本员工持股计划实施后，将不会导致公司控制权发生变化，亦不会导致公司股权分布不符合上市条件要求。

17. 本员工持股计划与公司董监高、公司控股股东、公司实际控制人无一致行动安排，亦不存在任何一致行动计划，本员工持股计划在存续期间自愿放弃其持有股票的股东大会表决权。

18. 公司实施本员工持股计划的财务、会计处理及其税收等问题，按有关财务制度、会计准则、税务制度规定执行，员工因本员工持股计划实施而需缴纳的相关税费由员工个人自行承担。

一、本员工持股计划的目的

为进一步完善公司的法人治理结构，促进公司建立、健全激励约束机制，充分调动公司董事、监事、高级管理人员及核心员工的积极性和创造性，有效地将股东利益、公司利益和经营者个人利益结合在一起，使各方共同关注公司的长远发展，公司依据《公司法》《证券法》《指导意见》《上市规则》《自律监管指引第 1 号》以及其他法律、法规、规范性文件和《公司章程》的规定，制定了本员工持股计划。

二、本员工持股计划的参加对象及确定标准

（一）参加对象确定的法律依据

公司根据《公司法》《证券法》《指导意见》《上市规则》及《自律监管指引第 1 号》等有关法律、法规、规范性文件和《公司章程》的相关规定，并结合实际情况，确定了本员工持股计划的参加对象名单。所有参加对象均需在公司或公司的全资/控股子公司任职，领取报酬并签订劳动合同或受公司聘任。

（二）参加对象的确定标准

本员工持股计划的参加对象应符合以下标准之一：

1. 公司董事（不含独立董事）、监事、高级管理人员；

2. 公司中层管理人员；

3. 公司认定的关键岗位人员；

4. 公司核心业务（技术）人员。

（三）本员工持股计划持有人的核实

有下列情形之一的，不能参加本员工持股计划：

1. 最近三年内被上海证券交易所公开谴责或宣布为不适当人选的；

2. 最近三年内因重大违法违规行为被中国证监会予以行政处罚的；

3. 最近三年内，因泄露国家或公司机密、贪污、盗窃、侵占、受贿、行贿、失职、或渎职等违反国家法律、法规的行为，或违反公序良俗、职业道德和操守的行为给公司利益、声誉和形象造成严重损害的；

4. 董事会认定的不能成为本员工持股计划持有人的情形；

5. 相关法律、法规或规范性文件规定的其他不能成为本员工持股计划持有人的情形。

公司监事会应当对持有人名单予以核实，并将核实情况予以说明。公司聘请的律师将对持有人资格是否合法合规发表明确意见。

三、本员工持股计划的资金和股票来源

（一）本员工持股计划资金来源

本员工持股计划的设立规模不超过人民币 74406347 元。本员工持股计划的资金来源为根据公司《经营管理关键岗位薪酬管理办法》《研发人员薪酬管理办法》规定计提的员工中长期激励，均属于员工薪酬构成部分。

（二）本员工持股计划股票来源

本员工持股计划（草案）获得股东大会批准后六个月内，本员工持股计划专用账户直接或间接通过二级市场购买（包括但不限于竞价交易、大宗交易方式）或法律法规许可的其他方式购买并持有三一重能股票（688349. SH），公司将根据要求及时履行信息披露义务。

公司全部有效的员工持股计划所持有的股票总数累计不得超过公司股本总额的 10%，

单个员工所获股份权益对应的股票总数累计不得超过公司股本总额的1%。员工持股计划持有的股票总数不包括员工在公司首次公开发行股票上市前获得的股份、通过二级市场自行购买的股份以及通过股权激励获得的股份。

四、本员工持股计划的持有人情况

本员工持股计划的参加对象、授予份额上限及份额分配由公司董事会确定，公司董事会可根据员工实际缴款情况对参加本员工持股计划的对象名单及其认购份额进行调整。

本员工持股计划的参加对象为公司董事（不含独立董事）、监事、高级管理人员、中层管理人员、关键岗位人员、公司核心业务（技术）人员，共计不超过631人。

五、本员工持股计划的存续期限和锁定期

（一）本员工持股计划的存续期

1. 本员工持股计划存续期为72个月，自公司公告本员工持股计划专用账户完成三一重能股票购买之日起算，本员工持股计划可提前终止，存续期满可根据相关监管规定展期。因不可抗力因素（包括但不限于战争、自然灾害），导致上海证券交易所停市，则本员工持股计划的存续期按照上海证券交易所停市相同的时间自动延长，上海证券交易所停市期间，持有人所持本员工持股计划份额不得退出、转让、质押、担保、偿还债务。

2. 本员工持股计划的存续期届满前一个月，经出席持有人会议的持有人所持2/3以上（不含2/3）份额同意并提交公司董事会审议通过后，本员工持股计划的存续期可以提前终止或延长。

3. 如因公司股票停牌或者窗口期等情况，导致本员工持股计划所持有的公司股票无法在存续期届满前全部变现时，经出席持有人会议的持有人所持2/3以上（不含2/3）份额同意并提交董事会审议通过后，本员工持股计划的存续期限可以延长。

（二）本员工持股计划的所持股票的锁定期

1. 本员工持股计划的锁定期为12个月，自公司公告本员工持股计划专用账户完成三一重能股票购买之日起计算。

2. 本员工持股计划将严格遵守市场交易规则，遵守中国证监会、上海证券交易所关于股票买卖相关规定，在下列期间不得买卖公司股票：

（1）公司年度报告、半年度报告公告前三十日内，因特殊原因推迟年度报告、半年度报告公告日期的，自原预约公告日前三十日起算，至公告前一日；

（2）公司季度报告、业绩预告、业绩快报公告前十日内；

（3）自可能对公司股票及其衍生品种交易价格产生较大影响的重大事件发生之日或者在决策过程中，至依法披露之日内；

（4）中国证监会及上海证券交易所规定的其他期间。如未来相关法律、行政法规发生变化，本员工持股计划买卖公司股票应满足新的规定。

（三）本员工持股计划归属安排

为优化人才结构，深度绑定股东、公司及核心员工的利益，公司2023年员工持股计划的标的股票权益归属分两部分：

（1）岗薪制员工的股票权益分五个自然年度归属至持有人，分别为2023年度、2024年度、2025年度、2026年度、2027年度，每个年度归属至持有人名下的比例均为20%；

（2）股薪制员工的股票权益分两个自然年度归属至持有人，分别为2023年度、2024年度，每个年度归属至持有人名下的比例均为 50%。

本员工持股计划锁定期届满且每个归属年度届满后，由管理委员会根据市场行情择机实施分配。

六、本员工持股计划的管理模式

（一）管理模式

本员工持股计划由公司自行管理，内部管理最高权力机构为持有人会议；本员工持股计划设管理委员会，监督本员工持股计划的日常管理，代表持有人行使股东权利或者授权管理机构行使股东权利；公司董事会负责拟定和修改本草案，并在股东大会授权范围内办理本员工持股计划的其他相关事宜。

（二）股东大会授权董事会办理的事宜

1. 办理本员工持股计划的变更和终止；

2. 对本员工持股计划的存续期延长作出决定；

3. 办理本员工持股计划所涉及的相关登记结算业务及所需的其他必要事宜；

4. 本员工持股计划经股东大会审议通过后，若在实施期限内相关法律、法规、政策发生变化的，授权公司董事会按照新的政策对本员工持股计划做出相应调整；

5. 选择专业管理机构管理本员工持股计划；

6. 办理本员工持股计划所需的其他必要事宜，但有关文件明确规定需由股东大会行使的权利除外。

七、本员工持股计划的变更与终止及持有人权益的处置

（一）本员工持股计划的变更

存续期内，本员工持股计划的变更须经出席持有人会议的持有人所持 2/3 以上（不含 2/3）份额同意，并提交公司董事会审议通过。

（二）本员工持股计划的终止

1. 本员工持股计划存续期满后自行终止；

2. 本员工持股计划所持有的公司股票全部出售，本员工持股计划可提前终止；

3. 本员工持股计划的存续期届满前一个月，经出席持有人会议的持有人所持 2/3 以上（不含 2/3）份额同意并提交公司董事会审议通过后，本员工持股计划的存续期可以提前终止或延长。

（三）持有人权益的处置

1. 为优化人才结构，深度绑定股东、公司及核心员工的利益，公司 2023 年员工持股计划的标的股票权益归属分两部分：

（1）岗薪制员工的股票权益分五个自然年度归属至持有人，分别为 2023 年度、2024 年度、2025 年度、2026 年度、2027 年度，每个年度归属至持有人名下的比例均为 20%；

（2）股薪制员工的股票权益分两个自然年度归属至持有人，分别为 2023 年度、2024 年度，每个年度归属至持有人名下的比例均为 50%。

本员工持股计划锁定期届满且每个归属年度届满后，由管理委员会根据市场行情择机实施分配。

2. 本员工持股计划不对持有人设置业绩考核指标。

3. 在本员工持股计划存续期内，除法律、行政法规、部门规章另有规定，或经持有人会议审议通过，持有人所持本员工持股计划份额不得退出、质押、担保、偿还债务或作其他类似处置。

4. 存续期内，持有人所持有的本员工持股计划权益未经管理委员会同意不得转让，未经同意擅自转让的，该转让行为无效。

5. 如持有人对公司发生贪污、受贿、侵害公司利益等不廉洁、不诚信行为，持有人的参与资格将被取消，管理委员会有权将其不廉洁、不诚信行为发生年度以及发生当年以后各年度持有的本员工持股计划份额强制无偿收回，所收回份额对应的收益归公司所有。

具体包括但不限于以下情形：

（1）侵占公司财物。使用虚构事实、隐瞒真相等手段，将公司的财物非法占为己有。

（2）挪用公司资金。利用职务便利，挪用公司资金归个人使用或借贷给他人使用。

（3）收受或索取贿赂。利用职务便利，收受他人财物或直接索取他人的财物、利益归自己所有。

（4）行贿。向公司及业务相关人员、亲属输送好处。

（5）利用职务的便利或者徇私舞弊、滥用职权、弄虚作假、玩忽职守给公司利益造成损失的行为。

（6）其他因故意或过失，致公司遭受损失的行为。其中：故意致使公司损失在50万元以上的；过失致使公司损失在100万元以上的。

（7）伪造个人履历。为达到入职、晋升等条件，伪造个人学历证书、学位证书、离职证明、工作经历、工作业绩等材料的。

（8）泄露、转移公司商业秘密。将自己掌握的公司业务信息、人事信息、技术信息、经营信息等不对外公开的信息向不掌握该信息的人员泄露或私自备份。

（9）恶意危害公司信息安全。对公司网络和信息系统进行黑客攻击等非法操作；在公司内编写、搜集、传播病毒与黑客软件等。

（10）隐瞒、包庇或不按规定报告重大已发生事件或违规情况，给公司造成重大不良影响的。

（11）恶意破坏、诋毁公司形象等损害公司声誉的行为。

（12）违反公司《员工激励诚信管理制度》等公司相关制度，存在制度中列举的不廉洁、不诚信行为。

（13）管理委员会认定的其他情形。

6. 无论持有人因何种原因不在公司任职，持有人的参与资格都将被取消，管理委员会有权将其持有的本员工持股计划未分配份额强制无偿收回，所收回份额对应的收益归公司所有。

具体包括但不限于以下情形：

（1）持有人辞职的；

（2）持有人在劳动合同到期后拒绝与公司或下属公司续签劳动合同的；

（3）持有人达到国家规定的退休年龄后拒绝与公司或下属公司签订返聘协议的；

（4）持有人劳动合同到期后，公司或子公司未与其续签劳动合同的；

（5）因个人原因而致使公司或其下属公司提出解除或终止劳动合同（包括被公司辞退、除名等）；

（6）因考核不合格或公司认定不能胜任工作岗位；

（7）持有人死亡的；

（8）管理委员会认定的其他情形。

7. 发生如下情形之一的，持有人所持权益不作变更：

（1）存续期内，持有人职务变动但仍符合参与条件的；

（2）存续期内，持有人达到国家规定的退休年龄后与公司签订返聘协议并在公司继续任职的；

（3）存续期内，持有人达到国家规定的退休年龄且公司未要求与其签订返聘协议的；

（4）管理委员会认定的其他情形。

8. 锁定期内持有人权益处置

（1）在锁定期内，持有人不得要求对本员工持股计划的权益进行分配。

（2）在锁定期内，公司发生资本公积转增股本、派送股票红利时，本员工持股计划因持有公司股份而新取得的股份一并锁定，不得在二级市场出售或以其他方式转让，该等股票的解锁期与相对应股票相同。

（3）在锁定期内，公司发生派息时，本员工持股计划因持有公司股份而获得的现金股利计入本员工持股计划货币性资产，不做另行分配。

（4）本员工持股计划锁定期结束后、存续期内，公司发生派息时，本员工持股计划因持有公司股份而获得的现金股利计入本员工持股计划货币性资产。

9. 本员工持股计划管理委员会办理持有人的资格取消事项，以及被取消资格的持有人所持份额的处理事项。

（四）本员工持股计划期满后员工所持有股票及资产的处置办法

本员工持股计划终止后（包括期满终止、提前终止、延期后终止等）在30个工作日内完成清算，在依法扣除相关税费后，按持有人所持本员工持股计划份额占总份额的比例分配剩余资产，本员工持股计划另有规定的除外。若本员工持股计划存续期届满时，所持资产仍包含标的股票，具体处置办法由管理委员会确定。

八、其他重要事项

1. 公司董事会审议通过本员工持股计划不意味着持有人享有继续在公司或子公司任职的权利，不构成公司或子公司对员工聘用期限的承诺，公司或子公司与员工的劳动关系仍按公司或子公司与持有人签订的劳动合同执行。

2. 公司实施本员工持股计划的财务、会计处理及其税收等问题，按有关财务制度、会计准则、税务制度规定执行，员工因本员工持股计划实施而需缴纳的相关税费由员工个人自行承担。

3. 本员工持股计划与公司董监高、公司控股股东、公司实际控制人无一致行动安排，亦不存在任何一致行动计划，本员工持股计划在存续期间放弃其持有股票的股东大会表决权。

4. 本员工持股计划由公司董事会负责解释。

【案例7－2】需要关注三个问题：

（1）公告的“特别提示”中的第1项至第18项是“三一重能股份有限公司2023年员工持股计划（草案）摘要”的核心内容，需特别关注，并将每一项特别提示的内容与公告正文中相对应的内容加以对照，以全面、详细、深度地解读三一重能股份有限公司 2023 年员工持股计划（草案）摘要的具体内容。

（2）三一重能股份有限公司 2023 年员工持股计划的目的是进一步完善公司的法人治理结构，促进公司建立、健全激励约束机制，充分调动公司董事、监事、高级管理人员及核心员工的积极性和创造性，有效地将股东利益、公司利益和经营者个人利益结合在一起，使各方共同关注公司的长远发展。

（3）三一重能股份有限公司 2023 年员工持股计划设置了负面清单，有下列情形之一的，不能参加本员工持股计划：最近三年内被上海证券交易所公开谴责或宣布为不适当人选的；最近三年内因重大违法违规行为被中国证监会予以行政处罚的；最近三年内，因泄露国家或公司机密、贪污、盗窃、侵占、受贿、行贿、失职、或渎职等违反国家法律、法规的行为，或违反公序良俗、职业道德和操守的行为给公司利益、声誉和形象造成严重损害的；董事会认定的不能成为本员工持股计划持有人的情形；相关法律、法规或规范性文件规定的其他不能成为本员工持股计划持有人的情形。并要求公司监事会对持有人名单予以核实，同时聘请律师对持有人资格是否合法合规发表明确意见。

复习思考题

1. 什么是混合所有制？现阶段我国混合所有制主要有哪几种类型？
2. 什么是广义的混合所有制改革和狭义的混合所有制改革？
3. 国有企业混合所有制改革的基本原则是什么？
4. 哪些国有企业的混合所有制改革要稳妥推进？
5. 哪些国有企业的混合所有制改革要有效探索？
6. 哪些国有企业的混合所有制改革要引导开展？
7. 国有企业的集团层面和子公司层面应该分别如何推进混合所有制改革？
8. 如何鼓励各类非国有资本参与国有企业混合所有制改革？
9. 如何建立健全混合所有制企业的治理机制？
10. 如何建立依法合规的国有企业混合所有制改革的操作规则？
11. 如何营造国有企业混合所有制改革的良好环境？
12. 如何组织国有企业混合所有制改革的实施？
13. 中央企业混合所有制改革的基本操作流程是什么？
14. 中央企业混合所有制改革中“混资本”相关环节的操作要点有哪些？
15. 中央企业混合所有制改革中“改机制”相关环节的操作要点有哪些？
16. 中央企业混合所有制改革中相关的支持政策主要有哪些？
17. 国有控股混合所有制企业开展员工持股试点的原则是什么？
18. 什么样的国有控股混合所有制企业才有可能成为员工持股试点企业？
19. 开展员工持股试点的企业中哪些员工才有可能持股？持股时如何出资？
20. 开展员工持股试点的企业中员工入股价格如何确定？
21. 开展员工持股试点的企业中关于员工持股比例和持股方式有何规定？
22. 开展员工持股试点的企业中国有股持股比例的下限是多少？
23. 开展员工持股试点的企业中员工股权如何管理？

思政案例题

【案例7－3】

格力电器时隔一年再推员工持股计划 这次覆盖超1.2万人

2022－05－21　来源：中国证券报

除了盖楼满足员工住房，格力电器又在股权激励上加大力度。

2022年5月20日晚，格力电器披露拟推出第二期员工持股计划。方案显示，本次员工持股计划股票来源为公司此前回购的股份，股票规模不超过9472.8万股，占公司当前总股本的1.60%，整体资金规模不超过15.5亿元。本次持股计划覆盖超过12000名员工，其中，中基层干部、核心员工、技术专家等优先认购比例达97.47%，其他高管可认购份额不高于2.53%。以上如有剩余，董事长再进行认购。本次持股计划认购价格等同于董事会决议前一交易日收盘价32.72元/股的50%。

值得注意的是，2021年公司推出第一期员工持股计划，覆盖人数4000余人。业内人士指出，此番在员工持股计划上的加码动作，将完善公司内部管理机制，激发员工核心动能。

建立健全长效激励机制

格力电器此番推出的员工持股计划，也是在响应监管机构的号召。

今年4月，证监会等三部门联合发布关于进一步支持上市公司健康发展的通知，鼓励上市公司回购股份用于股权激励及员工持股计划，引导上市公司通过现金分红、股份回购等方式回报投资者，强化市场长期投资理念。

格力电器作为白电龙头，自2012年以来，净利润从70多亿元增长至连续多年超过220亿元，最高达264亿元，上市以来累计现金分红超过1000亿元（含2021年10股派20元的分红计划），过去三年实施的每股现金分红合计达到9.70元。

相较于给予市场丰厚的业绩回报和分红回报，公司在长达13年的时间内未实施对于员工的股权激励措施。2021年公司推出第一期员工持股计划，覆盖人数4000余人，相较行业内其他企业的激励政策以及公司产业多元化背景下日益增长的人才需求仍显不足，长期激励缺失是公司治理中的一个短板。

业内人士指出，格力电器仅隔一年再度推出员工持股计划，以此完善公司内部管理机制，激发员工核心动能，推动公司高质量长远发展，驱动内在价值进一步提升。

员工拥有认购优先权

值得一提的是，本次员工优先认购的额度比例达到97.47%。相比第一期持股计划，本次认购价格更低，且归属后的锁定时间由退休缩小至1年，大幅提升了员工认购的积极性。同时公告显示，公司亦对一期考核指标进行了调整。

格力电器表示，仍会将第一期员工持股计划原定业绩目标作为年度经营指引来执行，保持净资产收益率稳定在行业内较高水平。

考核指标兼顾盈利能力和成长性

公告显示，第二期员工持股计划在净利润明确增长和稳定分红基础上，新增重点考核指标“净资产收益率”，更加符合上市公司员工激励考核的主流标准以及家电行业长周期的特点，且目标设置相较同业可比上市公司更高，凸显格力电器更专注内生增长性。

根据公告，公司对2022年和2023年各年度设立的目标分别是：净利润同比增加不低于20亿元、30亿元；2022年和2023年净资产收益率不低于22%、21%；每年每股现金分红不低于2元或现金分红总额不低于当年净利润的50%。

2021年以来，大宗原材料价格高企，新冠疫情在国内多地散发，2022年初紧张的地缘政治局势更进一步推动大宗商品价格高位波动，整个家电市场面临着需求收窄、产业调整所带来的风险。格力电器的生产经营面临着严峻的挑战和考验。通过员工持股计划兼顾盈利能力和成长性的考核指标，在激励员工的同时，保障了公司的稳健发展，助推资本市场稳定健康发展。

市场分析人士认为，格力电器推出第二期持股计划、调整第一期持股计划以及持续高比例分红，旨在进一步提高员工的凝聚力和公司竞争力，调动员工的积极性和创造性，促进公司长期、持续、健康发展，同时提升公司股东价值获得感，以此实现公司、员工与股东“三方共赢”。

需要讨论的问题：

1. 格力电器的这次持股计划覆盖超过12000名员工，其中，中基层干部、核心员工、技术专家等优先认购比例达97.47%，其他高管可认购份额不高于2.53%。这样设计有何深意？

2. 格力电器的这次持股计划认购价格等同于董事会决议前一交易日收盘价32.72元/股的50%。为什么是50%？证监会对上市公司员工持股计划的员工认购价格有何规定？

3. 证监会等三部门联合发通知鼓励上市公司回购股份用于股权激励及员工持股计划的意义是什么？

4. 格力电器对2022年和2023年各年度设立的目标分别是：净利润同比增加不低于20亿元、30亿元；2022年和2023年净资产收益率不低于22%、21%；每年每股现金分红不低于2元或现金分红总额不低于当年净利润的50%。员工持股计划为什么要和净利润、净资产收益率、每股现金分红等财务指标绑定？

5. 与第一期员工持股计划相比，格力电器第二期员工持股计划归属后的锁定时间由退休缩小至1年。这样调整有何深意？

第八章

公司股份回购与大股东减持

内容简介

本章主要介绍股份回购的概念、动因、条件、方式、程序、信息披露要求，介绍以集中竞价交易方式回购股份和以要约方式回购股份的特殊规定以及股份回购的其他相关规定，同时还介绍了大股东及大股东减持的概念、大股东减持的动因和大股东减持的主要规定。

学习目标

学习本章，要求了解股份回购的概念、动因、条件、方式、程序、信息披露要求，了解以集中竞价交易方式回购股份和以要约方式回购股份的特殊规定以及股份回购的其他相关规定，了解大股东及大股东减持的概念、大股东减持的动因和大股东减持的主要规定。

第一节　公司股份回购

一、公司股份回购的概念

公司股份回购是指公司按一定的程序购回发行或流通在外的本公司股份的行为；是通过大规模买回公司发行在外的股份来改变资本结构的防御方法；是公司用现金购买，或是以债权换股权，或是以优先股换普通股的方式回购其流通在外的股票的行为。

《公司法》规定：“公司不得收购本公司股份。但是，有下列情形之一的除外：(1) 减少公司注册资本；(2) 与持有本公司股份的其他公司合并；(3) 将股份用于员工持股计划或者股权激励；(4) 股东因对股东大会作出的公司合并、分立决议持异议，要求公司收购其股份；(5) 将股份用于转换上市公司发行的可转换为股票的公司债券；(6) 上市公司为维护公司价值及股东权益所必需。”

公司因上述第 (1) 项、第 (2) 项规定的情形收购本公司股份的，应当经股东大会决议；公司因上述第 (3) 项、第 (5) 项、第 (6) 项规定的情形收购本公司股份的，可以依照公司章程的规定或者股东大会的授权，经 2/3 以上董事出席的董事会会议决议。公司依照《公司法》规定收购本公司股份后，属于上述第 (1) 项情形的，应当自收购之日起十日内注销；属于上述第（2）项、第（4）项情形的，应当在六个月内转让或者注销；属于上述第（3）项、第（5）项、第（6）项情形的，公司合计持有的本公司股份数不得超过本公司已发行股份总额的10%，并应当在三年内转让或者注销。

《上市公司股票回购规则》（2022年修订）所称上市公司回购股份，是指上市公司因下列情形之一收购本公司股份的行为：（1）减少公司注册资本；（2）将股份用于员工持股计划或者股权激励；（3）将股份用于转换上市公司发行的可转换为股票的公司债券；（4）为维护公司价值及股东权益所必需。其中，第（4）项所指情形，应当符合以下条件之一：（1）公司股票收盘价格低于最近一期每股净资产；（2）连续二十个交易日内公司股票收盘价格跌幅累计达到30%；（3）中国证监会规定的其他条件。

二、公司股份回购的动因

从上述《公司法》规定的允许公司收购本公司股份的情形来看，公司股份回购主要有以下几个动因。

（一）减少公司注册资本

当公司业务萎缩，出现资本过剩的情形时，或者当公司战略转型，想要退出当前领域时，通常需要减少注册资本，这时可以通过股份回购的方式来减少公司注册资本。

中国石化2022年8月28日晚间披露，公司拟使用不低于12.5亿元，不超过25亿元的自有资金，以集中竞价交易方式回购公司股票，回购的股份将全部注销并减少注册资本。

海康威视2022年9月15日晚间公告，公司拟回购股份，回购资金总额不超过25亿元（含），不低于20亿元（含），回购所需资金全部来源于公司自有资金，回购价格不超过40元/股（含），回购的股份将依法注销，减少注册资本。

（二）与持有本公司股份的其他公司合并

当公司与持有本公司股份的其他公司合并时，如果是本公司吸收合并其他公司，则其他公司就会解散，不再具有法人主体资格，其持股资格随之消失，因此合并前要回购其持有的本公司股份；如果是本公司与其他公司新设合并，则本公司和其他公司都会解散，本公司的股份不再具有所依附的法人主体，因此合并前也要回购其他公司所持有的本公司股份并注销。

（三）满足员工持股计划或者股权激励的需求

当公司想将股份用于员工持股计划或者股权激励时，可以采取增发股票的方式来满足对股票的需求。但如果公司的资本已经充足，增发股票就会造成资本过剩；或者尽管资本尚未充足，但增发新股难度比较大或者增发新股会造成公司资金结构失衡。这时，公司可以通过回购本公司流通在外的普通股的方式来解决员工持股计划或股权激励对股票的需求问题。

2022年9月6日晚间，热景生物披露股份回购方案，公司拟以不低于1.5亿元（含），不超过3亿元（含）回购股份，回购价格不超过98.11元/股（含），回购股份的资金来源为公司自有资金，回购的股份拟在未来适宜时机用于员工持股计划或股权激励计划。

据《中国证券报》2022年9月17日报道，2022年截至9月17日，共有435家公司发布回购方案，其中有309家公司回购股份将用于股权激励计划或员工持股计划，占比达到71.03%。

（四）满足对股东大会作出公司合并、分立决议持有异议的股东的要求

《公司法》规定：“股东大会作出决议，必须经出席会议的股东所持表决权过半数通过。但是，股东大会作出修改公司章程、增加或者减少注册资本的决议，以及公司合并、分立、解散或者变更公司形式的决议，必须经出席会议的股东所持表决权的2/3以上通过。”由此可见，股东大会作出的公司合并、分立决议，并不一定得到所有股东的同意。当少数股东对股东大会作出的公司合并、分立决议持有异议时，他们可能就会要求公司收购其股份，这时，公司就要购回他们手中持有的本公司股份。

（五）满足可转换债券转股的需求

当公司要将股份用于转换上市公司发行的可转换为股票的公司债券时，可以采取增发股票的方式来满足对股票的需求。但正如以上所述，如果公司的资本已经充足甚至过剩，就不应该增发新股；或者虽然资本尚未充足，但增发新股难度比较大或者增发新股会造成公司资金结构失衡，也不宜增发新股。这时，公司只能采取股份回购的方式来满足可转换债券转股的需求。

天津友发钢管集团股份有限公司（以下简称“公司”）于2023年5月8日召开第四届董事会第三十四次会议，审议通过了《关于以集中竞价交易方式回购公司股份方案的议案》，同意公司用自有资金以集中竞价交易方式回购股份。回购股份金额不低于人民币10000万元（含）且不超过人民币20000万元（含），其中：拟用于员工持股计划或股权激励的回购金额不低于人民币3333万元（含），且不超过人民币6667万元（含）；拟用于可转债转股的回购金额不低于人民币6667万元（含），且不超过人民币13333万元（含）。回购价格不超过9.57元/股，回购期限自董事会审议通过回购股份方案之日起不超过12个月。

（六）调整资金结构

当公司的资产负债率过低时，财务杠杆作用很微弱，无法获得正常的财务杠杆效益。这时，公司可以采取多种办法来提高资产负债率，比如大量增加负债、大额分红等。其中，股份回购也是一种可供选择的方法，特别是当大量增加负债可能会导致现金过剩、大额分红可能会因未分配利润的不足而失去分红的基础时，股份回购就是一种很好的选择。通过股份回购可以减少股东权益，提高资产负债率，达到调整资金结构的目的。

（七）刺激股价提升

当公司的股价长期低迷时，通过股份回购，有可能会使股价回升。从理论上说，每股净资产、每股收益的大小会影响股价的高低。回购股份后，流通在外的普通股数量减少了，每股净资产、每股收益就会增加，股价就会提升。此外，股份回购可以在一定程度上向市场传递公司股价被低估、未来有望走强的积极信号，从而刺激股价的提升。但这只是理论上的说法，现实中，股价的波动是很多复杂的因素综合作用的结果，有时候股份回购也不一定能够刺激股价的提升。

海康威视2022年9月15日晚间公告拟回购股份，9月16日股价就逆势上涨，收盘涨幅达到2.79%。美的集团2020年2月21日晚间公告，公司拟回购不超过8000万股且不低于4000万股公司股份，回购价格不超过65元/股，预计回购金额不超过52亿元，回购的股份将全部用于实施公司股权激励或员工持股计划，消息公布后，美的集团股价上涨约8%。

但小米集团的股份回购效果就没有那么理想。据《证券时报》2020年6月24日报道，小米集团于2018年7月9日正式在香港主板上市，发行价为17港元/股。开盘当日即遭遇破发，跌幅达2.35%，不仅没有达成雷军2000亿美元市值的心愿，股价还一路走低，至

2019 年 9 月 2 日盘中创下了 8.28 港元/股的上市新低，较发行价已经腰斩。自上市以来到 2020 年 6 月 24 日，小米集团共实施了 41 次股份回购，股价仍然低于发行价。

（八）抵御恶意收购

公司股份回购有时候是出于抵御恶意收购的动因。公司回购本公司的股份，一方面可以减少在外流通的股份，增加恶意收购者买到足额股份的难度；另一方面可以提高公司控股股东的持股比例，增强其话语权，同时还可以提升股价，增加恶意收购的成本，起到阻吓恶意收购方的作用。

三、上市公司股份回购的条件和方式

（一）上市公司股份回购的条件

上市公司回购股份应当同时符合以下条件：

1. 公司股票上市已满一年；
2. 公司最近一年无重大违法行为；
3. 回购股份后，上市公司具备持续经营能力和债务履行能力；
4. 回购股份后，上市公司的股权分布原则上应当符合上市条件；公司拟通过回购股份终止其股票上市交易的，应当符合证券交易所的相关规定；
5. 中国证监会、证券交易所规定的其他条件。

上市公司为维护公司价值及股东权益回购股份并减少注册资本的，不受“公司股票上市已满一年”这一条件的限制。

（二）上市公司股份回购的方式

上市公司回购股份可以采取以下方式之一进行：

1. 集中竞价交易方式；
2. 要约方式；
3. 中国证监会认可的其他方式。

上市公司因“将股份用于员工持股计划或者股权激励、将股份用于转换上市公司发行的可转换为股票的公司债券、为维护公司价值及股东权益所必需”而回购股份的，应当通过集中竞价交易方式或要约方式进行。上市公司采用要约方式回购股份的，参照《上市公司收购管理办法》关于要约收购的规定执行。

四、上市公司股份回购的程序和信息披露

（一）上市公司股份回购的程序

1. 上市公司因“减少公司注册资本”而回购股份的，应当由董事会依法作出决议，并提交股东大会审议，经出席会议的股东所持表决权的 2/3 以上通过；因“将股份用于员工持股计划或者股权激励、将股份用于转换上市公司发行的可转换为股票的公司债券、为维护公司价值及股东权益所必需”而回购股份的，可以依照公司章程的规定或者股东大会的授权，经 2/3 以上董事出席的董事会会议决议。上市公司股东大会对董事会作出授权的，应当在决议中明确授权实施股份回购的具体情形和授权期限等内容。

2. 根据法律法规及公司章程等享有董事会、股东大会提案权的回购提议人向上市公司董事会提议回购股份的，应当遵守证券交易所的规定。

3. 上市公司独立董事应当在充分了解相关信息的基础上，按照证券交易所的规定就回购股份事宜发表独立意见。

（二）上市公司股份回购的信息披露

1. 上市公司应当在董事会作出回购股份决议后两个交易日内，按照交易所的规定至少披露下列文件：

（1）董事会决议及独立董事的意见；

（2）回购股份方案。

回购股份方案须经股东大会决议的，上市公司应当及时发布召开股东大会的通知。

2. 回购股份方案至少应当包括以下内容：

（1）回购股份的目的、方式、价格区间；

（2）拟回购股份的种类、用途、数量及占公司总股本的比例；

（3）拟用于回购的资金总额及资金来源；

（4）回购股份的实施期限；

（5）预计回购后公司股权结构的变动情况；

（6）管理层对本次回购股份对公司经营、财务及未来发展影响的分析；

（7）上市公司董事、监事、高级管理人员在董事会作出回购股份决议前六个月是否存在买卖上市公司股票的行为，是否存在单独或者与他人联合进行内幕交易及市场操纵的说明；

（8）证券交易所规定的其他事项。

3. 以要约方式回购股份的，还应当披露股东预受要约的方式和程序、股东撤回预受要约的方式和程序，以及股东委托办理要约回购中相关股份预受、撤回、结算、过户登记等事宜的证券公司名称及其通讯方式。

4. 上市公司应当在披露回购股份方案后五个交易日内，披露董事会公告回购股份决议的前一个交易日登记在册的前十大股东和前十大无限售条件股东的名称及持股数量、比例。

5. 回购方案需经股东大会决议的，上市公司应当在股东大会召开前三日，披露股东大会的股权登记日登记在册的前十大股东和前十大无限售条件股东的名称及持股数量、比例。

6. 上市公司股东大会审议回购股份方案的，应当对回购股份方案披露的事项逐项进行表决。

7. 上市公司应当在董事会或者股东大会审议通过最终回购股份方案后及时披露回购报告书。回购报告书至少应当包括上述回购股份方案所列事项及其他应说明的事项。

8. 上市公司回购股份后拟予以注销的，应当在股东大会作出回购股份的决议后，依照《公司法》有关规定通知债权人。

9. 未经法定或章程规定的程序授权或审议，上市公司、大股东不得对外发布回购股份的有关信息。

10. 上市公司回购股份方案披露后，非因充分正当事由不得变更或者终止。确需变更或终止的，应当符合中国证监会、证券交易所的相关规定，并履行相应的决策程序。

五、以集中竞价交易方式回购股份的特殊规定

1. 上市公司以集中竞价交易方式回购股份的，应当符合证券交易所的规定，交易申报应当符合下列要求：

（1）申报价格不得为公司股票当日交易涨幅限制的价格；

（2）不得在交易所开盘集合竞价、收盘前半小时内及股票价格无涨跌幅限制的交易日内进行股份回购的委托。

2. 上市公司以集中竞价交易方式回购股份的，在下列期间不得实施：

（1）上市公司年度报告、半年度报告、季度报告、业绩预告或业绩快报公告前十个交易日内；

（2）自可能对本公司股票交易价格产生重大影响的重大事项发生之日或者在决策过程中至依法披露之日内；

（3）中国证监会规定的其他情形。

3. 上市公司以集中竞价交易方式回购股份的，应当按照以下规定履行公告义务：

（1）上市公司应当在首次回购股份事实发生的次日予以公告；

（2）上市公司回购股份占上市公司总股本的比例每增加1%的，应当自该事实发生之日起三日内予以公告；

（3）在回购股份期间，上市公司应当在每个月的前三个交易日内，公告截至上月末的回购进展情况，包括已回购股份总额、购买的最高价和最低价、支付的总金额；

（4）上市公司在回购期间应当在定期报告中公告回购进展情况，包括已回购股份的数量和比例、购买的最高价和最低价、支付的总金额；

（5）上市公司在回购股份方案规定的回购实施期限过半时，仍未实施回购的，董事会应当公告未能实施回购的原因和后续回购安排；

（6）回购期届满或者回购方案已实施完毕的，上市公司应当停止回购行为，并在两个交易日内公告回购股份情况以及公司股份变动报告，包括已回购股份总额、购买的最高价和最低价以及支付的总金额等内容。

六、以要约方式回购股份的特殊规定

1. 上市公司以要约方式回购股份的，要约价格不得低于回购股份方案公告日前三十个交易日该种股票每日加权平均价的算术平均值。

2. 上市公司以要约方式回购股份的，应当在公告回购报告书的同时，将回购所需资金全额存放于证券登记结算机构指定的银行账户。

3. 上市公司以要约方式回购股份，股东预受要约的股份数量超出预定回购的股份数量的，上市公司应当按照相同比例回购股东预受的股份；股东预受要约的股份数量不足预定回购的股份数量的，上市公司应当全部回购股东预受的股份。

4. 上市公司以要约方式回购境内上市外资股的，还应当符合证券交易所和证券登记结算机构业务规则的有关规定。

七、上市公司股份回购的其他规定

1. 上市公司用于回购的资金来源必须合法合规。

2. 上市公司实施回购方案前，应当在证券登记结算机构开立由证券交易所监控的回购专用账户；该账户仅可用于存放已回购的股份。上市公司回购的股份自过户至上市公司回购专用账户之日起即失去其权利，不享有股东大会表决权、利润分配、公积金转增股本、认购

新股和可转换公司债券等权利，不得质押和出借。

3. 上市公司在计算相关指标时，应当从总股本中扣减已回购的股份数量。

4. 上市公司在回购期间不得实施股份发行行为，但依照有关规定实施优先股发行行为的除外。

5. 上市公司相关股东、董事、监事、高级管理人员在上市公司回购股份期间减持股份的，应当符合中国证监会、证券交易所关于股份减持的相关规定。

6. 因上市公司回购股份，导致投资者持有或者通过协议、其他安排与他人共同持有该公司已发行的有表决权股份超过30%的，投资者可以免于发出要约。

7. 上市公司因“减少公司注册资本”而回购股份的，应当在自回购之日起十日内注销；因“将股份用于员工持股计划或者股权激励、将股份用于转换上市公司发行的可转换为股票的公司债券、为维护公司价值及股东权益所必需”而回购股份的，公司合计持有的本公司股份数不得超过本公司已发行股份总额的10%，并应当在三年内按照依法披露的用途进行转让，未按照披露用途转让的，应当在三年期限届满前注销。

8. 上市公司因“为维护公司价值及股东权益所必需”而回购股份的，可以按照证券交易所规定的条件和程序，在履行预披露义务后，通过集中竞价交易方式出售。

9. 上市公司以现金为对价，采用要约方式、集中竞价方式回购股份的，视同上市公司现金分红，纳入现金分红的相关比例计算。

10. 股东大会授权董事会实施股份回购的，可以依法一并授权董事会实施再融资。上市公司实施股份回购的，可以同时申请发行可转换公司债券，募集时间由上市公司按照有关规定予以确定。

【案例8－1】

美的、格力巨额股票回购难阻股价下跌

2021－08－07　来源：时代周报　作者：郑栩彤

白电巨头格力电器（000651. SZ）和美的集团（000333. SZ）的巨额股份回购，均难挽救其股价。

日前，双方相继公布最新回购进展。至7月底，格力电器第三期回购已支付100.7亿元，回购公司3.3584%股份；美的集团最新一期也已支付35.4亿元，回购公司0.7245%股份。

公告发布后，格力电器股价连续三天下跌，截至8月6日收盘，报47.74元/股，年初至今下跌22.9%。美的集团股价今年同样处于下跌态势，截至8月6日收盘，报70.35元/股，年初至今下跌27.1%。

“二季度家电行业受原材料涨价和下游零售景气度较弱影响，业绩压力较大，基金重仓比例大幅下降。下半年成本压力有望边际改善。”在近期一份研报中，银河证券分析师李冠华称。

除原材料涨价外，资本层面，美的集团大股东频繁减持、董明珠“半价持股浮盈8亿元”等事件，也影响部分投资者投资信心。

为成为格力电器大股东，高瓴资本此前因贷款产生了一笔股票质押，如今格力股价已逼近这笔股票质押警戒线。

大手笔回购砸不出“水花”

今年以来，美的集团和格力电器大手笔股票回购动作不断。不少网友感叹，两大家电巨头，连股票回购也要较劲。

4月，美的集团完成新一轮股票回购，回购股票占总股本1.42%，成交价86.6亿元。正在进行的最新一期回购，美的集团使用金额不超过50亿元且不低于25亿元。两期股票回购分别用于股权激励或员工持股计划、注销并减少注册资金。

年初至今，美的集团为回购股票已砸下超100亿元。

格力电器回购力度更大。2月，格力电器第一期股票回购完成，回购股票占总股本1.8%，成交金额约60亿元。5月，格力电器第二期股票回购完成，回购股票占总股本1.68%，成交金额约60亿元。正在进行的第三期回购计划拟使用资金不低于75亿元且不超过150亿元。

根据规划，格力电器的第一期和第三期回购用于股权激励或员工持股计划，第二期用于注销以减少注册资本。

上百亿元的投入，却未在二级市场砸出“水花”。年初至今，美的集团市值从6920亿元降至4960亿元，下跌近1960亿元；格力电器市值也下跌超800亿元。

更为糟糕的是，逃离的不光是散户。万得金融终端显示，今年第二季度，美的集团的持有基金数相比一季度末减少249个，持仓减少2.18亿股。格力电器二季度末的持有基金数相比一季度末减少224个，持仓减少1.55亿股。

对格力电器而言，跌跌不休的股价，不仅让散户倍感压力，还可能让高瓴资本的股权质押产生风险。

2019年，格力电器启动混改，高瓴资本旗下的珠海明骏斥资416.62亿元受让格力电器15%股份，每股转让价格46.17元。2019年年底，珠海明骏与招商银行等7家银行签订贷款协议，贷款208.31亿元，用于受让格力电器股份。

为给这笔贷款做担保，珠海明骏随后向银行质押了所持有的9.02亿股格力电器股票。

截至8月6日收盘，格力电器股价47.74元/股，逼近高瓴资本的持股价格。若按五折质押率计算，格力电器当前股价也逐渐逼近46.19元/股的股票质押警戒线。

8月6日，北京大成（杭州）律师事务所专职律师陈威杰告诉《时代周报》记者，股票质押实际打折率要看具体合同约定。若质押率是五折，格力电器股价跌破警戒线后，银行可能要求珠海明骏增加担保措施，或需要珠海明骏抵押更多财产。

8月6日，就高瓴资本、格力董事会对格力电器股价连续下跌的态度等问题，《时代周报》记者联系格力电器相关负责人，但未获回应。

家电市场下行压力大

两大家电白马股股价不振，与今年家电市场环境变化密切相关。

中国电子信息产业发展研究院的数据显示，2020年，我国家电市场零售额规模8333亿元，同比下降6.5%。从美的集团和格力电器的营收重点空调看，市场环境并不乐观。

8月6日，奥维云网总裁助理赵梅梅告诉《时代周报》记者，空调市场目前面临的最大挑战是规模下滑、需求不振，且空调在家居环境中的存在感、使用感、换新体验不如冰洗产品，换代升级推行缓慢，成本压力较大。空调企业高速增长的目标备受挑战。

市场下行，格力电器和美的集团发展策略不同，因此将面临不同的后续挑战。

8月6日，家电市场人士李萌（化名）告诉《时代周报》记者，格力电器相对保守，应对市场变化慢半拍。其经销渠道、新零售渠道冲突未彻底解决，空调产品长期营收占比大，多元化进度慢，国外营收贡献率低，多种因素将对格力电器未来发展形成掣肘。美的集团近几年的实力和业绩增长都不错，但规模扩大之后很难保持快速增长。

对美的而言，营收占比较大的海外业务能否支撑业绩增长存在不确定性。

2020年，美的集团国外收入占营收比例提升至42.6%。国信证券研报称，美的全球化多元化业务稳步增长，长期增长空间值得期待。

但李萌告诉《时代周报》记者，下半年，家电市场面临货运渠道稀缺、国外疫情反复等因素，可判断美的海外业务增长不会像此前那么快。

8月6日，《时代周报》记者就后续海外业务的机遇和挑战联系美的集团相关负责人，但未获回应。

【案例8-1】需要关注三个问题：

（1）2021年年初至8月6日，美的集团和格力电器回购股份均已超过100亿元，但截至8月6日收盘，格力电器报47.74元/股，年初至8月6日下跌22.9%；美的集团报70.35元/股，年初至8月6日下跌27.1%。这说明，对于阻止股价下跌，股份回购并非长效的灵丹妙药。股份回购在短期内对股价的提升具有刺激作用，如前面提到的美的集团2020年2月21日晚间公告股份回购用于实施公司股权激励或员工持股计划后股价即上涨约8%。但在市场整体不振的大环境下，股份回购对股价提升的刺激作用很快就被大环境淹没。因此，要想发挥股份回购对股价提升的长效作用，还需要市场整体大环境的助力才行。

（2）家电（尤其是空调）市场的整体下滑，是股份回购长效作用难以发挥的根本原因。而家电（尤其是空调）市场的整体下滑，除了受到新冠疫情的影响之外，最主要的原因就是其下游的房地产市场的整体疲软。受疫情的影响，加上国家对房地产行业进行调控，房地产市场进入了一个调整时期，整个行业的发展速度放缓，从而导致家电（尤其是空调）市场的整体下滑。

（3）2020年年初至2021年8月6日，美的集团两期股票回购分别用于股权激励或员工持股计划、注销并减少注册资金；格力电器的第一期和第三期回购用于股权激励或员工持股计划，第二期用于注销以减少注册资本。纵观股票市场上的回购案例，股份回购最大的用途是用于实施股权激励或员工持股计划（如前面说到2022年截至9月17日，发布回购方案的435家公司中有71.03%的公司回购股份将用于股权激励计划或员工持股计划），其次是用于减少注册资本，其他用途则很少。

第二节　公司大股东减持

一、大股东和大股东减持的概念

（一）大股东的概念

根据中国证监会2017年5月26日公布的《上市公司股东、董监高减持股份的若干规定》第2条规定“上市公司控股股东和持股5%以上股东（以下统称“大股东”）、董监高减持股份，以及股东减持其持有的公司首次公开发行前发行的股份、上市公司非公开发行的股份，适用本规定”，上市公司大股东是指控股股东和持股5%以上的股东（含法人股东和自然人股东，下同）。

根据百度百科的解释，大股东是指持股比例占比较大的股东，它表示该股东与其余的股东相比较，它的占比最大。控股股东一定是大股东，但大股东却并不一定是控股股东。控股股东是指股票占比大到足以影响公司的日常经营运作和重大事情的决策的股东。控股股东还分为绝对控股（占比超过50%）和相对控股（低于50%，但大于30%）。

（二）大股东减持的概念

大股东减持是指大股东通过出售其持有的本公司部分甚至全部股份以达到减少甚至放弃持有本公司股份的行为。这种行为会增加股票的抛售压力，可能对股价产生一定的负面影响，因为大股东减持可能导致市场对公司未来业绩的担忧，投资者对公司的信心可能受到影响，从而导致股价的下跌。

为了应对这种可能的负面影响，投资者应当：（1）及时关注大股东减持相关公告及信息，重点关注减持金额、时间及减持后持股比例。同时，还需要分析大股东减持股份的动机，例如，了解减持资金的用途以及对公司经营状况的影响。（2）持续关注公司基本面，了解公司财务状况、盈利能力及行业发展前景。如果公司基本面依然优秀，行业前景依然良好，那么大股东减持股份对公司的影响可能是暂时的，投资者可以考虑继续持有股票。(3) 分散投资风险。多元化投资是投资者规避个股风险的重要策略之一。投资者发现大股东减持时，可以适当减持股票仓位，将资金分散到其他股票或不同资产中，以降低投资风险。

二、上市公司大股东减持的动因

上市公司大股东减持的动因主要有以下五种。

（一）大股东有现金需求

大股东因为发现了比较好的商机想进行投资但又没有足够的现金；或者大股东因为债务到期需要偿还却没有充足的现金；或者大股东（自然人股东）因为家庭矛盾（如夫妻反目要离婚等）需要用现金来化解矛盾等，这时，他们就会抛售所持有的上市公司的股票来解决现金的需求问题。

据《证券时报》2023年8月15日报道（记者：唐强），8月14日晚间，科大讯飞发布公告称，公司董事长刘庆峰卖出自家公司3995.61万股股份。此次减持后，刘庆峰对科大讯飞持股数量从1.68亿股降至1.28亿股，持股比例则由7.27%缩减至5.54%。不过，此次股权变动不会导致科大讯飞控制权发生变更，公司实控人仍为刘庆峰。科大讯飞于当日召开交流会强调，刘庆峰此次减持主要是用于偿还债务。刘庆峰坚定看好人工智能行业和科大讯飞发展前景，没有多卖1分钱股份用于个人消费，当初所借款项均投入了科大讯飞生产经营。

（二）大股东不看好公司的前景

大股东是比较了解公司的内幕信息的，当他们发现公司的发展前景受到某些因素的影响而可能陷入低谷时，为了规避投资风险，他们可能会抛售所持有的上市公司的股票。这种动因的减持可能会引起市场的恐慌，导致股价下跌。

（三）大股东优化自己的投资组合

组合投资有利于分散非系统风险，很多大股东往往都同时持有若干家上市公司的股票，当他们觉得当前的投资组合不够理想时，可能会通过减持某一家公司的股票来达到优化投资组合的目的。

（四）大股东优化公司的股权结构

大股东尤其是控股股东认为公司当前的股权结构不太合理或者不够优化，为了使公司的股权结构得到优化，他们往往会通过引入战略投资者或者实施股权激励及员工持股计划的方式来实现股权结构优化，这时，他们就会主动减持部分自有股权以释放出一部分股份空间。

（五）大股东纯粹是为了套现

俗话说，林子大了，什么鸟都有。不排除有些大股东减持上市公司股票纯粹是为了套取现金。他们对现金其实也没有第一个动因所说的需求，只是觉得手中拿着现金要比拿着股票更有快感。他们怀着一种投机（不是投资）的心理去持有某家或若干家上市公司的股票，等到（甚至采取一些不阳光的手段刺激）股票价格上升到某一个价位之后立即减持，以达到套取大量现金的目的。

三、上市公司大股东减持的主要规定

1. 具有下列情形之一的，上市公司大股东不得减持股份：

（1）上市公司或者大股东因涉嫌证券期货违法犯罪，在被中国证监会立案调查或者被司法机关立案侦查期间，以及在行政处罚决定、刑事判决作出之后未满 6 个月的。

（2）大股东因违反证券交易所规则，被证券交易所公开谴责未满 3 个月的。

（3）中国证监会规定的其他情形。

2. 上市公司大股东、董监高计划通过证券交易所集中竞价交易减持股份，应当在首次卖出的 15 个交易日前向证券交易所报告并预先披露减持计划，由证券交易所予以备案。

上市公司大股东、董监高减持计划的内容应当包括但不限于：拟减持股份的数量、来源、减持时间区间、方式、价格区间、减持原因。减持时间区间应当符合证券交易所的规定。

在预先披露的减持时间区间内，大股东、董监高应当按照证券交易所的规定披露减持进展情况。减持计划实施完毕后，大股东、董监高应当在两个交易日内向证券交易所报告，并予公告；在预先披露的减持时间区间内，未实施减持或者减持计划未实施完毕的，应当在减持时间区间届满后的两个交易日内向证券交易所报告，并予公告。

3. 上市公司大股东在 3 个月内通过证券交易所集中竞价交易减持股份的总数，不得超过公司股份总数的 1%。

4. 上市公司大股东通过大宗交易方式减持股份，或者股东通过大宗交易方式减持其持有的公司首次公开发行前发行的股份、上市公司非公开发行的股份，股份出让方、受让方应当遵守证券交易所关于减持数量、持有时间等规定。

5. 上市公司大股东的股权被质押的，该股东应当在该事实发生之日起 2 日内通知上市公司，并予公告。

中国证券登记结算公司应当统一制定上市公司大股东场内场外股权质押登记要素标准，并负责采集相关信息。证券交易所应当明确上市公司大股东办理股权质押登记、发生平仓风险、解除股权质押等信息披露内容。

【案例8－2】

健之佳医药连锁集团股份有限公司
关于持股5%以上股东减持股份计划公告

证券代码：605266　证券简称：健之佳　公告编号：2023－055

2023－08－10　来源：证券日报网

本公司董事会、全体董事及相关股东保证本公告内容不存在任何虚假记载、误导性陈述或者重大遗漏，并对其内容的真实性、准确性和完整性承担法律责任。

重要内容提示：

●股东持股的基本情况

截至本公告披露日，健之佳医药连锁集团股份有限公司（以下简称“公司”）持股5%以上股东王雁萍女士持有公司无限售条件流通股份13118069股，占公司总股本的10.1760%，无一致行动人股东；上述股东股份来源为公司首次公开发行前取得及上市后以资本公积转增股本方式取得，所持股份自公司2021年12月1日起解除限售并上市流通。

●减持计划的主要内容

根据相关法律法规及公司首次公开发行上市前王雁萍女士的自愿承诺，其因自身资金需求，拟自本减持计划公告披露之日起15个交易日后的6个月内，通过集中竞价、大宗交易方式减持不超过其直接持有的公司股份800000股无限售条件流通股，即不超过公司总股数的0.6206%，减持价格按照市场价格确定。

近日，公司收到王雁萍女士发来《股份减持计划的告知函》，根据相关法规要求，现将减持计划有关情况公告如下：

一、减持主体的基本情况

备注：公司在上述股东减持计划实施期间发生派发红利、送红股、转增股本、增发新股或配股等股本除权、除息事项的，上述股东可以根据公司股本变动对减持计划进行相应调整。

上述减持主体无一致行动人股东。

二、减持计划的主要内容

（一）相关股东是否有其他安排

□是　　√否

（二）持股5%以上股东此前对持股比例、持股数量、持股期限、减持方式、减持数量、减持价格等是否作出承诺

√是　　□否

根据公司《首次公开发行股票招股说明书》，股东王雁萍作出的相关承诺为：

1. 减持股份的条件

本人作为持有发行人5%以上股份的股东，严格按照公司首次公开发行股票招股说明书及本人出具的承诺载明的各项锁定期限要求，并严格遵守相关法律、法规、规范性文件规定及监管要求，在锁定期内不减持公司的股份。

2. 减持股份的方式

锁定期届满后，本人拟通过包括但不限于二级市场集中竞价交易、大宗交易、协议转让等方式减持所持有的发行人股份。

3. 减持股份的价格

本人减持所持有的发行人股份的价格（如果因派发现金红利、送股、转增股本、增发新股等原因进行除权、除息的，按照有关规定进行相应调整，下同）根据当时的二级市场价格确定，并应符合相关法律法规及证券交易所规则要求；本人在发行人首次公开发行前所持有的发行人股份在锁定期满后两年内减持的，减持价格不低于本次发行并上市时发行人股票的发行价。

4. 减持股份的数量

本人将根据相关法律法规及证券交易所规则，结合证券市场情况、发行人股票走势及公开信息、本企业的业务发展需要等情况，自主决策、择机进行减持。

5. 减持股份的期限

本人持有的发行人股份的锁定期限（包括延长的锁定期）届满后，本企业减持所持发行人股份时，应按有权部门相关规则提前将减持意向和拟减持数量等信息以书面方式通知发行人，并由发行人及时予以公告，自发行人公告之日起3个交易日后，本人方可减持发行人股份，自公告之日起6个月内完成，并按照证券交易所的规则及时、准确地履行信息披露义务。

6. 本人将严格履行上述承诺事项，并承诺将遵守下列约束措施

（1）如果未履行上述承诺事项，本人将在发行人的股东大会及中国证券监督管理委员会指定报刊上公开说明未履行承诺的具体原因并向发行人的其他股东和社会公众投资者道歉。

（2）如本人违反上述承诺或法律强制性规定减持发行人股份的，本人承诺违规减持发行人股票所得（以下简称“违规减持所得”）归发行人所有，同时本企业直接或间接持有的剩余发行人股份的锁定期在原锁定期届满后自动延长6个月。如本企业未将违规减持所得上缴发行人，则发行人有权将应付本人现金分红中与违规减持所得相等的金额收归发行人所有。

（3）如果未履行上述承诺事项，致使投资者在证券交易中遭受损失的，本企业将依法赔偿投资者损失。

根据公司《首次公开发行股票招股说明书》，公司外部董事王雁萍作出的相关承诺为：

“1. 自发行人上市之日起十二个月内，本人不转让或者委托他人管理本次发行前持有的发行人股份，也不由发行人回购该部分股份；在任职期间每年转让持有的发行人股份不超过本人持有发行人股份总数的25%；离职后半年内，不转让本人持有的发行人股份。

2. 上述锁定期届满后两年内，本人减持发行人股份的，减持价格不低于本次发行并上市时发行人股票的发行价（以下简称‘发行价’）；发行人上市后六个月内如股票连续二十个交易日的收盘价均低于发行价，或者上市后六个月期末收盘价低于发行价，本人持有的发行人股份的锁定期限将自动延长六个月。若发行人在本次发行并上市后有派息、送股、资本公积转增股本等除权除息事项的，应对发行价进行除权除息处理。”

本次拟减持事项与此前已披露的承诺是否一致

√是　　□否

（三）本所要求的其他事项

无

三、相关风险提示

（一）本次减持计划系王雁萍女士根据自身资金需求自主决定，在减持期间内，上述股东将根据市场情况、公司股价等因素选择是否实施减持计划，存在一定不确定性

（二）减持计划实施是否可能导致上市公司控制权发生变更的风险

□是　　√否

本次计划减持股份的持股5%以上股东王雁萍女士非公司控股股东、实际控制人或其一致行动人、持股5%以上的第一大股东，减持计划实施不影响公司的治理结构和持续经营，不会导致公司控制权发生变更。

（三）其他风险提示

本次减持股份计划符合《中华人民共和国公司法》《中华人民共和国证券法》、中国证监会《上市公司股东、董监高减持股份的若干规定》《上海证券交易所上市公司股东及董事、监事、高级管理人员减持股份实施细则》等法律法规、部门规章和规范性文件的相关规定，不存在不得减持股份的情形。

在上述减持计划实施期间，公司将配合股东及时履行信息披露义务。

特此公告。

健之佳医药连锁集团股份有限公司董事会

2023 年 8 月 10 日

【案例 8 - 2】需要关注三个问题：

（1）减持公告要披露拟减持股东减持前的持股数量、持股比例和本次拟减持数量、拟减持比例以及拟减持股票的来源，同时披露减持动因、减持方式、减持期限、减持价格等。公告称，截至本公告披露日，持股 5% 以上股东王雁萍女士持有公司无限售条件流通股份 13118069 股，占公司总股本的 10. 1760%，无一致行动人股东；其股份来源为公司首次公开发行前取得及上市后以资本公积转增股本方式取得，所持股份自 2021 年 12 月 1 日起解除限售并上市流通。王雁萍女士因自身资金需求，拟自本减持计划公告披露之日起 15 个交易日后的 6 个月内，通过集中竞价、大宗交易方式减持不超过其直接持有的公司股份 800000 股无限售条件流通股，即不超过公司总股数的 0. 6206%，减持价格按照市场价格确定。

（2）减持公告还要披露减持承诺。公告称，王雁萍女士曾经对减持股份的条件、方式、价格、数量、期限和约束措施等作出过承诺，且本次拟减持事项与公司《首次公开发行股票招股说明书》中公司外部董事王雁萍作出的相关承诺相一致。

（3）减持公告还要进行风险提示。公告称，本次减持计划是王雁萍女士根据自身资金需求自主决定，在减持期间内，上述股东将根据市场情况、公司股价等因素选择是否实施减持计划，存在一定不确定性；本次计划减持股份的持股 5% 以上股东王雁萍女士非公司控股股东、实际控制人或其一致行动人、持股 5% 以上的第一大股东，减持计划实施不影响公司的治理结构和持续经营，不会导致公司控制权发生变更；本次减持计划符合《中华人民共和国公司法》《中华人民共和国证券法》《证监会上市公司股东、董监高减持股份的若干规

定》《上海证券交易所上市公司股东及董事、监事、高级管理人员减持股份实施细则》等法律法规、部门规章和规范性文件的相关规定，不存在不得减持股份的情形。

据新华网 2023 年 7 月 29 日报道：新华社北京 7 月 29 日电（记者刘羽佳），今年以来，市场上出现多起上市公司股东因离婚分割所持公司股份事件，引发市场广泛关注，质疑相关行为涉嫌“绕道减持”。证监会有关部门负责人 28 日就有关事宜答记者问。该负责人表示，股份减持是股东享有的基本权利，但上市公司大股东（即控股股东、持股 5% 以上股东）、董监高作为“关键少数”，在公司经营发展、治理运行中负有专门义务和特殊责任，应当切实维护上市公司和中小股东利益，自觉规范减持行为，不得以离婚、解散清算、分立等任何方式规避减持限制。此外，大股东、董监高因离婚、法人（或非法人组织）终止、公司分立等形式分配股份的，各方应当持续共同遵守《上市公司股东、董监高减持股份的若干规定》《上市公司董事、监事和高级管理人员所持本公司股份及其变动管理规则》及交易所相关业务规则中关于股份减持的有关规定。该负责人还表示，下一步，证监会将督促上市公司大股东、董监高严格落实监管要求，发现违法违规的将依法依规严肃处理。

复习思考题

1. 什么是股份回购？公司在什么情形下可以回购股份？
2. 《上市公司股票回购规则》所称的上市公司回购股份是指哪几种情形？
3. 上市公司股份回购的动因主要有哪些？
4. 上市公司股份回购的条件是什么？方式有哪些？
5. 上市公司股份回购需要经过什么程序？
6. 上市公司股份回购需要披露哪些信息？
7. 以集中竞价交易方式回购股份有哪些特殊规定？
8. 以要约方式回购股份有哪些特殊规定？
9. 上市公司回购股份有哪些相关规定？
10. 什么叫大股东和大股东减持？
11. 大股东减持的动因是什么？
12. 大股东减持有哪些相关规定？

思政案例题

【案例 8－3】

50 多家上市公司股东违规减持被罚

2023－08－09　来源：上海证券报

（编者注：本书引用时作了删减）

违规减持屡禁不止！据《上海证券报》资讯统计，今年以来，因股东违规减持而发布相关公告的上市公司已超过 60 家。从违规类型来看，主要有违反承诺、未预先披露、未按标准披露且持续减持等。另据统计，已有蓝盾退、罗欣药业、恒华科技等 50 多家上市公司股东因违规减持，收到“罚单”或被采取监管措施。

违规减持花样百出

梳理可见，违规减持既有计算错误、操作失误等客观因素，也有违反减持承诺、未及时披露等主观原因。从违规主体来看，不仅有公司大股东、董监高等主要股东触发减持“红线”，还存在多个股东“组团式”违规的情形。

7月1日，安必平公告，股东诸暨高特佳及其一致行动人重庆高特佳、杭州高特佳、杭州睿泓因计算错误，超额减持公司股票28万余股，涉及金额868万元。7月4日，安必平再度披露股东违规减持公告，股东厦门乾靖在未披露减持计划情况下违规减持公司股票64万余股，合计成交约2009万元。

安必平的5位股东违规减持了近2877万元。其中，在厦门乾靖6月26日至29日减持期间，安必平股价涨幅接近30%。对于违规减持行为原因，厦门乾靖称是对相关规则理解有误。

不同于安必平股东高位违规套现，久量股份股东、前任董事郭子龙则是因违反“减持价格不低于发行价”承诺，而构成违规减持。

据查询，5月9日，郭子龙通过集中竞价方式累计减持久量股份78.13万股，成交均价10.75元/股，成交金额839.9万元。此次减持价格低于久量股份首次公开发行的发行价11.04元/股。郭子龙此前曾承诺：“如本人在承诺锁定期满后两年内减持所持有的公司股份的，减持价格不低于本次发行的发行价。”

减持行为发生在被立案调查期间或被行政处罚6个月内，也将构成违规减持。今年3月，汤姆猫持股5%以上股东王健因质押股份融资违约，被相关债权人以集中竞价交易方式减持196万股，涉及金额1219万元。而在减持前约1个月，王健刚因内幕交易被行政处罚300万元。深交所由此下发监管函，要求其充分重视上述问题，吸取教训，及时整改，杜绝上述问题再次发生。

从严监管，净化市场

合法合规的减持是上市公司股东的正常交易行为，但通过违法违规手段减持套现，则会扰乱市场秩序，损害中小投资者权益，因此也是监管机构严厉打击的对象。

记者关注到，近年来，交易所层面明显加大了对违规减持的查处力度。据初步统计，今年以来，已有蓝盾退、罗欣药业、恒华科技等50多家公司股东因违规减持，收到“罚单”或被采取监管措施。

今年7月，因未按规定发出收购要约，涉及短线交易、违规减持公司股票，一家物流企业控股股东被上交所点名。据披露，2020年9月至2021年6月底，该公司控股股东累计卖出5317.9万股，占公司总股本的4.23%，累计减持金额达到2.64亿元。对于上述减持计划，该控股股东并未提前15个交易日向交易所报告并预先披露减持计划，3个月内减持比例超过1%且未履行公告义务，违反了相关法规规定。

尽管该公司实控人辩解，上述操作并无主观故意，是被迫的违规操作，但上交所仍因其买卖股票涉及股数、金额较大，对控股股东予以公开谴责并进行通报，记入上市公司诚信档案。在此之前，深圳证监局已就此事向其控股股东合计处以400万元罚款。

因违规超额减持，奥维通信股东向莉近期被深交所采取限制交易措施。据公告，向莉通过司法拍卖从瑞丽湾取得奥维通信1560.83万股股份（占总股本的4.5%），并于6月7日完成股份过户。过户完成后，瑞丽湾持有奥维通信股权比例由9%降至4.50%。获取股份后，向莉迅速开启“清仓式”减持。6月9日至7月17日，其通过以集中竞价交易方式累计减持前述司法拍卖取得的奥维通信1376.52万股（占总股本的3.97%）。

根据相应规则，瑞丽湾作为持有奥维通信5%以上的股东，通过司法拍卖减持后不再具有大股东身份，向莉和瑞丽湾应当在6个月内任意连续90个自然日继续遵守通过集中竞价交易方式减持股份不得超过奥维通信股份总数1%的规定。而且，向莉首次减持的15个交易日前，应向交易所报告减持计划、发布相关公告。

深交所据此决定，从2023年8月7日起至2024年2月6日止，对向莉名下的证券账户采取限制交易措施，即限制相关账户在上述期间卖出奥维通信股份。

市场人士表示，监管重拳打击违规减持等行为，有利于推动规范、透明、开放、有活力、有韧性的市场建设，有助于吸引更多的投资者和长线资金入市，不断激活市场活力，促进市场的长期繁荣和发展。

需要讨论的问题：

1. 大股东减持，上市公司为什么要发公告？
2. 大股东减持公告主要包括什么内容？
3. 大股东违规减持的方式或手段主要有哪些？
4. 大股东违规减持的危害在哪里？
5. 证监会和证交所对违规减持主要采取哪些处罚措施？

第九章

公司债转股、转为非上市与管理层收购

内容简介

本章主要介绍公司债转股的概念、意义、影响以及我国改革开放以来两次大规模实施债转股的比较和2016年国务院《关于市场化债权转股权的指导意见》的相关政策，介绍上市公司转为非上市公司的概念、动因以及管理层收购的概念、特点、程序和方式。

学习目标

学习本章，要求了解公司债转股的概念和公司债转股对国家、对债权银行、对债务企业、对社会的意义以及公司债转股对债务人、债权人的影响，了解2016年债转股与1999年债转股的区别以及2016年国务院《关于市场化债权转股权的指导意见》的相关政策，了解上市公司转为非上市公司的概念、动因以及管理层收购的概念、特点、程序和方式。

第一节　公司债转股

一、公司债转股的概念

债转股主要涉及债权人和债务人（还涉及其他相关方），因此，债转股可以从债权人的角度和债务人的角度来解释。站在债权人的角度，债转股是债权人将自己所拥有的债权转化成拥有债务人的股权；站在债务人的角度，债转股是债务人将自己所承担的债务转变成债权人在本公司的股权。债转股是债务重组的一种方式。以下阐述的债转股都是站在债权人角度的债转股。

债转股的概念有广义和狭义之分。广义的债转股是指任何一种类型的债权人（包括法人和自然人）将自己的债权转变成债务人的股权的行为。狭义的债转股仅指由金融资产管理公司作为投资的主体，将商业银行原有的不良信贷资产（即公司的债务、银行的债权）转为金融资产管理公司对公司的股权的行为。它不是将公司债务转为国家资本金，也不是将公司债务一笔勾销，而是由原来的银行与公司之间的债权债务关系转变为金融资产管理公司与公司间的持股与被持股、控股与被控股的关系，由原来的还本付息转变为按股分红。以下阐述的债转股是指狭义的债转股。

二、公司债转股的意义

（一）对国家的意义

1. 实施债转股政策是党中央、国务院主动引领经济适应新常态、寻找新动力、实现新发展的重大举措。在当前形势下为具备条件的企业开始市场化的债转股，支持有较好发展前景但遇到暂时困难的优质企业渡过难关，是稳增长、促改革、调结构、防风险的重要结合点，也是一项重大的举措，是有效落实供给侧结构性改革的重要决策部署。

2. 实施市场化债转股对进一步深化国有企业改革，实现国有资产保值增值、提高国有经济综合竞争力，放大国有资本功能有积极的作用。国有企业在近几年的高速发展过程当中，总额不断地扩大，少数企业经历了一定的金融风险，出现了暂时的金融性困难，有些是出现了全行业的亏损。实施市场化的债转股可以有效地降低企业的负债和财务成本，帮助企业摆脱困境、优化融资结构，对推进深化国有企业改革升级转型，重回良性发展道路具有积极的作用。

（二）对债权银行的意义

1. 实施市场化债转股，把银行不良资产盘活，把银行不良资产分离出去，转为企业的股权，这样，就可大力提高银行的信用地位，从而搞活银行的资金。通过银行来使企业重组，改变单一的国有资本，增加国有资本的活性。

2. 强化对债务人的经营监督。在我国，资本市场不是很发达，企业资金严重依赖银行贷款，但银行的债权人地位使银行无法约束企业的行为。实行债转股后，银行取得对企业的监管权，就能增加对债务企业的约束力度，防止企业经营行为短期化，保障银行权益。

（三）对债务企业的意义

实施市场化债转股，可以减轻企业的债务负担，有利于实现国有企业脱困目标。实施市场化债转股的对象企业主要是在经济发展中起举足轻重作用的大型、特大型国家重点企业和承担国家重点项目的企业等。围绕国有大中型骨干企业三年改革与脱困两大目标，促使亏损企业中符合条件的企业扭亏和转制。国有企业脱困的目标艰巨，债务问题是其主要梗阻之一。债转股后，企业不用还本付息，负担随之减轻；同时资产负债表也趋于健康，便于企业获得新的融资。而且，债转股触及企业的产权制度，推动企业尽早建立新的经营机制。

（四）对社会的意义

债转股兼顾了财政、银行、企业三方面的利益。国家银行债权变股权，没有简单勾销债务，而是改变了偿债方式，从借贷关系改变成不需还本付息的投资合作，既没有增加财政支出，又减轻了企业还债负担，银行也获得了管理权。这是一种现实代价最小的债务重组方案，社会震动小，容易得到各方支持。

三、公司债转股对债务人和债权人的影响

（一）债转股对债务人的影响

1. 缓解负债压力。债转股将债务转化为股权，减轻了公司的负债压力，优化了公司的资金结构，提升了公司的偿债能力。

2. 优化股权结构。债转股增加了公司的股东数量和股权分布，有助于优化公司的股权

结构，提高公司治理效果。

3. 激励管理层和员工。债转股缓解了公司的债务压力，对管理层和员工也是一种激励，可增强其积极性和责任感，进一步推动公司的创新和发展。

4. 股权价值增长。债转股成功后，随着公司经营状况的改善和市场行情的提升，债权人所持有的股权价值有望增值，为其带来更多回报机会。

（二）债转股对债权人的影响

1. 转化为股东身份。债转股使债权人成为公司的股东，享有相应的股权权益，有机会分享公司经营成功带来的利润和增值。

2. 长期投资机会。债权人可以选择长期持有所转化的股权，以期获得更长期的回报和投资机会。

3. 风险与收益平衡。债转股使债权人成为公司的股东，股权的增值和分红将成为其投资回报的主要来源，风险与收益也相应平衡。

四、我国改革开放以来两次大规模实施债转股的比较

1999 年 7 月 30 日，《国家经贸委、中国人民银行关于实施债权转股权若干问题的意见》（以下简称“1999 版《意见》”）发布。国务院决定，国有商业银行组建信达、东方、长城、华融四家资产管理公司分别对口建行、中行、农行和工行四大国有银行，将四大行 1.4 万亿元坏账剥离。

2016 年 10 月 10 日，国务院出台了《关于积极稳妥降低企业杠杆率的意见》及《关于市场化银行债权转股权的指导意见》（以下简称“2016 版《意见》”），债转股与企业破产重组、盘活企业资产、发展股权融资等一起成为此次积极稳妥去杠杆的重要途径。

2016 版《意见》和 1999 版《意见》比较，主要有四个方面的重要变化。

（一）从处置银行不良资产到为企业去杠杆

从背景和目标来看，1999 版《意见》的推出是为了盘活商业银行不良资产，加快不良资产的回收，增加资产流动性，防范和化解金融风险；加快实现债权转股权的国有大中型亏损企业转亏为盈；促进企业转换经营机制，加快建立现代企业制度。

2016 版《意见》指出，在当前形势下对具备条件的企业开展市场化债转股，可以有效降低企业杠杆率，增强企业资本实力，防范企业债务风险；有利于帮助企业降本增效，增强竞争力，实现优胜劣汰；有利于推动企业股权多元化，促进企业改组改制，完善现代企业制度；有利于加快多层次资本市场建设，提高直接融资比重，优化融资结构。

（二）从行政性到市场化

从原则和方式来看，1999 版《意见》指出，要在征求有关部门意见的基础上，通过双向选择，初步提出企业名单；组织国家有关部门和商业银行到企业调查了解生产经营、资产负债、市场销售、企业管理和内部改革等情况，向金融资产管理公司提出符合条件的企业的建议名单。

2016 版《意见》则指出，充分发挥市场在资源配置中的决定性作用，建立债转股的对象企业市场化选择、价格市场化定价、资金市场化筹集、股权市场化退出等长效机制，政府不强制企业、银行及其他机构参与债转股，不搞拉郎配。

（三）从单一化到多元化

从主体和对象来看，1999 版《意见》指出，国务院决定，国有商业银行组建金融资产管理公司，依法处置银行原有的不良信贷资产。选择企业的范围也包括五方面："七五"、"八五"期间和"九五"前两年主要依靠商业银行贷款（包括外币贷款）建成投产，因缺乏资本金和汇率变动等因素，负债过高导致亏损，难以归还贷款本息，通过债权转股权后可转亏为盈的工业企业；国家确定的 521 户重点企业中因改建、扩建致使负债过重，造成亏损或虚盈实亏，通过优化资产负债结构可转亏为盈的工业企业；被选企业同时应是 1995 年及以前年度向商业银行贷款形成不良债务的工业企业。有些地位重要、困难很大的企业，时限可以延至 1996 年、1997 年、1998 年；工业企业直接负债方，作为债权转股权的企业，必须具有独立企业法人资格；个别商贸企业，进行债权转股权企业的试点。

2016 版《意见》指出，鼓励金融资产管理公司、保险资产管理机构、国有资本投资运营公司等多种类型实施机构参与开展市场化债转股；支持银行充分利用现有符合条件的所属机构，或允许申请设立符合规定的新机构开展市场化债转股；鼓励实施机构引入社会资本，发展混合所有制，增强资本实力。市场化债转股对象企业由各相关市场主体依据国家政策导向自主协商确定。应当具备以下条件：发展前景较好，具有可行的企业改革计划和脱困安排；主要生产装备、产品、能力符合国家产业发展方向，技术先进，产品有市场，环保和安全生产达标；信用状况较好，无故意违约、转移资产等不良信用记录。

（四）从减债务到增资本

从形式和资金来看，1999 版《意见》指出，金融资产管理公司作为投资主体实行债权转股权，企业相应增资减债，优化资产负债结构。四大金融资产管理公司成立时的唯一股东均为财政部。根据 1999 年和 2010 年的两份文件，四大金融资产管理公司的主要任务是收购、管理、处置工商银行、建设银行、农业银行和中国银行的不良资产，以最大限度保全资产、减少损失为主要经营目标。信达、华融、长城实收资本各人民币 100 亿元，东方公司实收资本本外币合计人民币 100 亿元（其中人民币 60 亿元、外汇 5 亿美元），均由财政部全额拨入。债转股在操作上的主要切入点是"减债"，根据每家资产管理公司拥有的债权，按照账面价格直接转换成相应的股权，没有实际的资金进入企业，而支付给银行收购债权的钱来自政策性资金安排。

2016 版《意见》指出，债转股所需资金由实施机构充分利用各种市场化方式和渠道筹集，鼓励实施机构依法依规面向社会投资者募集资金，特别是可用于股本投资的资金，包括各类受托管理的资金。支持符合条件的实施机构发行专项用于市场化债转股的金融债券，探索发行用于市场化债转股的企业债券，并适当简化审批程序。债转股更加突出"增股"，不要求一对一的债权转为股权，而是更多通过增加企业股权融资来降低杠杆率，从而优化企业财务结构。对于银行来讲，不是直接将自己的贷款转为股权，而是通过转让给实施机构运作，可以收购其他银行的债权交叉转股，也可以通过先对企业增资扩股再统筹偿还贷款。

五、2016 版《意见》中关于市场化债转股的相关政策

（一）重要意义

为有效落实供给侧结构性改革决策部署，支持有较好发展前景但遇到暂时困难的优质企业渡过难关，有必要采取市场化债转股等综合措施提升企业持续健康发展能力。在当前形势

下对具备条件的企业开展市场化债转股，是稳增长、促改革、调结构、防风险的重要结合点，可以有效降低企业杠杆率，增强企业资本实力，防范企业债务风险；有利于帮助企业降本增效，增强竞争力，实现优胜劣汰；有利于推动企业股权多元化，促进企业改组改制，完善现代企业制度；有利于加快多层次资本市场建设，提高直接融资比重，优化融资结构。

随着社会主义市场经济体制的逐步完善，当前具有开展市场化债转股的较好条件。公司法、证券法、企业破产法、公司注册资本登记管理规定等法律法规已较为完备，为开展市场化债转股提供了重要制度保障；银行、金融资产管理公司和有关企业治理结构更加完善，在资产处置、企业重组和资本市场业务方面积累了丰富经验，为开展债转股提供了市场化的主体条件。

（二）总体要求

全面贯彻党的十八大和党的十八届三中、四中、五中全会精神，认真落实中央经济工作会议和政府工作报告部署，遵循法治化原则、按照市场化方式有序开展银行债权转股权，紧密结合深化企业改革，切实降低企业杠杆率，助推完善现代企业制度、实现降本增效，助推多层次资本市场建设、提高直接融资比重，助推供给侧结构性改革、增强企业竞争力和发展后劲。

（三）基本原则

开展市场化债转股要遵循以下基本原则。

1. 市场运作，政策引导。充分发挥市场在资源配置中的决定性作用，建立债转股的对象企业市场化选择、价格市场化定价、资金市场化筹集、股权市场化退出等长效机制，政府不强制企业、银行及其他机构参与债转股，不搞拉郎配。政府通过制定必要的引导政策，完善相关监管规则，依法加强监督，维护公平竞争的市场秩序，保持社会稳定，为市场化债转股营造良好环境。

2. 遵循法治，防范风险。健全审慎监管规则，确保银行转股债权洁净转让、真实出售，有效实现风险隔离，防止企业风险向金融机构转移。依法依规有序开展市场化债转股，政府和市场主体都应依法行事。加强社会信用体系建设，防范道德风险，严厉打击逃废债行为，防止应由市场主体承担的责任不合理地转嫁给政府或其他相关主体。明确政府责任范围，政府不承担损失的兜底责任。

3. 重在改革，协同推进。开展市场化债转股要与深化企业改革、降低实体经济企业成本、化解过剩产能和企业兼并重组等工作有机结合、协同推进。债转股企业要同步建立现代企业制度、完善公司治理结构、强化激励约束机制、提升管理水平和创新能力，为长期持续健康发展奠定基础。

（四）实施方式

1. 明确适用企业和债权范围。

（1）市场化债转股对象企业由各相关市场主体依据国家政策导向自主协商确定。

（2）市场化债转股对象企业应当具备以下条件：发展前景较好，具有可行的企业改革计划和脱困安排；主要生产装备、产品、能力符合国家产业发展方向，技术先进，产品有市场，环保和安全生产达标；信用状况较好，无故意违约、转移资产等不良信用记录。

（3）鼓励面向发展前景良好但遇到暂时困难的优质企业开展市场化债转股，包括：因行业周期性波动导致困难但仍有望逆转的企业；因高负债而财务负担过重的成长型企业，特别是战略性新兴产业领域的成长型企业；高负债居于产能过剩行业前列的关键性企业以及关系国家安全的战略性企业。

（4）禁止将下列情形的企业作为市场化债转股对象：扭亏无望、已失去生存发展前景的“僵尸企业”；有恶意逃废债行为的企业；债权债务关系复杂且不明晰的企业；有可能助长过剩产能扩张和增加库存的企业。

（5）转股债权范围以银行对企业发放贷款形成的债权为主，适当考虑其他类型债权。转股债权质量类型由债权人、企业和实施机构自主协商确定。

2. 通过实施机构开展市场化债转股。

（1）除国家另有规定外，银行不得直接将债权转为股权。银行将债权转为股权，应通过向实施机构转让债权、由实施机构将债权转为对象企业股权的方式实现。

（2）鼓励金融资产管理公司、保险资产管理机构、国有资本投资运营公司等多种类型实施机构参与开展市场化债转股；支持银行充分利用现有符合条件的所属机构，或允许申请设立符合规定的新机构开展市场化债转股；鼓励实施机构引入社会资本，发展混合所有制，增强资本实力。

（3）鼓励银行向非本行所属实施机构转让债权实施转股，支持不同银行通过所属实施机构交叉实施市场化债转股。银行所属实施机构面向本行债权开展市场化债转股应当符合相关监管要求。

（4）鼓励各类实施机构公开、公平、公正竞争开展市场化债转股，支持各类实施机构之间以及实施机构与私募股权投资基金等股权投资机构之间开展合作。

3. 自主协商确定市场化债转股价格和条件。

（1）银行、企业和实施机构自主协商确定债权转让、转股价格和条件。对于涉及多个债权人的，可以由最大债权人或主动发起市场化债转股的债权人牵头成立债权人委员会进行协调。

（2）经批准，允许参考股票二级市场交易价格确定国有上市公司转股价格，允许参考竞争性市场报价或其他公允价格确定国有非上市公司转股价格。为适应开展市场化债转股工作的需要，应进一步明确、规范国有资产转让相关程序。

（3）完善优先股发行政策，允许通过协商并经法定程序把债权转换为优先股，依法合理确定优先股股东权益。

4. 市场化筹集债转股资金。

债转股所需资金由实施机构充分利用各种市场化方式和渠道筹集，鼓励实施机构依法依规面向社会投资者募集资金，特别是可用于股本投资的资金，包括各类受托管理的资金。支持符合条件的实施机构发行专项用于市场化债转股的金融债券，探索发行用于市场化债转股的企业债券，并适当简化审批程序。

5. 规范履行股权变更等相关程序。

债转股企业应依法进行公司设立或股东变更、董事会重组等，完成工商注册登记或变更登记手续。涉及上市公司增发股份的应履行证券监管部门规定的相关程序。

6. 依法依规落实和保护股东权利。

（1）市场化债转股实施后，要保障实施机构享有公司法规定的各项股东权利，在法律和公司章程规定范围内参与公司治理和企业重大经营决策，进行股权管理。

（2）银行所属实施机构应确定在债转股企业中的合理持股份额，并根据公司法等法律法规要求承担有限责任。

7. 采取多种市场化方式实现股权退出。

实施机构对股权有退出预期的，可与企业协商约定所持股权的退出方式。债转股企业为上市公司的，债转股股权可以依法转让退出，转让时应遵守限售期等证券监管规定。债转股企业为非上市公司的，鼓励利用并购、全国中小企业股份转让系统挂牌、区域性股权市场交易、证券交易所上市等渠道实现转让退出。

（五）营造良好环境

1. 规范政府行为。

（1）在市场化债转股过程中，政府的职责是制定规则，完善政策，依法监督，维护公平竞争的市场秩序，保持社会稳定，做好职工合法权益保护等社会保障兜底工作，确保债转股在市场化、法治化轨道上平稳有序推进。

（2）各级人民政府及其部门不干预债转股市场主体具体事务，不得确定具体转股企业，不得强行要求银行开展债转股，不得指定转股债权，不得干预债转股定价和条件设定，不得妨碍转股股东行使股东权利，不得干预债转股企业日常经营。同时，各级人民政府要切实履行好国有企业出资人职责，在国有企业债转股决策中依照法律法规和公司章程行使国有股东权利。

2. 推动企业改革。

（1）要把建立和完善现代企业制度作为开展市场化债转股的前提条件。通过市场化债转股推动企业改组改制，形成股权结构多元、股东行为规范、内部约束有效、运行高效灵活的经营机制，提高企业经营管理水平。

（2）债转股企业要健全公司治理结构，合理安排董事会、监事会和高级管理层，建立权责对等、运转协调、制衡有效的决策执行监督机制。

3. 落实和完善相关政策。

（1）支持债转股企业所处行业加快重组与整合，加大对债转股企业剥离社会负担和辅业资产的支持力度，稳妥做好分流安置富余人员工作，为债转股企业发展创造更为有利的产业与市场环境。

（2）符合条件的债转股企业可按规定享受企业重组相关税收优惠政策。根据需要，采取适当财政支持方式激励引导开展市场化债转股。

4. 强化约束机制。

（1）加强对市场化债转股相关主体的信用约束，建立债转股相关企业和机构及其法定代表人、高级管理人员的信用记录，并纳入全国信用信息共享平台。构建市场化债转股参与各方失信行为联合惩戒机制，依据相关法律法规严格追究违法违规单位及相关人员责任。

（2）强化对债转股企业的财务杠杆约束，在债转股协议中，相关主体应对企业未来债务融资行为进行规范，共同制定合理的债务安排和融资规划，对资产负债率作出明确约定，防止企业杠杆率再次超出合理水平。

（3）规范债转股企业和股东资产处置行为，严格禁止债转股企业任何股东特别是大股东掏空企业资产、随意占用和挪用企业财产等侵害其他股东权益的行为。防范债转股企业和实施机构可能存在的损害中小股东利益的不正当利益输送行为。

(4) 建立投资者适当性管理制度，对投资者参与市场化债转股设定适当资格与条件，鼓励具有丰富企业管理和重组经验的机构投资者参与市场化债转股。完善个人投资者适当性管理制度，依法建立合格个人投资者识别风险和自担风险的信用承诺制度，防止不合格个人投资者参与市场化债转股投资和超出能力承担风险。

5. 加强和改进服务与监督。

(1) 各部门和单位要健全工作机制，加强协调配合，做好服务与监督工作。要按照分工抓紧完善相关政策，制定配套措施。要加强监督指导，及时研究新情况，解决市场化债转股实施中出现的新问题。加强政策宣传，做好解读、引导工作。

(2) 各地人民政府要营造良好的区域金融环境，支持债权人、实施机构、企业自主协商，维护公平竞争的市场秩序，保持社会稳定，做好相关工作。

(3) 国家发展改革委、人民银行、财政部、银监会等相关部门和单位要指导银行、实施机构和企业试点先行，有序开展市场化债转股，防止一哄而起；加强全过程监督检查，及时归集、整理市场化债转股相关信息并进行分析研究，适时开展市场化债转股政策效果评估，重大问题及时向国务院报告。

【案例9-1】

8央企218亿包下中国重工债转股

2017-08-18 来源：第一财经日报 作者：祝嫣然

（作者注：本书引用时作了删减）

中国船舶重工股份有限公司（以下简称“中国重工”）16日发布晚间公告称，公司拟引入八名投资人以债权或现金的方式对公司全资子公司大连船舶重工集团有限公司和武昌船舶重工集团有限公司（以下简称“大船重工”“武船重工”）进行增资，合计投资金额为人民币218.68亿元，最终金额以主管部门核准确定的为准。

中国企业研究院首席研究员李锦接受《第一财经日报》记者采访时表示，中国重工通过债转股，将有效降低标的公司的杠杆率，增强其资本实力，减轻财务压力，提升持续健康发展能力。此举开创了军工央企市场化债转股的先河，对央企降杠杆具有标杆意义。

八家央企共投218亿

大船重工、武船重工为国内领先、国际知名的船舶与海洋装备制造企业，也是军民融合型的国家重点保军企业，主营业务为海洋防务装备、海洋运输装备、海洋开发装备、海洋科考装备的研发制造等。

中国船舶重工集团公司（以下简称“中船重工”）是中国重工母公司，是国务院国资委直属十二大军工央企之一，是海军装备的核心供应商。中国重工是我国唯一的全产业链舰船和海洋工程制造上市公司，并长期保持军工类上市公司的龙头地位。

由于民用船舶及海洋工程装备制造行业受到全球经济形势、航运市场形势和国际原油价格等多重不利影响，大船重工和武船重工面临资产负债率高企、财务费用及资金成本居高不下等问题，中国重工拟在两家子公司层面实施市场化债转股，投资者以“收购债权转为股权”及“现金增资偿还债务”两种方式对大船重工和武船重工进行增资。

目前国企大多面临去杠杆压力，债转股成为国企改革中落实“三去一降一补”的重要抓手，中国重工也不例外。公司2016年年报显示，截至2016年年底，公司资产负债率为68.74%，即已接近制造企业资产负债率70%的警戒线。中国重工客观上需要通过有效方式降低资产负债率，优化公司财务结构。

中国信达资产管理股份有限公司（以下简称“中国信达”）、中国东方资产管理股份有限公司（以下简称“中国东方”）将分别以债转股的形式向大船重工与武船重工进行增资，投资金额合计70.34亿元，其中信达资产出资50.34亿元，东方资产出资20亿元。

中国信达相关负责人表示，为支持中船重工整体的结构调整和技术升级、保障中船重工在高端装备和高技术船舶领域的长期持续发展，经过调研分析，决定参与此次债转股。未来，中国信达将利用自身综合金融服务优势与中船重工建立合作共赢的战略伙伴关系，实现长远发展。

此外，中国国有资本风险投资基金股份有限公司、中国国有企业结构调整基金股份有限公司、中国人寿保险（集团）公司、华宝投资有限公司、深圳市招商平安资产管理有限责任公司、国华军民融合产业发展基金（有限合伙）则以现金对两家进行增资，投资金额合计148.34亿元。

央企降杠杆迫在眉睫

李锦告诉《第一财经日报》记者，降杠杆是今年经济工作的重中之重。在这样的政策背景下，中国重工推行市场化债转股来降低负债率，对其他央企降杠杆也具有借鉴意义。

财政部数据显示，2017年6月末，国有企业负债总额941293.4亿元，同比增长11.4%；其中，中央企业负债总额498305亿元，同比增长9.2%。根据财政部的数据计算，到2017年6月末，国有企业负债率为65.6%。

债转股和兼并重组等方式是去杠杆的主要途径。国家发改委2017年8月初发文表示，在市场化债转股方面，各类实施机构与钢铁、煤炭、化工、装备制造等行业中具有发展前景的70余家高负债企业积极协商谈判达成市场化债转股协议，协议金额超过1万亿元，这些协议的落地实施不仅可以推动企业杠杆率下降，而且会有力推动国有企业混合所有制改革，有助于建立企业负债杠杆自我约束长效机制。

2016年10月，随着国务院《关于积极稳妥降低企业杠杆率的意见》（以下简称《意见》）的发布，中国新一轮债转股大幕正式拉开，明确政府不兜底、不搞“拉郎配”，“僵尸企业”也不会有免费午餐。

新一轮债转股并非降低企业杠杆率的唯一举措。《意见》明确，通过推进企业兼并重组、完善现代企业制度强化自我约束、盘活企业存量资产、优化企业债务结构、有序开展市场化银行债权转股权、依法依规实施企业破产、积极发展股权融资七个途径，平稳有序地降低企业杠杆率。

国家发改委在2017年8月初发布的文章中指出，下一步，必须坚定去杠杆方向，切实攻坚克难，推动降低企业杠杆率工作取得更大成效。一是重点做好国有企业降低企业杠杆率工作；二是积极探索僵尸企业债务有效处置方式；三是推动市场化债转股进一步发挥综合性作用。

【案例9-1】需要关注三个问题：

（1）参与中船重工本次市场化债转股的8家央企的基本情况如下：

中国信达资产管理股份有限公司前身中国信达资产管理公司，成立于1999年4月，是经国务院批准成立、由财政部控股的中央金融资产管理公司。2010年6月，中国信达资产管理公司整体改制为中国信达资产管理股份有限公司。

中国东方资产管理股份有限公司是经国务院批准，由中华人民共和国财政部、全国社保基金理事会共同发起设立的中央金融企业。其前身为中国东方资产管理公司，成立于1999年10月，于2016年9月改制为股份有限公司。

中国国有资本风险投资基金股份有限公司，于2016年8月8日在深圳前海注册成立，基金由国有资本运营公司试点企业中国国新控股有限责任公司作为主发起人和控股股东，联合中国邮政储蓄银行股份有限公司、中国建设银行股份有限公司、深圳市投资控股有限公司等机构共同出资设立。

中国国有企业结构调整基金股份有限公司，成立于2016年，位于北京市，是一家风险投资公司。公司主要通过母子基金、直接投资相结合的方式重点服务于中央企业发展。

中国人寿保险（集团）公司的前身是诞生于1949年的原中国人民保险公司，1996年分设为中保人寿保险有限公司，1999年更名为中国人寿保险公司，2003年，进行重组改制，变更为中国人寿保险（集团）公司。

华宝投资有限公司成立于1994年，位于上海市，是一家以从事商务服务业为主的企业。华宝投资有限公司主要业务包括对冶金及相关行业的投资及投资管理、投资咨询、商务咨询服务、产权经纪。

深圳市招商平安资产管理有限责任公司是经深圳市人民政府批准设立，并经中国银监会核准的深圳市首家具有金融机构不良资产批量收购处置业务资质的地方资产管理公司。公司成立于2017年3月10日，注册资本30亿元，控股股东为招商局集团下属招商局金融控股有限公司。

国华军民融合产业发展基金（有限合伙）成立于2016年8月18日，其第一合伙人是航天投资控股有限公司，该公司成立于2006年，2008年正式运营，是中国航天科技集团公司授权的投资管理主体、资本运作及战略合作平台，主要从事产业孵化、资本运作、战略并购、投资融资等业务。

国务院《关于市场化银行债权转股权的指导意见》提出："鼓励金融资产管理公司、保险资产管理机构、国有资本投资运营公司等多种类型实施机构参与开展市场化债转股；支持银行充分利用现有符合条件的所属机构，或允许申请设立符合规定的新机构开展市场化债转股；鼓励实施机构引入社会资本，发展混合所有制，增强资本实力。"上述8家机构都属于鼓励参与市场化债权转股权的对象。

（2）中船重工本次实施市场化债转股的目的是去杠杆，通过有效方式降低资产负债率，优化公司财务结构。据网络查询，中船重工2016年年底的资产负债率为68.74%，实施这次债转股后，资产负债率降至57.35%，降幅达11.39个百分点，实现了政策和市场示范效应双突出，为国企同类运作提供了借鉴。

（3）中国信达、中国东方将分别以债转股的形式向大船重工与武船重工进行增资，即以标的公司或标的公司合并报表的附属公司的金融机构贷款债权（以下简称"转股债权"）向标的公司增资，合计增资70.34亿元，其中中国信达出资50.34亿元，中国东方出资20亿元。标的公司或标的公司合并报表的附属公司收到资金后即用来偿还金融机构贷款。而中国国有资本风险投资基金股份有限公司、中国国有企业结构调整基金股份有限公司、中国人寿保险（集团）公司、华宝投资有限公司、深圳市招商平安资产管理有限责任公司、国华军民融合产业发展基金（有限合伙）则直接以现金对两家进行增资，投资金额合计148.34亿元。标的公司或标的公司合并报表的附属公司收到资金后即用来偿还债务。这样的操作方式正是国务院《关于市场化银行债权转股权的指导意见》所规定的“除国家另有规定外，银行不得直接将债权转为股权。银行将债权转为股权，应通过向实施机构转让债权、由实施机构将债权转为对象企业股权的方式实现。”

第二节　上市公司转为非上市公司

一、上市公司转为非上市公司的概念

顾名思义，上市公司转为非上市公司是指一家上市公司出于某种或者某些原因转变为非上市公司的过程。

从广义的角度来说，上市公司转为非上市公司就是本书第五章第二节所说的“退市”，包括强制退市和主动退市。但站在公司资本经营的立场，上市公司转为非上市公司应该仅指主动退市的行为，因此，以下将以“主动退市”替代“转为非上市公司”。

二、上市公司主动退市的动因

（一）避免强制退市

公司强制退市（包括交易类强制退市、财务类强制退市、规范类强制退市和重大违法类强制退市）与主动退市的后续影响是不同的。强制退市，一是形象、声誉受损要远大于主动退市，二是退市后想重新上市要比主动退市困难得多。所以，在面临强制退市风险的时候，公司索性主动退市，以便减少退市造成的伤害。

证交所《股票上市规则》有如下规定以区别对待主动退市和强制退市后的重新上市：

1. 主动退市公司申请重新上市的，证交所自受理申请之日起30个交易日内，作出是否同意其股票重新上市的决定。强制退市公司申请重新上市的，证交所自受理申请之日起60个交易日内，作出是否同意其股票重新上市的决定。

2. 主动退市公司可以随时向证交所提出重新上市申请。

3. 强制退市公司向证交所申请重新上市的，其申请时间应当符合下列规定：（1）因市场交易类指标强制退市的公司，自其股票进入全国中小企业股份转让系统等证券交易场所转让之日起满3个月；（2）因欺诈发行被实施重大违法类强制退市的公司，其股票被终止上市后，不得向本所申请重新上市；（3）因欺诈发行之外的其他违法行为被实施重大违法类强制退市的公司，除因重大违法类强制退市的情形外，自其股票进入全国中小企业股份转让系统等证券交易场所转让之日起满5个完整会计年度；（4）除上述第（1）项、第（2）项、第（3）项强制退市公司之外的其他强制退市公司，自其股票进入全国中小企业股份转让系统等证券交易场所转让之日起满12个月。

4. 强制退市公司出现下列情形的，自其股票进入全国中小企业股份转让系统等证券交易场所转让之日起36个月内，证交所不受理其股票重新上市的申请：（1）上市公司股票可能被强制退市但其董事会已审议通过并公告筹划重大资产重组事项的，公司董事会未按规定及时召开股东大会，决定公司股票在终止上市后是否进入退市整理期交易；（2）在退市整理期间未按证交所规定履行信息披露及其他相关义务；（3）未按证交所规定安排股份转入全国中小企业股份转让系统等证券交易场所进行转让；（4）其他拒不履行证交所规定的义务、不配合退市相关工作的情形。

由以上规定可以看出，退市后想重新上市，强制退市的公司比主动退市的公司难得多。

（二）保护中小股东权益

与主动退市相比，强制退市更有可能使中小股东的利益受到侵害。这是因为：第一，强制退市的股票在退出市场前要先转入风险警示板进行交易，在此期间公司股价很有可能大幅度下跌，这将会对中小股东的利益造成尤为严重的不利影响；第二，根据退市规定主动退市的公司应当充分披露公司退市后的经营发展战略，告知股东公司未来是否有重新上市的计划以及对于异议股东保护的专项说明等事项，而强制退市的上市公司对于上述事项的披露并无具体规定；第三，主动退市下的中小股东可以通过行使现金选择权这一方式转让所持有的股票，这在一定程度上维护了中小股东的权益。出于保护中小股东的考虑，公司也许会选择主动退市。

（三）大股东财富自保

如果在选择主动退市之前，公司实际已经面临强制退市的风险，根据股票上市规则，被强制退市的公司要经历退市整理期，而退市整理期的股价波动很可能会使股东权益遭受重大损失，这种情况下公司采取主动退市避免了公司股票进入退市整理期，避免使股东权益遭受更严重的损失，其中损失严重的当然是持股较多的大股东，这些股东在选择是否主动退市时拥有较多的话语权与投票权，由此可以看出，公司选择主动退市，其实也是大股东为了避免更大损失而采取的一种财富自保方式。

（四）战略调整

公司经过一段较长时期的扩展战略和稳定战略之后进入收缩战略，已经没有继续通过股票市场进行融资的需要，继续让股票在公开市场流通已经没有价值，为了减少不必要的维持上市的费用和信息披露、公关管理、媒体管理、危机管理等一系列成本，公司就会选择主动退市。

（五）股价和估值长期低迷

由于经营业绩等因素的影响，公司股价长期低迷、市场估值也长期走低，上市效果长期达不到预期，因而选择主动退市。

（六）转换上市地点

公司在某一个股票市场上市后，一直得不到该市场投资者的认可，上市效果不佳，想转换上市地点，也会主动退市。如主动从上交所退市后到深交所再上市，或者主动从A股市场退市后转而到港股市场再上市，或者主动从国外市场退市后回归国内市场再上市等。

（七）不再具备上市条件

公司向所有股东发出回购全部股份或部分股份的要约，导致公司股本总额、股权分布等发生变化不再具备上市条件；公司股东向所有其他股东发出收购全部股份或部分股份的要约，导致公司股本总额、股权分布等发生变化不再具备上市条件；除公司股东外的其他收购人向所有股东发出收购全部股份或部分股份的要约，导致公司股本总额、股权分布等发生变化不再具备上市条件；公司因新设合并或者吸收合并，不再具有独立主体资格并被注销；公司股东大会决议公司解散；公司经营不善被宣告破产等。这些情形都引发或者要求公司主动退市。

【案例 9-2】

2021 年以来 29 家公司主动退市 三大原因引发港股私有化

2022-05-13 来源：上海证券报 作者：黎灵希

有人星夜赴考场，有人辞官归故里。

2021 年以来，港股市场已有 29 家上市公司完成私有化。另据《上海证券报》记者不完全统计，目前还有 5 家港股公司正在推进私有化进程。叠加近年来“回 A”的吸引力，港股公司私有化退市浪潮料将持续。

昔日上市之路充满艰辛，今朝主动退市动机为何？

记者进一步梳理发现，这些公司主动离场的原因有三类：股价未能反映公司实际资产价值；股票长期成交低迷，缺乏融资能力；大股东或者公司自身有业务整合需求。

当然，对部分公司来说，私有化退市并非完全离开资本市场，而是可能进行业务重组并谋求在更具“吸引力”的交易所再度上市。

案例数超过去 3 年总和

5 月 5 日，一则“撤回上市地位”公告，为锦江资本将近 16 年的港股市场之旅画上了句号。

资料显示，锦江资本为知名酒店服务供应商，截至 2021 年年末，在全球范围内拥有或管理的已开业酒店共 10694 家，客房总数约 104 万间。

2021 年 11 月，锦江资本公告，控股股东锦江国际作为要约人，将以吸收合并方式私有化公司。私有化要约价格为每股 3.10 港元，较锦江资本公告私有化意向停牌前完整交易日（2021 年 11 月 16 日）收市价溢价约 56.6%。

据悉，锦江资本私有化退市主要基于公司近期财务表现和业务面临不确定因素、股价和流动性较为低迷及维持上市地位的成本等三个方面原因。

锦江资本退市的原因，也是推动其他港股公司私有化的痛点和要点所在。

“大部分港股私有化案例，都是因为上市公司大股东认为市场长期没有给出公司合理的估值，导致公司丧失了再融资的能力。”萨摩耶云科技集团首席经济学家郑磊表示，近 2 年市场不景气是港股私有化案例增多的主要原因。“在大盘和股价低迷时，公司私有化的成本相对较低。”

2021 年下半年以来，受外部环境影响，港股市场震荡下行，恒生指数累计跌逾 30%。

Wind 数据显示，2021 年全年，港股共有 24 家公司完成私有化退市，较 2020 年增长 50%。

截至今年5月11日，2021年以来港股共有29家公司私有化退市离场，超过2018年至2020年的总和。

就行业来看，2021年地产行业主动离场的公司最多。其中，既有香港本地物管企业创毅控股，又有老牌房企首创置业。首创置业公告称，过去3年，公司H股按0.21～0.52倍的市净率进行交易。与公司账面价值相比，相对较低的交易价格及低交易量显著限制了公司在股市的融资能力。

私有化浪潮或将持续

可以预见的是，2022年港股私有化案例还将继续增加。

5月10日，有着"电竞外设第一股"之称的雷蛇在港交所公告，公司私有化的建议已于5月6日获大法院批准，预计将于5月13日退市。

雷蛇登陆港股尚不足5年。2017年11月，在李嘉诚等股东的护航下，雷蛇登陆港股市场。上市首日，该公司股价最高涨至5.49港元，市值一度突破450亿港元，这成为雷蛇港股之旅的高光时刻。此后，公司股价便一路下行，长期徘徊于2港元至3港元区间。

2021年末，雷蛇公告称，要约人OUROBOROS（I）INC.拟以每股2.82港元将公司私有化。

对于私有化的原因，雷蛇表示，相对较低的机构投资者参与度加上长期的低交易流通量，导致公司股价表现相对较弱，未能达成IPO的最初目标，包括为未来增长吸引资金等。随着公司在新兴领域的扩展，私有化将为公司提供灵活性，可作为私营企业实施业务策略或追求其他业务机遇，也无需关注短期市场反映。

据记者不完全梳理，包括雷蛇在内，目前至少有5家港股公司正在推进私有化进程。

比如，蒙牛乳业以每股1.20港元的价格，向雅士利国际提出私有化方案；国电科环获大股东国家能源集团溢价近五成提出私有化要约等。

"港交所现在更倾向于吸引大型离岸公司回流。从这一逻辑来看，叠加近年来'回A'吸引力越来越强，私有化的港股公司数量将维持在高位。"利得证券（香港）董事总经理王荣昆表示。

欲转战其他资本市场

私有化之后，这些企业的下一站在何方？

目前来看，部分公司或将重择"栖息之所"。雷蛇宣布将从港股私有化退市后，市场一度传出其将赴美股上市的消息。虽然雷蛇并未在公告中透露退市后的资本运作计划，但其与美股市场的交集要早于港股。

2014年，雷蛇曾寻求美股IPO，后来由于美股环境欠佳未能成行。并且，从2021年年报来看，雷蛇的70%收入来自美洲以及欧非中东地区，加上雷蛇的总部位于新加坡及美国。相较港股市场，美股的投资者或许对雷蛇更为熟悉。

2021年10月私有化退市的大自然家居则在公告中明确表示，此次退市后，公司将进行重组，以实现其全部或部分业务于A股上市。据悉，大自然家居主要从事生产及销售地板产品及定制家装产品。

2021年年初私有化的中集天达已经踏上A股上市之路。2021年9月28日，中集天达提交的创业板IPO申请材料已获深交所受理。

还有多家公司公告称，退市后将推动现有业务转型与重组、新兴业务拓展等，以谋求长期增长。

以潮流服装集团 I. T 为例，2021 年其通过引入私募基金机构 CVC，以每股 3 港元向股东发起收购要约，完成私有化。I. T 表示，私有化后，公司将把业务分为品牌经营业务和其他经营业务。公司创办人与 CVC 将集中资源发展品牌经营业务，即知名街头潮牌 BAPE 及相关子品牌设计、采购及销售。

事实上，主动退市是成熟市场的常态。当上市地位不再具备稀缺性及融资功能时，退市和上市变得一样重要。尤其是对正处于重要发展战略期的企业来说，私有化一方面可以避开股票市场的短期纷扰影响，另一方面能够帮助其实现资源优化再配置。

【案例 9－2】需要关注三个问题：

（1）案例中的 28 家公司主动退市的原因有三类：一是股价未能反映公司实际资产价值；二是股票长期成交低迷，缺乏融资能力；三是大股东或者公司自身有业务整合需求。

（2）上市公司私有化，是资本市场一类特殊的收购操作，它的目标就是令被收购的上市公司除牌，由公众公司变为少数股东持股的私人公司。通俗来说，就是控股股东或者公司本身把中小股东手里的公众股全部买回来，扩大自己的持股份额，最终使这家公司退市。上市公司私有化通常有两种方式：一是上市公司的大股东自己掏钱收购公众股东的股份；二是上市公司自己掏钱收购公众股东的股份，即公司实施股份回购。不管是港股（H 股）还是 A 股或其他什么股，频繁出现私有化都在一定程度上表明这个市场的活跃度、吸引力受到质疑。

（3）从案例传递的信息来看，不少公司主动从港股退市后转而谋划在美股或 A 股再重新上市。中国有一些俗语挺有意思的，比如“一方水土养一方人”“此处不留爷自有留爷处”等。其实股市也一样，有的公司股票在这个市场不受待见（如股价长期低迷、交易不活跃等），但到了另外一个市场却受到热捧。这也许就是一些公司主动退市后转市的原因吧。大千世界，芸芸众生，人世间又何尝不是如此？你在这个单位被人当作蠢材，到了另一个单位也许就是栋梁之材。换一个单位、换一种活法，也许活得更精彩。股市亦然，人世亦然！

第三节　公司管理层收购

一、管理层收购的概念和特点

（一）管理层收购的概念

管理层收购是指目标公司的管理层利用所融资金购买公司的股份，以实现对公司所有权结构、控制权结构和资产结构的改变，实现管理者以所有者和经营者合一的身份主导重组公司，进而获得产权预期收益的一种收购行为。

由于管理层收购在激励内部人员积极性、降低代理成本、改善公司经营状况等方面起到了积极的作用，因而它成为风靡全球的一种公司收购方式。在中国，管理层收购最大的魅力在于能理清公司产权，实现所有者回归，建立公司的长期激励机制，这是中国管理层收购鲜明的特色。

进入 21 世纪以来，我国曾经在国有企业掀起一股管理层收购的热潮，它对国有企业改革至少起到了四个方面的作用：一是解决国有企业“所有者缺位”问题，促进国企产权体制改革；二是解决民营企业带“红帽子”的历史遗留问题，实现企业向真正的所有者“回归”，恢复民营企业的产权真实面目，从而为民营企业的长远发展扫除产权障碍；三是帮助国有资本从非竞争性行业中逐步退出；四是激励和约束企业经营者的管理，减少代理成本。但在国有企业实施管理层收购，如果监管不到位，也很容易造成国有资产流失。

（二）管理层收购的特点

1. 管理层收购的主要投资者是目标公司的经理和管理人员，他们往往对该公司非常了解，并有很强的经营管理能力。通过管理层收购，他们的身份由单一的经营者角色变为所有者与经营者合一的双重身份。

2. 管理层收购主要通过借贷融资来完成，因此，管理层收购的财务由优先债（先偿债务）、次级债（后偿债务）与股权三者构成。目标公司存在潜在的管理效率提升空间。管理层是公司全方位信息的拥有者，公司只有在具有良好的经济效益和经营潜力的情况下，才会成为管理层的收购目标。

3. 管理层收购通常发生在拥有稳定的现金流量的成熟行业。管理层收购属于杠杆收购，管理层必须首先进行债务融资，然后再用被收购公司的现金流量来偿还债务。成熟的公司一般现金流量比较稳定，有利于收购顺利实施。

二、管理层收购的一般程序

（一）管理层收购的策划

1. 可行性分析。管理层收购的可行性分析主要包括以下几个方面重点内容：（1）检查和确认目标公司的竞争优势、现在以及可以预见的未来若干年财务和现金流情况；（2）对供应商、客户和分销商的稳定性进行评估，对目标公司现存经营管理和制度上的问题及改进潜力进行研究；（3）收购存在的法律障碍和解决途径，收购有关的税收事项及安排；（4）员工及养老金问题、公司股东权益的增长和管理层的利益回报等。

2. 组建管理团队。以目标公司现有的管理人员为基础，由各职能部门的高级管理人员和职员组成收购管理团队。组建管理团队时，应从优势互补的角度考虑，引进必要的外部专家和经营管理人员，同时剔除掉内部那些缺乏敬业精神和团队协作的原管理人员或高级职员。通常情况下，管理团队以自有积蓄或个人借款提供 10% 的收购资金，作为新公司的权益基础。

3. 设计管理人员激励体系。管理人员激励体系的核心思想是通过股权认购、股票期权或权证等形式向管理人员提供基于股票价格的激励报酬，使管理人员成为公司的所有者和经营者，其收入及权益与公司盈亏直接挂钩，能够得到基于利润等经营目标的股东报酬，从而充分发挥其管理才能和敬业精神。

4. 设立收购主体——壳公司。由管理团队作为发起人注册成立一家壳公司或称为“纸上公司”，作为拟收购目标公司的主体。壳公司的资金结构就是流动性贷款加自有资金。设立新公司的原因是因为管理层作为一群自然人要实现对目标公司资产的收购，必须借助于法人形式才能实现。因此，在这种情况下，管理层在组建管理团队后，首先要在目标公司经营业务的基础上设计公司框架，制定公司章程，确定公司股份认购原则，发起设立有限责任公司，在新设立的公司中，管理团队人员经过选举确定董事长、总经理和董事会成员以及各个层面的高级管理人员。

5. 选聘中介机构。管理团队应根据收购目标公司的规模、特点以及收购工作的复杂程度，选聘专业中介机构，如投资银行、律师事务所、会计师事务所和评估事务所指导业务操作，提高并购成功率。

6. 收购融资安排。在管理层收购操作过程中，管理层只付出收购价格中很小一部分，其他资金通过债务融资筹措。其中所需资金的大部分（50%～60%）通过以公司资产为抵押向银行申请抵押收购贷款。该项贷款可以由数家商业银行组成银团来提供。这部分资金也可以由保险公司或专门进行风险资本投资或杠杆收购（是指收购者用自己很少的本钱为基础，然后从投资银行或其他金融机构筹集、借贷大量、足够的资金进行收购活动，收购后公司的收入刚好支付因收购而产生的高比例负债，这样能达到以很少的资金赚取高额利润的目的。也称为高负债的收购）的有限责任公司来提供。其他资金以各级别的次等债券形式，通过私募（针对养老基金、保险公司、风险资本投资公司等）或公开发行高收益率债券来筹措。

（二）管理层收购的执行

1. 评估和收购定价。目标公司价值的确定不外乎两个依据：一是根据目标公司的盈利水平评价，二是按照目标公司的账面资产价值评价，目标公司的估价可以委托专业评估机构完成。管理团队根据其对目标公司经营情况和发展潜力的充分了解，确定能够接受且合理的总购买价格。管理团队在确定收购价格时，要充分考虑以下因素：（1）建立在公司资产评估基础上的各价值因素：固定资产、流动资产的价值，土地使用价值，公司无形资产价值，公司改造后的预期价值，被转让的债权、债务，离退休职工的退休养老、医疗保险和富余人员安置费用等。（2）外部买主的激烈竞争。把握和利用与原公司决策者的感情因素和公司内幕消息，争取竞争条件下的最可能争取的价格优惠。

2. 收购谈判，签订合同。这一步是管理层收购的核心和关键步骤。在这一阶段，管理团队就收购条件和价格等条款同目标公司董事会进行谈判。收购条款一经确定，管理层收购便进入实质性阶段，管理层与目标公司正式签订收购协议书。收购协议书应明确双方享有的权利和义务，其主要内容如下：（1）收购双方的名称、住所、法定代表人，公司收购的性质和法律形式，收购完成后，被收购公司的法律地位和产权归属；（2）收购的价格和折算标准，收购涉及的所有资本、债务的总金额，收购方支付收购资金来源、性质、方式和支付期限；（3）被收购目标公司的债权、债务及各类合同的处理方式以及被收购目标公司的人员安置及福利待遇等。

3. 收购合同的履行。收购主体（壳公司）按照收购目标或合同约定完成收购目标公司的所有资产或购买目标公司所有发行在外的股票，使其转为非上市公司。收购完成，根据收购具体情况办理下列手续和事项：（1）审批和公正。协议签订后，经双方法定代表人签字，报请有关部门审批，然后根据需要和双方意愿申请法律公证，使收购协议具有法律约束力，成为以后解决相关纠纷的依据。（2）办理变更手续。收购完成以后，意味着被收购方的法人资格发生了变化。协议书生效后，收购双方要向工商等有关部门办理公司登记、公司注销、房产变更及土地使用权转让手续，以保证收购方的利益和权利。（3）产权交接。收购双方的资产交接，须在律师现场见证、银行和中介机构等有关部门的监督下，按照协议办理移交手续，经过验收、造册，双方签证后，会计据此入账。收购目标公司的债权、债务，按协议进行清理，并据此调整账户，办理更换合同、债据等手续。

4. 发布收购公告。这是收购过程的最后一道程序。把收购的事实公诸于社会，可以在公开报刊上刊登，也可由有关机构发布，使社会各方面知道收购事实，并开始调整与之相关的业务。

三、管理层收购的方式

（一）收购资产

收购资产是指管理层收购目标公司大部分或全部的资产，实现对目标公司的所有权和业务经营权的控制。收购资产的操作方式适用于收购对象为上市公司、大集团分离出来的子公司或分支机构、公营部门或公司。如果收购的是上市公司或集团子公司、分支机构，则目标公司的管理团队直接向目标公司发出收购要约，在双方共同接受的价格和支付条件下一次性实现资产收购。如果收购的是公营部门或公司，则有两种方式：一是目标公司的管理团队直接收购公营部门或公司的整体或全部资产，一次性完成私有化改选；二是先将公营部门或公司分解为多个部分，原来对应职能部门的高级官员组成管理团队分别实施收购，收购完成后，原公营部门或公司变成多个独立经营的私营企业。

（二）收购股票

收购股票是指管理层从目标公司的股东那里直接购买控股权益或全部股票。如果目标公司有为数不多的股东或其本身就是一个子公司，购买目标公司股票的谈判过程就比较简单，直接与目标公司的大股东进行谈判，商议买卖条件即可。如果目标公司是公开发行股票的公司，收购程序就相当复杂。其操作方式为目标公司的管理团队通过大量的债务融资收购该目标公司发行的所有股票。通过二级市场出资购买目标公司股票是一种简便易行的方法，但因为受到有关证券法规信息披露原则的制约，如购进目标公司股份达到一定比例，或达到该比例后持股情况再有相当变化都需履行相应的报告及公告义务，在持有目标公司股份达到相当比例时，更要向目标公司股东发出公开收购要约，所有这些要求都容易被人利用来哄抬股价，从而使收购成本激增。

（三）综合证券收购

综合证券收购是指收购主体对目标公司提出收购要约时，其出资方式有现金、股票、公司债券、认股权证、可转换债券等多种形式的组合。这是从管理层在进行收购时的出资方式来分类的，综合起来看，管理层若在收购目标公司时能够采用综合证券收购，既可以避免支付更多的现金，造成新组建公司的财务状况恶化，又可以防止控股权的转移。因此，综合证券收购在各种收购方式中的比例近年来呈现逐年上升的趋势。

复习思考题

1. 什么是广义的公司债转股和狭义的公司债转股？
2. 公司债转股对国家、对债权银行、对债务企业、对社会分别有什么意义？
3. 公司债转股对债务人、债权人分别有什么影响？
4. 2016 年启动的债转股和 1999 年启动的债转股相比，有哪几个重要变化？

5. 2016年启动的债转股，其重要意义、总体要求和基本原则分别是什么？

6. 国务院《关于市场化债权转股权的指导意见》对债转股的实施方式有哪些主要的规定？

7. 国务院《关于市场化债权转股权的指导意见》对营造良好环境有哪些主要的规定？

8. 如何理解上市公司转为非上市公司的概念？

9. 上市公司转为非上市公司的动因是什么？

10. 什么是管理层收购？它有哪些特点？

11. 管理层收购的程序主要有哪些环节？

12. 管理层收购的方式主要有哪几种？

思政案例题

【案例9-3】

中国铁建股份有限公司
关于引入投资者对部分子公司增资实施市场化债转股的公告

证券代码：601186　证券简称：中国铁建
公告编号：临2022—044
2022-12-17　来源：证券日报网

本公司董事会及全体董事保证本公告内容不存在任何虚假记载、误导性陈述或者重大遗漏，并对其内容的真实性、准确性和完整性承担法律责任。

重要内容提示：

● 为降低本公司下属4家全资子公司中铁十四局集团有限公司（以下简称“中铁十四局”）、中铁十八局集团有限公司（以下简称“中铁十八局”）、中铁二十局集团有限公司（以下简称“中铁二十局”）和中铁城建集团有限公司（以下简称“中铁城建”）（上述4家全资子公司合并或单独称为标的公司）的资产负债率，中国铁建股份有限公司（以下简称“中国铁建”或“公司”）拟引入中银金融资产投资有限公司（以下简称“中银资产”）、建信金融资产投资有限公司（以下简称“建信投资”）、工银金融资产投资有限公司（以下简称“工银投资”）、交银金融资产投资有限公司（以下简称“交银投资”）4家投资者（上述4家投资机构合称投资者）合计出资人民币100亿元对标的公司进行增资，实施市场化债转股（以下简称“本次增资”或“本次交易”）。

● 本次交易是公司实施市场化债转股、积极稳妥降低企业杠杆率工作的重要组成部分，符合国家相关政策导向及公司发展目标，不存在损害公司及股东利益的情形。

● 本次增资完成后，公司继续作为标的公司控股股东，仍然拥有对标的公司的实际控制权。

● 本次增资事项不构成中国证监会《上市公司重大资产重组管理办法》规定的重大资产重组，不构成关联交易。

一、本次交易概述

（一）本次交易的基本情况

为持续推进稳杠杆工作，确保公司资产负债率保持稳定，中国铁建拟在标的公司层面实施市场化债转股。投资者拟以现金依据评估值对公司下属全资子公司中铁十四局、中铁十八局、中铁二十局、中铁城建合计增资人民币100亿元。

2022年12月16日，投资者分别与中国铁建及各标的公司签署关于投资者投资该等标的公司的《投资协议》，约定由投资者以现金对标的公司进行增资，增资金额合计人民币100亿元，标的公司以所获增资款用于偿还标的公司以银行贷款为主的债务。

（二）关联关系说明

根据《上海证券交易所股票上市规则》《上海证券交易所上市公司自律监管指引第5号——交易与关联交易》的规定，本次增资的投资方不属于中国铁建的关联方，本次增资不构成关联交易。

（三）审批程序

2022年12月16日，公司召开第五届董事会第十三次会议审议通过了《关于引入投资者对中铁十四局集团有限公司等四家子公司增资的议案》，同意引入中银资产等4家投资者对标的公司实施市场化债转股，增资合计人民币100亿元。

本次增资无需提交公司股东大会审议。

（四）本次增资不构成重大资产重组

本次投资者对标的公司合计增资金额为人民币100亿元，该金额未达到《上市公司重大资产重组管理办法》规定的重大资产重组的标准，不构成上市公司重大资产重组。

二、交易对方的情况介绍

（一）中银资产

1. 基本情况（略）

2. 股东情况

中国银行股份有限公司持有中银资产100%股权。

3. 与公司之间的关联关系

截至本公告日，中银资产与公司不存在关联关系。

4. 主要财务数据

截至2021年12月31日，中银资产的总资产为人民币848.68亿元，净资产为人民币179.66亿元，2021年营业收入为人民币21.46亿元，净利润为人民币20.50亿元。

（二）建信投资

1. 基本情况（略）

2. 股东情况

中国建设银行股份有限公司持有建信投资100%股权。

3. 与公司之间的关联关系

截至本公告日，建信投资与公司不存在关联关系。

4. 主要财务数据

截至2021年12月31日，建信投资的总资产为人民币1401.78亿元，净资产为人民币317.12亿元，2021年营业收入为人民币48.07亿元，净利润为人民币36.13亿元。

（三）工银投资

1. 基本情况（略）

2. 股东情况

中国工商银行股份有限公司持有工银投资100%股权。

3. 与公司之间的关联关系

截至本公告日，工银投资与公司不存在关联关系。

4. 主要财务数据

截至2021年12月31日，工银投资的总资产为人民币1726.31亿元，净资产为人民币401.12亿元，2021年营业收入为人民币159.25亿元，净利润为人民币101.88亿元。

（四）交银投资

1. 基本情况（略）

2. 股东情况

交通银行股份有限公司持有交银投资100%股权。

3. 与公司之间的关联关系

截至本公告日，交银投资与公司不存在关联关系。

4. 主要财务数据

截至2021年12月31日，交银投资的总资产为人民币570.71亿元，净资产为人民币143.20亿元，2021年营业收入为人民币43.18亿元，净利润为人民币29.06亿元。

三、标的公司及本次增资的基本情况

（一）中铁十四局

1. 基本情况（略）

2. 最近一年一期主要财务指标（略）

3. 增资方案

本次增资价格根据评估结果确定。根据上海立信资产评估有限公司出具的资产评估报告（信资评报字（2022）第A10228号），以2021年12月31日为评估基准日，采用资产基础法作为评估结果。中铁十四局的净资产评估值为人民币1244516.04万元，增值率为83.41%。

投资者以现金合计人民币2500000000元对中铁十四局增资，其中711534495.23元计入注册资本，1788465504.77元计入资本公积。投资者合计获得中铁十四局20.98%的股权。

（二）中铁十八局

1. 基本情况（略）

2. 最近一年一期主要财务指标（略）

3. 增资方案

本次增资价格根据评估结果确定。根据北京天健兴业资产评估有限公司出具的资产评估报告（天兴评报字（2022）第2206号），以2021年12月31日为评估基准日，采用资产基础法作为评估结果。中铁十八局的净资产评估值为人民币1222213.27万元，增值率为125.26%。

投资者以现金合计人民币2500000000元对中铁十八局增资，其中694081269.45元计入注册资本，1805918730.55元计入资本公积。投资者合计获得中铁十八局19.70%的股权。

（三）中铁二十局

1. 基本情况

2. 最近一年一期主要财务指标（略）

3. 增资方案

本次增资价格根据评估结果确定。根据北京天健兴业资产评估有限公司出具的资产评估报告（天兴评报字（2022）第2207号），以2021年12月31日为评估基准日，采用资产基础法作为评估结果。中铁二十局的净资产评估值为人民币1090440.81万元，增值率为82.75%。

投资者以现金合计人民币3000000000元对中铁二十局增资，其中1001981312.68元计入注册资本，1998018687.32元计入资本公积。投资者合计获得中铁二十局29.59%的股权。

（四）中铁城建

1. 基本情况（略）

2. 最近一年一期主要财务指标（略）

3. 增资方案

本次增资价格根据评估结果确定。根据上海立信资产评估有限公司出具的资产评估报告（信资评报字（2022）第A100227号），以2021年12月31日为评估基准日，采用资产基础法作为评估结果。中铁城建的净资产估值为人民币519137.40万元，增值率为106.89%。

投资者以现金合计人民币2000000000元对中铁城建增资，其中789838722.91元计入注册资本，1210161277.09元计入资本公积。投资者合计获得中铁城建28.31%的股权。

四、本次交易相关协议的主要内容和履约安排

2022年12月16日，就每一标的公司的债转股增资，中国铁建、该标的公司与投资于该标的公司的各投资者分别签署《投资协议》，投资者对各标的公司增资的《投资协议》的主要内容包括：

（一）合同主体

本次增资中每一标的公司增资的相关合同主体包括中国铁建、该标的公司及投资者。

（二）增资方案

1. 定价依据及定价方式

投资者以现金向标的公司增资。投资者在本次增资后对标的公司的出资金额，按照其实际认缴金额计算。投资者认缴的新增注册资本按以下公式计算：

每一投资者认缴的注册资本＝该合格投资者对标的公司的出资金额÷[（标的公司股权评估值－过渡期内分红金额）÷标的公司截至本协议签署日的实收资本]

“标的公司股权评估值”，系指标的公司100%股权于本次增资基准日（以下简称“基准日”，为2021年12月31日）的评估值，具体以资产评估机构出具的《资产评估报告》中所载明的标的公司股权评估值（如标的公司有存续的永续债，系指扣除永续债金额后的公司股权评估值）为准。

“过渡期内分红金额”指2022年标的公司向中国铁建进行利润分配的金额。

本次增资完成后，中国铁建、投资者在标的公司的股权比例按如下方式确定：（1）每一投资者持有标的公司的股权比例＝该合格投资者认缴的注册资本÷（标的公司截至本协议签署日的实收资本＋合格投资者认缴的注册资本）；（2）中国铁建持有标的公司的股权比例＝

（标的公司股权评估值－过渡期内分红金额）÷（合格投资者增资款项总金额＋标的公司股权评估值－过渡期内分红金额）。

2. 资金用途

标的公司在本次增资中所获得的资金将用于清偿标的公司所负有的以银行贷款为主的债务。

3. 过渡期间损益安排

标的公司在基准日至增资日期间（以下简称“过渡期”）所发生的损益（以下简称“期间损益”）均由中国铁建享有及承担。

（三）先决条件

本次增资的履行以下列先决条件均获得满足为前提：

1. 本次增资获得有权主体同意采取非公开协议方式进行增资的书面文件；

2. 本次增资已完成并取得相关的内、外部的全部批准及备案手续（包括但不限于标的公司股东作出的同意本次增资的股东决定、中国铁建作出的同意本次增资的董事会决议、国有资产评估备案机构已出具对本次增资的评估报告的备案意见等），且已将该等批准、备案文件（提供复印件加盖公章）递交给投资者；

3. 本次增资的交易文件包括投资协议、增资协议、资金监管协议（含偿债清单）已经各方签署并生效；

4. 为办理此次股权增资业务，标的公司有权决策机构已按照其公司章程及法律法规出具文件同意本次增资，标的公司原股东承诺针对投资者的本次增资放弃优先认缴出资权；

5. 截至增资日，各方在协议项下所作的陈述、保证及承诺持续保持真实、完整、准确；

6. 截至增资日，标的公司的财务、业务经营、资产状况于签署本协议时未发生重大不利变化。

如于2022年12月31日届满时，上述先决条件仍未获得全部满足，除非中国铁建及本次增资的全体投资者另行协商一致，协议及本次增资将终止并不再履行。

（四）实施

上述之先决条件全部达成后的5个工作日中的任一日（具体由中国铁建确定）为本次增资的履行日（以下简称“增资日”），中国铁建应在本次增资先决条件满足后的一个工作日内书面通知全体投资者该等先决条件的达成及增资日的具体日期，并向全体投资者提供协议先决条件相关文件的复印件。

投资者应于增资日完成出资。标的公司应当于增资日后40个工作日内向其注册登记之工商行政管理机关提交本次增资的工商变更登记申请。

（五）退出安排

1. 重组退出

在增资完成后60个月内，各方协商一致后，中国铁建可以以向投资者定向发行的中国铁建股票为对价收购投资者所持有的标的股权，在该项换股交易中，标的股权的定价及中国铁建股票的发行价格均按资本市场的行业惯例本着公平合理的原则确定。

2. 收购退出

如增资完成后60个月内未能实现重组退出，自前述期限届满之日起6个月内，中国铁建有权（但无义务）以以下价格收购投资者所持有的标的公司全部（而非部分）股权：收

购价格 = 投资者就本次增资实缴出资金额 + (P - D)/75%。其中，P为投资者持股期间标的公司按照业绩预期金额计算应向投资者分配并支付的全部利润分配款项，D为投资者持股期间标的公司已经向投资者分配并支付的全部利润分配款项。

（六）协议生效

协议经各方法定代表人或授权代表签署（签字或盖章）并加盖公章后生效。

（七）违约责任

任何一方违反协议的约定、配合义务或违反其在协议项下所作出的声明、保证和承诺，其他方有权要求违约方承担违约责任，并赔偿其因此而遭受的损失。

五、本次增资的目的及对公司的影响

公司通过开展债转股业务，引入长期权益性资金，全部增资款将用于偿还标的公司各自存量负债。本次债转股可以有效降低资产负债率和带息负债规模，调整优化资产负债结构。本次债转股完成后，公司带息负债减少，对公司财务状况和经营成果产生积极影响，有利于提升公司核心竞争力和可持续健康发展能力。

特此公告。

中国铁建股份有限公司董事会

2022年12月17日

需要讨论的问题：

1. 中国铁建拟引入中银资产、建信投资、工银投资和交银投资对中铁十四局、中铁十八局、中铁二十局和中铁城建实施市场化债转股，为什么要公告？其政策或法律依据在哪里？

2. 中铁十四局、中铁十八局、中铁二十局和中铁城建从中银资产、建信投资、工银投资和交银投资那里获得增资后即用来偿还以银行贷款为主的所负债务。这种债转股实施方式的政策或法律依据在哪里？

3. 每一投资者认缴的注册资本 = 该合格投资者对标的公司的出资金额 ÷ [(标的公司股权评估值 - 过渡期内分红金额) ÷ 标的公司截至本协议签署日的实收资本]。这个公式的数学原理是什么？即"每一投资者认缴的注册资本"为什么要按照这个公式计算？

4. 本次增资完成后，中国铁建、投资者在标的公司的股权比例按如下方式确定：(1) 每一投资者持有标的公司的股权比例 = 该合格投资者认缴的注册资本 ÷ (标的公司截至本协议签署日的实收资本 + 合格投资者认缴的注册资本)；(2) 中国铁建持有标的公司的股权比例 = (标的公司股权评估值 - 过渡期内分红金额) ÷ (合格投资者增资款项总金额 + 标的公司股权评估值 - 过渡期内分红金额)。这两个公式的数学原理分别是什么？

5. 如果增资完成后60个月内未能实现重组退出，自前述期限届满之日起6个月内，中国铁建有权（但无义务）以以下价格收购投资者所持有的标的公司全部（而非部分）股权：收购价格 = 投资者就本次增资实缴出资金额 + (P - D)/75%。其中，P为投资者持股期间标的公司按照业绩预期金额计算应向投资者分配并支付的全部利润分配款项，D为投资者持股期间标的公司已经向投资者分配并支付的全部利润分配款项。为什么（P - D）要除以75%？除以其他比例可以吗？

主要参考文献

全国人民代表大会常务委员会．2018. 中华人民共和国公司法［EB/OL］. 网络下载．

全国人民代表大会常务委员会．2019. 中华人民共和国证券法［EB/OL］. 网络下载．

国务院．2015. 关于国有企业发展混合所有制经济的意见［EB/OL］. 网络下载．

中共中央、国务院．2015. 关于深化国有企业改革的指导意见［EB/OL］. 网络下载．

国务院．2016. 关于市场化银行债权转股权的指导意见［EB/OL］. 网络下载．

国务院办公厅．2016. 关于推动中央企业结构调整与重组的指导意见［EB/OL］. 网络下载．

国务院国资委．2016. 关于国有控股混合所有制企业开展员工持股试点的意见［EB/OL］. 网络下载．

证监会．2016. 关于上市公司实施员工持股计划试点的指导意见［EB/OL］. 网络下载．

广西壮族自治区人民政府．2016. 关于推进国有企业发展混合所有制经济的实施意见［EB/OL］. 网络下载．

国务院办公厅．2017. 中央企业公司制改制工作实施方案［EB/OL］. 网络下载．

证监会．2017. 上市公司股东、董监高减持股份的若干规定［EB/OL］. 网络下载．

证监会．2018. 上市公司国有股权监督管理办法［EB/OL］. 网络下载．

证监会、财政部、国资委．2018. 关于支持上市公司回购股份的意见［EB/OL］. 网络下载．

广西壮族自治区人民政府．2018. 广西壮族自治区直属企业公司制改制工作实施方案［EB/OL］. 网络下载．

国务院国资委．2019. 中央企业混合所有制改革操作指引［EB/OL］. 网络下载．

证监会．2020. 上市公司收购管理办法［EB/OL］. 网络下载．

证监会．2022. 上市公司董事、监事和高级管理人员所持本公司股份及其变动管理规则［EB/OL］. 网络下载．

证监会．2022. 上市公司股份回购规则［EB/OL］. 网络下载．

证监会．2022. 上市公司分拆规则（试行）［EB/OL］. 网络下载．

证监会．2023. 首次公开发行股票注册管理办法［EB/OL］. 网络下载．

证监会．2023. 上市公司重大资产重组管理办法［EB/OL］. 网络下载．

上海证券交易所．2023. 上海证券交易所股票上市规则［EB/OL］. 网络下载．

深圳证券交易所．2023. 深圳证券交易所股票上市规则［EB/OL］. 网络下载．

北京证券交易所．2023. 北京证券交易所全面注册制规则制度汇编［EB/OL］. 网络下载．

汤谷良，王化成．2000. 企业财务管理学［M］. 北京：经济科学出版社．

陆正飞，朱凯．2000. 高级财务管理［M］. 杭州：浙江人民出版社．

周首华，陆正飞，汤谷良．2000. 现代财务理论前沿专题［M］. 大连：东北财经大学出版社．

张秋生，王东．2001. 企业兼并与收购［M］. 北京：北方交通大学出版社．

汤谷良．2001. 企业重组与改制的财务设计［M］. 杭州：浙江人民出版社．

张金鑫．2016. 企业并购［M］. 北京：机械工业出版社．

秦政．2022. 上市公司主动退市动因及后果研究［D］. 吉首大学．

王紫薇．2022. A 公司主动退市的动因与策略研究［D］. 安徽财经大学．

陈运森，梁上坤，袁淳．2023. 高级财务管理［M］. 北京：北京大学出版社．